Martin Sebaldt · Alexander Straßner (Hrsg.)

Klassiker der Verbändeforschung

Martin Sebaldt
Alexander Straßner (Hrsg.)

Klassiker der Verbände- forschung

VS VERLAG FÜR SOZIALWISSENSCHAFTEN

Bibliografische Information Der Deutschen Nationalbibliothek
Die Deutsche Nationalbibliothek verzeichnet diese Publikation in der
Deutschen Nationalbibliografie; detaillierte bibliografische Daten sind im Internet über
<http://dnb.d-nb.de> abrufbar.

1. Auflage Oktober 2006

Umschlaggestaltung: KünkelLopka Medienentwicklung, Heidelberg
Druck und buchbinderische Verarbeitung: Krips b.v., Meppel
Gedruckt auf säurefreiem und chlorfrei gebleichtem Papier
Printed in the Netherlands

ISBN-10 3-531-15142-8
ISBN-13 978-3-531-15142-7

Inhaltsverzeichnis

III. Verbände und Konkurrenz: Die Perspektive der Konflikttheorie

IV. Verbände und Organisation: Die Perspektive der Organisationssoziologie

V. Verbände und Staat: Die Perspektive korporatistischer Ansätze

Folgerungen

Anhang

Theorie und Empirie einer Forschungstradition: Das Panorama der klassischen Verbändeforschung

Martin Sebaldt

1   Die Vielfalt der klassischen Verbändeforschung: Herausforderung, Anliegen und Leitideen des Sammelbandes

„Die sozialwissenschaftlichen Erklärungen des Verhaltens von organisierten Interessen, ob Pluralismustheorie, Hypothesen der Neuen Politischen Ökonomie, Theoreme des Neo-Korporatismus oder des Postmaterialismus, greifen immer nur Teilaspekte heraus. Keine kann für sich eine Gesamtbegründung und Deutung des Wandels organisierter Interessen bieten. Alle vier Ansätze erscheinen nicht ausgereizt und verlangen theoretische und empirische Weiterarbeit zur integrativen Erklärung von Organisationsprozessen in einer sich wandelnden Gesellschaft" (von Alemann 1985: 20).

Was *Ulrich von Alemann* mit diesen Worten Mitte der achtziger Jahre diagnostizierte, kann auch heute noch als Gesamtcharakterisierung der Verbändeforschung gelten: Seit der ersten Hälfte des 19. Jahrhunderts, in der die Wurzeln dieser sozialwissenschaftlichen Teildisziplin liegen, ist die Analyse des Gegenstandes ein ausgeprägt interdisziplinäres Unterfangen, woraus sich eine Vielfalt konkreter Fragestellungen und ein breites Spektrum konkurrierender Theorien entwickelt haben.[1] Vertreter der klassischen und Neuen Politischen Ökonomie haben sich mit dem Gegenstand ebenso beschäftigt wie Juristen, Soziologen und Politikwissenschaftler, was auch durch das Forschungsobjekt induziert ist: Als kollektive Entitäten sind Verbände nicht nur elementarer Bestandteil des politischen Lebens, sondern reichen weit darüber hinaus. Denn zugleich konstituieren sie das Gefüge moderner Gesellschaften maßgeblich mit, stellen wichtige Träger kollektiver Rechte dar und handeln als von ökonomischen Kalkülen geprägte Akteure. Etliche Disziplinen fasziniert dieser Forschungsgegenstand daher seit langem, mit einer bunten Palette fachspezifischer Erkenntnisinteressen.

Das Unvermögen, aus dieser reichhaltigen Forschungstradition einen integrativen Gesamtansatz zur Erklärung organisierter Interessenvertretung zu entwickeln, liegt nicht zuletzt auch darin begründet, dass das in vielen Jahrzehnten

---

[1] Eine umfassende Studie zur Entwicklung der Verbändeforschung steht noch aus. Überblicksdarstellungen liefern u.a. Moe 1980, Schmid 1998: 32-50, Mahood 2000: 11-24, von Beyme/ Helms 2004 und Sebaldt/ Straßner 2004: 28-59.

angehäufte einschlägige Schrifttum für den Einzelnen kaum mehr überschaubar ist.[2] Zumal ältere Literatur fremder Disziplinen gerät schnell aus dem Fokus einzelner Forscher, gerade wenn sie dem jeweils aktuellen Paradigma eines Faches zuwiderläuft, was am Schicksal der klassischen Pluralismus-Studien in den Zeiten der Dominanz des Neokorporatismus-Ansatzes exemplarisch abgelesen werden kann (von Beyme/ Helms 2004: 200-204).

Der vorliegende Sammelband dient drei Zwecken, die diesen Missstand der Verbändeforschung zumindest abmildern sollen. Erstens *dokumentiert* er die Erträge derjenigen Autoren, die zur Entwicklung der Forschungstradition theoretisch wie empirisch Bahnbrechendes beigetragen haben. Zweitens *systematisiert* er diese Erkenntnisse, um damit sowohl die perspektivische Vielfalt der Studien zu verdeutlichen als auch Anstöße zu deren synoptischer Integration zu liefern. Und drittens verweist er durch *kritische Einzelbilanzen* auf die jeweils offenen Fragen bzw. Probleme, welche die jeweiligen Autoren aufgeworfen haben.

Den Kern des Sammelbandes bilden fünfzehn Einzelportraits, welche die Leistungen der ausgewählten Autoren auf dem Feld der Verbändeforschung präsentieren. Um Vergleichbarkeit zu gewährleisten, sind sie nach dem selbem Muster aufgebaut: Einer kurzen biographischen Skizze folgt eine Charakterisierung des Gesamtwerks, in dessen Rahmen die verbändespezifischen Studien verortet sind. Die Darstellung deren Quintessenz bildet dann den Schwerpunkt, gefolgt von Ausführungen zur Rezeption und Kritik. Umrahmt werden sie von zwei Abhandlungen, die sowohl das Gesamtpanorama der klassischen Verbändeforschung systematisch erschließen als auch die neueren sozialwissenschaftlichen Entwicklungen, welche auf den Erträgen der Klassiker fußen bzw. aus ihrer Kritik hervorgegangen sind.

Bei der Vielzahl von Studien fiel es naturgemäß sehr schwer, den Kanon der Schriften auszuwählen, die für die Entwicklung der Verbändeforschung zentralen Stellenwert besitzen. Drei Kriterien sollten die jeweiligen Autoren erfüllen, um in den ,Olymp der Verbändeklassiker' aufgenommen werden zu können:

- Die Studien mussten die Forschungstradition entscheidend geprägt und eine bis heute fortdauernde Resonanz erzeugt haben.
- Die Arbeiten mussten unabhängig von ihrer ,Popularität' auch einen *entscheidenden theoretischen Mehrwert* erbracht und den Erkenntnisstand deutlich verbessert haben.

---

[2] Allein für Deutschland habe ich für den Zeitraum 1946-1995 nicht weniger als 1919 thematisch einschlägige Studien bibliographisch erfasst, wobei die schier unübersehbare Spezialliteratur zum Gewerkschaftswesen hier nur fragmentarisch Eingang finden konnte (Sebaldt 1997: 16-22, 437-512). Auf den internationalen Kontext hochgerechnet ist daher mit einer hohen fünfstelligen Zahl an Studien zu rechnen.

- Die maßgeblichen Studien sollten vor 1980 erschienen sein, um die Bezeichnung „Klassiker" auch zeitlich rechtfertigen zu können.

Damit gelangten auch Autoren in die Auswahl, die gemeinhin nicht als Verbändeforscher angesprochen werden. Das gilt sowohl für die ideengeschichtlichen Klassiker *Alexis de Tocqueville* und *Karl Marx*, bei denen demokratiehistorische bzw. klassenanalytische Studien bis heute imageprägend sind, als auch für *Max Weber* und die Parteienforscher *Robert Michels* und *Samuel Eldersveld*, deren organisationssoziologische Erkenntnisse ebenfalls oft nicht zum engeren Kanon der Verbändeforschung gezählt werden.

Andererseits fehlen viele Autoren, denen das Etikett „Verbändeklassiker" durchaus auch zugestanden werden kann, welche aber nach der Einschätzung der Herausgeber die genannten Auswahlkriterien weniger gut erfüllt haben. So etwa hat *Arthur Bentley* für die Entwicklung der US-amerikanischen Verbändeforschung entscheidende Impulse geliefert; im Vergleich zum später schreibenden *David Truman* ist sein Werk jedoch deutlich weniger verbändespezifisch gefasst und wird heute auch nur mehr am Rande rezipiert.[3] So präsentiert der Sammelband folglich nur die wichtigsten Verbändeklassiker; die Herausgeber sind sich der forschungslogischen Schwäche, die sich aus diesem auch pragmatisch induzierten selektiven Vorgehen ergibt, durchaus bewusst, welche aber auch als Stärke gedeutet werden kann: Zwar werden nicht alle inhaltlichen Facetten der klassischen Verbändeforschung präsentiert, was das Panorama notwendigerweise etwas schematisch geraten lässt; andererseits dient gerade dies der Schaffung eines strukturierten Überblicks über die zentralen Entwicklungslinien der Forschungstradition, welcher bei einem allzu differenzierten Zugang leicht verloren gehen kann.

2 Forschungsgegenstand und Erkenntnisinteressen: der generelle Zugriff

Die Entwicklung der Verbändeforschung ist von zwei unterschiedlichen Faktoren geprägt worden, die im Folgenden genauer charakterisiert werden sollen. Zum einen hat sich der Gegenstand des Erkenntnisinteresses seit dem 19. Jahrhundert merklich verändert, was sowohl an der Demokratisierung der politischen Systeme lag als auch an den gewandelten gesellschaftlichen Rahmenbedingungen. Zum anderen hing der Zugang zum Gegenstand auch vom spezifischen

---

[3] In den nachfolgenden Einzelbeiträgen werden im Kontext der Darstellung von Werkprofil und Rezeptionsgeschichte der einzelnen Klassiker auch die wichtigsten anderen Wissenschaftler benannt, die der jeweiligen Tradition zuzurechnen sind. In dieser Einleitung alle für die Verbändeforschung einschlägigen Autoren aufzählen zu wollen würde deren Rahmen deutlich sprengen.

forscherischen Erkenntnisinteresse des Einzelnen ab: Sowohl der inhaltliche Fokus (gesamte Verbändesysteme vs. Einzelorganisationen; landesspezifische vs. komparative Studien etc.) als auch die Zweckbestimmung (empirische Dokumentation vs. normativer Impetus) variierten hier beträchtlich.

2.1 Verbändesysteme im Wandel: die Entwicklungslinien des Forschungsgegenstandes

Der Wandel des Forschungsgegenstandes selbst ist unter den Verbändeforschern unumstritten, wenngleich über die Einzelheiten durchaus Uneinigkeit besteht. Als gesichert kann gelten, dass die Gewährung von Koalitions- und Vereinigungsfreiheit im Verlauf des 19. Jahrhunderts den entscheidenden Impuls für die Evolution moderner Verbändesysteme gab (Ullmann 1988: 13-67). Mit ihr wurde die ständisch formierte Gesellschaft, die durch die sozialen Umwälzungen der Industriellen Revolution ohnehin schon unzeitgemäß geworden war, nun auch formalrechtlich zu Grabe getragen. Vor allen Dingen das politisch erstarkende Bürgertum konnte dem monarchischen Obrigkeitsstaat diese Individualrechte abtrotzen, die für die gesellschaftliche Interessenorganisation sehr folgenreich werden sollten. Die schon seit dem Ende des 18. Jahrhunderts existierende pluralistische republikanische Ordnung der USA hatte für die Entwicklung in Europa ebenfalls viele Impulse geliefert (Gebhardt 2001).

Seither diagnostizierten die Verbändeforscher in allen westlichen Ländern einen stetigen Zuwachs an Vereinigungen und eine wachsende Ausdifferenzierung der Verbändeszenerie.[4] Im besonders gut untersuchten amerikanischen Interessengruppensystem etwa ist sich die Riege der Analysten seit Jahrzehnten darin einig, dass solche Evolutionsprozesse vorliegen, und die Charakterisierung erfolgt durchweg in Superlativen: „A large number of voluntary associations have sprung up during the past twenty years, devoted to the propagation of special economic interests or special political and social ideas", formuliert *Croly* schon im Jahre 1915 (Croly 1915: 317). Zwölf Jahre später setzt *Pollock* nach: „In the last decade, there has been an amazing development of the practice of employing legislative agents to represent special interests during the sessions of legislative bodies" (Pollock 1927: 336). 1958 lautet die Einschätzung *Turners*:

---

[4] Vgl. für die Entwicklung der westeuropäischen Verbändesysteme den materialreichen Sammelband von *Werner Reutter* und *Peter Rütters* (Reutter/ Rütters 2001) sowie für die USA *Martin Sebaldt* (2001). Eine umfassende theoretische Begründung hierfür liefert *Mancur Olson*, der einen kontinuierlichen Zuwachs an interessenbedingten „Verteilungskoalitionen" diagnostiziert, die durch ihr egoistisches Verhalten zunehmend zur Lähmung moderner Staatswesen beitrügen (Olson 1991: 46-97).

„During the past few decades the number of pressure groups has rapidly multiplied, the scope of their activities has vastly expanded, and their methods and tactics have become more professionalized and subtle" (Turner 1958: 63). 1967 formuliert *Mahood*: „There has been an increase in the amount, tempo, and intensity of pressure group activity in recent decades" (Mahood 1967: 295). Und im Jahre 1989 formuliert *Berry*: „The explosion of interest-group activity has brought a large number of new participants who aggressively seek to influence legislators and agency officials" (Berry 1989: 244). Jüngere Studien haben diese Einschätzung auf eine breite und verlässliche empirische Datenbasis gestellt (Sebaldt 2001). Auch für etliche europäische Länder gibt es derlei Untersuchungen, die im Kern zur selben Einschätzung kommen (Reutter/ Rütters 2001).

Dabei ist auch den Gründen für diesen Boom genauer auf den Grund gegangen worden. Neben der schon thematisierten Liberalisierung der politischen Rahmenbedingungen trugen vor allen Dingen gesellschaftliche Wandlungs- und Modernisierungsprozesse zu diesem Evolutionsprozess bei: Die Entwicklung moderner Dienstleistungsgesellschaften schlug sich in einer merklichen Änderung des Spektrums wirtschaftlicher Verbände nieder, indem klassische Agrar- und Produzentenvereinigungen zu Gunsten von Interessenvertretungen des Tertiären Sektors an Stellenwert verloren (Sebaldt 1997: 84-125; Sebaldt 2001: 201-244). Die Wandlung der Sozialstruktur (Alterung, Individualisierung etc.) trug entscheidend zur sprunghaften Entwicklung entsprechender Betroffenenverbände bei, ebenso wie das gewachsene Umweltbewusstsein die Evolution geeigneter Interessenorganisationen induzierte (Amm 1995). Politisch-kulturelle Modernisierungsprozesse, welche insbesondere die Partizipationsbereitschaft der Bürger und die Formierung in entsprechenden Initiativgruppen beförderten, taten ein Übriges (Berry 1999).

Damit veränderten sich aber nicht nur Zahl und Interessenschwerpunkte der Organisationen, sondern die gesamten Strukturen der Verbändesysteme ebenso wie die einzelner Vereinigungen: Die konstant wachsende Zahl der Verbände zog eine Pluralisierung der gesamten Interessengruppenlandschaft vor allen Dingen dort nach sich, wo über Jahrzehnte formierte neokorporatistische Strukturen gewachsen waren und trugen zu deren Delegitimierung bei, da die exklusiven neokorporatistischen Arrangements (Bündnis für Arbeit etc.) von den nicht herangezogenen Verbänden grundsätzlich in Frage gestellt wurden (Schroeder 2001). Und die schon länger bekannten Mobilisierungsprobleme allgemeiner bzw. „öffentlicher" Interessen trugen zur Herausbildung neuer verbandlicher Organisationsformen bei, die ihre Klientel auf innovative Art und Weise aufrüttelten: Besonders neue Umweltverbände formierten sich als professionalisierte „politische Unternehmen" ohne traditionelle Massenmitgliedschaft und durchweg von hauptamtlichen Mitarbeitern geführt, finanziert durch Spenden und eigene wirtschaftliche Aktivitäten. Damit ging freilich auch ein Legitimationsdefizit einher, denn diese neuen „politischen Unternehmen" konnten ihr Interesse aufgrund fehlender formeller Mitglieder gegenüber der öffentlichen Hand weniger gut rechtfertigen als klassische Verbände (Sebaldt 2007).

2.2 Verbändeforschung zwischen empirisch-analytischer Orientierung und normativem Postulat: die Vielfalt der Erkenntnisinteressen

Aber nicht nur der stetige Wandel des Untersuchungsgegenstandes hat der Tradition der Verbändeforschung ihr Gepräge gegeben, sondern auch dessen demokratietheoretische und praktisch-politische Brisanz: Denn nicht nur dem sozialwissenschaftlich Vorgebildeten musste ohne langes Nachdenken einleuchten, dass die Qualität demokratischer Ordnungen ganz entscheidend vom Vermögen adäquater Interessenrezeption seitens des Staates abhing. Schon früh war Verbändeforschung daher nicht nur bloße empirische Bilanz des Faktischen, sondern auch mit Forderungen an die öffentliche Hand verbunden, für eine gerechte Berücksichtigung aller sozialen Belange zu sorgen und insbesondere den schwer organisierbaren bzw. schwachen Interessen fördernd unter die Arme zu greifen.

Je nach Zeitbezug und Dringlichkeit fiel diese Forderung unterschiedlich stark aus. Schon *James Madisons* Warnung vor der demokratieschädlichen Vorherrschaft spezifischer Interessen („mischiefs of faction"), welcher durch ein elaboriertes System der „checks and balances" entgegengewirkt werden müsse (Berry 1997: 2-4), impliziert ein ausgeprägt verbändekritisches Moment – mit umfangreichen praktischen Folgen, wurden die „checks and balances" doch zum organisatorischen Grundprinzip der US-Verfassung von 1787 (Hübner 2003a: 107-111). Aber auch in den folgenden Jahrhunderten sind derlei normativ aufgeladene Positionen immer dann besonders einflussreich, wenn heikle politische Probleme zu bewältigen waren. *Ernst Fraenkels* Postulat nach dem Zweiten Weltkrieg, auch in pluralistischen Demokratien einen „nichtkontroversen Sektor" zu definieren, der dem Streit der Meinungen entzogen sei, war ebenfalls von dem Wunsch getragen, dem Widerstreit der Interessen einen klaren Rahmen zu setzen und ihn in demokratisch sinnvolle Bahnen zu lenken – gerade vor dem Hintergrund des Scheiterns der allzu rechtspositivistisch geprägten Weimarer Republik und des Abgleitens in die totalitäre Tyrannei (Steffani 1980: 60-78).

Aber nicht nur die jeweiligen politischen Umstände beförderten diese normative Aufladung. Es waren auch die theoretischen und empirischen Befunde der Verbändeforschung selbst, die dazu beitrugen. Gerade in den USA der sechziger Jahre des letzten Jahrhunderts – auch hier auf dem Hintergrund gesamtgesellschaftlichen Wandels und der immer deutlicher werdenden Chancenungleichheiten verschiedener Bevölkerungsgruppen – wuchsen die wissenschaftlichen Zweifel an der grundsätzlichen Möglichkeit ausgewogener Interessenrepräsentation. *Elmer Schattschneider* attestierte dem US-amerikanischen „chorus" der Verbände schon 1960 einen „strong upper class accent" (Schattschneider 1975: 34) und verwies dabei zurecht auf die strukturell bedingten Wettbewerbsvorteile der *white anglo saxon protestants* (WASP) im Kampf um die Berücksichtigung sozialer Belange durch den Staat.

Die Pioniere der „Neuen Politischen Ökonomie" untermauerten derlei Einschätzungen mit auch theoretisch fundierten Studien, hielten sich aber aufgrund ihres empirisch-analytisch geprägten Wissenschaftsverständnisses mit konkreten normativen Postulaten meist zurück.[5] Bis heute spielt auch diese *bewusst nicht normativ geprägte Tradition* in der Verbändeforschung eine große Rolle. Das verweist auch auf deutliche disziplinspezifische Variationen innerhalb der Zunft: Während den genuin als Politikwissenschaftlern und als Juristen ausgebildeten Autoren regelmäßig ein starker normativer Impetus eigen ist, steht bei den Ökonomen das empirische Erkenntnisinteresse meist im Vordergrund. Bei den Politologen spiegelt dies auch die Gründungsgeschichte der vergleichsweise jungen Disziplin wider, die von ihren Pionieren sowohl in den USA als auch in Europa als praxisorientierte „Demokratiewissenschaft" verstanden sein wollte (Patzelt 2003: 61-64).

3 Die Perspektiven der klassischen Verbändeforschung: Entwicklungslinien im differenzierten Vergleich

Parallel zu diesem generellen Spagat der Erkenntnisinteressen und der Forschungsparadigmen entfaltete sich im Laufe weniger Jahrzehnte ein vielfältiges Spektrum von Forschungsschwerpunkten, welches die Szenerie der Verbändeforschung schon zu den Zeiten der klassischen Autoren äußerst unübersichtlich gestaltete. Auch dazu trug der interdisziplinäre Charakter des Untersuchungsgegenstandes bei, was bis heute nachwirkt: Die fächerübergreifende Rezeption verbändespezifischer Erkenntnisse ist bis in die Gegenwart eher defizitär; interdisziplinäre Synergieeffekte kommen daher nicht so zum Tragen wie eigentlich möglich. Im Folgenden soll über diese unübersichtliche Szenerie ein geraffter Überblick verschafft werden, der die Struktur des gesamten Sammelbandes widerspiegelt. Das dient auch dem Zweck, den summarischen Profildarstellungen dieser Einleitung die jeweils zugehörigen Einzeldarstellungen zuordnen zu können.

---

[5] Vgl. als kompakten Gesamtüberblick zur Neuen Politischen Ökonomie Behrends 2001.

3.1 Verbände und Gesellschaft: Die Perspektive der Pluralismustheorie

Die Pluralismustheorie bildet den ältesten Forschungsstrang der Verbändeforschung, was auch durch den großen Einfluss ideengeschichtlicher Geistesgrößen bewirkt wurde, die für sie entscheidende Denkfiguren vorgaben.[6] Hier stand die Frage im Vordergrund, in welcher Form gesellschaftliche Interessen organisiert werden sollten bzw. welche Chance darauf bestand, wenngleich noch nicht unter dem expliziten Etikett „Verbändeforschung". Gerade weil deren Beantwortung für die Formulierung einer allgemeinen Demokratietheorie so wichtig war, ist es wohl auch kein Zufall, dass die Beziehung zwischen gesellschaftlichen ‚Interessen an sich' und organisierten ‚Interessen für sich' so früh in den Fokus der Analyse geriet (Steffani 1980).

Alexis de Tocquevilles Pionierfunktion kann diesbezüglich kaum überschätzt werden, wenngleich er aufgrund seiner letztlich ambivalenten Einstellung zur modernen Demokratie gerade im normativen Sinne nicht als Pluralismustheoretiker gelten kann und auch verbandlichen Organisationen eher *ex negativo* Daseinsberechtigung zusprach, indem er sie als Ausdruck oligarchischer Machtbegrenzung interpretierte.[7] Seine *empirischen Befunde* zur Vereinigungsvielfalt und zur Organisationsfähigkeit sozialer Interessen konnten jedoch auch als Indiz positiv zu bewertender Fähigkeit sozialer Mobilisierung gedeutet werden und sind in diesem Sinne von den späteren Pluralismustheoretikern – *Tocqueville* häufig durchaus verkürzt rezipierend – auch verstanden worden.

Festzuhalten ist jedenfalls, dass *Tocqueville* im Lichte seiner persönlichen Beobachtungen in den Kommunen Neuenglands den US-Bürgern schon im frühen neunzehnten Jahrhundert eine besondere Neigung zur sozialen Organisation attestierte und gerade damit den eher optimistischen Pluralismustheoretikern die Linie vorgab: „Amerikaner jeden Alters, jeden Ranges, jeder Geistesrichtung schließen sich fortwährend zusammen. Sie haben nicht nur kaufmännische und Berufsvereine, denen alle angehören, sie haben auch noch unzählige andere Arten: religiöse, sittliche, ernste, oberflächliche, sehr allgemeine und sehr besondere, gewaltige und ganz kleine; die Amerikaner tun sich zusammen, um Feste zu geben, Seminarien zu begründen, Gasthöfe zu bauen, Kirchen zu errichten, Bücher zu verbreiten, Missionare zu den Antipoden zu entsenden... Überall, wo man in Frankreich die Regierung und in England einen großen Herrn an der Spitze eines neuen Unternehmens sieht, wird man in den Vereinigten Staaten mit Bestimmtheit eine Vereinigung finden" (Tocqueville 1985: 248).

---

[6] Vgl. zur Entwicklung der Pluralismustheorie statt anderer die umfassenden Darstellungen von Kremendahl 1977, Steffani 1980 und Detjen 1988.
[7] Vgl. dazu im Einzelnen den Beitrag von Oliver Hidalgo in diesem Band.

Nur die Bildung von Vereinigungen, so *Tocqueville* sinngemäß, verschaffe dem Einzelbürger das Instrumentarium, um im Zusammenwirken mit Gleichgesinnten auch *politisch* einflussreich zu werden. Das Individuum, in einer Demokratie mit mehr Rechten ausgestattet als in jeder anderen Regierungsform, leide parado-xerweise an der Individualisierung politischer Verantwortlichkeit: Jeder einzelne sei sein eigener Souverän, aber alleine macht- und einflusslos in der Masse der übrigen Souveräne (Tocqueville 1985: 250-252). Demokratien sei deshalb ein struktureller Hang zur verbandlichen Organisation von Bürgerinteressen eigen, und deren Analyse der wichtigste Schritt zum Verständnis der Identität demo-kratischer Systeme: „In den demokratischen Ländern ist die Lehre von den Ver-einigungen die Grundwissenschaft; von deren Fortschritten hängt der Fortschritt aller anderen ab" (Tocqueville 1985: 253), schließt *Tocqueville* denn auch selbst aus seiner empirischen Zeitdiagnose, die der Fähigkeit der Amerikaner zur Selbstorganisation im übrigen ein sehr gutes Zeugnis ausstellt, aber auch die Bedeutung politikwissenschaftlicher Interessengruppenforschung deutlich vor-wegnimmt.

Die nachfolgenden Forschergenerationen waren von diesem Paradigma nachhaltig geprägt und formulierten diese Grundgedanken gerade in den pluralis-tisch verfassten USA weiter aus. *Arthur Bentley* erhob den Wettbewerb organi-sierter Interessen schon zu Beginn des 20. Jahrhunderts zum Leitprinzip des „process of government" (Bentley 1908) und gab damit wiederum den Impuls für die fast gleichlautende Studie *David Trumans*, die als erste systematische Ausformulierung verbändespezifischer Pluralismustheorie gelten kann (Truman 1951).[8] Seiner Auffassung nach stellen Verbände ein organisatorisches Spiegel-bild der zugrunde liegenden Gesellschaft dar: Gemeinsame Haltungen (*shared attitudes*) und daraus resultierende Forderungen bilden den kollektiven Schlüs-selreiz zur Gruppenbildung (Truman 1951: 33-34). Diese Gruppenbildung ist prinzipiell in jeder gesellschaftlichen Nische möglich, sofern die politische Ord-nung als offene, pluralistische Demokratie verfasst ist.

Das Verhältnis zwischen den einzelnen Verbänden einerseits und zwischen Staat und Verbänden andererseits ist von pluralistischer Konkurrenz geprägt: Einzelne Gruppen ringen gegeneinander durch *lobbying* und mit dem Staat durch *bargaining* um die Durchsetzung ihrer Interessen. Dieser atomisierende Effekt pluralistischer Konkurrenz wird aber durch überlappende Gruppenmitgliedschaf-ten (*overlapping membership*) aufgefangen: Individuen sind gleichzeitig in vie-len Organisationen Mitglied und bilden daher zwischen ihnen einen ‚systemi-schen Kitt' (Truman 1951: 43). Daraus zieht *Truman* einen folgenreichen Schluss: Sofern günstige politische Rahmenbedingungen bestehen, sind Interes-

---

[8] Vgl. dazu im Einzelnen den Beitrag von Benjamin Zeitler in diesem Band.

sen grundsätzlich organisierbar. Entscheidend dafür ist die kollektive Bewusst-
werdung von *shared attitudes*. Darüber hinaus diagnostiziert er auch ein charak-
teristisches Verhältnis zwischen Staat und organisierten Interessen, auch hier von
den faktischen Verhältnissen in den USA geprägt: Es sei von merklicher Distanz
geprägt; Verbände rängen um Beteiligungschancen, die öffentliche Hand sei
Adressat lobbyistischen Drucks und gemeinwohlorientierte Vermittlungsagentur
zugleich.

In Europa wurde der Pluralismusgedanke zunächst durch die frühen Arbeiten *Harold Laskis* populär. *Laskis* staatskritische Konzeption des ,Pluralismus
der Souveränitäten' (Laski 1917, 1919) war aber bereits von Anfang an deutlich
konflikttheoretisch orientiert und stand daher nicht in der unmittelbaren Tradition der Pluralismustheorie US-amerikanischer Provenienz.[9] Nachhaltige Resonanz erfuhr diese in Europa erst durch die Arbeiten *Ernst Fraenkels*, der ihr eine
explizit normative Note verlieh und die gerade im Nachkriegsdeutschland großen
Einfluss entfaltete.[10] Er definierte den „Neopluralismus" als modernes demokra-
tisches Ordnungsprinzip, nachdem der klassische Pluralismus durch den Totalitarismus zerstört worden sei (Fraenkel 1964). Diesen Neopluralismus kennzeichne
die Existenz eines unstreitigen normativen Sektors (Grundkonsens), dessen
Spielregeln verbindlich einzuhalten seien. Quelle dieses Grundkonsenses sei der
„hypothetische" d.h. der ,eigentliche' Volkswille. Die übrigen Bereiche der politischen Ordnung bilden nach *Fraenkel* den kontroversen Sektor, und hier ist freie
Konkurrenz (organisierter) Interessen gewollt und wird gefördert (Fraenkel
1968: 24).

Demokratie ist nach *Fraenkel* also nicht als wertneutrale, positivistische,
sondern als wertgebundene, normativ festgelegte Ordnung zu konstruieren. Das
freie Kräftespiel der Interessen ist durch geeignete ordnungs- und sozialpolitische Maßnahmen des Staates systematisch zu fördern; erreicht werden soll ein
Zustand, in dem die konkurrierenden Interessen durch ein „Kräfteparallelogramm" zum Ausgleich gebracht werden. Die Findung des „Gemeinwohls" erfolgt durch die freie pluralistische Interessenkonkurrenz (= Gemeinwohl a posteriori); ihr ist ein Maximum an Spielraum einzuräumen (Fraenkel 1968: 21).

Diese faszinierende und gleichzeitig optimistische Argumentationsfigur, die
typisch ist für das pluralismustheoretische Paradigma, blieb nicht folgenlos.
Denn schon die Zeitgenossen der Pluralismustheoretiker, mehr aber noch ihre
Nachfolger, begannen im Lichte eigener Anschauungen zentrale Aussagen der
Pluralismustheorie in Zweifel zu ziehen.

---

[9] Daher wird er im vorliegenden Band auch nicht der pluralismustheoretischen Tradition, sondern der
konflikttheoretischen zugerechnet. Vgl. dazu Abschnitt 3..3 weiter unten sowie den Beitrag von
Jürgen Stern.
[10] Vgl. zu *Ernst Fraenkel* den Beitrag von Alexander Straßner in diesem Band.

Das bezog sich sowohl auf das Problem der Organisationsfähigkeit von Interessen als auch auf die Frage, in welcher Beziehung Staat und Verbände faktisch zueinander stünden.

3.2 Verbände und Individuum: Die Perspektive der Neuen Politischen Ökonomie

Die Pioniere der Neuen Politischen Ökonomie (NPÖ) zeichnen zum einen für diese wachsende Kritik verantwortlich. Ausgehend vom Axiom individueller Nutzenmaximierung begannen sie das soziale Organisationspotential deutlich differenzierter zu beurteilen.[11] Vor allen Dingen *Mancur Olson* legte hier mit seinem 1965 erschienenen Werk „The Logic of Collective Action" (Olson 1992) eine völlig anders angelegte Theorie vor, welche die Kernaussagen der Pluralismusvertreter nachhaltig erschütterte:[12] Interessen sind nach *Olson* nicht gleich gut organisierbar, da die Natur der jeweiligen Kollektivgüter variiert: Allgemein zugängliche bzw. öffentliche Güter (Umweltschutz, öffentliche Sicherheit etc.) sind auch von allen konsumierbar, ohne für deren Bereitstellung individuelle Kosten übernehmen zu müssen. Daher haben Gruppen, die sich für die Bereitstellung dieser öffentlichen Güter engagieren, die größten Organisationsprobleme, obwohl ihre Klientel eigentlich sehr groß ist (Olson 1992: 8-15, 49). Darüber hinaus sind es innerhalb einer Gruppe gerade die besonders motivierten ‚Großen', die durch gering motivierte ‚Kleine' ausgebeutet werden: Passive Mitglieder nutzen die Leistungen von besonders am Verbandsgeschehen interessierten bzw. zahlungskräftigen Aktivisten (z.B. Großunternehmen) aus, ohne selbst zur Verbandsarbeit beizutragen (Olson 1992: 3). In kleinen Gruppen, die der Bereitstellung nichtöffentlicher, spezifischer Kollektivgüter dienen, ist dieser Trittbrettfahrereffekt dagegen begrenzt: Die wenigen Mitglieder müssen zusammenwirken, um schlagkräftig zu werden, und nur die Verbandsmitgliedschaft verschafft Teilhabe am Kollektivgut.

Diesem Organisationsdilemma sind Großgruppen aber nicht schutzlos ausgeliefert; mit gezielten Gegenmaßnahmen kann es ihnen gelingen, diese Mobilisierungsprobleme zumindest zu begrenzen. Zum einen wird das Trittbrettfahrertum durch zusätzliche selektive Anreize konterkariert: Verbandsmitgliedschaft und innerverbandliches Engagement wird durch individuelle, nur für Mitglieder reservierte Leistungen attraktiv gemacht (Olson 1992: 49-50, 130-164). Zugleich versuchen die Gruppen dem Größenproblem durch eine Föderalisierung ihrer

---

[11] Vgl. als Überblick zur Tradition der NPÖ-orientierten Verbändeforschung Behrends 2001: 27-98.
[12] Vgl. dazu im Einzelnen den Beitrag von Dirk Leuffen in diesem Band.

Struktur zu begegnen: Die Aufgliederung in viele überschaubare Regionalorganisationen dient der Intensivierung der Mitgliedereinbindung und der Effektivierung sozialer verbandlicher Kontrolle, da *free riders* in kleinen Gruppen schneller erkannt und entsprechend diszipliniert werden können.

Olsons generelle theoretische Folgerung ist damit klar: Paradoxerweise leiden gerade allgemeine, gesamtgesellschaftlich relevante Interessen unter erheblichen Organisationsproblemen, obwohl die jeweiligen Klienteln sehr groß sind; demgegenüber sind gerade zahlenmäßig kleine Interessentengruppen schlagkräftig organisierbar und können daher einen überproportionalen Einfluss gewinnen. Mit den pluralismustheoretischen Grundüberlegungen ist diese Theorie damit schwerlich in Übereinstimmung zu bringen.

Diese Grundgedanken, die bis heute zum Kernbestand sozialwissenschaftlicher Verbändetheorie gehören, wurden in der Folge weiter ausgebaut. Zum einen beschäftigten sich NPÖ-Vertreter noch differenzierter mit der Frage nach den konkreten Umständen der Verbandsgründung. *Olsons* Theorie hinterließ hier gerade bezüglich der Großgruppen eine auffällige Blindstelle, konnte doch nicht schlüssig erklärt werden, wie sich aus einem Klientenspektrum voller Trittbrettfahrer überhaupt ein Verband entwickeln können sollte. Verschiedene Autoren führten als entsprechende Erklärung die Figur des „politischen Unternehmers" in die Diskussion ein, mit missionarischem Sendungsbewusstsein bzw. mit besonders großem ökonomischen Interesse ausgestattete Einzelpersönlichkeiten also, welche die Organisationskosten übernahmen, um den neuen Verband dann für ihre Zwecke instrumentalisieren zu können.[13] *Robert Salisbury* entwickelte diesen Grundgedanken zu einer generellen Austauschtheorie zwischen solchen politischen Unternehmern und der jeweiligen Klientel weiter (Salisbury 1969):[14]

Wie bei ökonomischen Gütermärkten sieht er auch auf dem Felde der Interessenorganisation die Rollen der Anbieter und der Konsumenten klar verteilt: Politische Unternehmer übernehmen den ersten Part, indem sie ein verbandliches ‚Produkt' mit einer entsprechenden Leistungspalette schaffen, das die gesellschaftlichen Nachfrager je nach individueller Bedürfnislage nutzen können oder nicht. Das impliziert die auch bei klassischen Unternehmens- gründungen existierenden Risiken: Eine Verbandsgründung kann sich als Fehlschlag erweisen und den jeweiligen politischen Unternehmer in den ökonomischen bzw. politischen Ruin treiben (Salisbury 1969: 11). Um dies zu verhindern, muss die Angebotspalette professionell zusammengestellt sein. Auch hier entwickelt *Salisbury* die Theorie *Olsons* weiter, indem er das System selektiver Anreize differenzierter darstellt. Neben den von *Olson* in den Vordergrund gestellten materiellen

---

[13] Vgl. dazu im Einzelnen Behrends 2001: 65-68.
[14] Vgl. dazu im Einzelnen den Beitrag von Jürgen Stern in diesem Band.

selective incentives (Sachgüter, Dienstleitungen etc.) würden auch gezielt immaterielle Anreize (Gruppensolidarität, innerverbandlicher Status etc.) eingesetzt, um die Nachfragesituation zu verbessern (Sebaldt/ Straßner 2004: 37). So gerät die verbandliche Arbeit gemäß *Salisbury* zu einem generellen Austauschverhältnis zwischen Organisatoren und Klientel, was seiner Theorie auch ihren Namen (*exchange theory*) verschaffte.

Darüber hinaus wurde auch die Motivation potentieller bzw. wirklicher Verbandsmitglieder genauer unter die Lupe genommen. Hier haben vor allen Dingen die Arbeiten von *Albert Hirschman* entscheidend zum Erkenntnisfortschritt und zur weiteren Ausdifferenzierung politisch-ökonomischer Verbändetheorien beigetragen (Hirschman 1974).[15] Er wies darauf hin, dass sich das Verhältnis zwischen verbandlichen Anbietern und sozialen Nachfragern nicht pauschal kategorisieren lasse, sondern von der gesamten Marktsituation abhängig sei: Trete ein Verband als Monopolist auf, könne er seine ‚Preise' wie ein marktbeherrschendes Unternehmen frei diktieren, während in einem Markt mit vielen Anbietern eine intensive Konkurrenz um dieselbe Klientel herrsche.

Davon seien die drei zentralen Verhaltensmuster der Nachfrager – *exit, voice, loyalty* – entscheidend geprägt: In einer freien Marktsituation mit Anbieterkonkurrenz stünde den Konsumenten die *exit*-Option leicht zu Gebote, da ein Konkurrenzanbieter jederzeit zur Verfügung stehe. Verbandsaustritte und Verbandswechsel seien in diesem Szenario daher wesentlich wahrscheinlicher. Demgegenüber wachse die Intensität innerverbandlichen Protests (*voice*), wenn eine Austritts- bzw. Wechseloption nicht zu Gebote stünde und eine Veränderung der monierten Missstände nur durch eine Verhaltensänderung des jetzigen Anbieters zu erreichen sei (Hirschman 1974: 25-36). Diese Dichotomie der Optionen werde allerdings durch die intervenierende Variable „Loyalität" merklich beeinflusst: Loyalität sei zwar zum einen auch konkret ökonomisch motiviert, wenn die Treue zu einem Verband aus präzise berechenbaren Nutzenerwartungen resultiere (Hirschman 1974: 65-89). Darüber hinaus könne sie aber auch auf Ursachen gründen, die nicht ökonomisch-rational begründbar seien (Gewohnheit, Tradition etc.). Insoweit sei das Verhaltensrepertoire potentieller und faktischer Verbandsmitglieder immer ein komplexes *compositum mixtum* aus diesen grundsätzlichen Verhaltensdispositionen.

---

[15] Vgl. dazu im Einzelnen den Beitrag von Tobias Nerb in diesem Band.

3.3 Verbände und Konkurrenz: Die Perspektive der Konflikttheorie

Auch konflikttheoretische Überlegungen haben die Kernaussagen der Pluralismustheorie nachhaltig in Frage gestellt.[16] Interessanterweise sind die entsprechenden Grundgedanken schon wesentlich älter als die moderne Verbändeforschung und waren daher schon längst zu Papier gebracht, als sich letztere zu formieren begann. Jedoch im Kontext der wachsenden Kritik an der Pluralismustheorie begannen sich insbesondere neomarxistische Sozialwissenschaftler auf diese alte Tradition zu besinnen und sie für die Zwecke der Interessengruppenanalyse zu adaptieren.

Damit sind die Wurzeln moderner konflikttheoretischer Ansätze schon angedeutet: Es ist vor allen Dingen das Verdienst von *Karl Marx*, auf die Bedeutung innergesellschaftlicher Konfliktlinien für die Formierung von Verbänden hingewiesen zu haben.[17] Zwar ist *Marx* kein originärer Verbändetheoretiker, da er sich in seinen Arbeiten nicht auf „Verbände" im eigentlichen Sinne konzentriert. Wegweisend wurden jedoch seine geschichtsphilosophischen und sozialhistorischen Analysen insoweit, als er überzeugend dartun konnte, dass sich aus einer gesellschaftlich unbewussten „Klasse an sich" nicht notwendigerweise eine bewusste „Klasse für sich" entwickeln müsse (Göhler/ Klein 1993: 534). Erreicht werde dies dann, wenn eine Organisation aus besonders aufgeklärten Klassenangehörigen als bewusste Vorhut agiere und zur Mobilisierung der gesamten Klientel beitrage.

Übersetzt in das moderne Vokabular bedeutet dies, dass Verbände im Sinne von *Marx* Indikator und Voraussetzung für gesellschaftliche Interessenvertretung zugleich sind. Das impliziert zweierlei: Zum einen heißt dies, dass die einzelnen Interessen unterschiedliche Bewusstseinsstufen erreicht haben und infolgedessen auch unterschiedlich verbandlich formiert sein können. Zum anderen haben die jeweiligen Interessenorganisationen gemäß der allgemeinen *Marxschen* Gesellschaftslehre einen klaren Klassenbezug und sind daher in eine ebenso klare Konfliktkonstellation einbezogen, sind entweder Antipoden von Verbänden anderer Klassen oder natürliche Allianzpartner von Organisationen der gleichen Klasse (Göhler/ Klein 1993: 535-541).

Was *Marx* im 19. Jahrhundert vor allen Dingen auf die sich formierende Gewerkschaftsbewegung und die sich langsam herausbildenden Arbeiterparteien bezogen hatte, wurde im 20. Jahrhundert auf die modernen Massendemokratien und die sich in ihrem Rahmen entfaltende zeitgenössische Verbändeszenerie angewandt. Ganz in der *Marxschen* Tradition stehend wurde dabei zum einen die

---

[16] Vgl. dazu den Überblick bei Sebaldt/ Straßner 2004: 45-48.
[17] Vgl. dazu im Einzelnen den Beitrag von Hendrik Hansen in diesem Band.

pluralistische Denkfigur vom über den Interessen stehenden ‚guten' und gemeinwohlorientierten Staat nachhaltig in Zweifel gezogen. Denn schon *Marx* hatte diesen ja in erster Linie als Ausbeutungsinstrument der Bourgeoisie interpretiert. Neomarxistische Konflikttheoretiker folgten zwar meist nicht dieser radikalen Einschätzung, nahmen aber in deren Nachfolge ebenfalls von der Idee der Interessenfreiheit des Staates Abschied.

Im frühen 20. Jahrhundert wurde diesbezüglich *Harold Laskis* schon angesprochene Konzeption des ‚Pluralismus der Souveränitäten' besonders einflussreich.[18] Es ist dabei eine Ironie der Geschichte, dass *Laski* zur Prägung und Popularisierung des Pluralismusbegriffs entscheidend beigetragen hat, aber letztlich doch zum Exponenten einer konsequent pluralismuskritischen Gesellschaftsauffassung wurde (Steffani 1980: 60). Denn auch er bestreitet dem Staat die Möglichkeit ‚interessenloser' Gemeinwohlorientierung, da er zu jeder Zeit auf Basis der jeweils gültigen Wahlentscheidung in den Händen einer Majorität sei, die ihn zur Verwirklichung ihrer spezifischen Interessen instrumentalisiere. Dass er als Brite und aktiver Labour-Politiker dabei insbesondere die ausgeprägt konkurrenzdemokratischen Verhältnisse in Großbritannien verarbeitete, aber auch die ihm durch Auslandsaufenthalte bekannten politischen Verhältnisse der USA und Kanadas, nimmt dabei nicht Wunder (Eastwood 1970). Aus dieser Rolle des Staates leitet *Laski* sein Postulat des „Pluralismus der Souveränitäten" ab: Wenn die öffentliche Hand als Instrument einer herrschenden Gruppe letztlich nur deren spezifische ‚Souveränität' repräsentiere, sei sie nur eine unter vielen Souveränitäten gesellschaftlicher Anspruchsgruppen, welche diese jeweils mit gleichem Recht vertreten dürften. In letzter Konsequenz ist *Laskis* Konzeption damit eine radikale Kritik der klassischen Staatsidee (Steffani 1980: 58-60).

Doch auch die *Marxsche* Idee unterschiedlicher Konfliktfähigkeit sozialer Interessen wurde im 20. Jahrhundert wieder aufgegriffen, und nun in direkter Auseinandersetzung mit der Pluralismustheorie. In Deutschland etwa bestritt *Claus Offe* vehement die Möglichkeit gleichgewichtiger Interessenorganisation und folgte damit explizit dieser Denkfigur (Offe 1972).[19] Zum einen diagnostiziert auch er eine enge Verquickung zwischen Ökonomie und Politik, die in einer Beherrschung zeitgenössischer Staaten durch die Parteien und Vorfeldorganisationen der Produzenteninteressen zum Ausdruck komme. Mit der konkurrenzorientierten Konzeption des liberalen Verfassungsstaates habe sich die Bourgeoisie eine theoretische Rechtfertigung für den sozialen Kampf um die Besetzung staatlicher Ämter geschaffen.

---

[18] Vgl. dazu im Einzelnen den Beitrag von Jürgen Stern in diesem Band.
[19] Vgl. dazu im Einzelnen den Beitrag von Alexander Straßner in diesem Band.

Aus den unterschiedlichen sozialen Vorbedingungen resultiere dann auch eine unterschiedliche Organisations- und insbesondere Konfliktfähigkeit der einzelnen Interessen (Offe 1977: 161). Hier die Überlegungen von *Marx* mit denjenigen *Olsons* zusammenführend, postulierte er einen systematischen Wettbewerbsvorteil organisierter Produzenteninteressen, da sie nicht nur auf der mächtigeren Klasse gründeten (*Marx*), sondern auch aufgrund ihrer spezifischeren Struktur leichter mobilisiert werden könnten (*Olson*). Im Gefolge *Olsons* sieht auch *Offe* die Möglichkeit organisationsfördernder selektiver Anreize (Offe 1972: 146). Aber er verweist in diesem Zusammenhang zurecht auf die oft konträre Ausrichtung von Mitgliedschaftslogik einerseits und der Effizienzlogik andererseits: Erstere gebiete den umfangreichen Einsatz von Ressourcen für die Gewinnung und innerverbandliche Einbindung von Mitgliedern; das könne aber zu Lasten der Schlagkraft der Organisation führen, wenn dieser dann lobbyistische Ressourcen fehlten oder sie durch allzu breite innerverbandliche Diskussion zu keiner einheitlichen Positionsbestimmung gelangen könne (Sebaldt/ Straßner 2004: 47-48). Dieses Organisationsdilemma träfe zwar letztlich alle Verbände, sei aber bei den heterogenen und zugleich chronisch ressourcenarmen Arbeitnehmervertretungen besonders ausgeprägt.

3.4 Verbände und Organisation: Die Perspektive der Organisationssoziologie

Auch die organisationssoziologische Erforschung von Interessengruppen hat nicht als Verbändeforschung im engeren Sinne begonnen, sondern entsteht im Rahmen gesamtgesellschaftlicher Strukturanalysen des ausgehenden 19. und frühen 20. Jahrhunderts und insbesondere der frühen Parteienforschung.[20] Für die soziologischen Klassiker stand dabei generell die Frage nach dem Zusammenhang zwischen dem Entwicklungsstand einer sozialen Ordnung und deren Organisationsstruktur im Mittelpunkt. Das betraf in erster Linie die Konturen politischer Herrschaft, aber eben auch die Organisationsmuster einzelner Interessenorganisationen. *Max Webers* Werke sind hier, wiewohl nicht im engeren Sinne auf Verbändeforschung angelegt, besonders einflussreich geworden, weil sie wichtige Paradigmen organisationssoziologischer Forschung prägten, die nachfolgende Generationen von Verbändeforschern explizit oder implizit verarbeiteten.[21]

---

[20] Vgl. dazu insb. Mintzel 1984: 48-65.
[21] Vgl. dazu im Einzelnen den Beitrag von Henrik Gast und Tobias Lang in diesem Band.

Webers organisationssoziologische Konzeption ist nur im Kontext seiner Herrschaftsanalyse zu begreifen, auf die hier nur stichpunktartig verwiesen werden soll. Drei Haupttypen legitimer Herrschaft können seiner Ansicht nach unterschieden werden: traditionale, charismatische und legale Herrschaft. Alle drei Herrschaftstypen sind von ausgeprägter Hierarchie und politischem Wettbewerb gekennzeichnet; traditionale, charismatische bzw. legal ermittelte Führer dominieren den politischen Prozess (Weber 1972: 122-141). Diese drei Quellen von Legitimität können in spezifischen politischen Ordnungen vermischt zur Geltung kommen: charismatische Führer können zugleich mit einem legalen Mandat ausgestattet sein, traditionale auch charismatisch sein etc.

Moderne Demokratien entwickeln sich nach *Webers* Vorstellungen deshalb zu stabilen politischen Ordnungen, da sie auf einem sinnvollen ‚Mix' der drei Legitimitätsquellen basieren; darüber hinaus entfalten sie sich seiner Auffassung nach zu „bürokratisierten" Ordnungen, da rationale Herrschaft nur so zu verwirklichen sei. Und an dieser Stelle kommt die für die Verbändeforschung zentrale Leistung *Webers* ins Spiel: In seiner Bürokratietheorie postuliert er einen systematischen Wettbewerbsvorteil professionalisierter, arbeitsteiliger Organisationen gegenüber anderen sozialen und politischen Ordnungsmustern (Weber 1972: 815-868). In erster Linie begreift er dies als Begründung für die Entwicklung der modernen öffentlichen Verwaltung, sieht es aber auch als Entwicklungstrend zeitgenössischer nichtstaatlicher Organisationen (Parteien, Gewerkschaften), mithin Verbänden. Damit wird er zum Stichwortgeber vieler später arbeitender Forscher.

Für die moderne Verbändeforschung sind in diesem Kontext, aber auch darüber hinaus, insbesondere die Theorien von *Robert Michels* und *Samuel Eldersveld* prägend geworden, weil sie völlig konträre organisationssoziologische Perspektiven entwickelt haben, die aber gleichwohl beide für die Strukturanalyse moderner Verbände bis heute einschlägig sind. Wie sein nachfolgender Kritiker *Eldersveld* war auch *Michels* – Zeitgenosse *Max Webers* – in erster Linie Parteienforscher, beschäftigte sich also in seinem Werk nicht mit Verbänden im engeren Sinne.[22] Sein am Beispiel sozialistischer Parteien des 19. und frühen 20. Jahrhunderts entwickelte Organisationsmodell verstand er dabei aber schon selbst nicht nur auf seinen spezifischen Untersuchungsgegenstand bezogen, sondern beanspruchte für die von ihm formulierten organisationssoziologischen Gesetzlichkeiten generelle Gültigkeit (Michels 1989: 369-378). Das machte ihn zum Stichwortgeber für diejenigen späteren Verbändeforscher, die sich auf die Analyse innerverbandlicher Strukturmuster und Willensbildungsprozesse konzentrierten.

---

[22] Vgl. dazu im Einzelnen den Beitrag von Benjamin Zeitler in diesem Band.

Moderne Parteien (und letztlich alle Verbände) sind nach *Michels* aus drei Ursachenbündeln auf die Entwicklung „berufsmäßiger" Führerorganisationen angelegt (Michels 1989: 24-86):

1. „Technisch-administrative Entstehungsursachen": Die Notwendigkeit arbeitsteiliger Organisation und Spezialisierung bedingt die Herausbildung eines fachlich professionalisierten und gleichzeitig koordinierenden bzw. delegierenden Führerkorps.
2. Massenpsychologische Entstehungsursachen: Inkompetenz, Verehrungs- und Führungsbedürfnis der Massen sowie ihr Dankbarkeitsgefühl gegenüber Identifikationsfiguren bedingt die Auswahl charismatischer Führer.
3. Individualpsychologische Entstehungsursachen: Geschicklichkeit, Rednergabe, Schönheit und Selbstbewusstsein steigern die „dem Menschen inhärenten Herrschgelüste".

Dieses Konglomerat aus „Entstehungsursachen" macht *Michels* daher für die Herausbildung eines hauptberuflichen und zugleich dauerhaften Führerkorps verantwortlich, das letztlich zur Zementierung hierarchischer und oligarchischer Parteistrukturen führt. Diese Entwicklung ist für ihn kein historischer Zufall, sondern Ausfluss des „ehernen Gesetzes der Oligarchie": „Die Organisation ist die *Herrschaft der Gewählten* über die Wähler, der Beauftragten über die Auftraggeber, der Delegierten über die Delegierenden" (Michels 1989: 370-371; Hervorheb. im Orig.). Für *Michels* war daher Parteiorganisation mit dem Anspruch von Massendemokratie letztlich unvereinbar, da sie direkte Volksherrschaft verhindere und nur die Machtgelüste von Oligarchien befriedige. Diese organisationssoziologische Perspektive wurde für die folgenden Jahrzehnte prägend und führte dazu, Verbände in erster Linie als einheitliche, hierarchisch geführte und auf Professionalisierung ihres Leitungspersonals angelegte Organisationen zu verstehen.

Erst in den sechziger Jahren des 20. Jahrhunderts setzte *Samuel Eldersveld* – nicht zufällig anhand der Analyse anarchisch strukturierter US-amerikanischer Parteien – zu einer radikalen Kritik von *Michels* an (Eldersveld 1964).[23] Seine Grundthese ist, dass sich Parteien (und damit Verbände generell) gerade nicht zu oligarchischen Organisationen entwickeln, weil dies dem Eigeninteresse der einzelnen Führerpersönlichkeiten widerspräche. Der Individualismus von Funktionären führe parteiintern zu einer permanenten Konkurrenz zwischen verschiedenen Führungsgruppen; dies verhindere die Herausbildung eines einheitlichen parteilichen Korpsgeistes. Und daraus resultiere wiederum ein ausgeprägtes

---

[23] Vgl. dazu im Einzelnen den Beitrag von Benjamin Zeitler in diesem Band.

Autonomiestreben nachgeordneter Parteigliederungen, welchem die Parteiführung Rechnung tragen müsse. Die ‚Befehlsgewalt' der Parteiführung ist nach *Eldersveld* zudem strukturell begrenzt, weil ihre Initiativen oft an der Apathie der Mitglieder scheiterten bzw. diesen Mitgliedern gegenüber keine effektiven Sanktionsmöglichkeiten bestünden (Hübner 2003b: 120).

Dies führe in den Parteiorganisationen letztlich zu einer „,Balkanisierung' der Machtbeziehungen" (Eldersveld 1964: 9) und bedingt die Unmöglichkeit einheitlicher, hierarchischer Strukturen. Parteien (und damit Verbände) sind daher schlussendlich nicht als einheitliche programmatische und personelle Gebilde zu interpretieren, sondern als „offene, stratarchische, auf Subkoalitionen beruhende, pluralistische Führungsstruktur" (Hübner 2003b: 120). Nach *Eldersveld* ist damit ist das ‚*Michels*-Problem' letztlich gegenstandslos: Wo kein einheitliches, die Massen instrumentalisierendes Führerkorps, sondern eine offene pluralistische Organisation, da kein struktureller Widerspruch zwischen Parteiorganisation und Massendemokratie.

3.5 Verbände und Staat: Die Perspektive korporatistischer Ansätze

Schließlich wurde auch das in der Pluralismustheorie skizzierte Verhältnis zwischen Staat und Verbänden einer substantiellen Kritik unterworfen. Ein distanziertes Verhältnis zwischen der öffentlichen Hand und Interessenorganisationen sei schon deshalb nicht zu erwarten, da beide Seiten aus spezifischen Eigennutzerwägungen heraus zu einer symbiotischen Vernetzung tendierten. Dies ist die Kernaussage des modernen Neokorporatismus-Ansatzes, der sich in den siebziger Jahren zu entfalten begann und vor allen Dingen von *Philippe Schmitter* und *Gerhard Lehmbruch* in die neuere Verbändeforschung eingeführt wurde.[24] Die Grundgedanken beider Forscher, die ihre bahnbrechenden Studien fast zeitgleich und zunächst weitgehend unabhängig voneinander publizierten, gehen über weite Strecken konform:

In modernen Demokratien, so ihre Einschätzung, bilden sich häufig ‚neokorporatistische Arrangements' zwischen Staat und Verbänden heraus, welche von der öffentlichen Hand systematisch gefördert werden (Sebaldt/ Straßner 2004: 41-45). Diese Arrangements sind durch zwei Kernelemente gekennzeichnet, ein strukturelles und ein funktionales:

---

[24] Vgl. dazu im Einzelnen die Beiträge von Stefan Köppl und Tobias Nerb in diesem Band. Überblicksdarstellungen zur Entwicklung der Neokorporatismusforschung liefern Czada 1994 und Sebaldt/ Straßner 2004: 41-45.

1. Existenz monopolartiger Spitzenorganisationen mit begründetem Alleinvertretungsanspruch für die jeweilige Klientel gegenüber dem Staat, die in exklusiven korporatistischen Gremien (z.b. Konzertierte Aktion) privilegiert und permanent mit den Vertretern der öffentlichen Hand verhandeln.
2. Delegation öffentlicher, diese Klienteln betreffende Aufgaben durch den Staat an diese Organisationen zum Zwecke der Selbstregulation.

Philippe Schmitter hat in seinen Pionierstudien vor allen Dingen den strukturellen Aspekt in den Vordergrund gestellt (Schmitter 1974), während sich *Gerhard Lehmbruch* besonders eingehend mit dem funktionalen Element auseinandergesetzt hat (Lehmbruch 1977). Der Staat fördert die Entwicklung solcher Spitzenorganisation gemäß neokorporatistischer Lesart aus eigenem Interesse, da sie ihm die Aufgabendelegation und damit die Entlastung der eigenen Administration – etwa im Bereich der Arbeitsbeziehungen, der Selbstverwaltung der Sozialversicherung oder bei der technischen Normung – ermöglicht. Im „Tripartismus", dem dreiseitigen neokorporatistischen Arrangement aus Unternehmerverbänden, Gewerkschaften und dem Staat zur Regulierung der Arbeitsbeziehungen hat diese Form der Interessenvermittlung im internationalen Vergleich auch empirisch belegbar große Bedeutung erlangt (Lehmbruch/ Schmitter 1982).[25]

Aus der so entstandenen starken Stellung dieser Spitzenorganisationen resultiert ein spezifischer Kommunikationsmodus, der dem pluralistischen Hierarchieverständnis ebenfalls zuwiderläuft: Verbände und Staat werden zu Verhandlungs- und Kooperationspartnern; das klassische Gegenüber von gemeinwohlorientiertem Staat und partikularen Interessengruppen verschwindet (Sebaldt/ Straßner 2004: 211-214). Dieser Trend zu neokorporatistischen Arrangements produziert allerdings auch eine Machtasymmetrie innerhalb von Verbandssystemen: Organisationen, die an diesen Arrangements teilhaben, besitzen gegenüber dem Staat sehr viel mehr Einfluss als Verbände in pluralistisch strukturierten Interessenspektren. Nach dieser Einschätzung besitzt die klassische Pluralismustheorie daher eine deutliche Blindstelle, da sie den chancenverzerrenden Charakter dieser neokorporatistischen Arrangements ignoriert.

Freilich ist gerade der Grundgedanke der verbandlichen Selbstregulierung von öffentlichen Aufgaben keine Erfindung des späten 20. Jahrhunderts, sondern schon wesentlich älteren Datums. *Otto von Gierkes* Genossenschaftstheorie, in ihren Anfängen bereits fast hundert Jahre früher formuliert, beinhaltet ähnliche

---

[25] Im Lichte dieser Erkenntnis wurde das Konzept sozioökonomischer Selbstregulierung in den achtziger Jahren zu einer Theorie des „Private Interest Government" weiterentwickelt, in der die jeweils an neokorporatistischen Arrangements beteiligten Verbände als autonom und weitgehend eigenverantwortlich regulierende Akteure ‚privater Interessenregierungen' begriffen wurden (Streeck/ Schmitter 1985).

Aussagen, wenngleich noch nicht auf den modernen (Wohlfahrts)staat bezogen.[26] Unter dem Einfluss germanischer Rechtstraditionen interpretiert er Verbände und insbesondere Genossenschaften als ‚reale Gesamtpersönlichkeiten', denen unabhängig von den individuellen Persönlichkeiten ihrer Mitglieder eine eigene kollektive Identität zukomme (von Gierke 1954: 13). Diese Verbände besitzen daher auch gegenüber der öffentlichen Hand eine autonome Legitimation und sind auch zur selbstregulativen Aufgabenwahrnehmung für ihre Klientel befugt. *Von Gierke* formulierte dies im späten 19. und frühen 20. Jahrhunderts nicht zuletzt als deutliche Kritik gegen den deutschen Obrigkeitsstaat, der durch die Sozialgesetzgebung *Bismarcks* zunehmend auch Wohlfahrtsfunktionen an sich zog, die zuvor von der Familie und von Selbsthilfeorganisationen wahrgenommen worden waren (Hardtwig 1997: 25-69; Ziegelmayer 2001: 63-65). Sein verbandliches Ideal überhöhend, verstieg er sich dabei sogar zur Forderung nach einem genossenschaftlich umgebauten Volksstaat, einem Gesamtorganismus aus miteinander vernetzten staatlichen und nichtstaatlichen Genossenschaften (von Gierke 1911: 170). Auch wenn *von Gierke* gerade darin kaum jemand folgte, so hat er doch insgesamt die Grundlagen der korporatistischen Forschungtradition entscheidend geprägt, was in der reichhaltigen jüngeren Literatur weniger gewürdigt wird als eigentlich angemessen.

4 Leistungen und offene Fragen der klassischen Verbändeforschung: eine Zwischenbilanz

Die klassische Verbändeforschung hat seit den Zeiten *Tocquevilles* imponierende Ergebnisse gezeigt: Ein umfangreiches Theorienspektrum ist ab der Mitte des 19. Jahrhunderts entstanden, das die Entwicklung des Forschungsgegenstandes ebenso widerspiegelt wie die Veränderung der gesamten modernen Staatenwelt. Die große Leistung der Verbändeklassiker, die in den nun folgenden Einzelportraits *en détail* präsentiert werden soll, besteht in der Durchleuchtung des Phänomens organisierter Interessen in all seinen Facetten: Theorien über das Verhältnis von Verbänden zu ‚ihrer' Gesellschaft stehen der modernen Forschung deshalb ebenso zu Gebote wie solche, die die komplexen Beziehungsmuster zwischen Interessenorganisationen und den einzelnen Bürgern zu bestimmen suchen. Die verbandsinterne Organisationslogik kam ebenso auf den sozialwissenschaftlichen Prüfstand wie die Frage nach der grundsätzlichen Wettbewerbs- und Konfliktfähigkeit von Interessen und deren Beziehungen zum Staat.

---

[26] Vgl. dazu im Einzelnen den Beitrag von Tobias Nerb in diesem Band.

Auch hier entstand ein faszinierendes Spektrum konkurrierender Theorien, das die moderne Verbändeforschung bis heute anleitet und befruchtet. Wo Licht ist, ist auch Schatten. Denn die Reichhaltigkeit dieser Forschungstradition ist gleichzeitig auch ihre größte Erblast: Kaum eine sozialwissenschaftliche Teildisziplin ist bis heute so widersprüchlich aufgestellt wie die Verbändeforschung, wofür die Klassiker mit ihren konkurrierenden Theorien den Nährboden bereitet haben. Gerade die jahrzehntelange Kontroverse um die Pluralismustheorie hat eine Vielzahl von Alternativerklärungen produziert, welche vom Fernziel einer einheitlichen Verbändetheorie eher weggeführt hat. Was in der ‚nachklassischen' Periode seit dem Jahr 1980 unternommen wurde, um die bisherige Gräben der Forschung zu überbrücken, ist Thema der Abschlussbetrachtung dieses Sammelbandes.[27] Sie wird verdeutlichen, dass die verbändeforscherische Moderne hinsichtlich Farbigkeit und Kontroversität keinen Vergleich mit den Klassikern zu scheuen braucht.

Literatur:

Alemann, Ulrich von, 1985: Der Wandel organisierter Interessen in der Bundesrepublik. Erosion oder Transformation?, in: Aus Politik und Zeitgeschichte, B 49, 3-21.

Amm, Joachim, 1995: Interessenverbände und Umweltpolitik in den USA. Die Umweltthematik bei Wirtschaftsverbänden, Gewerkschaften und Naturschutzorganisationen seit 1960, Wiesbaden.

Behrends, Sylke, 2001: Neue Politische Ökonomie. Systematische Darstellung und kritische Beurteilung ihrer Entwicklungslinien, München.

Bentley, Arthur F., 1908: The Process of Government, Chicago.

Berry, Jeffrey M., 1989: Subgovernments, Issue Networks, and Political Conflict, in: Harris, Richard A./ Milkis, Sidney M. (Hrsg.), Remaking American Politics, Boulder, CO, 239-260.

Berry, Jeffrey M., 1997: The Interest Group Society, 3. Aufl., New York u.a.

Berry, Jeffrey M., 1999: The New Liberalism. The Rising Power of Citizen Groups, Washington, D.C.

Beyme, Klaus von/ Helms, Ludger, 2004: Interessengruppen, in: Helms, Ludger/ Jun, Uwe (Hrsg.), Politische Theorie und Regierungslehre. Eine Einführung in die politikwissenschaftliche Institutionenforschung, Frankfurt a.M./ New York, 194-218.

Croly, Herbert: 1915: Progressive Democracy, New York.

Czada, Roland, 1994: Konjunkturen des Korporatismus: Zur Geschichte eines Paradigmenwechsels in der Verbändeforschung, in: Streeck, Wolfgang (Hrsg.), Staat und Verbände (PVS-Sonderheft 25), Opladen, 37-64.

---

[27] Vgl. den Beitrag von Alexander Straßner und Martin Sebaldt.

Detjen, Joachim, 1988: Neopluralismus und Naturrecht. Zur politischen Philosophie der Pluralismustheorie, Paderborn/ München.

Eastwood, Granville, 1970: Harold Laski, Oxford.

Eldersveld, Samuel J., 1964: Political Parties. A Behavioral Analysis, Chicago.

Fraenkel, Ernst, 1964: Der Pluralismus als Strukturelement der freiheitlich-rechtsstaatlichen Demokratie, München/ Berlin.

Fraenkel, Ernst, 1968: Die ordnungspolitische Bedeutung der Verbände im demokratischen Rechtsstaat, in: DGB (Hrsg.), Die Stellung der Verbände im demokratischen Rechtsstaat, Düsseldorf, 11-28.

Gebhardt, Jürgen, 2001: „The Federalist", in: Maier, Hans/ Denzer, Horst (Hrsg.), Klassiker des politischen Denkens, München, Bd. 2, 73-86.

Gierke, Otto von, 1911: Die preußische Städteordnung von 1808 und ihre Nachfolgerinnen, in: Jahrbuch für Bodenreform, Bd. 7, 169-197.

Gierke, Otto von, 1954: Das Wesen der menschlichen Verbände. Sonderausgabe, Darmstadt (erstm. 1902).

Göhler, Gerhard/ Klein, Ansgar, 1993: Politische Theorien des 19. Jahrhunderts, in: Lieber, Hans-Joachim (Hrsg.), Politische Theorien von der Antike bis zur Gegenwart, 2., durchges. Aufl., Bonn, 259-656.

Hardtwig, Wolfgang, 1997: Genossenschaft, Sekte, Verein in Deutschland. Bd. I: Vom Spätmittelalter bis zur Französischen Revolution, München.

Hirschman, Albert, 1974: Abwanderung und Widerspruch. Reaktionen auf Leistungsabfall bei Unternehmungen, Organisationen und Staaten, Tübingen.

Hübner, Emil, 2003a: Das politische System der USA. Eine Einführung, 5., aktual. Aufl., München (Beck).

Hübner, Emil, 2003b: Probleme innerparteilicher Willensbildung, in: Hübner, Emil/ Oberreuter, Heinrich (Koord.), Parteien und Wahlen in Deutschland, München, 118-139.

Kremendahl, Hans, 1977: Pluralismustheorie in Deutschland. Entstehung, Kritik, Perspektiven, Leverkusen.

Laski, Harold, 1917: Studies in the Problem of Sovereignty, London.

Laski, Harold, 1919: Authority in the Modern State.

Lehmbruch, Gerhard, 1977: Liberal Corporatism and Party Government, in: Comparative Political Studies, 10, 91-126.

Lehmbruch, Gerhard/ Schmitter, Philippe (Hrsg.), 1982: Patterns of Corporatist Policy-Making, Beverly Hills/ London.

Mahood, H. R., 1967: Pressure Groups. A Threat to Democracy?, in: ders. (Hrsg.), Pressure Groups in American Politics, New York, 295-305.

Mahood, H. R., 2000: Interest Groups in American National Politics. An Overview, Upper Saddle River, N.J.

Michels, Robert, 1989: Zur Soziologie des Parteiwesens in der modernen Demokratie. Untersuchungen über die oligarchischen Tendenzen des Gruppenlebens. Hrsgg. und mit einer Einführung versehen von Frank R. Pfetsch, 4. Aufl., Stuttgart.

Mintzel, Alf, 1984: Die Volkspartei. Typus und Wirklichkeit. Ein Lehrbuch, Opladen.

Moe, Terry M., 1980: The Organization of Interests. Incentives and the Internal Dynamics of Political Interest Groups, Chicago, London.

Offe, Claus, 1972: Politische Herrschaft und Klassenstrukturen. Zur Analyse spätkapitalistischer Gesellschaftssysteme, in: Kress, Gisela/ Senghaas, Dieter (Hrsg.), Politikwissenschaft. Eine Einführung in ihre Probleme, 4. Aufl., Frankfurt a.M., 135-164.

Offe, Claus, 1977: Leistungsprinzip und industrielle Arbeit. Mechanismen der Statusverteilung in Arbeitsorganisationen der industriellen „Leistungsgesellschaft", 5. Aufl., Frankfurt a.M.

Olson, Mancur, 1991: Aufstieg und Niedergang von Nationen. Ökonomisches Wachstum, Stagflation und soziale Starrheit, 2., durchges. Aufl., Tübingen (erstm. 1982).

Olson, Mancur, 1992: Die Logik des kollektiven Handelns. Kollektivgüter und die Theorie der Gruppen, 3. Aufl., Tübingen (erstm. 1965).

Patzelt, Werner J., 2003: Einführung in die Politikwissenschaft. Grundriß des Faches und studiumbegleitende Orientierung, 5., erneut überarb. und wesentlich erw. Aufl., Passau.

Pollock, James K., 1927: The Regulation of Lobbying, in: American Political Science Review, 21, 335-341.

Reutter, Werner/ Rütters, Peter (Hrsg.), 2001: Verbände und Verbandssysteme in Westeuropa, Opladen.

Salisbury, Robert H., 1969: An Exchange Theory of Interest Groups, in: Midwest Journal of Political Science, 13, 1-32.

Schattschneider, Elmer E., 1975: The Semisovereign People. A Realist's View of Democracy in America. Reissued with an Introduction by David Adamany, Hinsdale, IL (erstm. 1960).

Schmid, Josef, 1998: Verbände. Interessenvermittlung und Interessenorganisation. Lehr- und Arbeitsbuch, München/ Wien.

Schmitter, Philippe C., 1974: Still the Century of Corporatism?, in: Review of Politics, 36, 85-131.

Schroeder, Wolfgang, 2001: „Konzertierte Aktion" und „Bündnis für Arbeit": Zwei Varianten des deutschen Korporatismus, in: Zimmer, Annette/ Weßels, Bernhard (Hrsg.), Verbände und Demokratie in Deutschland, Opladen, 29-54.

Sebaldt, Martin, 1997: Organisierter Pluralismus. Kräftefeld, Selbstverständnis und politische Arbeit deutscher Interessengruppen, Opladen.

Sebaldt, Martin, 2001: Transformation der Verbändedemokratie. Die Modernisierung des Systems organisierter Interessen in den USA, Wiesbaden.

Sebaldt, Martin, 2007: Vom klassischen Verband zum politischen Unternehmen? Ressourcen, Strukturmuster und Funktionen moderner Nonprofit-Organisationen im Wandel, in: Helmig, Bernd u.a. (Hrsg.), Nonprofit-Organisationen und Märkte – wie viel Markt braucht eine NPO, wie behauptet sie sich unter marktlichen Gegebenheiten, und wie viel Markt verträgt sie?, Wiesbaden.

Sebaldt, Martin/ Straßner, Alexander, 2004: Verbände in der Bundesrepublik Deutschland. Eine Einführung, Wiesbaden.

Steffani, Winfried, 1980: Vom Pluralismus zum Neopluralismus, in: Oberreuter, Heinrich (Hrsg.), Pluralismus. Grundlegung und Diskussion, Opladen, 37-108.

Streeck, Wolfgang/ Schmitter, Philippe C. (Hrsg.), 1985: Private Interest Government und Public Policy, Beverly Hills/ London.

Tocqueville, Alexis de, 1985: Über die Demokratie in Amerika. Ausgewählt und herausgegeben von J. P. Mayer, Stuttgart (erstm. 1835).

Truman, David B., 1951: The Governmental Process. Political Interests and Public Opinion, Oxford.

Turner, Henry A., 1958: How Pressure Groups Operate, in: Annals of the American Academy of Political and Social Science, 319, 63-72.

Ullmann, Hans-Peter, 1988: Interessenverbände in Deutschland, Frankfurt a.M.

Weber, Max, 1972: Wirtschaft und Gesellschaft, 5. Aufl., Tübingen.

Ziegelmayer, Veronika, 2001: Sozialstaat in Deutschland: Ein Systemwechsel?, in: Kraus, Katrin/ Geisen, Thomas (Hrsg.), Sozialstaat in Europa. Geschichte, Entwicklung, Perspektiven, Wiesbaden, 63-88.

I. Verbände und Gesellschaft:
Die Perspektive der Pluralismustheorie

Verbände als Indikator freiheitlicher Ordnung: Alexis de Tocqueville

Oliver Hidalgo

1 Biographie

François Guizot, der Erfinder des „Klassenkampfes", sagte einmal zu *Tocqueville*, er sei ein besiegter Aristokrat, der sich in seine Niederlage gefügt habe. Ein normannischer Graf, der scharfe Kritik an der Demokratie äußert, der die Bourgeoisie für ihren Egoismus tadelt und von der Freiheit seiner Väter schwärmt – was sollte dieser anderes sein als ein verkappter Reaktionär? *Tocqueville* selbst beruft sich lieber auf das Dilemma zwischen Herz und Verstand. Ähnlich wie später bei *Max Weber* akzeptiert sein Intellekt das Neue – den bürgerlichen Rechtsstaat und die liberale Marktwirtschaft – während er gefühlsmäßig dem Alten verbunden bleibt: der Aristokratie, die in der Französischen Revolution zerstört wurde und die selbst die Restauration nicht wieder zum Leben erwecken konnte.

Seinen Zwiespalt offenbart *Tocqueville* in einem Fragment: „Vom Kopf her schätze ich die demokratischen Institutionen, aber aus Instinkt bin ich Aristokrat, will heißen, ich verachte und fürchte die Menge. Mit Leidenschaft liebe ich die Freiheit, die Gesetze, die Achtung für die Rechte, aber nicht die Demokratie. Das ist der Grund meiner Seele" (OC III, 2: 87).[1] Nichtsdestoweniger fühlte sich *Tocqueville* gerade wegen seiner Abstammung zur Objektivität berufen. An seinen Freund und Übersetzer *Henry Reeve* schreibt er, dass der „Zufall" seiner Geburt ihm jedwedes Vorurteil über die neue Gesellschaft verbiete: „Die Aristokratie war bereits tot, als mein Leben begann, während die Demokratie noch nicht existierte; mein Instinkt konnte mich also weder zur einen noch zur anderen Verblendung hinreißen" (OC VI, 1: 37f.). Mit „Verblendung" meint *Tocqueville*, dass er ebenso wenig ein halsstarriger Reaktionär wie ein blindgläubiger Anhänger der Demokratie gewesen ist. Weil sein Verstand ihn zur Rechtfertigung zwingt, wogegen sein Herz sich verwehrt, glaubt er die Vor- und Nachteile des neuen Systems nüchtern beurteilen zu können. Insofern will er die Demokra-

---

[1] Zitate aus Tocquevilles *Œuvres complètes* werden im Folgenden abgekürzt mit OC, Band römisch, Teilband arabisch: Seitenzahl arabisch. Belege aus der deutschen Übersetzung von *De la démocratie en Amérique* erfolgen nach dem Schema DA, Band römisch: Seitenzahl arabisch. Verweise auf *Der alte Staat und die Revolution* tragen die Sigel AR: Seitenzahl.

tie mit der schwierigen Wahrheit konfrontieren, die ihre Freunde oft verdrängen und ihre Feinde geflissentlich verschweigen (DA II: 6).

In seiner Biographie befindet sich *Tocqueville* in jeder Hinsicht „zwischen den Welten" (Wolin 2001). Geboren am 29. Juli 1805, entstammt er einer alten Adelsfamilie, die dem Untergang des Ersten Kaiserreichs und der Restauration der Bourbonenherrschaft viel Positives abgewinnt. Er selbst begreift die *Charte* von 1814 zunächst als gelungenen Versuch, einen Kompromiss zwischen dem revolutionären Erbe und der alten Monarchie zu schließen. In den Debatten der 1820er Jahre geht *Tocqueville* jedoch zunehmend auf Distanz zu den Legitimisten. Die Thesen *Benjamin Constants* und *Guizots*, die eine natürliche Rangordnung verwarfen und die „Gleichheit der Bedingungen" zum Gesetz der Geschichte erhoben, hatten ihn tief beeindruckt. Anders als die Liberalen seiner Zeit blickte *Tocqueville* aber nicht nach England, um sein Vorbild für eine bürgerliche Gesellschaft zu finden, die das Prinzip der Leistung an die Stelle der Geburt setzt. Zusammen mit seinem Freund *Gustave de Beaumont* bereist er stattdessen die Vereinigten Staaten von Amerika. Die Erfahrungen in der Neuen Welt verarbeitet *Tocqueville* in seinem Frühwerk *Über die Demokratie in Amerika*, dessen erster Teil 1835 erscheint. Die Darstellung des sozialen und politischen Systems der USA beschert ihrem Autor einen fast sensationellen Erfolg beim Publikum und bringt ihm gleichzeitig die Anerkennung der literarischen und akademischen Fachwelt ein. 1838 wird *Tocqueville* in die *Académie des sciences morales et politiques* aufgenommen, 1841 wird er Mitglied der *Académie française*. Im Jahr zuvor hatte er die Fortsetzung der *Démocratie en Amérique* veröffentlicht, in der er anhand des empirischen Materials seiner Amerikareise einen „Idealtypus" der Demokratie konstruiert. Die abstrakte Argumentation war für die Leser seinerzeit nur schwer nachzuvollziehen. Heute ist evident, dass sich *Tocquevilles* Ruf als Vordenker der modernen Demokratie in erster Linie auf den zweiten Band des Amerikabuchs gründet.

Bewegt sich *Tocqueville* in räumlicher Hinsicht zwischen Amerika und Europa sowie auf der Zeitachse zwischen Aristokratie und Demokratie, pendeln seine intellektuellen Ambitionen zwischen Theorie und Praxis. Sein Renommee als Autor kommt der Karriere als Politiker zugute. 1839 erringt er im Wahlkreis Valognes einen Sitz in der Deputiertenkammer, den er bis zum Ende der Julimonarchie behauptet. Seine größten Erfolge feiert *Tocqueville* jedoch in der Zweiten Republik. Er gewinnt maßgeblichen Einfluss auf die Verfassung von 1848 und bekleidet im Jahr darauf im Kabinett *Odilon-Barrot* das Amt des Außenministers. Die Regierung hält sich jedoch nur wenige Monate. Seine Demission, mehr aber noch gesundheitliche Probleme zwingen *Tocqueville* zunehmend zur Abkehr vom politischen Leben. Nach dem Staatsstreich *Louis Napoleons* im Dezember 1851 zieht er sich endgültig ins Privatleben zurück. Im Spätwerk *Der alte Staat und die Revolution* (1856) will er daraufhin die historischen Hypotheken entlarven, die für die Neuauflage des bonapartistischen Experiments gesorgt haben. Bevor er den zweiten Teil seiner Studie beenden kann, stirbt *Tocqueville* am 16. April 1859 an den Folgen einer Tuberkulose.

2 Profil des Gesamtwerks

Auf sein Grundthema – die Demokratie – stößt *Tocqueville* in einer Zeit, die von der Instabilität des politischen Systems in Frankreich gekennzeichnet ist. Die Revolutionen von 1789, 1830 und 1848 erschütterten ganz Europa und schürten bei vielen Zweifel, ob sich in der Moderne jemals tragfähige Strukturen etablieren können. Chaos und Anarchie ließen den Ruf nach dem *maître nouveau* laut werden, woraus der Bonapartismus einen wesentlichen Teil seiner Legitimation bezog.

In seinen Werken versucht *Tocqueville*, den Zusammenhang zwischen Revolution und moderner Demokratie neu zu ordnen. Das revolutionäre *age intermédiaire*, das in Europa den Übergang von der feudalen Aristokratie zur bürgerlichen Gesellschaft begleitet, bleibt für ihn auf einen bestimmten Zeitraum beschränkt. Langfristig sei am Sieg der Demokratie und der Stabilität ihrer Sitten und Institutionen nicht zu rütteln. In den USA kann *Tocqueville* deshalb die Zukunft des alten Kontinents erkennen, weil die demokratische Transformation dort auf keinen Widerstand von alten Eliten trifft. Die zentralen Ideen der Aufklärung – Freiheit und Gleichheit, Rechtsstaatlichkeit und Marktwirtschaft – ließen sich hier ungehindert entfalten. Durch das Porträt der Vereinigten Staaten, das *Tocqueville* im ersten Band *De la démocratie en Amérique* liefert, verliert die Neue Welt den Status des Nachzüglers, den sie bei den Liberalen seit *Locke* und *Montesquieu* besaß. Amerika schlüpft umgekehrt in die Rolle eines Vorreiters der Zivilisationsgeschichte, dessen Gesellschaftsordnung und politisches System die Welt künftig bestimmen wird.

Tocquevilles Demokratiebegriff ist in erster Linie sozioökonomisch konnotiert. Was *Comte Industriegesellschaft* und *Marx Kapitalismus* nannten, das begreift der französische Aristokrat als *état social démocratique*. Gemeint ist eine Gesellschaft, in der die „Gleichheit der Bedingungen" herrscht. Alle Bürger besitzen die gleichen Rechte und Chancen und tragen dasselbe Risiko der Unternehmung. Die Folge ist eine ungeheure Sozialdynamik, welche die statische Hierarchie der Tradition pulverisiert. Im zweiten Band des Amerikabuches beschreibt *Tocqueville*, welche fundamentalen Änderungen sich aus der *égalité des conditions* ergeben. Im Hinblick auf das demokratische Denken (Teil 1) konstatiert er die überragende Bedeutung der öffentlichen Meinung. Unter der Bedin-

gung der Gleichheit wachse „die Bereitschaft, an die Masse zu glauben", kontinuierlich an. Da alle Menschen gleichberechtigt sind und die intellektuellen
Unterschiede verwischen, wird dem Gros der Bürger eher vertraut als einem
einzelnen Menschen oder einer Klasse. Auch der Glaube an religiöse Dogmen
sinkt beständig. Eine geistige Autorität außerhalb der Rationalität des Volkes ist
für den *homme démocratique* schwer zu akzeptieren (DA II: 20f.). Mit der Macht
der öffentlichen Meinung verbunden ist die Überzeugung, dass der Einflussbe-
reich des Einzelnen in der modernen Gesellschaft prinzipiell limitiert ist. Die
Folgsamkeit gegenüber dem *Mainstream* hängt nicht zuletzt damit zusammen,
dass im Zeitalter der Gleichheit „alle Menschen unabhängig voneinander, vereinzelt und schwach" sind (DA II: 28). Wer dennoch etwas bewirken will, ist
darauf angewiesen, seine Ziele und Interessen in der öffentlichen Wahrnehmung
möglichst positiv erscheinen zu lassen.

Als das beherrschende Sozialgefühl in der Demokratie identifiziert *Tocqueville* den *Individualismus* (Teil 2). Darunter versteht er den fast völligen Rückzug
der Bürger in ihre Privatexistenz. Die allgemeine Chancengleichheit verschafft
jedem Bürger die Möglichkeit, nach Reichtum zu streben und sich materielle
Genüsse zu sichern (DA: 142ff.). Diese Option nimmt er wahr und vergisst dabei
die Probleme der Gemeinschaft. Sofern es nicht gelingt, die Interdependenz
zwischen privaten und öffentlichen Interessen in Form der „Lehre vom wohlverstandenen Eigennutz" (ebd.: 179ff.) transparent zu machen, droht der Demokratie die Aushöhlung der politischen Freiheit. Die Negation der öffentlichen Sphäre bereitet den Boden für die Despotie des modernen Verwaltungsstaates.

Die demokratischen Sitten und Gewohnheiten (Teil 3) sind nach *Tocqueville* geprägt von einer Angleichung der Lebensweise und einer entsprechenden
„Milderung" des allgemeinen Umgangs. Weil Menschen gleichen Ranges auch
„ungefähr gleich denken und fühlen", kann jeder „die Empfindungen aller anderen erschließen" (ebd.: 247f.). Aus der „Ähnlichkeit" der Bürger in der Demokratie folgt gegenseitiges Mitgefühl und der Verzicht auf Grausamkeit. Gleichzeitig drängt sich *Tocqueville* ein Bild der Einförmigkeit auf. Die Unruhe und
Hektik der bürgerlichen Gesellschaft resultiert aus einer einzigen Leidenschaft:
dem Wetteifer nach Wohlstand. Die Konformität droht zu einer fast vollständi-
gen sozialen Paralyse zu entarten (ebd.: 369ff.). Den revolutionären Entste-
hungsbedingungen der europäischen Demokratie zum Trotz neigt der *état social*
der Moderne in Wirklichkeit zu Stabilität und Starrheit. Die Angst der Bürger
vor Veränderungen, mit denen sie vor allem den Verlust ihrer Besitzstände asso-
ziieren, führt schließlich zur Verschleppung von Reformen und einer übertriebe-
nen Ordnungspolitik. Der Demokratie steht damit ein zu ihrem gewaltsamen
Anfang höchst gegensätzliches Ende bevor: Sie tendiert zu einer regelrechten
Friedhofsruhe.

Aus seiner „Soziologie" der Gleichheit leitet *Tocqueville* gravierende politische Konsequenzen ab (Teil 4). Der *état politique*, der sich über der egalitären Gesellschaft erhebt, weist als Grundzug eine Konzentration der politischen Gewalten auf. Das uniformierte Denken befördert die Vorstellung einer zentralisierten Macht, die alle Bürger nach einheitlichen Verwaltungsvorschriften lenkt (ebd.: 425ff.). Das Gefühl des Individualismus kommt diesem Machtgewinn der Administration zugute, gilt doch die einzige Sorge des politisch apathischen *homme démocratique* der Sicherung seines Besitzes. Dass dem Staat immer mehr Rechte zur Bewahrung der öffentlichen Ordnung übertragen werden, ficht ihn nicht an. Die allgemeine Liebe zur Gleichheit erleichtert dem Einzelnen vielmehr, die Allzuständigkeit einer anonymen Gewalt zu akzeptieren, anstatt einer bestimmten Klasse oder gar seinesgleichen zu gehorchen (ebd.: 432). Das Vertrauen in die Zentralmacht ist dabei fast grenzenlos, weil die Bürger „glauben, dass sie alles sich selbst zukommen lassen, was sie weggeben" (ebd.: 441).

Schon vor *Max Weber* hat *Tocqueville* die Filationslinie zwischen dem Demokratisierungsprozess und der Ausdehnung der Bürokratie thematisiert. Die Nachteile dieser Entwicklung liegen für den französischen Liberalen auf der Hand: Indem die Bürger mit einem engmaschigen Netz aus Vorschriften überzogen werden, verlieren sie ihre politischen Freiheiten und geraten immer mehr unter die Kontrolle des Verwaltungsapparats. Als Schreckensszenario der Zukunft entwirft *Tocqueville* das Bild des „sanften Despotismus", eine einprägsame Skizze politischer Entmündigung:

> Ich erblicke eine Menge einander ähnlicher und gleichgestellter Menschen, die sich rastlos im Kreise drehen, um sich kleine und gewöhnliche Vergnügungen zu verschaffen, die ihr Gemüt ausfüllen. Jeder steht in seiner Vereinzelung dem Schicksal aller andern fremd gegenüber [...] und bleibt ihm noch eine Familie, so kann man zumindest sagen, dass er kein Vaterland mehr hat. Über diesen erhebt sich eine gewaltige, bevormundende Macht, die allein dafür sorgt, ihre Genüsse zu sichern und ihr Schicksal zu überwachen. Sie ist unumschränkt, ins Einzelne gehend, regelmäßig, vorsorglich und mild. Sie wäre der väterlichen Gewalt gleich, wenn sie wie diese das Ziel verfolgte, die Menschen auf das reife Alter vorzubereiten; statt dessen aber sucht sie bloß, sie unwiderruflich im Zustand der Kindheit festzuhalten; es ist ihr recht, dass die Bürger sich vergnügen, vorausgesetzt, dass sie nichts anderes im Sinne haben, als sich zu belustigen. Sie arbeitet gerne für deren Wohl; sie will aber dessen alleiniger Betreuer und einziger Richter sein; sie sorgt für ihre Sicherheit, ermisst und sichert ihren Bedarf, erleichtert ihre Vergnügungen, führt ihre wichtigsten Geschäfte, lenkt ihre Industrie, ordnet ihre Erbschaften, teilt ihren Nachlass; könnte sie ihnen nicht auch die Sorge des Nachdenkens und die Mühe des Lebens ganz abnehmen? (ebd.: 463f.).

42 Oliver Hidalgo

Was *Tocqueville* für die demokratische Gesellschaft befürchtet, ist der Verlust der politischen Freiheit zugunsten der Gleichheit und der damit verbundenen materiellen Annehmlichkeiten. Das individuelle Handeln wird durch Verwaltungsakte ersetzt, bis schließlich die gesamte soziale und politische Tätigkeit bürokratisch gesteuert ist. Die Bürger sehen in ihren Beherrschern freilich keine Tyrannen, sondern Vormünder, die ihre Schützlinge nach einem festen Plan überwachen, belehren und sogar glücklich machen wollen. *Despot* und *Untertan* befinden sich im gegenseitigen Einvernehmen, weswegen die Regierten ihre Ohnmacht „oft sogar als Wohltat ansehen" (ebd.: 464). Als eigentliche Legitimitätsquelle des Verwaltungsdespotismus fungiert indes die Lehre von der Volkssouveränität, die von den Bürgern als Alibi für ihre Politikverdrossenheit herangezogen wird. Sie „nehmen die Bevormundung hin, indem sie sich sagen, dass sie ihre Vormünder selber ausgewählt haben. Jeder duldet, dass man ihn fessle, weil er sieht, dass weder ein Mann noch eine Klasse, sondern das Volk selbst das Ende der Kette in Händen hält" (ebd.: 465).

Als Grundproblem der beiden Bände des Amerikabuchs kristallisiert sich somit die Versöhnung zwischen dem egalitären und dem liberalen Prinzip heraus. Die moderne Verwaltungsbürokratie vor Augen, will der Adelige *Tocqueville* die Demokratie zwar nicht bekämpfen, jedoch zumindest so weit regulieren, dass ihre despotischen Tendenzen kompensiert werden.

Wie von selbst formuliert sich dadurch der Anspruch von *Tocquevilles* politischer Wissenschaft, „aus dem Schoß der demokratischen Gesellschaft [...], die Freiheit hervorgehen zu lassen" (ebd.: 472). Die Therapievorschläge, die der Band von 1840 formuliert, reflektieren vor allem die Eindrücke, die *Tocqueville* auf seiner Amerikareise gewonnen hat. Positiv aufgefallen war ihm, wie in den USA die Religion als moralische Orientierung für die Bürger die Übermacht der öffentlichen Meinung dämpft, und ein „wohlverstandener Eigennutz" (ebd.: 179ff.) die Auswüchse des Individualismus mildert.[2] In institutioneller Hinsicht setzt der *Montesquieu*-Schüler *Tocqueville* auf die Wirksamkeit von intermediären Gewalten, die zwischen Staat und Volk vermitteln und die Machtzentralisati-

---

[2] Das *intérêt bien entendu*, das die Interdependenz zwischen dem privaten und dem öffentlichen Interesse transparent macht, erinnert in seinen Grundzügen an Adam Smiths Figur der „unsichtbaren Hand". Obwohl die Bürger in der modernen Demokratie weitgehend selbstsüchtige Ziele verfolgen, fordert sie die eigene Rationalität dazu auf, die Belange des Gemeinwesens zu berücksichtigen. Ohne das Funktionieren der öffentlichen Ordnung wäre schließlich auch das individuelle Wohlergehen gefährdet. Inwieweit die bürgerliche Selbstverpflichtung in Form des „wohlverstandenen Eigennutzes" einen Fremdkörper innerhalb des *Tocquevilleschen* Gedankengebäudes bildet, ist in der Literatur umstritten (vgl. Lawler 1995 a/b, Laval 2002). Der aufgeklärte Egoismus scheint jedenfalls für sich genommen kein ausreichendes Integrationspotenzial zu besitzen, um die atomisierten Bürger der Moderne auf gemeinsame Ziele und sittliches Verhalten hin auszurichten. Das Ergänzungsbedürfnis des Interesses durch die Religion sollte hier evident sein (vgl. Herb/Hidalgo 2005: 132f.).

on eindämmen. Dazu zählen die Einrichtungen der lokalen Selbstverwaltung (DA I: 88-142, 392ff., 406-415; DA II: 153-159), die gemeinsame Stärke der Vereinigung (DA I: 279-291; DA II: 160-166, 172-178, 472), die freie Presse (DA I: 265-278; DA II: 167-171, 473) sowie die unabhängige Justiz (DA I: 143-154, 394-406; DA II: 474). Gleich „aristokratischen Persönlichkeiten" sollen diese Institutionen dem Allmachtsanspruch der Bürokratie entgegentreten und sich nicht „nach Gutdünken niederhalten" oder „im Dunkeln unterdrücken" lassen (ebd.: 472), wie es den schwachen und isolierten Individuen widerfährt. Indem die Bürger in Assoziationen und Verbänden ihre Interessen bündeln, die Presse Missstände anprangert bzw. als allgemeines Forum der sozialen Kommunikation dient und die Gerichte die Rechtsstaatlichkeit der Verwaltung garantieren, wird die Demokratie vor dem Abdriften in den Despotismus bewahrt.

Was in den USA offensichtlich funktioniert, trifft in *Tocquevilles* Heimat auf enorme Schwierigkeiten. Nicht nur, dass hier im Anschluss an das Fieschi-Attentat 1835 die berüchtigten „Septembergesetze" die Presse- und Vereinigungsfreiheit liquidierten, war auch an eine dezentralisierte Verwaltung nach amerikanischem Vorbild nicht zu denken. Schon in der *Demokratie* weist *Tocqueville* auf die lange Tradition der Zentralisation in Frankreich hin. Beiläufig erwähnt er, dass der Machtzuwachs der Bürokratie keineswegs das Ergebnis der Verwaltungsreformen durch die Revolutionäre oder *Napoleon I.* seien. (DA I: 633f., Anm. K). Diese hätten lediglich vervollkommnet, was der Absolutismus lange vorher initiierte: die Entmachtung des Adels und die Übertragung seiner Befugnisse auf den Staat.[3] Im Spätwerk *L'ancien régime et la révolution* illustriert *Tocqueville* die Geschichte der französischen Demokratie dann überhaupt als eine Geschichte des Zentralismus und der Bürokratisierung. Der erneute Triumph des Bonapartismus hatte ihn dazu animiert, die Wurzeln des egalitären Despotismus bis tief ins 16. Jahrhundert hinein zu verfolgen. Mit der Entlarvung der Kontinuität zwischen Absolutismus und Demokratie sorgt *Tocqueville* überdies für einen Paradigmenwechsel in der Revolutionshistoriographie. Die bis dato dominierende Legende vom radikalen Bruch mit der Vergangenheit bezweifelnd, insistiert er darauf, dass sich die bürgerliche Gesellschaft längst vor 1789 etabliert hatte. Im Schatten der französischen Monarchie und ihrer zentralisierten Verwaltung war es der Bourgeoisie gelungen, den Adel als soziale Elite abzulösen. Pathos und Terror der Jakobinerherrschaft hatten folglich nur übertüncht, dass die Französische Revolution in Wirklichkeit ein redundantes Ereignis bedeutete.

---

[3] Zum Phänomen der Zentralisation in *Tocquevilles* Frühwerk siehe auch den Aufsatz *L'Etat social et politique de la France avant et depuis 1789* (OC II, 1: 54-60).

Indem *Tocquevilles* Werke die eklatante Ausweitung der staatlichen Verwaltungsbefugnisse und die Korrosion der traditionellen intermediären Kräfte als spezifische Autoritätsform der modernen Demokratie identifiziert, avanciert bei ihm die Vermittlung zwischen der fast allmächtigen Zentralinstanz und der Masse gleichgestellter, isolierter Individuen zum Schlüssel für die Freiheit. Die Schwäche des Einzelnen gegenüber der Bürokratie, seine Ohnmacht gegenüber den staatlichen Gremien verlangt es, neue Formen und Wege zu finden, welche die Handlungsfähigkeit sicherstellen. Als eigentliches Paradox der Moderne aber entlarvt *Tocqueville* den Umstand, dass die ursprüngliche Stärke, die dem Individuum durch seine Emanzipation aus den Hierarchien des Feudalwesens zuteil wird – seine Unabhängigkeit –, mittel- und langfristig zu seiner größten Schwäche wird: Durch die Isolierung von seinen Mitbürgern wird der Einzelne zum willfährigen Opfer der anonymen Staatsmacht. Die spezielle Aufmerksamkeit, die *Tocqueville* den politischen Vereinen und Interessenverbänden schenkt, ist dieser grundsätzlichen Diagnose geschuldet.

3   Tocquevilles Verbändestudien

Mit seinen Ausführungen zu den *associations*[4] berührt *Tocqueville* einen entscheidenden Punkt seiner Demokratieanalyse. Weil die Gleichheit der Bedingungen alle Bürger auf die gleiche Stufe stellt und sie gleichzeitig voneinander isoliert, fehlt es im Gegensatz zur Aristokratie an Akteuren, deren Rang, Bildung und ökonomische Unabhängigkeit sie in natürlicher Weise zum politischen Handeln prädestiniert. Zwar gibt es in der Demokratie gewählte Politiker, doch versagen diese in zweierlei Hinsicht darin, den alten Notabeln nachzufolgen. Zum einen ist die Qualität der demokratischen Auswahl für *Tocqueville* höchst zweifelhaft, da die mangelnde Urteilskraft (vgl. DA I: 294f.) bzw. der Neid des Volkes verhindern, dass die größten Koryphäen in die Schaltzentralen der Macht vordringen. Weil der *homme démocratique* „alles, was irgendwie überragt", als Widerspruch zur Gleichheit auffasst, werden die fähigsten Köpfe aus der Politik gedrängt (ebd.: 295ff.). Zum anderen wollen die in Parteien organisierten Berufspolitiker das enorme Ausmaß der Befugnisse, das die zentralisierte Macht den modernen Staatsmännern gewährt, nicht beschränken, sondern auf sich selbst vereinigen. Insofern gesteht *Tocqueville* weder der Regierungspartei noch der parlamentarischen Opposition zu, die Interessen der Gesellschaft gegenüber der Zentralgewalt ausreichend zu repräsentieren. Schließlich seien alle Parteien

---

[4] *Tocquevilles* Begriff der „association" ist weiter gefasst als die deutschen Wörter „Verein", „Vereinigung" oder „Verband". Wie unten noch ausgeführt wird, hat er nicht allein die institutionalisierten Formen im Auge, sondern auch sehr informelle Strukturen.

bereit, „die Rechte der Mehrheit anzuerkennen", in der Hoffnung, sie eines Ta-
ges zum eigenen „Vorteil ausüben zu können" (ebd.: 372). Einer sozialen Minderheit bleibt daher in der Demokratie nichts anderes übrig, als die eigenen Interessen zu bündeln, um sich gegenüber den Ansprüchen des Staates zur Wehr zu
setzen.

Mit seiner Einsicht, dass die politische Aktivität in der Demokratie der Or-
ganisation bedarf, steht *Tocqueville* am Beginn der Verbändeforschung. Die
„Assoziation" wird von ihm zum „wirksamen Mittel des Handelns" (DA I: 279)
deklariert. Die politische Apathie kann überwunden werden, indem eine Gruppe
im Kollektiv Verständnis für ihre Einflussmöglichkeiten gewinnt. Was dem
Einzelnen versagt bleibt – das Erklimmen der politischen Bühne – ist durch die
Kooperation mehrerer zu erreichen (DA II: 164). Deutlich wird hier *Tocquevilles*
Konnotation von Freiheit und Hierarchie (Hidalgo 2004). Was er unterstreicht,
ist die Notwendigkeit eines vertikalen Kontrasts zur nivellierenden Tendenz der
Demokratie (Elster 1993: 16). Durch die Zusammenschlüsse von naturgemäß
vereinzelten Bürgern zu Verbänden werden künstlich „sehr vermögende, sehr
einflussreiche, sehr kraftvolle Wesen, mit einem Wort aristokratische Persönlichkeiten" geschaffen.[5] „Auf diese Weise", ist der französische Adelige sich
sicher, „gewänne man mehrere der größten Vorzüge der Aristokratie ohne deren
Ungerechtigkeiten oder Gefahren. Eine politische, industrielle, kommerzielle
oder sogar wissenschaftliche und literarische Vereinigung ist wie ein gebildeter
und mächtiger Bürger, den man weder nach Gutdünken niederhalten noch im
Dunkeln unterdrücken kann und der dadurch, dass er seine privaten Rechte gegen die Ansprüche der Staatsgewalt verteidigt, die Freiheiten der Gemeinschaft
rettet" (DA II: 472).

In *Tocquevilles* Suche nach Institutionen, die in der Demokratie den Adel
funktional äquivalent ersetzen können, spielen die Verbände und Vereine eine
Schlüsselrolle. „Die Zusammenschlüsse sind es, die in den demokratischen Völkern die mächtigen Einzelnen ersetzen müssen, die die gesellschaftliche Eineb-
nung zum Verschwinden gebracht hat" (DA II: 165). Als intermediäre Körperschaften vermitteln die *associétés* zwischen den isolierten Individuen und dem
allmächtigen Staat. Nicht zufällig bezeichnet *Tocqueville* deshalb die Kunst der
Vereinigung als „Grundwissenschaft" in den demokratischen Ländern (DA II:
166, 175). Sofern der Einzelne nicht lernt, „sich zu seiner Verteidigung mit seinesgleichen zu verbinden", wird „die Gewaltherrschaft mit der Gleichheit" unweigerlich zunehmen. Weil die Bürger in der Demokratie für sich alleine „unabhängig und schwach" sind, vermögen sie „aus eigener Kraft fast nichts".

---

[5] Zu *Tocquevilles* kontraktualistischem Hierarchieverständnis siehe DA II: 263-275.

Sie verfielen der Ohnmacht, wenn „sie nicht lernen, sich freiwillig beizustehen" (ebd.: 160ff.).

Die Fähigkeit, Vereine und Verbände zu gründen, die als „weithin sichtbare Macht" (ebd.: 165) den staatlichen Organen die Grenzen aufzeigen, avanciert bei *Tocqueville* zum Indikator einer freiheitlichen Ordnung. Voraussetzung dafür ist, dass eine unabhängige Presse die soziale Kommunikation garantiert (ebd.: 167-171). Weil die monströse Staatsgewalt den Elan bremst, sich an bürgerlichen Zusammenschlüssen zu beteiligen und der Individualismus die Einsicht erschwert, dass der Einzelne in der Kooperation den eigenen Vorteil wahrnimmt, kommt den Zeitungen entscheidende Bedeutung zu. Erst sie ermöglichen es den Bürgern, über die räumliche Distanz des modernen Flächenstaates hinweg in Kontakt zu treten. Fällt dem Adel in der Aristokratie die Kräftevereinigung leicht, weil sich seine Mitglieder im ständigen Gedankenaustausch befinden, müssen Menschen, die durch keine traditionellen Beziehungen miteinander verbunden sind, über gemeinsame Informationsquellen verfügen, um sich über Ziele und Aktionen zu verständigen. Die Presse ist für *Tocqueville* damit „im wahrsten Sinne das demokratische Werkzeug der Freiheit" (DA II: 473). Ohne sie ließe sich „die freiheitsbegründende Kraft" der Verbände und Vereine nicht realisieren (DA I: 283).

Leuchtendes Beispiel für eine Gesellschaft, in der ein liberales Vereins- und Pressewesen die freiheitliche Demokratie ermöglicht, sind die USA. Dort beobachtet *Tocqueville*, wie sich die bürgerlichen Vereinigungen vor allem um lokale Zeitungen herum gruppieren (Hereth 2004: 55). „In den Vereinigten Staaten vereinigt man sich zu Zwecken der öffentlichen Sicherheit, des Handels und Gewerbes, der Sittlichkeit und der Religion. Es gibt nichts, das der menschliche Wille nicht durch freies Handeln der vereinigten Macht Einzelner zu erreichen hofft" (DA I: 281). Positiv bewertet *Tocqueville* vor allem das Moment der Eigeninitiative, das jedem Zusammenschluss innewohnt. Statt in Passivität zu verharren und die eigene Ohnmacht zu beklagen, stimmen die Bürger ihre Interessen aufeinander ab und präzisieren ständig ihre Willensbildung. Entsprechend hoch stuft *Tocqueville* das Integrationspotenzial eines Verbandes ein (ebd.: 281f.). Fast noch wichtiger aber ist ein gewisser „Lerneffekt". Indem sich die Bürger zusammenschließen und oft Geld und Zeit opfern, um konkrete Probleme zu lösen, gewöhnen sie sich daran, die eigenen Angelegenheiten autonom zu regeln. Durch ihre Tätigkeit in bürgerlichen und politischen Vereinigungen erlernen die Bürger nicht weniger als den Gebrauch der demokratischen Freiheit. Sie sammeln Erfahrungen, wenn sie sich zunächst mit lokalen und regionalen Problemen befassen und qualifizieren sich schrittweise für höhere Aufgaben. Im Ganzen fördert die Existenz von Vereinen und Interessenverbänden den „öffentlichen Geist" und hilft, eine lebendige politische Kultur zu begründen.

Auffallend ist, dass *Tocqueville* zwischen politischen und bürgerlichen Vereinigungen differenziert. Bei ersteren betont er die Widerstandsfähigkeit gegenüber der staatlichen Zentralmacht (DA I: 285; DA II: 160), bei letzteren steht der Aspekt des gemeinsamen, zielorientierten Handelns im Vordergrund (DA II: 162-166). Von zentraler Bedeutung ist dabei das Ideal der Subsidiarität. Sofern die Bürger nicht wenigstens die Aufgaben übernehmen, die auf der unteren Ebene zu lösen sind, gewöhnen sie sich an die Bevormundung und bleiben insgesamt unfähig zum selbständigen Handeln. Während sich die Regierung immer weitere Befugnisse einverleibt, wird die bürgerliche Aktivität verdrängt. Und je mehr die Staatsgewalt „an die Stelle der Vereine tritt, umso mehr werden die einzelnen Menschen" dem Heilmittel, „dem Gedanken der Vereinigung entfremdet" (DA II: 163). Ein solcher Teufelskreis führt geradewegs in den demokratischen Despotismus. Interessanterweise findet *Tocqueville* den Ausweg aus diesem Dilemma weniger auf der niederen Ebene der bürgerlichen Verbände, als auf der höheren Ebene der Politik. Dies wird evident, wenn er die besonderen Beziehungen zwischen den politischen und bürgerlichen Vereinen schildert (DA II: 172-178). Die Machtlosigkeit des Einzelnen sticht im Bereich des Politischen viel eher ins Auge als im zivilen Leben. Ist in der Politik der dringende Bedarf an Mitstreitern und Parteifreunden für jedermann ersichtlich, scheint das Angewiesensein auf andere im Privatsektor schwerer zu vermitteln. Wer daher „die bürgerlichen Vereine vermehren" will, dem sollte auch daran liegen, „die politischen Vereine" zu fördern, weil die politische Aktivität auf das bürgerliche Tun abfärbt und nicht umgekehrt (DA II: 174). Doch nicht nur quantitativ, auch qualitativ wirken die politischen Verbände auf die bürgerlichen ein. Das Einordnen der eigenen Interessen in das Gesamtinteresse der Nation fällt in einer politischen Vereinigung leicht, da sie selten mit finanziellen Risiken verbunden ist und eine Abstimmung und Kompromissfindung mit anderen Gruppierungen offensichtlich notwendig ist. Eine private Lobby verliert hingegen das Ganze schnell aus dem Blickfeld. Insofern erhofft sich *Tocqueville*, dass die politischen Vereine als Schulen fungieren, die im Hinblick auf die Verfolgung des Gemeinwohls die Sonderziele der bürgerlichen Vereinigungen modifizieren (DA II: 174).

Der Primat des Politischen, der *Tocquevilles* Verbändestudien und seine gesamte Demokratietheorie auszeichnet, weist darauf hin, dass das Lob der Assoziationen nicht auf einflussreiche Lobbies gemünzt ist, die mit ihren privaten Sonderinteressen den öffentlichen Bereich okkupieren. An dieser Stelle lohnt es sich, den Begriff der *association politique*, den der Autor der *Demokratie in Amerika* zugrunde legt, näher zu untersuchen. Im ersten Band des Werks spricht er von drei unterschiedlichen Stufen, die unter diesem Terminus firmieren (DA I: 281f.). Zunächst ist da die lose, geistig-ideelle Verbindung von Gleichgesinnten, die ihre gemeinsamen Ziele abstecken und sich gegenseitig unterstützen. Der nächste Schritt ist die Institutionalisierung jener informellen Formen, das heißt die faktische Gründung eines „Vereins", einer „Bürgerinitiative" oder eines Interessenverbandes. Diese Gruppierungen bemühen sich schließlich, im System der repräsentativen Demokratie Einfluss auf die Legislative zu gewinnen. Nach den Vorstellungen *Tocquevilles* erfolgt dieses Unterfangen allerdings weniger in Form eines „Lobbyismus", das heißt durch direkte oder medial vermittelte Beeinflussung der gewählten Volksvertreter, als durch das Stellen eigener Abgeordneter.[6]

Auf den ersten Blick scheint *Tocqueville* damit zwischen der Bildung eines politischen Vereins und einer Partei kaum zu unterscheiden. Der Übergang wirkt fließend und passt überdies zu den historischen Gegebenheiten, die noch weit entfernt waren von der heutigen modernen Parteienstruktur. Sieht man jedoch genauer hin, fällt auf, dass die Differenzierung zwischen dem politischen „Verein" und der „Partei" von größter Bedeutung ist. Während die Verbände und Vereine in erster Linie als intermediäre Kräfte fungieren und die Gesetze lediglich in ihrem Sinne „beeinflussen", drängt es eine Partei zur Übernahme der gesamten staatlichen Macht (DA I: 285). Anders als die Parteien, die nach der Allmacht der modernen Zentralgewalt streben[7], sind die politischen Vereine das Mittel, um diese Allmacht zu zerbrechen. *Tocqueville* kommt folgerichtig zu dem Schluss:

> In keinem Land sind die Gruppenbildungen nötiger als da, wo die Gesellschaftsordnung demokratisch ist, wenn man die Tyrannei der Parteien oder die Willkürherrschaft der Fürsten verhindern will. In den Nationen mit einer Aristokratie bilden die Körperschaften zweiter Ordnung natürliche Vereinigungen, die dem Missbrauch der Macht Einhalt gebieten. In Ländern, wo solche Vereinigungen nicht bestehen, sehe ich, wenn die Bürger nicht künstlich und augenblicklich etwas Ähnliches schaffen können, keinen Damm mehr gegen jegliche Art der Tyrannei und ein großes Volk kann durch eine Handvoll Parteileute oder durch einen einzigen Mann ungestraft unterdrückt werden (DA I: 285).

Es bestätigt sich somit der Befund, dass *Tocqueville* die Funktion eines politischen Verbandes vor allem an seinem Widerstandspotenzial gegenüber der Zent-

---

[6] Die suggestive Kraft, die die Verbände auf die Beamten der *Exekutive* auszuüben vermögen, wird von *Tocqueville* an dieser Stelle nicht in Betracht gezogen. In einer derartigen Konstellation hätte er indes zweifelsohne eine unzumutbare Überschneidung von privaten und öffentlichen Interessen erkannt. Die Regierungen der Julimonarchie, die sich vor allem als Repräsentanten der Bourgeoisie begriffen, bezichtigte er darum unverhohlen der Korruption (vgl. OC III 2: 95-121).
[7] *Tocquevilles* Differenzierung zwischen den „großen" Parteien, den großen ideologischen Sammelbecken und Sozialbewegungen zur Zeit eines gesellschaftlichen Umbruchs, und den „kleinen", eigennützigen Parteien des politischen Tagesgeschäfts (vgl. DA I: 255f.) ist in diesem Zusammenhang irrelevant.

ralgewalt und weniger an der Fähigkeit zur Interessendurchsetzung bemisst. Sein Rekurs auf das *Ancien Régime* legt dabei nahe, dass er das aristokratische Prinzip *Montesquieus* – Macht wird durch Gegenmacht begrenzt (*Le pouvoir arrête le pouvoir*) – für die Bedingungen der modernen Demokratie nutzbar machen will. Nur dort, wo die Staatsmacht, welche die Parteien auf sich vereinen will, auf Gegenwehr trifft, lässt sich die Freiheit in der egalitären Gesellschaft bewahren. Ein solches Bollwerk ist der politische Verband, von dem sich *Tocqueville* überdies eine integrative Wirkung erhofft, die bestenfalls auf den Charakter der privaten Vereinigungen abfärbt.

Der Zusammenschluss als *conditio sine qua non* des politischen Handelns in der modernen Demokratie macht es für *Tocqueville* nötig, das Verbändewesen als Grundpfeiler der Freiheit zu betrachten und entsprechend zu unterstützen. Diese grundsätzlich positive Perspektive kann indes nicht verdecken, dass die *associations* ein durchaus zwiespältiges Instrument für ihn sind. Den Egoismus, den er bei den Parteien am Werk sieht, tadelt er auch bei den bürgerlichen und politischen Vereinen. Die organisierte Vertretung von Sonderinteressen ist zwar einerseits legitim, doch ist *Tocqueville* auf der anderen Seite viel zu sehr der Schüler *Rousseaus*, als dass er sich für Lobbyismus und partikulare Anliegen zu Lasten der Allgemeinheit über die Maßen erwärmen könnte. Die Verbände sind eher ein notwendiges Übel als das uneingeschränkte Vehikel der Freiheit. Nicht umsonst fällt die Schilderung des bürgerlichen Pluralismus im *Alten Staat* sehr pejorativ aus. Dort ist die Rede vom „kollektiven Individualismus" der „tausend kleinen Gruppen", die alle „nur an sich selbst" denken. In der „unaufhörlichen Reibung der Eigenliebe dieser kleinen Körperschaften" gehe „das gerechte Selbstgefühl des Bürgers" verloren. Jede Gruppe „lebt also nur noch für sich, beschäftigt sich nur mit sich und kennt nur ihre ganz besonderen Angelegenheiten" (AR: 102ff.). Die Desintegration der Gesellschaft, die aus der rücksichtslosen Verfolgung der eigenen Interessen resultierte, trug wesentlich dazu bei, im Vorfeld von 1789 eine revolutionäre Situation heraufzubeschwören. Es kann daher nicht überraschen, wenn *Tocquevilles* Demokratieanalyse auf den seinerzeit in Frankreich verbreiteten Eindruck reagiert, die Vereine und Verbände seien eine Gefahr für die öffentliche Ordnung. Es ließe „sich nicht verhehlen, dass die unbeschränkte politische Vereinigungsfreiheit von allen Freiheiten die letzte ist, die ein Volk verträgt" (DA I: 286). Dies hängt damit zusammen, dass eine Demokratie für *Tocqueville* konsolidiert sein muss, damit das Recht auf Vereinigung seine positiven Wirkungen entfalten kann. Solange sich die Bürger nicht daran gewöhnt haben, das Mehrheitsprinzip zu akzeptieren und Minderheiten ihre nicht mehrheitsfähigen Ziele gewaltsam durchsetzen wollen, sind Restriktionen der Vereinigungsfreiheit absolut zulässig. „Eine Nation kann da Grenzen setzen, ohne dass sie aufhört, Herrin ihrer selbst zu bleiben" (ebd.: 283),

schreibt *Tocqueville* in der *Demokratie* von 1835. Damit rechtfertigt er bereits
sein späteres Handeln als Politiker, als er im Jahr nach der Gründung der Zweiten Republik der Regierung angehört, die angesichts revisionistischer und sozialistischer Bestrebungen das freie Presse- und Vereinsrecht von 1848 aufhob.[8]
Solche Maßnahmen dürfen jedoch nicht kaschieren, dass die Vereinigungsfreiheit „dem Wesen nach" stets „ebenso unveräußerlich wie die persönliche Freiheit" bleibt (DA I: 287). Hinzu kommt, dass *Tocqueville* die Gefahr, die der
Demokratie aus der Vereinigungsfreiheit erwächst, für überschätzt hält. Nicht
nur, dass er der modernen Gesellschaft eine grundsätzliche Stabilität und Revo-
lutionsfeindlichkeit unterstellt, die mit der Saturiertheit eines breiten Mittelstandes zusammenhängt (Drescher 1992), attestiert er den Verbänden eine grundsätzlich bewahrende Kraft. So vertraut er darauf, dass diese selbst auf den „öffentlichen Frieden" angewiesen sind, um ihre Vorstellungen zu realisieren. Darüber
hinaus erhofft er sich bei den Mitgliedern einen gewissen Lerneffekt: da Menschen „solchen Vereinigungen nicht lange angehören" können, „ohne zu entdecken, wie man in einer großen Menschenzahl Ordnung hält", scheint „die politische Vereinsfreiheit" längst nicht so prekär, wie man es damals annahm (DA II:
174, 176). Langfristig würden die Verbände den Staat eher festigen als zerstören.

    Tocquevilles Sichtweise hat nicht zuletzt damit zu tun, dass bei ihm das *ver-
tikale* Moment der Vereinsgründung das *horizontale* überwiegt. Wie bereits
erwähnt, korrespondiert seine Konzeption der grundlegenden Diagnose, dass
sich die Demokratie an der Aristokratie orientieren muss, will sie eine freiheitliche und keine despotische Ausprägung erfahren. Entsprechend betont *Tocqueville* den *vertikalen* Kontrast zwischen den isolierten und schwachen Individuen
und den einflussreichen, widerstandsfähigen *pouvoirs intermédiaires*. Der *horizontale* Interessenantagonismus zwischen den diversen Gruppierungen wird
hingegen vernachlässigt bzw. kritisiert. Umso zweifelhafter muss es erscheinen,
Tocquevilles Perspektive auf Verbände und Gesellschaft als Vorläufer einer
Pluralismustheorie zu begreifen. Deutlich wird dieser hierarchische Fokus, wenn
der französische Aristokrat das *demokratische* Ressentiment gegen die zivilen
Assoziationen analysiert. „Größte Beachtung" verdiene es, „dass die Bürger in
den demokratischen Völkern diese selben Vereinigungen, die sie so nötig haben,
insgeheim oft mit dem Gefühl von Furcht und Neid betrachten". Macht und
Beständigkeit der Verbände „inmitten der Schwäche und allgemeinen Unbeständigkeit" wird bereits „als gefährliches Vorrecht" und damit als Widerspruch zur

---

[8] Der Bruch, den einige Autoren zwischen *Tocquevilles* Theorie und seinem politischen Wirken nach
1848 feststellen (vgl. Gargan 1955), lässt sich in dieser Hinsicht also nur bedingt verifizieren. Während die Begrenzung der Vereinigungsfreiheit bereits in den Schriften präjudiziert wird, spricht die
Unterstützung der Zensur tatsächlich für eine konservative Wendung. Siehe dazu DA I: 283, 286 und
DA II: 178.

Gleichheit empfunden (DA II: 454f.). Für die Zukunft der Freiheit in der Demokratie verheißt diese Auffassung nichts Gutes.

4 Rezeption und Kritik

Tocqueville hat im Gegensatz zu anderen „Klassikern" der Verbändetheorien keine eigene Schule begründet. Insofern ist seine Rezeption recht ambivalent ausgefallen. In den USA haben sich einige Ikonen der Forschung (*David Truman, Harold Laski*) in einführenden Worten auf ihn bezogen, allerdings nie substantiell seine Systematiken übernommen. Spezifische Untersuchungen zu *Tocquevilles* Behandlung des Vereins- und Assoziationswesens blieben die Ausnahme (vgl. Wudel 1993), andererseits kommen die einschlägigen Studien zum *Association Building* (Gamm/Putnam 1999) oder zum zivilen Engagement in den USA (Skocpol 1997, Skocpol/Fiorina 1999) um den Bezug auf den französischen Liberalen nicht herum. In anderen westlichen Ländern wird seine Bedeutung für die Verbändeforschung hingegen nur selten erwähnt. Betrachtet man den hohen Stellenwert, den *Tocquevilles* Demokratietheorie besonders in Frankreich und in Amerika genießt (Mélonio 1993, Kloppenberg 1998), ist alles in allem zu konstatieren, dass die Verbändeforschung seine eigenwillige Darstellung des Spannungsfelds zwischen Staat, Gesellschaft und „Vereinen" größtenteils noch für sich entdecken muss. Pionierarbeit ist *Tocqueville* dabei im Hinblick darauf zu attestieren, dass in der modernen Demokratie die Vermittlung der gesellschaftlichen Interessen gegenüber der Staatsmacht wesentlich den Verbänden obliegt. Mit der These, dass die Sonderinteressen der *associations* gleichzeitig die soziale Homogenität gefährden, stößt er hier jedoch rasch an Grenzen.

Es lassen sich indes weitere Aspekte herausgreifen, die *Tocquevilles* Bedeutung für die Verbändeforschung belegen. *David Riesmans* Konzept der *Veto Groups* folgt etwa der *Tocquevilleschen* Innovation, dass sich der Widerstand gegenüber den anonymen Mächten der modernen Massengesellschaft am ehesten von Assoziationen bewerkstelligen lässt (Riesman 1956). Auch *Mancur Olsons Logic of Collective Action* findet in ihm einen wichtigen Vordenker (1965: 17). *Robert Putnams* aufsehenerregender Artikel *Bowling alone* (1995), der die Vereine als „Schulen der Demokratie" begreift, die wesentlich zur Selbstreferentialität des Systems beitragen, wäre schließlich ohne den Bezug auf *Tocqueville* unvollständig geblieben.

In Deutschland sind im Zusammenhang mit *Max Webers* Bürokratisierungsthese, die einer speziellen Thematisierung des Verbändewesens Vorschub leistet, die Vorarbeiten *Tocquevilles* nicht verborgen geblieben (Eschenburg 1987,

Lassmann 1993, Hecht 1998)[9], insbesondere darum, weil sich *Weber* wie sein französischer Vorgänger am Vorbild Amerikas orientiert (Offe 2004). Später beziehen sich auch *Theodor Eschenburg* (1963: 6) oder *Ernst Fraenkel* (1973: 401, 423) auf die Einsichten des Autors der *Démocratie en Amérique*. Ob solche Referenzen *Tocqueville* bereits zu einem „Klassiker" der Verbändeforschung machen, bleibt dennoch umstritten. Gewiss haben seine Analysen fruchtbar gewirkt. Dass der Demokratie die natürlichen Handlungsträger verloren gehen, weswegen es einer Organisation und Koordination politischer Aktionen bedarf, die durch Grundrechte wie Presse-, Meinungs- und Vereinigungsfreiheit institutionell abzusichern sind, kann mittlerweile als Topos gelten. Argumente lassen sich bei *Tocqueville* auch dafür finden, warum sich die heutigen Verbände im Spannungsfeld zwischen Eigennutz und Gemeinwohl bewegen (Straßner 2005: 233-253) oder weshalb das integrative Moment, das der Tätigkeit in einem Verband aufgrund der Erfordernis zur gemeinsamen Konsens- und Entscheidungsfindung innewohnt, nicht zu unterschätzen ist (Hereth 2004).

Irritieren mag an *Tocquevilles* „Verbändeforschung" hingegen, dass seine Behandlung der Thematik weniger die aktive Interessenformulierung und Interessendurchsetzung ins Visier nimmt, als dass sie der Logik *Montesquieus* folgt, der in den aristokratischen *corps intermédiaires* Gegengewichte zu den Begehrlichkeiten der Staatsmacht gesehen hat. In welcher Weise die widerstandfähigen Gruppen dieser Aufgabe allerdings gerecht werden sollen, darüber äußert sich *Tocqueville* nur vage. Die Rollen, die den alten Notabeln, dem Klerus, den Juristen, Schriftstellern und Wirtschaftsmagnaten in der demokratischen Gesellschaft diesbezüglich erwachsen, deutet er zwar an, eine „Handlungstheorie", wie sie manche Interpreten entdecken wollen (Rau 1981, Bluhm 2004), bleibt jedoch in den Anfängen stecken. Ebenso bildet die Repräsentation gesellschaftlicher Vielfalt, die heute als eine der Hauptfunktionen der Verbände anzusehen ist (Oberreuter 1980), bei *Tocqueville* nur einen sekundären Aspekt.

Tocquevilles Aussagen zum Assoziationswesen sind des Öfteren als Konzeption einer pluralistischen Gesellschaft gedeutet worden (z.B. Dahl 1986: 237). Doch steht die Austragung von Konflikten, die später bei Denkern wie *David Truman, Harold Laski* oder *Claus Offe* zum zentralen Aspekt avanciert, noch ziemlich im Hintergrund (vgl. DA II: 153ff.). Zwar ist nicht von der Hand zu weisen, dass *Tocqueville* dem Ideal der absoluten Eintracht, wie es die Lehren von *Platon, Rousseau, de Maistre* bis hin zu *Marx* fordern (Lipset 1981: 4-9), eine klare Absage erteilt. Das Ziel der sozialen Homogenität ist aber trotz allem noch intakt (Gauchet 1990), was den französischen Aristokraten zu einem höchst zwiespältigen Vordenker der Verbändeforschung macht.

---

[9] Siehe dazu auch den Beitrag von Henrik Gast und Tobias Lang in diesem Band.

Die Stärke *Tocquevilles* liegt zweifellos darin, einige große Linien vorgegeben zu haben, welche die Relevanz der Disziplin unterstreichen und ihr in mancherlei Hinsicht eine Perspektive eröffnet haben. Ideengeschichtlich befindet er sich damit in der Nähe von *Hannah Arendt*, die analog vor dem Hintergrund der modernen Massengesellschaft mit ihren atomisierten, weitgehend entpolitisierten Individuen das Instrument der Vereinigung als unerlässliche Vorkehrung gegen den Despotismus bzw. Totalitarismus bewertete (Arendt 1998). Wer dem „Verbändeforscher" *Tocqueville* indes bis in die Details folgen will, der fühlt sich von diesem Autor oft merkwürdig im Stich gelassen.

Zieht man zur Identifikation eines Klassikers heran, dass er die Forschungstradition entscheidend geprägt hat und in diesem Zusammenhang bis heute intensiv rezipiert wird, bleibt abschließend festzustellen, das *Alexis de Tocqueville* diese Kriterien nur bedingt erfüllt. Mehr als ein Einstieg in die Materie ist ihm nicht gelungen; allerdings auch nicht weniger.

Literatur:

Arendt, Hannah (1998), Elemente und Ursprünge totaler Herrschaft, München, 6. Auflage.

Bluhm, Harald (2004), Die Zentralisierung der Macht im modernen Staat, in: Herb, Karlfriedrich/Hidalgo, Oliver (Hrsg.), Alter Staat – Neue Politik. Tocquevilles Entdeckung der modernen Demokratie, Baden-Baden, S. 25-48.

Dahl, Robert (1986), Democracy, Liberty, and Equality, Oxford.

Drescher, Seymour (1992), Why Great Revolutions Will Become Rare. Tocqueville's Most Neglected Prognosis, in: Journal of Modern History, 64/3, S. 429-454.

Elster, Jon (1993), Political Psychology, Cambridge.

Eschenburg, Theodor (1963), Herrschaft der Verbände?, Stuttgart, 2. Auflage.

Eschenburg, Theodor (1987) Tocquevilles Wirkung in Deutschland, in: Alexis de Tocqueville, Über die Demokratie in Amerika, Band 2, Zürich, S. 489-462.

Fraenkel, Ernst (1973), Reformismus und Pluralismus. Materialien zu einer ungeschriebenen politischen Autobiographie, hrsg. von Falk Esche und Frank Grube, Hamburg.

Gamm, Gerald/Putnam, Robert D. (1999), The Growth of Voluntary Associations in America, 1840-1940, in: Journal of Interdisciplinary History, 29/4, S. 511-557.

Gargan, Edward T. (1955), Alexis de Tocqueville. The Critical Years, 1848-1851, Washington.

Gauchet, Marcel (1990), Tocqueville, Amerika und wir. Über die Entstehung der demokratischen Gesellschaften, in: Ulrich Rödel (Hrsg.), Autonome Gesellschaft und libertäre Demokratie, Frankfurt am Main, S. 123-206.

Hecht, Martin (1998), Modernität und Bürgerlichkeit. Max Webers Freiheitslehre im Vergleich mit den politischen Ideen von Alexis de Tocqueville und Jean-Jacques Rousseau, Berlin.

Herb, Karlfriedrich/Hidalgo, Oliver (2005), Alexis de Tocqueville, Frankfurt/New York.

Hereth, Michael (2004), Dezentralisierung und politische Sitten bei Alexis de Tocqueville, in: Herb, Karlfriedrich/Hidalgo, Oliver (Hrsg.), Alter Staat – Neue Politik. Tocquevilles Entdeckung der modernen Demokratie, Baden-Baden, S. 49-60.

Hidalgo, Oliver (2004), Hierarchie und Gleichheit – Tocqueville und die Kunst der Freiheit im demokratischen Staat, in: Herb, Karlfriedrich/Hidalgo, Oliver (Hrsg.), Alter Staat – Neue Politik. Tocquevilles Entdeckung der modernen Demokratie, Baden-Baden, S. 111- 132.

Kloppenberg, James T. (1998), Life Everlasting. Tocqueville in America, in: The Virtues of Liberalism, New York, S. 71-81.

Lassmann, Peter (1993), Democracy and Disenchantment. Weber and Tocqueville on the Road to Servitude, in: Hermino Martins (Hrsg.), Knowledge and Passion, London/New York, S. 99-118.

Laval, Christian (2002), L'ambition sociologique. Saint Simon – Comte – Tocqueville – Marx – Durkheim – Weber, Paris.

Lawler, Peter A. (1995a), Tocqueville on the Doctrine of Interest, in: Government and Opposition, 30, S. 221-239.

Lawler, Peter A. (1995b), Tocqueville on Pride, Interest and Love, in: Polity, 28, S. 217-236.

Lipset, Seymour M. (1981), Political Man. The Social Basis of Politics, Baltimore 1981.

Mélonio, Françoise (1993), Tocqueville et les Français, Paris.

Oberreuter, Heinrich (Hrsg.) (1980), Pluralismus. Grundlegung und Diskussion, Opladen.

Offe, Claus (2004), Selbstbetrachtung aus der Ferne. Tocqueville, Weber und Adorno in den Vereinigten Staaten, Frankfurt.

Olson, Mancur (1965), The Logic of Collective Action. Public Goods and the Theory of Groups, Cambridge.

Putnam, Robert D. (1995), Bowling Alone. America's Declining Social Capital, in: Journal of Democracy, 6/1, S. 65-78.

Rau, Hans-Arnold (1981), Demokratie und Republik. Tocquevilles Theorie des politischen Handelns, Würzburg.

Riesman, David (1956), Die einsame Masse. Eine Untersuchung der Wandlungen des amerikanischen Charakters, Darmstadt.

Skocpol, Theda (1997), The Tocqueville Problem. Civic Engagement in American Democracy, in: Social Science History, 21/4, S. 455-497.

Skocpol, Theda/Fiorina, Morris P. (Hrsg.), Civic Engagement in American Democracy, Washington.

Straßner, Alexander (2005), Verbände zwischen Eigennutz und Gemeinwohl, in: Gesellschaft, Wirtschaft, Politik, 54/2, S. 233-253.

Tocqueville, Alexis de (1987), Über die Demokratie in Amerika (DA), 2 Bände, Zürich.

Tocqueville, Alxis de (1978), Der alte Staat und die Revolution (AR), München.

Tocqueville, Alexis de (1951 ff.), Œuvres complètes (OC), Paris.

Weber, Max (1964), Wirtschaft und Gesellschaft. Grundriss der verstehenden Soziologie, 2 Bände, Köln/Berlin 1964.

Wolin, Sheldon S. (2001), Tocqueville Between two Worlds. The Making of a Political Life, Princeton/Oxford.

Wudel, Darcy (1993), Tocqueville on Associations and Association, in: Peter A. Lawler/Joseph Alulis (Hrsg), Tocqueville's Defense of Human Liberty. Current Essays, New York/London, S. 341-357.

Verbände als organisatorisches Spiegelbild der Gesellschaft: David B. Truman

Benjamin Zeitler

1 Biographie

David Bicknell Truman wurde im Jahr 1913 in Evanston, Illinois, als Sohn eines republikanischen Geschäftsmanns geboren. Erstes Interesse für politische Zusammenhänge entwickelte er bereits am Amherst College, das er 1935 mit dem B.A. abschloss. Nachdem er ein Jahr später den M.A. an der Universität von Chicago erworben hatte, wurde er dort wissenschaftlicher Assistent von *Marshall Dimock* und anschließend von *Leonard White*.

Nach der Fertigstellung seiner Dissertation im Jahr 1939 wurde ihm eine Stelle in Neuseeland an der Victoria Universität in Wellington angeboten. Doch zog er eine auf ein Jahr beschränkte Stelle am Mädchen-College in Bennington vor, die noch um ein Jahr verlängert wurde. Mit diesen ersten Erfahrungen in der Lehrtätigkeit ausgestattet wechselte er 1941 an die Cornell Universität an das Institut für Regierungslehre.

Durch den Angriff auf Pearl Harbor und den Kriegseintritt der USA boten sich schnell alternative Arbeitsmöglichkeiten. Auch *David Truman* nutzte die Gelegenheit und arbeitete nebenberuflich im Preisverwaltungsamt in Washington. Da ihm diese Verwaltungstätigkeit jedoch nicht zusagte, wechselte er im Juni 1942 zur Analyseabteilung des Überwachungsdienstes für ausländische Sender bei der Bundesmedienkommission. Die Aufgabe *Trumans* war es, deutsch- und italienischsprachige Sender in den USA auf Propagandanachrichten zu überwachen. Im März 1943 kam er zur Abteilung für Umfragen, bei der er als stellvertretender Leiter angestellt war. Seine Tätigkeit lag vor allem im Bereich der Marktforschung, und er lernte die Grundlagen der Interview- und Umfragetechniken kennen, so dass er sich wie in einem „kostenlosen Seminar" (Baer 1991) fühlte. Doch stellte *Truman* diese Tätigkeit nicht zufrieden und deshalb beschloss er, sich als Freiwilliger bei der Navy zu melden. So wurde er im März 1944 der Luftfahrtsplanungsabteilung zugeteilt und war für die Koordinierung von Unterstützungsaktivitäten verantwortlich. Schon nach wenigen Monaten wurde er als persönlicher Referent des Generalstabschefs in die Produktionsumfrageabteilung versetzt, wo er bis zum Herbst 1945 tätig war. Während der

Kriegsjahre konnte er sich so nicht nur zahlreiche methodische Kenntnisse aneignen, sondern lernte auch viele renommierte Persönlichkeiten, wie z.b. *Angus Campbell*, *Dick Crutchfield*, *Doc Cartwright* und neben anderen auch *Burt Fisher* kennen. So konnte *Truman* das nötige Handwerkszeug erlernen und für die spätere politikwissenschaftliche Arbeit wichtige Kontakte knüpfen.

Nach dem Militärdienst beschloss *Truman*, sich wieder der akademischen Laufbahn zu widmen und übernahm eine Gastdozentenstelle in Havard. In der folgenden Anstellung am Williams College war er gleichzeitig als Leiter zuständig für den Aufbau des Roper Meinungsforschungszentrums.[1]

Ende der 40er Jahre wurde *Truman* in das Committee on Political Behavior des Social Science Research Council (SSRC) berufen, das 1949 von seinem engen Freund *V.O. Key* geleitet wurde. Diese Vereinigung von Soziologen und Politikwissenschaftlern kritisierte die traditionellen Ansätze der Politikwissenschaft und vertrat selbst einen behavioralistischen Wissenschaftsansatz (Falter 1982: 17, Farr 1995: 111-112).

Im Herbst 1950 wechselte *Truman* zunächst für ein Jahr an die Columbia University, wo er insgesamt 19 Jahre verbrachte. Im Alter von 38 Jahren erhielt er eine ordentliche Professur und wurde Leiter des Instituts für Öffentliches Recht und Regierungslehre. 1962 wurde er schließlich Direktor des Bachelorstudiums und fünf Jahre später stellvertretender Präsident und Dekan der Columbia University, eines 17.500 Studenten-Campus.

Truman war Stipendiat der Guggenheim Foundation von 1955 bis 1966 und später der American Academy of Sciences. Außerdem war er Mitglied der American Political Science Association, der er von 1964 bis 1965 als Präsident vorstand, ebenso wie der American Philosophical Society.

Bei den Studenten erfreute sich *David B. Truman* großer Beliebtheit und galt 1968 als natürlicher Nachfolger des scheidenden Präsidenten *Grayson Kirk*. Doch die Krise der 68er machte diesen Aufstieg zunichte. Am 23. April des Jahres besetzten über 300 Studenten aus Protest gegen den Vietnamkrieg Büros und hielten einen Dekan fest. Nach einer sehr spannungsgeladenen Woche ließ die Verwaltung die Stürmung des Gebäudes durch über 1000 Polizisten zu. Dabei wurden 20 Polizisten und 128 Studenten verletzt. Bereits drei Wochen später kam es zu einer erneuten Besetzung, die wiederum gewaltsam aufgelöst wurde. Diesesmal waren 51 Studenten und 17 Polizeibeamte verletzt worden (Corcoran 2003).

---

[1] Das von *Elmo Roper* (1900-1971) eingerichtete Zentrum war das erste sozialwissenschaftliche Datenarchiv. Mittlerweile an der Universität von Connecticut untergebracht, avancierte es zum weltweit größten Speicher für globale Umfragedaten.

Durch diese Aktionen war *Truman* als Führungsperson in Columbia diskreditiert und wechselte 1969 als Direktor an das Mount Holyoke Frauen-College in Massachusetts. Zwar war die Zeit dort ruhiger als sein letztes Jahr in Columbia, doch führte er auch hier eine engagierte Debatte für den Erhalt des College als Fraueneinrichtung. Die Verwalter des Mount Holyoke College stifteten 1977 einen *David B. Truman*-Lehrstuhl und statteten ihn mit 750.000 $ aus. Schließlich beendete er seine Laufbahn in Mount Holyoke als letzter männlicher Direktor im Jahr 1978.

Bevor er sich mit 66 Jahren zur Ruhe setzte, leitete er noch ein Jahr die Russel Sage Foundation, die Forschungen im Bereich der Sozialwissenschaften unterstützt. Nach längerer schwerer Krankheit verstarb *David B. Truman* im Alter von 90 Jahren am 28. August 2003 in Sarasota, Florida.

2 Profil des Gesamtwerkes

Die Publikationstätigkeit von *David B. Truman* fiel vor allem in seine Zeit am Williams College in Columbia. Bis auf seine beiden Hauptwerke liegen die Veröffentlichungen in Aufsatzform vor. Mit dem Wechsel *Trumans* in die leitende Verwaltung brach diese Tätigkeit fast vollständig ab, und auch als emeritierter Professor kehrte er nur einmal an den Schreibtisch zurück. Forschungsgegenstand war vor allem das politische System der USA im Allgemeinen und die Wirkung der Verbände im Speziellen.

Erstmals trat *Truman* 1940 mit seiner Dissertation publizistisch in Erscheinung. Dabei beschäftigte er sich mit der Dezentralisierung der Verwaltung am Beispiel des Landwirtschaftsministeriums in Chicago (Truman 1940). Nach dieser Veröffentlichung setzte kriegsbedingt die Publikationstätigkeit mehrere Jahre aus. Durch die verschiedenen Beschäftigungen während und kurz nach dem Krieg war an neue Veröffentlichungen nicht zu denken.

Ende der 40er Jahre beteiligte sich *David B. Truman* lebhaft an der Zukunftsdebatte der Politikwissenschaft und vertrat dabei den Wissenschaftsansatz des Behavioralismus. Das Konzept „politisches Verhalten" gehe nach seiner Definition über das des Wahlverhaltens und das der öffentlichen Meinung hinaus. Grob definiert umfasse es „jene Aktionen und Interaktionen von Menschen und Gruppen, die am Prozess des Regierens beteiligt seien" (Truman 1951c: 37). Auch in künftigen Publikationen beschäftigte sich *Truman* mit dem Behavioralismus und stellte darin die Theorie und die praktische Anwendung vor (Truman 1955b: 202-231, Truman 1960b: 38-60, Truman 1965d: 865-873).

Durch die so entstandenen Kontakte wurde er auch in eine Kommission unter der Leitung von *Frederick Mosteller* berufen, die sich mit den prognostischen

Fehlschlägen der Umfragen vor der Präsidentschaftswahl 1948 beschäftigte. Die Umfragen sagten einen klaren Sieg des Republikaners *Thomas Dewey* voraus, doch der Demokrat *Harry S. Truman* blieb Präsident im Weißen Haus. Als einziger Politologe am Kommissionsbericht beteiligt, befasste sich *Truman* mit der Wählbarkeit und der Wahlbeteiligung und den damit zusammenhängenden Schwierigkeiten für die Umfrageinstitute (Truman 1949a: 174-190). In einem zweiten Teil des Exposés legte er mögliche Erklärungsmuster für die Beeinflussung des Wählers und des Wahlverhaltens dar. Schon hier betonte er den Einfluss von Verbänden und wies auf die Forschungslücke in diesem Bereich hin (Truman 1949b: 225-250). Er griff die Grundüberlegungen dieser Beiträge später wieder auf (Truman 1951b: 241-250) und ließ sie auch in das Werk einfließen, mit dem ihm der wissenschaftliche Durchbruch gelang. In seiner Monographie *The Governmental Process* entwickelte er eine grundlegende Theorie der Interessenvertretung, die davon ausgeht, dass das Zusammenwirken von organisierten und nicht-organisierten gesellschaftlichen Kräften zu politischen Entscheidungen führt, die von allen Kräften anerkannt werden (Truman 1951a). Aufgrund der lang anhaltenden Nachfrage kam es 1971 zu einer um ein längeres Vorwort ergänzten Neuauflage. Im Jahr 1997 wurde es mit dem *Leon-Epstein*-Award ausgezeichnet. Auch nach diesem Werk widmete er sich immer wieder der Verbändeforschung im Allgemeinen, um seine Theorie darzulegen (Truman 1961: 126-141), zu verteidigen (Truman 1960a: 494 f.) oder Erscheinungen des politischen Systems zu charakterisieren (Truman 1959b: 481-497).

Im Speziellen beschäftigte er sich zusätzlich mit der Parteienentwicklung und den Einflüssen auf die US-Parteien. So ging er davon aus, dass der Aufbau der Parteien durch das föderale System der Vereinigten Staaten bedingt ist. Dies führe nach seiner Ansicht zu starken regionalen Parteistrukturen und erkläre die nur schwach disziplinierten nationalen Parteistrukturen (Truman 1955a: 115-136). Diesen Ansatz griff er später nochmals auf, um konstitutionelle Veränderungen und die Bedeutung der Parteien zu beleuchten (Truman 1984: 637-655). Im Bereich der Parteienforschung setzte er sich im Folgenden vor allem mit der Zusammensetzung, der Struktur und der Funktions- und Arbeitsweise der Parteien im US-Kongress auseinander (Truman 1956: 1023-1045, Truman 1959a, Truman 1965a). Mit dieser Herangehensweise versuchte er zum einen zum Verständnis der Legislative beizutragen und zum anderen Muster zu erkennen, die die politischen Entscheidungsbildungsprozesse im Kongress charakterisieren können. So formulierte *Truman* die „Middleman-Theory", die davon ausgeht, dass die Führung einer Partei aus der ideologischen Mitte der Partei kommen muss. 1959 fügte er ergänzend hinzu, dass the likelihood of getting elected and of performing effectively as an agent of the party both [hinge] on being a 'middleman' ... not only in the sense of a negotiator but also in a literal structural sense. One would not expect that he could attract the support necessary for election unless his voting record placed him somewhere near the center in an evenly divided party (Truman 1959a: 106).

Außerdem erkannte er die Tendenz, dass Delegationen aus Staaten vergleichbar abstimmen und konnte die Machtverhältnisse zwischen dem Kapitol und dem Weißen Haus darstellen (Baer 1991). Bestimmend aber blieb während *Trumans* gesamter Publikationstätigkeit die Rolle der Gruppen und deren Bedeutung im politischen Entscheidungsprozess, die im Folgenden näher beleuchtet werden sollen.

3 Verbändestudien

Bereits während des Krieges hatte sich *David B. Truman* vorgenommen, die Rolle der Verbände im politischen Prozess zu beleuchten. Dieses Forschungsinteresse ging nicht nur auf das Fehlen einer politikwissenschaftlichen Theorie zurück (Baer 1991). Anstoß war vor allem das Buch von *Arthur Bentley The Process of Government* von 1908, der als einer der Ersten versuchte, die politische Wirklichkeit mit Hilfe einer methodologisch klaren und empirischen Analyse darzustellen. Diese Anlehnung zeigt sich nicht nur am Titel von *Trumans* Werk *The Governmental Process* von 1951. *Truman* erwähnt *Bentley* explizit in seinem Vorwort, indem er darauf hinweist,

> (...) there is one book (...), that deserves special mention because it has given the subject much of what systematization it has so far received. That is Arthur F. Bentley's *The Process of Government*, first published in 1908. (...) In fact, my plans for this study grew out of my experience in teaching from Bentley's work (Truman 1951a: ix).

Bentley geht davon aus, dass die Gruppe als Ausdruck interessenbestimmter Aktivitäten und Interaktionen der Menschen der entscheidende Gegenstand der Analyse politischer Prozesse sei. Dieser sei mit dem permanenten Prozess wechselseitig ausgeübten Drucks und Gegendrucks der verschiedensten Interessengruppen hinreichend erfasst (Steffani 1980: 19, Jordan 2000). *Truman* griff diese pluralistischen Grundüberlegungen *Bentleys* auf und entwickelte sie zu einer

umfassenden Gruppentheorie weiter.[2] Im Mittelpunkt steht bei *Truman* allerdings die Frage nach der Struktur, Funktion und Bedeutung der Interessengruppen im politischen Willensbildungs- und Entscheidungsprozess. Davon ausgehend will er ein aussagekräftiges Konzept entwickeln, das die Rolle der Interessengruppen im politischen Prozess darstellen und erklären kann (Truman 1951a:
12-13).

Die Grundannahme *Trumans* besteht darin, dass er die Gesellschaft als hete-
rogenes Kompositum aus Verbänden betrachtet. Diese Verbände stellen ein organisatorisches Spiegelbild der ihr zugrunde liegenden Gesellschaft dar. Selbst
die einfachsten Gesellschaften bestehen aus einem „mosaic of overlapping
groups" (Truman 1951a: 43).

Solche Interessengruppen basieren nach *Truman* im Wesentlichen auf der
Interaktion ihrer Mitglieder. Diese kommt zustande, wenn die Mitglieder gemeinsame Haltungen („shared attitudes") und Forderungen gegenüber anderen
(„claims upon others") vorweisen.

> As used here ‚interest groups' refers to any group that, on the basis of one or more
> shared attitudes, makes certain claims upon other groups in the society for the estab-
> lishment, maintenance, or enhancement of forms of behavior that are implied by the
> the shared attitudes ... In this respect all groups are interest groups because they are
> shared-attitude groups (Truman 1951a: 33-34).

Für die Entstehung einer Interessengruppe ist allerdings „the interaction crucial
... not the shared characteristic." (Truman 1951a: 24). Die Frequenz und die
Beständigkeit der Interaktionen legen folglich die Stärke eines Verbandes fest.
Davon ausgehend unterscheidet *Truman* verschiedene Erscheinungsformen von
Gruppen. Auf der untersten Ebene definiert er sogenannte „categorical groups",
die sich nach dem Zufallsprinzip bilden. *David Truman* verweist hier auf die
Beispiele Alkoholiker, Mütter, Blonde oder Linkshänder. Diese Gruppen sind
zunächst ohne Bedeutung, werden jedoch zu sozialen Gruppen, sobald die Mitglieder über gemeinsame Merkmale verfügen und in Interaktion miteinander
treten. Erhebt diese Gruppe Forderungen, wird sie zur Interessengruppe. Will sie
diese mittels staatlicher Institutionen durchsetzen, wird sie zur politischen Interessengruppe (Truman 1951a: 23-26).

Das entscheidende Unterscheidungsmerkmal dieser verschiedenen Gruppentypen sieht *Truman* in dem Grad der Interaktion der Mitglieder. Existiert
innerhalb der Verbände kein sehr intensives Zusammenwirken, kommt es zu

---

[2] Diese Ansicht ist nicht ganz unumstritten. So geht *Dowling* davon aus, dass das Werk auch ohne
einen Bezug zu *Bentley* hätte entstehen können. Viel wichtiger seien die Fallstudien zu einzelnen
Interessengruppen gewesen. Zitiert nach Grant 2000: 797.

keiner formellen Bildung einer Organisation. Allerdings ist die besondere Eigenschaft dieser Verbände, dass sie ein Potential für eine höhere Interaktion haben, weshalb *Truman* diese Verbände als „potential groups" bezeichnet. Diese Art von Verbänden ist zwar immer präsent und oft einflussreich, doch sind die Interessen schwach und thematisch divergierend, wie z.b. Verbraucherschutz, Umweltschutz usw. (Ricci 1971: 69). Die unerkannte Macht dieser Verbände liegt jedoch in der Möglichkeit, dass sie eine starke Gegenbewegung organisieren, wenn ihre weit gefächerten und schwachen Interessen ohne Rücksicht übergangen werden. Deshalb beschränken sie das Verhalten der aktiven Organisationen nur durch ihre grundlegenden Interessen (Truman 1951a: 114, 511-516).

Im Gegensatz dazu existieren aber auch Verbände, die sich mit einem Hauptsitz, Mitgliedsbeiträgen, regelmäßigen Treffen usw. formell organisieren. Diese Organisationen charakterisieren sich *Truman* zufolge durch:

- die sehr hohe Interaktion innerhalb des Verbandes, wodurch der Grad des Zusammenhalts festgelegt wird,
- das Fortdauern oder zumindest die Aussicht darauf, dass die Vereinbarungen innerhalb der Gruppe Bestand haben,
- die Akzeptanz der Mitglieder verschiedener Formen der Führung, der Verteilung und der Verantwortung,
- ein gemeinsames Wertefundament, das zumindest am Anfang bestehen muss (Truman 1951a: 112-113).

Diese organisierten Verbände werden zum einen durch die Rücksicht auf die allgemeinen Interessen der „potential groups" und zum anderen durch die Mehrfachmitgliedschaft ihrer Mitglieder („multiple group membership" oder auch „overlapping membership") beschränkt. Dieses Problem liegt in der Komplexität der modernen Gesellschaft und, wie es *Truman* auf dem Punkt bringt, dass „no individual is wholly absorbed in any group to which he belongs" (Truman 1951a: 157). So gehört jedes Individuum mehreren Gruppen an, wie der Familie, einer Kirche, einer wirtschaftlichen Institution und dazu noch verschiedenen Vereinen und Verbänden. Für *Truman* ergibt sich daraus ein Konflikt zwischen den Forderungen und den Standards der verschiedenen Gruppen. Bei der Verfolgung exklusiver Ziele müsse es folglich jede Gruppe vermeiden, ihre Mitglieder intensiven Interessen- und Loyalitätskonflikten auszusetzen. Dabei ist laut *Truman* dieser Konflikt nicht nur bei den zahlenden Mitgliedern existent. Es müssen auch Unterstützer berücksichtigt werden, die der Interessengruppe zwar nicht angehören, für die Durchsetzung der Interessen aber ebenso von Bedeutung sind (Truman 1951a: 158).

Folge davon ist, dass man die Forderungen nicht zu aggressiv vertreten kann, weil man dadurch anders liegende Interessen der Mitglieder und Unterstützer beschränken könnte und somit die Loyalität innerhalb der Gruppe aufs Spiel setzen würde. Ein mögliches Resultat wäre die Schwächung des Zusammenhalts („cohesion") innerhalb des Verbandes:

> In essence (...) it is (...) the fact that memberships in organized and potential groups overlap *in the long run* (Hervorhebung von mir, B.Z.) imposes restraints and conformities upon interest groups on pain of dissolution or of failure (Truman 1951a: 168).

Auf dieser Grundlage erklärt *Truman* das politische System der USA. Die staatlichen Institutionen, die politischen Parteien und die vielfältigen und in verschiedensten Aktionsmustern tätig werdenden Interessengruppen schaffen ein enges Interaktionsgeflecht. Da das Regierungssystem aus solchen Interaktionsmustern besteht, bilden die Gruppen nach *Truman* das Kernstück des Regierungsprozesses. Es kommt zu einer pluralistischen Konkurrenz, in der einzelne Gruppen durch „lobbying" (untereinander) und „bargaining" (mit dem Staat) um die Durchsetzung ihrer Interessen ringen. Zwar hätten schon frühere Pluralisten Einblicke in die Bedeutung der Gruppen als Basis der Gesellschaft bekommen, doch „they did not consistently see in these the functional basis of the institution of government" (Truman 1951a: 46-47).

Da nach *Truman* das Hauptziel von Verbandsaktivitäten das Erkennen und Zufriedenstellen der Wünsche ihrer Mitglieder ist, ist der Zugang zu den staatlichen Aktionszentren („points of access") ein weiterer wesentlicher Bestandteil seiner Gruppentheorie. Dieser Zugang wird nach *Truman* durch das Einhalten von Spielregeln („rules of the game") und der demokratischen Form („democratic mold") der Verbände garantiert. So schafft das Befolgen von Regeln und Verfahren wie Redefreiheit, Versammlungsfreiheit, Petitionsrecht, Wahlrecht u.a. die Möglichkeit, dass neue Verbände entstehen können, sie ihre Anliegen bekannt machen und sie diese der Regierung unterbreiten können. Dieser freie Zugang verhindert in gleichem Maße, dass etablierte Verbände und Interessengruppen ihre Positionen unbegrenzt und ohne Einschränkungen dauerhaft bewahren können.

Für diese demokratischen Spielregeln gibt es ein breites allgemeines Interesse. Dieses dauerhafte Interesse ist zwar nicht dominant, doch wird es vor allem durch die nicht organisierten und potentiellen Gruppen repräsentiert. Diese Allgemeinheit der Akzeptanz ist so groß, dass sie nur bei einer deutlichen Verletzung organisierte Interessenverbände hervorrufen würde. *Truman* folgert, dass sich deswegen im Regierungsalltag offizielle Vertreter, wie etwa die Richter, die Führer im Kongress und der Präsident, für die Einhaltung dieser demokratischen

Regeln verantwortlich fühlen (Truman 1951a: 448-449). Dass diese „majority interests" (Truman 1951a: 512), wie *Truman* diese demokratischen Spielregeln auch bezeichnet, eingehalten werden, liegt zusätzlich daran, dass sie bereits in der Kindheit und Jugend im familiären und schulischen Umfeld erlernt und akzeptiert werden. Sobald man dann in Kontakt mit organisierten Verbänden kommt, muss man sich in gewissem Maß den Werten und Einstellungen innerhalb der Gruppe anpassen (Truman 1951a: 513). Da nach *Truman* in der US-Kultur von den Verbänden erwartet wird, demokratisch zu sein, wird dieses Verhalten an die Mitglieder weitergegeben. Darin liegt die fundamentale Bedeutung des „democratic mold" für den Prozess der Gruppenpolitik (Truman 1951a: 129-139).

Um zu erfassen, inwieweit dieser Zugang zum politischen Entscheidungsprozess effektiv genutzt werden kann, legt *Truman* drei sich überlappende Kategorien fest:

1.	die Stellung des Verbandes innerhalb der Gesellschaft,
2.	interne Merkmale der Gruppe, wie Zusammenhalt, Organisationsgrad, Qualitäten der Führung u. a.,
3.	den Einfluss der politischen Institutionen an sich (Truman 1951a: 506-507).

Je günstiger die Voraussetzungen in diesen drei Punkten sind, desto effektiver ist der Zugang. Das Ergebnis eines solchen Zugangs ist eine politische Entscheidung. Allerdings müssen die Interessen, die diesen Zugang erreichen und die Entscheidung lenken, nicht egoistisch sein, noch müssen sie vereinigt sein oder von organisierten Gruppen repräsentiert werden. *Truman* fasst dies so zusammen: „Governmental decisions are the resultant of effective access by various interests, of which organized groups may be only a segment" (Truman 1951a: 507).

Durch das Zusammenspiel von Verbänden und potentiellen Gruppen vor allem durch die Mehrfachmitgliedschaften, die Möglichkeiten des Zugangs zum politischen Entscheidungsprozess und die Anerkennung der demokratischen Spielregeln kommt es laut *Truman* im politischen System zu einer Art Gleichgewicht („equilibrium") (Truman 1951a: 26-33). Zwar kann diese Ausgeglichenheit gestört werden, wie zum Beispiel durch große ethnische Ungerechtigkeiten, demographische Verschiebungen, rasante technologische Entwicklungen oder durch soziale Konflikte. Auf diese Veränderungen im Umfeld („disturbance") können die Mitglieder aber auf dreierlei Weise reagieren:

1. Die Mitglieder verfallen verschiedensten Ersatztätigkeiten wie Alkohol, Aggressivität, Diskriminierung usw.
2. Die Individuen können sich in anderen Gruppen engagieren, um einen persönlichen Ausgleich zu finden.
3. Eine dritte Reaktionsoption bei einer solchen Störung ist die vollkommene Neugründung einer Interessengruppe, was dann das Gleichgewicht im politischen System wiederherstellen kann (Truman 1951a: 30-33).

Vor allem im dritten Punkt sieht *Truman* die Stärke der Demokratie in den Vereinigten Staaten. Störungen des Systems verändern die Verbändelandschaft, indem völlig neue Interessengruppen entstehen und existierende Gruppen gestärkt oder geschwächt werden. Dadurch kann in einer sich ändernden Gesellschaft das Gleichgewicht wieder hergestellt werden. So kommt er bei seinen Untersuchungen zum Ergebnis, dass die Gruppenprozesse die amerikanische Demokratie nicht gefährden, sondern ganz im Gegenteil die Stabilität des Systems garantieren, wenn die essentiellen Interessen berücksichtigt und nicht unterdrückt werden.

4   Rezeption und Kritik

Die Gruppentheorie *Trumans* fand in der Politikwissenschaft der Vereinigten Staaten viele Anhänger. Auch in Westeuropa und vor allem in Deutschland fiel die Pluralismustheorie auf fruchtbaren Boden[3] und hat eine Vielzahl von Veröffentlichungen hervorgerufen (Sebaldt 1997: 46). Der Verdienst *Trumans* wird vor allem darin gesehen, dass er einen konzeptionellen Rahmen für das Phänomen der Verbände in der amerikanischen Politik gefunden und diesen politikwissenschaftlich aufbereitet hat. Er gilt als einer der Ersten, der die Bedeutung der Interessengruppen im politischen Entscheidungsprozess dargestellt hat. Vor allem in den 50er Jahren hatte sein pluralistischer Ansatz einen zusätzlichen Reiz, da er eine klare Alternative zur marxistischen Theorie darstellte, die die Bedeutung der Klasseninteressen in den Vordergrund stellt (Ricci 1971: 73-74).
Doch der Anspruch *Trumans*, alle Vorgänge im politischen System mit Interessenvertretung und Gruppen zu erklären, hat andererseits vielfach Widerspruch und Kritik sowohl allgemeiner als auch spezieller Natur hervorgerufen. Allgemein kommt dabei die Kritik aus zwei grundsätzlichen Positionen:
Die „Kritik von rechts" sieht in der Pluralismustheorie vor allem eine Gefährdung der Autorität des Staates, der für sie einzig über das Gemeinwohl ent-

---

[3] Vgl. dazu den Beitrag von Alexander Straßner zu *Ernst Fraenkel* in diesem Band.

scheidet. Folglich darf sich nach deren Meinung der einheitliche politische Wille des Staates nicht aus dem Zusammenwirken miteinander konkurrierender Interessen ergeben, wenn der Staat als Souverän nicht Schaden nehmen soll. Nur eine unangefochtene Herrschaft des Staates sorgt in den Augen dieser Kritiker für die Stabilität des politischen Systems (Sontheimer 1973: 431-432, Steffani 1972: 24-29).

Die „Kritik von links" ist dagegen der Ansicht, dass der Pluralismus *Trumans* einen Versuch der herrschenden Klasse darstellt, den Klassenunterschied und -kampf in der kapitalistischen Gesellschaft zu verschleiern. So sei der Pluralismus im Grundsatz ein Dualismus zwischen Proletariat und spätkapitalistischer Gesellschaft (Sontheimer 1973: 431-432, Steffani 1972: 36-39).

Neben dieser grundsätzlichen Kritik wurde der Ansatz auch von der empirisch bestimmten Forschung heftiger Kritik unterzogen. Die Neue Politische Ökonomie, und hier vor allem *Mancur Olson*[4], kritisierte, dass *Trumans* Gruppentheorie kleine und große Gruppen nur in der Größe unterscheide, nicht aber in ihrer Art und Wirkung (Ricci 1971: 75). Für *Olson* liegt das Dilemma darin, dass bei wachsender Zahl der Interessenten die Bildung einer Interessengruppe immer unwahrscheinlicher wird. Denn öffentliche Güter, wie nationale Sicherheit, saubere Luft oder Klimaschutz, können niemandem vorenthalten werden. Deshalb ist der Anreiz, sich für diese Güter einzusetzen, bei einer rationalen Entscheidung nicht gegeben. Große Organisationen müssen folglich spezielle Anreize wie Rabatte oder eine Mitgliederzeitung schaffen, um Mitglieder zu gewinnen. So sind für eine Steigerung der Organisationsfähigkeit nicht die originären Interessen der Gruppe ausschlaggebend, sondern zusätzliche Interessen, die mit dem ursprünglichen Organisationszweck nichts zu tun haben müssen. Damit widerspricht er *Trumans* Gruppentheorie im Grundsatz, da ihm zufolge die organisierten Interessen mit diesen Voraussetzungen kein Abbild der Gesellschaft darstellen können (Sebaldt 1997: 48-49). Zusätzlich geht die NPÖ im Gegensatz zu *Truman* davon aus, dass sich nicht alle Interessen organisieren können, sondern macht vielmehr „vergessene" Interessen aus, die „schweigend leiden" müssen (Olson 1992: 163-164).

Eine andere Riege der Kritiker richtet sich gegen das von *Truman* entworfene Gleichgewichtsmodell („equilibrium"), in dem alle Interessen im politischen Prozess die gleichen Durchsetzungsmöglichkeiten haben. Sie betonen, dass in die politischen Entscheidungsprozesse aufgrund ungleicher Machtverteilung nicht alle Interessen der Gesellschaft integriert werden. *Elmer E. Schattschneider* bringt diese Kritik mit der Aussage auf den Punkt:

---

[4] Vgl. dazu den Beitrag von Dirk Leuffen in diesem Band.

The flaw in the pluralist heaven is that the heavenly chorus sings with a strong up-per-class accent. Probably about 90 per cent of the people cannot get into the pres-sure system (Schattschneider 1960: 35).

Diese Erkenntnisse brachte eine weitere Gruppe von Kritikern wie *Theodor J. Lowi* oder *Grant McConnel* hervor. Diese fühlten sich durchaus dem pluralisti-schen Theorieansatz *Trumans* verbunden, doch kritisierten sie ihn an verschie-densten Stellen und versuchten gleichzeitig, seine Ansätze weiterzuentwickeln. Diese konsequenten Überlegungen führen einerseits zum korporatistischen An-satz, der die Einbindung von Interessen in den politischen Entscheidungsprozess zu erklären versucht (Lowi 1969).

Andererseits muss *Robert A. Dahl* erwähnt werden, der ursprünglich im Pluralismus die Nachfolge der Gewaltenteilungs- und Balancetheorie postulierte (Dahl 1956: 22-25, Dahl 1967: 124-151). Doch bei seinen Untersuchungen der Entscheidungsprozesse in der Stadt New Haven dokumentierte er eine nur gerin-ge Anzahl von an der Entscheidung beteiligten Personen. Deshalb versuchte er, die Rolle und Funktion dieser Eliten innerhalb der Gruppen zu klären und beton-te, dass die Eliten auch das Interesse der Nicht-Eliten vertreten (Dahl 1961). Selbst *Truman* erkennt die Rolle der Eliten später an und gesteht ein, dass die demokratischen Spielregeln („rules of the game") besser von sachkundigen und moderaten Eliten eingehalten werden, als von einer landesweiten potentiellen Interessengruppe, die aus der Masse der Bevölkerung besteht (Truman 1959: 488-489).

Zusammenfassend kann man bei der Betrachtung von Trumans pluralisti-scher Verbändetheorie im Wesentlichen fünf Kritikpunkte ausmachen:

1. Der Pluralismus ist nicht in der Lage, alle Interessen zu organisieren.
2. Der Zugang zum politischen Meinungs- und Entscheidungsbildungsprozess ist im Pluralismus nur begrenzt möglich, da stärkere Interessen über schwä-chere dominieren.
3. Je höher der Organisationsgrad im Pluralismus ist, desto eher kommt es aufgrund fest verankerter Akteure und Veto-Spieler zu einer Politik des Sta-tus quo.
4. Der Pluralismus ist nicht gleichzusetzen mit dem allgemeinen Wohl, da er nur einen Teil des Systems darstellt.
5. Ist eine Gesellschaft von einer freien Marktwirtschaft geprägt, kann der Pluralismus strukturelle Vor- und Nachteile nicht beseitigen und führt zur Bevorzugung gewisser Interessen (Scharpf 1970, Sontheimer 1973: 440-441).

Trotz dieser zahlreichen Kritikpunkte an der Pluralismustheorie hat *Truman* mit seinem Ansatz einen grundlegenden Rahmen schaffen können, in dem er versucht, das politische System der Vereinigten Staaten zu erklären. Damit hat er nicht nur als einer der Ersten die grundlegende Bedeutung der Interessengruppen für das politische System erkannt und beschrieben, sondern hat so auch eine entscheidende Grundlage der modernen Verbändeforschung geschaffen. Er gilt daher bis heute unbestritten als Pionier und Klassiker der pluralistischen Gruppentheorie.

Literatur:

Ainsworth, Scott H. 2002, Analyzing Interest Groups, Group Influence on People and Policies, New York.

Baer, Michael A./Jewell, Malcolm E/Sigelman, Lee (Hrsg.) 1991, Political Science in America: Oral Histories of a Discipline, Lexington, S. 135-151.

Baskin, Darryl 1970, American Pluralism: Theory, Practice, and Ideology, in: The Journal of Politics, Vol. 32, S. 71-95.

Baumgartner, Frank R./Leech, Beth L. 1998, Basic Interests. The Importance of Groups in Politics and in Political Science, Princeton/New Jersey.

Bayes, Jane H. 1982, Ideologies and Interest-Group Politics. The United States as a Special Interest State in the Global Economy, Navato, California.

Bentley, Arthur F. 1908, The Process of Government, Chicago.

Briefs, Goetz 1966, Staat und Wirtschaft im Zeitalter der Interessenverbände, in: ders. (Hrsg.), Laissez-faire-Pluralismus, Demokratie und Wirtschaft des gegenwärtigen Zeitalters, Berlin, S. 1-318.

Connolly, William E. 1969, The Bias of Pluralism, New York.

Corcoran, David 2003, David Truman, 90, Columbia Provost During 1968 Unrest, in: The New York Times, 1. September 2003, S. 7.

Dahl, Robert A. 1961, Who Governs? Democracy and Power in an American City, New Haven.

Dahl, Robert A. 1967, Pluralist Democracy in the United States: Conflict and Consent, Chicago.

Dahl, Robert A. [11]1970, A Preface to Democratic Theory, Chicago.

Falter, Jürgen W. 1982, Der „Positivismusstreit" in der amerikanischen Politikwissenschaft. Entstehung, Ablauf und Resultate der sogenannten Behavioralismus-Kontroverse in den Vereinigten Staaten 1945-1975.

Farr, James 1995, Remembering the Revolution: Behavioralism in American Political Science, in: ders./Dryzek, John S./Leonard, Stephen T. (Hrsg.), Political Science in History, Research Programs an Political Traditions, S. 198-224.

Hale, Myron O. 1969, The Cosmology of Arthur F. Bentley, in: Connolly, William E. (Hrsg.), The Bias of Pluralism, New York, S. 35-50.

Jordan, Grant 2000, The Process of Government and The Governmental Process, in: Political Studies 48, 788-801.

Kelso, William A. 1978, American Democratic Theory. Pluralism and its Critics, Westport/London.

Lowi, Theodore J. [2]1979, The End of Liberalism. The Second Republic of the United States, New York, London.

Oberreuter, Heinrich (Hrsg.) 1980, Pluralismus. Grundlegung und Diskussion, Opladen.

Oberreuter, Heinrich/Weber, Jürgen (Hrsg.) 1978, Plurale Demokratie und Verbände, Stuttgart.

Olson, Marcur [3]1992, Die Logik des kollektiven Handelns. Kollektivgüter und die Theorie der Gruppen, Tübingen.

Neustadt, Richard E. 2004, David Bicknell Truman, in: Political Science & Politics, 1/2004, S. 131-132.

Nuscheler, Franz/Steffani, Winfried (Hrsg.) 1972, Pluralismus. Konzeptionen und Kontroversen, München.

Ricci, David 1971, The Group Theory of Democracy: David B. Truman, in: ders.: Community Power and Democratic Theory: The Logic of Political Analysis, New York, S. 65-86.

Rothmann, Stanley 1960, Systematic Political Theory. Observations on the Group Approach, American Political Science Review 54, S. 15-33.

Scharpf, Fritz W. 1975, Demokratietheorie zwischen Utopie und Anpassung, Konstanz.

Schattschneider, Elmer E. 1960, The Semisovereign People. A Realist`s View of Democracy in America, New York.

Sebaldt, Martin 1997, Organisierter Pluralismus, Kräftefeld, Selbstverständnis und Politische Arbeit deutscher Interessengruppen, Opladen.

Sontheimer, Kurt 1973, Der Pluralismus und seine Kritiker, in: Doeker, Günther/Steffani, Winfried (Hrsg.), Klassenjustiz und Pluralismus. Festschrift für Ernst Fraenkel zum 75. Geburtstag am 26. Dezember 1973, Hamburg, S. 425-443.

Steffani, Winfried 1980, Pluralistische Demokratie. Studien zur Theorie und Praxis, Opladen.

Steffani, Winfried 1977, Pluralismus. Konzeptionen – Positionen – Kritik, in: Politische Bildung Jg. 10, Heft 1.

Truman, David B. 1940, Administrative Decentralization. A Study of the Chicago Field Offices of the United States Department of Agriculture, Chicago.

Truman, David B. 1949a, Processing, Estimating, and Adjustment of Survey Data. Findings on Eligibility and Turnout, in: Mosteller, Frederick u.a. (Hrsg.): The Pre-election Polls of 1948, Washington D. C., S. 174-190.

Truman, David B. 1949b, Political Behavior and Voting, in: Mosteller, Frederick u.a. (Hrsg.): The Pre-election Polls of 1948, Washington D. C., S. 225-250.

Truman, David B. 1951a, The Governmental Process. Political Interests and Public Opinion, Oxford.

Truman, David B. 1951b, Some Political Variables for Election Surveys, in: International Journal of Opinion and Attitude Research 5, S. 241-250.

Truman, David B. 1951c, The Implications of Political Behavior Research, in: Social Science Research Council, Items 5/1951, S. 37-39.

Truman, David B. 1955a, Federalism and the Party System, in: Macmahon, Arthur W. (Hrsg.): Federalism: Mature and Emergent, Garden City, S. 115-136.
Truman, David B. 1955b, The Impact on Political Science of the Revolution in the Behavioral Sciences, in: Baileys, S. K. u.a. (Hrsg.), Research Frontiers in Politics and Government, Washington D.C., S. 202-231.
Truman, David B. 1956, The State Delegations and the Structure of Party Voting in the United States House of Representatives, in: American Political Science Review 50, S. 1023-1045.
Truman, David B. 1959a, The Congressional Party, New York.
Truman, David B. 1959b, The American System in Crisis, in: Political Science Quarterly 74, S. 481-497.
Truman, David B. 1960a, Communications. On the Invention of „Systems", in: American Political Science Review 54, S. 494-495.
Truman, David B. 1960b, The Impact on Political Science of the Revolution in the Behavioral Sciences, in: Elau, Heinz (Hrsg.), Behavioralism in Political Science, New York, S. 38-67.
Truman, David B. 1961, Organized Interest Groups in American National Politics, in: Junz, Alfred J. (Hrsg.), Present Trends in American National Government, New York, S. 126-141.
Truman, David B. 1962, The Politics of the New Collectivism, in: Morris, Clarence (Hrsg.), Trends in Modern American Society, Philadelphia, S. 115-142.
Truman, David B. (Hrsg.) 1965a, The Congress and America's Future, Englewood Cliffs 1965.
Truman, David B. 1965b, Introduction: The Problem in Its Setting, in: ders. (Hrsg.), The Congress and America's Future, Englewood Cliffs, S. 1-4.
Truman, David B. 1965c, The Prospects for Change, in: ders. (Hrsg.), The Congress and America's Future, Englewood Cliffs, S. 167-183.
Truman, David B. 1965d, Disillusion and Regeneration: The Quest for A Discipline, in: American Political Science Review 59, S. 865-873.
Truman, David B. 1967, Federalism and the Party System, in: Wildavsky, Aaron (Hrsg.), American Federalism in Perspective, Boston. S. 81-108.
Truman, David B. 1973b, A Tough Question: What must Women's Education be?, in: Mount Holyoke Alumnae Quarterly, S. 175-179.
Truman, David B. 1984, Party Reform, Party Atrophy, and Constitutional Change: Some Reflections, in: Political Quarterly 99, S. 637-655.
The Washingthon Post 2003, University President David B. Truman, 2. September 2003.
Worecaster, Kenton W. 2001, Social Science Research Council, 1923-1998, New York.

Verbände als Manifestation des Neopluralismus: Ernst Fraenkel

Alexander Straßner

1   Biographie

Ernst Fraenkel wurde als Sohn einer jüdischen Kaufmannsfamilie am 26. Dezember 1898 in Köln geboren. Nach dem frühen Tod seiner Eltern übernahm sein Onkel mütterlicherseits, der überzeugte Sozialdemokrat und Pazifist *Wilhelm Epstein*, seine Erziehung und bildete mit seinem liberalen und weltzugewandten Erziehungsstil fortan einen entscheidenden Bezugspunkt in der Frühsozialisation *Fraenkels* (von Brünneck 1988: 415). Im Anschluss an seine primäre Schulausbildung in Köln und Frankfurt am Main war *Fraenkel* freiwillig als Soldat von 1916 bis 1918 am Ersten Weltkrieg beteiligt. Nach seinen Erfahrungen an der Ostfront begann er 1919 das Studium der Rechtswissenschaften und der Geschichte in Frankfurt am Main, das er im Jahre 1921 mit dem Referendarsexamen abschloss. Abermals wurde die enge Bindung an ein politisch engagiertes Vorbild wegweisend für *Fraenkels* weitere Laufbahn. In dieser Zeit prägte ihn vor allem der enge Kontakt zu seinem akademischen Lehrer *Otto Sinzheimer*, unter dessen Betreuung *Fraenkel* 1923 mit einer Arbeit aus dem Bereich des kollektiven Arbeitsrechtes mit dem Titel „Der nichtige Arbeitsvertrag" promovierte (Massing 2003: 217). Zusätzlich war *Fraenkel*, wissenschaftlich-theoretisch beeinflusst von der Prägekraft *Max Webers* (Buchstein/Göhler 2005: 152), auch bereits politisch aktiv. Neben seiner Mitgliedschaft in der SPD bedeutete dies auch eine Tätigkeit als nebenamtliche Lehrkraft in der Arbeiterbildung der Freien Gewerkschaften.[1] Diese Erfahrung vermochte *Fraenkel* zu nutzen, als durch den Deutschen Metallarbeiterverband eine eigene Gewerkschaftsschule eingerichtet wurde und er dort eine Lehrtätigkeit zur Ausbildung von Gewerkschaftsfunktionären angeboten bekam und auch übernahm.

Gemäß seiner juristischen Profession war *Fraenkel* ab 1926 am Kammergericht in Berlin als Rechtsanwalt tätig. Zusätzlich war er Syndikus des Deutschen Metallarbeiterverbandes und vertrat den Parteivorstand der SPD in Fragen des Öffentlichen Rechts. Die erste Periode juristischen Wirkens fiel dabei zusammen

---

[1] Die Gewerkschaftslandschaft stellte sich während der Weimarer Republik heterogener dar als nach dem Ende des Dritten Reiches. Siehe dazu Sebaldt/Straßner 2004: 79-81.

mit der nach der Phase der relativen Stabilisierung eintretenden erneuten Erschütterung des rechtsstaatlichen Fundaments der Weimarer Republik. Insofern tat sich *Fraenkel* in seinen sich anschließenden juristischen, aber auch politikwissenschaftlichen Publikationen der späten zwanziger Jahre als leidenschaftlicher Verteidiger des politischen Systems der Weimarer Republik und seiner freiheitlichen Errungenschaften hervor, die aber noch stets von seiner sozialistischen Prägung herrührten. Nach dem endgültigen Zusammenbruch Weimars kam *Fraenkel* seine Teilnahme am Ersten Weltkrieg zugute, da deutsche Juden – sofern sie freiwillig am Ersten Weltkrieg partizipiert hatten – noch relativ lange ihrer Profession nachgehen konnten. Trotz seiner jüdischen Abstammung vermochte er so seine Zulassung als Anwalt zu behalten und seine Tätigkeit am Kammergericht Berlin bis 1938 fortzuführen. Dennoch betätigte sich *Fraenkel* von Anfang an engagiert gegen die politischen Gleichschaltungsmaßnahmen der Nationalsozialisten. Als Rechtsanwalt verteidigte und beriet er politisch und rassisch Verfolgte und beteiligte sich darüber hinaus an der Widerstandstätigkeit des „Internationalen Sozialistischen Kampfbundes". Doch auch publizistisch blieb *Fraenkel* während der Phase des politischen Umbruchs nicht untätig und arbeitete an seiner wegweisenden Charakteristik der Struktur des NS-Herrschaftssystems, seinem wohl ohne Übertreibung als epochal zu klassifizierenden Werk „Der Doppelstaat" (Fraenkel 1974), welches zu einem Aushängeschild antifaschistischer Literatur nach 1933 wurde und auch lange nach 1945 noch erhebliche strukturelle Erkenntnisse über die Funktionslogik des Dritten Reiches beinhaltete (Fix 1993: 58). Nicht zuletzt sein kämpferisches Eintreten gegen den NS-Staat zwang *Fraenkel* schließlich zur Flucht aus Berlin nach England und später in die Vereinigten Staaten, wo er im Jahr darauf als Stipendiat des speziell auf aus Deutschland emigrierte Juristen zugeschnittenen American Committee mit dem Studium des amerikanischen Rechts an der University of Chicago begann (Ladwig-Winters 2000: 43-61).

Auch in den USA war ihm damit sein Aufstieg sicher, den er mit einem zweiten juristischen Studium von 1939-1942 zielsicher betrieb (Buchstein/Göhler 2005: 152). Nachdem er 1944 in den amerikanischen Regierungsdienst eingetreten war, betätigte er sich außerdem von 1946 bis 1950 als Berater der amerikanischen Verwaltung in Südkorea und hatte maßgeblichen Anteil an der Ausarbeitung der Verfassung des Landes (Göhler/Schumann 2000: 63-77). Die Erfahrungen in Südkorea schließlich wurden zu einem Wendepunkt in seinem Leben. Einerseits entwickelte er seine tiefe Aversion gegen totalitäre Systeme, wie sie sich nach dem Zusammenbruch des Nationalsozialismus erkennbar mehr und mehr auch im Machtbereich der Sowjetunion manifestierten. Andererseits gewann er auch die Erkenntnis, dass die reibungsfreie Übernahme westlicher Ordnungsmodelle auf Gesellschaften mit anderen kulturellen Vorgaben eine Illusion sei (Buchstein/Göhler 2005: 154).

Entgegen zahlreichen anderen Emigranten aus der Wissenschaft wie *Albert Einstein* (Hermann 2004) oder aus der Literatur wie *Thomas Mann* (Harpprecht 1995) kehrte *Fraenkel* – nun amerikanischer Staatsbürger – nach dem Ende des Zweiten Weltkrieges aus der Emigration nach Deutschland zurück. Trotz erheblicher Bedenken seinerseits schien dabei nicht zuletzt eine Rolle zu spielen, dass er sich über die fehlenden Möglichkeiten einer akademischen Laufbahn in den USA enttäuscht zeigte (Buchstein 1991: 176). Wieder in Berlin, arbeitete er auf Einladung *Otto Suhrs* zunächst für zwei Jahre als Dozent, dann ab 1953 als ordentlicher Professor an der Deutschen Hochschule für Politik (DHfP), dem heutigen Otto-Suhr-Institut für Politikwissenschaft an der Freien Universität Berlin, das von den westlichen Besatzungsmächten auch als Institution zur Vermittlung des westlichen Demokratieverständnisses angesehen wurde (Gebauer 2004: 165). Nach vierzehnjähriger Lehrtätigkeit emeritierte *Fraenkel* im Jahre 1967, lebte und publizierte, seit 1972 aus Gründen des Anspruchs auf Altersversorgung wieder mit einer deutschen Staatsbürgerschaft ausgestattet, bis zu seinem Tod am 28. März 1975 in Berlin.

2 Profil des Gesamtwerkes

Schon allein die Zahl an Publikationen *Ernst Fraenkels* ist bereits beeindruckend. Die Tatsache, dass der Großteil seines Oeuvres nicht in monographischer, sondern in Form von Aufsätzen vorliegt, hatte eine Unübersichtlichkeit zur Folge, die zahlreiche der von *Fraenkel* edierten Schriften in Vergessenheit geraten ließ. Dazu gesellte sich der für einen einfachen Gesamtüberblick hinderliche Umstand, dass zahlreiche seiner Aufsätze aus seiner Zeit in den USA auch ausschließlich dort publiziert worden sind und somit in Europa lange Zeit nicht erhältlich waren. Diesen Mangel behoben in jüngerer Vergangenheit die edierten Gesammelten Schriften *Fraenkels* (Brünneck/Buchstein/Göhler 2000).

Deutlich wird bei der Betrachtung seiner Veröffentlichungen der Wandel seiner Lebenssituationen ebenso wie seine berufliche und politisch-weltanschauliche Prägung. Zu Beginn seiner juristischen Laufbahn galt *Fraenkels* nahezu ungeteilte Aufmerksamkeit dem Arbeitsrecht und seiner Fortentwicklung während der Weimarer Republik (Fraenkel 1924: 198-202, Fraenkel 1925: 327-336). Daneben wurden aber auch bald erste politisch motivierte Publikationen ersichtlich, wobei er sich nach *Mussolinis* Marsch auf Rom besonders den Verhältnissen im Arbeitsrecht im faschistischen Italien widmete (Fraenkel 1928: 202-205, Fraenkel 1960b: 238-244). Außerdem widmete sich *Fraenkel* auch detaillierten

Analysen über den Ruhrkampf und die Auswirkungen der negativen deutsch-
französischen Beziehungen Anfang und Mitte der zwanziger Jahre, die er unter
dem Pseudonym *Emil Kleinfrank* verfasste (Fraenkel 1929a: 38-41, Fraenkel
1929b: 120-124, Fraenkel 1973b: 251-257). Einen Hauptaspekt vor dem Hintergrund seiner frühen sozialistischen Prägung bildete darüber hinaus einerseits die
deutsche Gewerkschaftsbewegung (Fraenkel 1930: 117-129, Fraenkel 1931:
459-476, Fraenkel 1973c: 283-303), andererseits die Würdigung seines akademischen Lehrers *Otto Sinzheimer*, der er in mehreren biographischen Skizzen Ausdruck verlieh (Fraenkel 1932: 1470-1471).

Nach seiner Emigration in die USA machte sich *Fraenkel* an eine Analyse
des amerikanischen politischen Systems, was nach seiner Rückkehr seine einzige
monographische Publikation während seiner Zeit am Otto-Suhr-Institut bleiben
sollte (Fraenkel 1960c). Dort diagnostizierte er einen unregulierten Kapitalismus
sowie proletarische Massen, die sich ihrer Klasse noch nicht bewusst geworden
seien. Als mindestens ebenso kritikwürdig empfand *Fraenkel* den Obstruktions-
charakter des amerikanischen Föderalismus wie auch das Instrument der Nor-
menkontrolle in den Händen oberster Bundesrichter. Das Bild der unvollkom-
menen amerikanischen politischen Ordnung wandelte sich jedoch vor allem im
Gefolge der New-Deal-Politik *Roosevelts*. Angesichts der gesteigerten Staatstätigkeit zur Bewältigung der amerikanischen Wirtschaftskrise bildete sich bei
Fraenkel der Standpunkt heraus, dass die historisch gewachsene angelsächsische
politische Kultur ein Garant für Demokratie und Rechtsstaatlichkeit sei. Diese
Einsicht zeigte sich als Kristallisationspunkt eines gewandelten politischen Bewusstseins bei *Fraenkel*, in welchem er sich fortan weniger sozialistischen Ideen
als vielmehr der Garantie zur Selbstbestimmung moderner Gesellschaften verpflichtet fühlte (Buchstein 2000: 81-82, Hartmann 2003: 141-145).

Es kann kaum überraschen, dass sich *Fraenkel* angesichts seiner kämpferi-
schen Natur und seiner Bereitschaft, für seine Überzeugungen einzutreten, in
seinem kompletten literarischen Schaffen auf die Seite der „offenen Gesellschaft" (Popper 1996) gestellt hat. Seine Eindrücke, die er aus dem nationalsozi-
alistischen Deutschland in die USA mitgenommen hatte ebenso wie seine präzise
Analyse der „doppelstaatlichen"[2] Struktur des NS-Systems (Fraenkel 1937,

---

[2] Der Doppelstaat war ohne Zweifel die erste empirisch fundierte Analyse des politischen Systems
der NS-Diktatur. *Fraenkel* charakterisierte darin das nationalsozialistische Deutschland als eine
Hybridkonstruktion, die zwei Formen von Herrschaft in sich vereine: Zum einen den „Normenstaat",
in dem bestehende Rechtsvorschriften fortexistierten, vor allem um das privat-kapitalistische Wirtschaftssystem zu stützen. Daneben existierte zum anderen subkutan ein die gesetzlichen Regeln
missachtender „Maßnahmenstaat", in dem ganz und jederzeit nach politischer Opportunität entschieden werden konnte. Der Normenstaat konnte durch den Maßnahmenstaat jederzeit ausgehebelt
werden. *Fraenkel* hat auf diese Weise die Historiographie zum Nationalsozialismus entscheidend
beeinflusst. Der Doppelstaat wurde vor allem zum Bezugspunkt von funktionalistischen Deutungen

Fraenkel 1941, Fraenkel 1973a), flossen dabei in seine künftigen Publikationen ein. Als Metamotivation stand hinter *Fraenkels* Engagement jedoch immer der Kerngedanke, den erlebten Werteverlust ausgerechnet in einem Kernland der europäischen Aufklärung als einzigartiges Kainsmal der Geschichte darzustellen und damit unwiederholbar zu gestalten. Insofern machte es sich *Fraenkel* zur Aufgabe, wissenschaftlich und publizistisch für die rasche Einbindung der jungen Demokratie Deutschlands in die Völkergemeinschaft einzutreten. Daneben stand auch die innerdemokratische Ausgestaltung der deutschen Gesellschaft im Fokus seiner Bemühungen (Fraenkel 1960a: 91-102, Fraenkel 1958), wobei er besonderes Augenmerk auf die Unterstützungshaltung der Bevölkerung legte, um somit die Sicherung einer Verankerung rechtsstaatlicher Strukturen unter den Bürgern zu betreiben (Fraenkel 1966: 3-13). Zentrales Anliegen *Fraenkels* war es daher stets, dass der Grad an gesellschaftlicher Differenzierung auch in der Heterogenität seiner Interessen und Forderungen deutlich werden müsse. Insofern war der gesamtgesellschaftliche Pluralismus *Fraenkels* Credo. Er begriff gesellschaftliche Pluralität nun nicht mehr als Modernisierungshindernis oder Ausdruck staatlicher Schwäche, sondern ganz im Gegenteil als Ausdruck gesellschaftlicher Festigung. Eine Gesellschaft, die sich der Vielfalt an Einzelinteressen, Sondermeinungen und Gruppenanliegen stellen könne, sei die einzige Möglichkeit moderner sozialer Befriedung und Ausdruck von Konfliktreife und Ambiguitätstoleranz. Pluralismus war in diesem Sinne ein Strukturelement freiheitlich-rechtsstaatlicher Demokratie im Allgemeinen und westlicher politischer Systeme im Speziellen (Fraenkel 1964). Bei seiner Argumentation konnte sich *Fraenkel* auf Vertreter aus den USA stützen (Salisbury 1969, 1992, Truman 1971).[3] Sein genuin neuer Beitrag zur Pluralismustheorie wurde später als *Neopluralismus* beschrieben (Buchstein/ Göhler 2000). Darin nehmen die Verbände als Gradmesser für gesellschaftliche Differenzierung breiten Raum ein.

3 Verbändestudien

Neben seinen makrotheoretischen Betrachtungen über die Funktionsweise des demokratischen Verfassungsstaates (Fraenkel 1969: 3-27) und seinen Untersuchungen auf der Mikroebene über die Verankerung der Demokratie unter den

---

des NS-Herrschaftssystems. Vereinzelt wurde dabei übersehen, dass *Fraenkel* in der Urfassung nur die Friedensphase des Regimes bis ungefähr 1938 beschrieben hatte. Der Text bestand zunächst aus einem unveröffentlichten deutschsprachigen Manuskript, das 1941 ins Englische übersetzt wurde. Die erste deutschsprachige veröffentlichte Version aus dem Jahr 1973 stellt eine Rückübersetzung der amerikanischen Erstpublikation dar.

[3] Vgl. dazu die Beiträge zu *Salisbury* und *Truman* in diesem Band.

Individuen widmete sich *Fraenkel* insbesondere auch einzelnen Organisationsformen auf der Mesoebene. Hier gelangte *Fraenkel* auch zu grundlegenden Anschauungen über die Rolle von Verbänden im demokratischen Rechtsstaat
(Fraenkel 1968: 11-28).

Der Kern mangelnden Verständnisses für moderne komplexe Gesellschaften rühre laut *Fraenkel* von einem eindimensionalen und unterkomplexen Verständnis von Demokratie her. Da Demokratie als vereinfachende Übertragung
der griechischen Bedeutung von „Volksherrschaft" in der philosophischen Tradition Frankreichs (*Rousseau*) lange Zeit als einzig tatsächlich legitime Form von
Demokratie begriffen wurde, galt Repräsentation als Verfälschung des homogenen Volkswillens. *Fraenkel* hingegen vertritt eine bewusst elitistische Position
und begründet die repräsentative Demokratie als eigenen Demokratietypus, zumal er sie der direkten Demokratie prozedural und normativ als überlegen ansieht (Buchstein 1991: 187). *Fraenkel* zieht seine Argumentationslinie von der
Bedeutung des Begriffes „Volk" her auf. Dieser Volksbegriff gehe zurück auf
die *Rousseausche* Vorstellung einer „volonté générale", eines einheitlichen
Volkswillens, der ermittelt werden müsse, um zu allgemein verbindlichen Entscheidungen zu gelangen, die zur Erreichung des Gemeinwohles unabdingbar
sind. *Fraenkel* tritt dieser Anschauung eines homogenen Volksganzen als ersten
Schritt in eine totalitäre Ordnungsform entgegen und führt dem entgegen einen
neuen Volksbegriff ein:

> Volk sind die Angehörigen der in verschiedenartigen Körperschaften, Parteien,
> Gruppen, Organisationen und Verbänden zusammengefassten Mitglieder einer diffe-
> renzierten Gesellschaft, von denen erwartet wird, dass sie sich jeweils mit Erfolg
> bemühen, auf kollektiver Ebene zu dem Abschluss entweder stillschweigender
> Übereinkünfte oder ausdrücklicher Vereinbarungen zu gelangen, d.h. aber mittels
> Kompromissen zu regieren (Fraenkel 1968: 23).

Aus dem durch ihn kritisierten, unterkomplexen Volksbegriff resultiere nämlich
im Grunde auch die Fehlbeurteilung von Verbänden, die als Ausdruck des Feh-
lens einer „uniformen Gesellschaft"[4] keine Daseinsberechtigung hätten, allein als
Störfaktor fungierten und die Durchsetzung des Gemeinwohls behinderten. Diese
Vorstellung eines homogenen Volkswillens habe sich bis in die Moderne hinein
erhalten, obwohl sie mit den sozialen Realitäten nicht übereinstimme. Dieser
negativen Vorstellung von Partikularinteressen stellt *Fraenkel* nun seine positive
Deutung gegenüber. Verbände sind für ihn neben Parteien die entscheidenden

---

[4] *Fraenkel* bezog sich darin besonders auf die durch Bundeskanzler *Ludwig Erhard* beschriebene
Idee einer „formierten Gesellschaft", von der das mangelhafte Demokratieverständnis und daraus
abgeleitet die Fehlperzeption von Verbänden in modernen Gesellschaften herrühre.

Vermittlungsagenturen bei der Transformierung politischen Willens in das zentrale politische Entscheidungssystem. Das Gemeinwohl nämlich, so *Fraenkel*, ist nicht von vornherein (*a priori*) als „richtig" zu erkennen, sondern ergibt sich erst als Ergebnis (*a posteriori*) des Austrags von Konflikten zwischen Gruppen innerhalb einer Gesellschaft. Ein „objektives Gemeinwohl" ist damit pure Fiktion und Ausdruck ideologisch determinierter Gesellschaftsentwürfe. Dadurch, dass jede dieser Gruppen versucht, als kollektive Einheit ihre Interessen durchzusetzen, gleichzeitig aber keine von ihnen in der Lage ist, eine andere zu majorisieren oder dauerhaft zu dominieren, ist der Kompromiss das einzig mögliche Mittel, um zu allgemein verbindlichen Entscheidungen zu gelangen. Als abermals hinderlich definiert *Fraenkel* das politisch-kulturell negativ konnotierte Verständnis von Entscheidungen, die durch Kompromisse zustande kommen. Der substantielle Beitrag eines Kompromisses zu einem funktionierenden Gemeinwesen werde aber nachgerade traditionell vernachlässigt und stets als „faul" angesehen (Fraenkel 1968: 23).

Aus dieser Warte konkretisiert sich auch das Verständnis des Gemeinwohls *Fraenkels*. Da das Volk kein homogenes Ganzes, sondern vielmehr eine „amorphe Masse" (Fraenkel 1968: 21) darstellt, ist das Gemeinwohl nicht von vornherein durch den Führer einer Partei, einen charismatischen Staatschef oder eine behördliche Instanz als „richtig" und *a priori* festgesetzt, sondern es ergibt sich erst *a posteriori* aus dem vorgelagerten Kompromiss als kleinster gemeinsamer Nenner und Ausdruck dessen, was in einem gegebenen Politikrahmen im Augenblick möglich ist. Vereinfacht dargestellt entwirft Fraenkel daher ein Modell, das die grundlegenden Strukturunterschiede zwischen pluralistischen Demokratien und totalitären Ordnungsformen zusammenfasst. Die pluralistische Demokratie sollte sich demnach durch folgende Variablen von den totalitären Systemen unterscheiden:

Übersicht: Pluralistische Demokratie und totalitäres System

	Pluralistische Demokratie	Totalitäres System
Gemeinwohl	Gemeinwohl als ex post-Resultat einer Gruppenauseinandersetzung	gemeinwohl ex ante vorgegeben und von Partei- oder Staatsführung erkannt
Heterogenität	legitime Unterschiedlichkeit von Interessen	grundsätzliche Übereinstimmung aller ideologisch legitimierten Interessen
Abhängigkeit	vom Staat unabhängige Interessenorganisation	allein staatsabhängige Organisationen
Herrschaftsanspruch	Mehrparteiensystem mit Opposition und rechtsstaatlichen Sicherungen, begrenzter Herrschafts- und Machtanspruch des Staates	unumschränkter Gestaltungsanspruch des Staates mit Vordringen in alle Lebensbereiche
Quelle: Darstellung nach Rudzio 1982: 61.		

Fraenkel betont jedoch, dass so geartete pluralistische Ordnungsformen und Gesellschaften stets in der Gefahr des „Selbstmordes" schweben. Die Tatsache, dass der Konfliktaustrag zur bewährten Form der Interessendurchsetzung mutiert, birgt in sich stets die Gefahr, dass der Konflikt nur noch das Ziel der Interessendurchsetzung in sich trägt, dabei jedoch die Funktionsfähigkeit des übergelagerten Systems nicht mehr angemessen berücksichtigt: das Gesamtsystem Staat wird dadurch funktionsunfähig. Aus diesem Grund vertritt *Fraenkel* nicht den Standpunkt eines reinen und klassisch souveränitätsfeindlichen Pluralismus eines *Harold Laski*[5], sondern eröffnet die Unterscheidung zwischen einem „kontroversen und nicht kontroversen Raum" (Fraenkel 1968: 24), der eines der schwierigsten und bedeutsamsten politischen Probleme moderner Gesellschaften beschreibt. Der kontroverse Raum ist der Bereich, in dem der gesellschaftliche Konfliktaustrag nach den Regeln des Wettbewerbs und mit dem Ziel der Interessendurchsetzung ausgetragen werden kann. Der nicht-kontroverse Raum hingegen definiert diejenigen Bereiche, die für das Funktionieren des übergeordneten Systems unabdingbar sind: Eine sedimentierte politische Kultur (historische Erfahrung), ein allgemein verbindlicher Wertekodex und eine dem zugrunde

---

[5] Siehe dazu den Beitrag von Jürgen Stern in diesem Band.

liegende „regulative Idee" (Regeln des fair-play, inhaltliche Grundentscheidungen) (Buchstein 1991: 188). Die Grenze zwischen kontroversem und nichtkontroversem Sektor ist dehnbar und variiert im Laufe der Geschichte, was *Fraenkel* am Beispiel der Geschichte des Wahlrechtes beschreibt (Fraenkel 1968: 24).

Grundlage von *Fraenkels* Gesellschaftsbild ist die ausbalancierte Stellung von Individuum, Gesellschaft und Staat in den westlichen Demokratien. Diese stellen ihm zufolge keine Gesellschaften isolierter Individuen dar. Gleichzeitig erhöben sie nicht den Anspruch, die Leitung des Staates rechtlich privilegierten Eliten und die Leitung der Wirtschaft rechtlich unkontrollierten Klassen zu überlassen (Fraenkel 1979: 198; Fraenkel 1964). „Um dem Schicksal der Vermassung zu entgehen, gewähren die westlichen Demokratien ihren Bürgern die uneingeschränkte Möglichkeit, sich in einer Vielzahl von Verbänden pluralistisch zu organisieren, zu betätigen und kollektiv in das Staatsganze einzugliedern" (Fraenkel 1979: 199).

Nach der Ausbildung des klassischen Pluralismus um die Jahrhundertwende rührte der von *Fraenkel* geprägte Begriff „Neopluralismus" somit von einer doppelten Negation her: Der Pluralismus sei durch die totalitären Systeme des 20. Jahrhunderts (Nationalsozialismus, Kommunismus) negiert worden, insofern bedürfe es einer Negation der Negation, um den Totalitarismus wiederum durch einen Neo-Pluralismus zu überwinden. Einen entscheidenden Beitrag leisteten *Fraenkels* Demokratieverständnis zufolge Verbände, deren Bedeutung für die Funktionsfähigkeit moderner Systeme nicht ausreichend berücksichtigt werde.

Besonders deutlich wurde die pluralistische Neupositionierung *Fraenkels* in seiner Betrachtungsweise des Staates. Während die pluralistischen Vorreiter *Barker*, *Dewey* und *Kelso* einen aktiven und regulierenden Staat als notwendig ansahen, war für *Laski* der Staat nur ein Verband unter anderen organisierten sozialen Gruppen. *Fraenkel* aber begriff die gesellschaftlich organisierten Gruppen als „flexibles Kräfteparallelogramm", dem der Staat in Form seiner demokratisch legitimierten Institutionen (vor allem die Parlamente und Regierungen) als Schiedsrichter gegenüber stünde (Fraenkel 1979: 45). Das aus der Geometrie entlehnte Bild war nicht zufällig: Zum einen sollte es verdeutlichen, dass politische Entscheidungen nicht von vornherein an einem festgelegten Gemeinwohl a priori ausgerichtet werden sollten, wie dies in den totalitären Diktaturen des 20. Jahrhunderts durch Aktionsprogramme von Einheitsparteien realisiert wurde. Zum anderen wurde betont, dass Parteien und Verbände zusammen mit dem Staat ein Kräftegleichgewicht im politischen System der westlichen Demokratien darstellen sollten. Der Staat selbst, so *Fraenkel*, gehört nämlich ebenso zu den Verbänden wie jedes andere aus der Gesellschaft sich organisierende Interesse.

In diesem Sinne hat er „das Recht und die Pflicht, seine Vorstellung und seine Interessen bei der Herausarbeitung des Endresultats, also bei der politischen Entscheidung, mit in die Waagschale zu werfen" (Fraenkel 1968: 27).

Im verfassten Zusammenspiel, in der rechtlich normierten Auseinandersetzung miteinander sollte das Gemeinwohl gefunden werden, nicht als soziale Realität, sondern a posteriori als „regulative Idee", als Ergebnis freien pluralistischen Konkurrenzspiels (Fraenkel 1979: 42). Daher wurde auch eine klare Trennung von Staat und Gesellschaft durch *Fraenkel* abgelehnt, im Gegenteil sollte ersterer aus der letzteren hervorgehen und sich eine zweite Ebene zwischen Individuum und Staat schieben: die intermediären Gewalten (Parteien, Medien, Verbände). Als Grundlage und unteilbares Fundament für den Wettstreit der Interessen, an dessen Ende das Gemeinwohl stünde, sollte ein „nicht-kontroverser Sektor" dienen (Schütt-Wetschky 1997: 14). Während über sämtliche Fragen in der Gesellschaft Konflikte ausgetragen werden konnten, sollte dieser eine stabile normative Basis mit Regeln für den demokratischen Austrag differierender Interessen bilden. So beinhaltete er neben Verfahrensregeln vor allem unantastbare, gemeinsame Werthaltungen (Menschenrechte, Menschenwürde etc.), die zu keinem Zeitpunkt Gegenstand von Auseinandersetzungen sein dürften. Somit war unabdingbar, „dass zwischen (...) Organisationen das Minimum einer Übereinstimmung über die verpflichtende Kraft eines als gültig anerkannten Wertkodex besteht, das unerlässlich ist, um als tragfähige Basis für den Abschluss der allfälligen Kompromisse zu dienen" (Fraenkel 1979: 42).

Diese „generelle Anerkennung eines Minimums" sei notwendig, da die öffentliche Meinung somit die Grundlagen der Existenz der Interessenverbände, letztere selbst die Grenzen ihrer Betätigungsmöglichkeiten erkennen könnten (Fraenkel 1979: 46). Trotz der gegensätzlichen Interessen sollte der Austrag der Differenzen daher auf der Grundlage eines allgemein anerkannten Minimalkonsenses über die Grundlagen der Verfassungsordnung (Sozialstaat, Rechtsstaat, Bundesstaat, Demokratie) stattfinden. Damit sollte einer eventuellen Wiederholung des Werteverlusts, wie er im Nationalsozialismus deutlich geworden war, ebenso aber auch der totalitären Bedrohung durch den Kommunismus Einhalt geboten werden (Fraenkel 1979: 40-42).

Die Formulierung der Pluralismustheorie stellte somit gerade in Deutschland einen wesentlichen Schritt der Politikwissenschaft dar, die Dominanz der konservativ-etatistischen, auf den Staat ausgerichteten Theorien (*Hegel, Schmitt*) zu überwinden (Alemann 1985: 12; Kremendahl 1977). Dabei sind zusammenfassend fünf Minimalbedingungen des Pluralismusmodells fassbar geworden (Alemann 1989: 43):

1. Alle wesentlichen Interessen der Gesellschaft sind über Verbände und Parteien organisierbar bzw. organisiert.
2. Für diese verbandsmäßig organisierten Interessen herrschen grundsätzlich und unabhängig von der späteren Durchsetzung zunächst dieselben Spielregeln und Wirkungsmöglichkeiten.
3. Das System ist offen und empfänglich für sich neu artikulierende Interessen.
4. Droht die Monopolisierung oder eine einseitige Interessendurchsetzung, so besteht die Garantie einer Gegenverbandsbildung.
5. Der „nicht-kontroverse Sektor" als Grundkonsens über die Spielregeln des pluralistischen Wettbewerbs ist von allen Teilnehmern anerkannt.

Auch wenn von verschiedenen Seiten und theoretischen Schulen (Neue Politische Ökonomie, Kritische Theorie) erhebliche Kritik an der Pluralismustheorie vorgebracht worden ist, so ist ihre Bejahung der heterogenen Natur der Gesellschaft ihr zentrales Element: Angehörige des Staates werden durch sie ermuntert, sich zu kollektiven Einheiten zusammen zu schließen. Auf diese Weise wird Bürgern die Möglichkeit gegeben, durch Partizipation und das Erlernen sozialer Verhaltensmuster sowie der Einigung durch Kompromiss von extremen Forderungen abzusehen. Dass Verbände in dieser Hinsicht nicht nur als gesellschaftliche Notwendigkeit, sondern auch als Schule der Demokratie zu verstehen sind, war *Fraenkels* zentrales Anliegen.

4 Rezeption und Kritik

Angesichts der Breite der *Fraenkelschen* Rezeption ist es schwierig, eine literarische Auswahl zu treffen, die gleichzeitig repräsentativ für die wissenschaftliche und öffentliche Beurteilung für Leben und Werk *Fraenkels* ist. Allen gemeinsam ist jedoch die Annahme, dass der „Altmeister" (Bracher 2000: 115) der Politikwissenschaft *Fraenkel* bereits kurz nach seinem Tode in den Stand der Klassiker der Disziplin erhoben wurde (Detjen 1988). Nicht zuletzt wurde ihm diese Ehre zuteil, da er, geprägt durch sein grundlegendes Verständnis über die Funktionsweise moderner Gesellschaften, die Politikwissenschaft im Nachkriegsdeutschland primär und den Zeitumständen wie den Wirkabsichten der Zunft entsprechend als Demokratiewissenschaft verstand. Insofern wurde *Fraenkels* Beitrag zur Nachkriegsgeschichte auch stets von dieser Warte aus beurteilt (Erdmann 1988).

Als ebenso bedeutsam wird *Fraenkels* persönlicher Wandel beurteilt, wobei betont werden muss, dass er nicht von der Tragweite ist wie er in der Terminologie seinen Niederschlag zu finden scheint. Nicht selten wurde überbetont, dass sich *Fraenkel* von seiner „sozialistischen" Lebensphase als „zeitweilig dezidiert linksorientierte[r] Bildungsbürger" (Steffani 2000: 133) zu einem vehementen Verfechter moderner Pluralismustheorie wandelte (Göhler 1986: 6-27), galt doch sein Engagement stets der zugrunde liegenden Rechtsfrage: Sozial ungleiche und hinsichtlich ihrer Konfliktfähigkeit unterschiedliche Menschen sollten dennoch ein Höchstmaß an gleicher Rechtserfahrung machen (Steffani 2000: 136). Sein grundlegendes Verständnis von Rechtsgleichheit war dabei bereits in den Jahren der Weimarer Republik ablesbar und galt so primär den Rechten der Arbeiterschaft und der strukturellen Stärkung der Gewerkschaften, nicht aber den ideologisch-deterministischen Visionen einer klassenlosen Gesellschaft. Die Entkoppelung von Demokratie und Sozialismus darf daher getrost als bedeutende intellektuelle Leistung *Fraenkels* beurteilt werden (Buchstein 1991: 186), auch wenn seine Betonung der repräsentativdemokratischen Elemente Hand in Hand ging mit der Forderung nach einer Mischung plebiszitärer und repräsentativer Elemente. Dies brachte ihm sogar auch durch seine Anhänger oder durch seine Theorien geprägte Wissenschaftler den Vorwurf der begrifflichen Unklarheit ein (Sternberger 1971). Die Tatsache, dass Bolschewismus und Nationalsozialismus über strukturelle Gemeinsamkeiten verfügten, darf jedoch ohne Übertreibung als die zentrale und einschneidende Erkenntnis *Fraenkels* in den USA bezeichnet werden (Steffani 2000: 128). Seine sozialistische Prägung in den Jugendjahren aber blieb bestimmend bis zu seinen Betrachtungen über die Herrschaftsstruktur des Dritten Reichs. Als Ausgangspunkt seiner politischen Aktivitäten werden daher seine Schriften über das Arbeitsrecht in der Weimarer Republik interpretiert (Kühn 2000: 9-28), die sich unter der biographischen Erfahrung von kollektivem Arbeitsrecht und Faschismus ebenso wie der frühen Nachkriegszeit und der „doppelten Konfrontation durch Nationalsozialismus und Kommunismus" (Bracher 2000: 116) zu seinem neopluralistischen Konzept verdichteten (Buchstein 1991: 189). Über seinen Tod hinaus ist *Fraenkels* Wirken wegweisend geblieben für das Selbstverständnis der Bundesrepublik und ihr parlamentarisches Regierungssystem, für ihre rechtsstaatliche Struktur und ihre sozialpolitischen Konzeptionen (Bracher 2000: 123).

Insgesamt bleibt der neopluralistische Ansatz prägend für die Demokratietheorie allgemein wie für die Verbändetheorien im Speziellen. Zweifelsohne ist hinsichtlich der Verbandslandschaft in der Bundesrepublik festzuhalten, dass *Fraenkel* es war, der die traditionelle deutsche Verbandsskepsis kritisch hinterfragte und dem gegenüber ihre positive Bedeutung für moderne staatliche Gemeinwesen betont hat, wenngleich die positiven Verbandsfunktionen auch heute noch immer nicht den Grad an Akzeptanz finden, der ihnen eigentlich gebühren sollte (Straßner 2005: 250, Straßner 2006: 10-17). Daneben ist *Fraenkels* Verdienst auch darin gesehen worden, dass er in seinem Neopluralismus-Ansatz auch die Akzeptanz verschiedener sozialer Lebensformen propagiert hat. Individuen sind aus seiner Sicht genau nicht die individuellen Nutzenmaximierer, wie die Neue Politische Ökonomie (NPÖ) sie postuliert. Dem entgegen gesetzt sind Individuen *Fraenkel* zufolge Träger kultureller Eigenschaften und damit auch Ausdruck gesellschaftlicher Differenzierung. So entwickelt eine Gesellschaft durch die Hervorbringung eigener legitimer und unterschiedlicher Interessen selbst Antikörper dagegen, in eine für totalitäre Ordnungsformen anfällige Struktur des Zusammenlebens zu münden (Buchstein/Göhler 2005: 159-160).

Die inhaltliche Kritik an *Fraenkels* Neopluralismus entzündete sich an der Normativität seines Ansatzes. Allgemeine Interessen wie Umweltschutz seien nur schwer organisierbar, gegenüber sich verstetigenden Interessenkoalitionen wie im Neokorporatismus seien andere wiederum dauerhaft ausgegrenzt. Die von ihm postulierte prinzipielle Offenheit des Systems wie die Garantie der Gegenverbandsbildung bestehe dementsprechend gerade nicht. Methodisch wurde *Fraenkel* die Vermengung von normativen und empirischen Elementen zum Vorwurf gemacht, da er westliche Verfassungsordnungen nur idealtypisch katalogisierte, während er dem gegenüber die realtypischen Mängel der ökonomischen und politischen Situation in der DDR gegenüberstellte (Gebauer 2004: 167-168).

Zusammenfassend ist *Fraenkels* Einfluss auf und sein Verdienst für die Politikwissenschaft allgemein unter drei Variablen subsumiert worden (Bracher 2000: 122):

1. Historisch als die konsequente und analytisch trennscharfe Aufarbeitung der Geschichte von Demokratien und Diktaturen, exemplifiziert an seiner Darstellung der Systemlogik des Dritten Reiches,
2. verfassungspolitisch im normativen Sinne die Verdeutlichung der positiv-pluralistischen Beschaffenheit moderner Gesellschaften und seine strikt antiideologische Gemeinwohlkonzeption,
3. außenpolitisch wie überstaatlich durch die komparatistische Analyse von Herrschaftsformen und der juristisch-politikwissenschaftlichen Analyse des Völkerrechts.

Insofern haben sich auch fast alle nachfolgenden Ansätze und Theorien aus der Auseinandersetzung mit dem Pluralismus entwickelt. Dem entsprechend waren darunter nicht nur Weiterentwicklungen des pluralistischen Ansatzes, sondern auch zahlreiche Einwände gegen seine Minimalkonditionen. Von der staatsrechtlichen Schule nach *Carl Schmitt* wurden Einwände laut, der Staat würde in seiner Anschauung zu einer vernachlässigbaren Größe, der sich kaum noch imstande sähe, sein Gewaltmonopol effektiv aufrecht zu erhalten. Durch die neomarxistische Pluralismuskritik wurde moniert, die Pluralismustheorie färbe ein zu glattes Bild der Gesellschaft. So haben zum einen vor allem „allgemeine Interessen" erhebliche Probleme, sich zu organisieren. Daneben droht zum anderen entgegen der Annahme, das System sei offen für das Einfließen neuer Interessen, im Gegenteil und unter bestimmten Umständen eine Monopolisierung und die Verfestigung eines Elitenkartells. Außerdem sind verschiedene Interessen unterschiedlich konfliktfähig. Besonders in leistungsorientierten Massengesellschaften lassen sich ökonomisch nachrangige Interessen nur schwer organisieren (Frauen, Alte, Behinderte, Kinder, Arbeitslose etc.). Damit ist die durch die Pluralismustheorie formulierte prinzipielle Chancengleichheit in dieser Form gerade nicht feststellbar, ebenso wenig wie das postulierte Machtgleichgewicht zwischen den einzelnen organisierten Interessen in dieser Eindeutigkeit besteht. Vor allem an letzterem Kritikpunkt haben die NPÖ[6] und die Kritische Theorie[7] angesetzt. Trotz aller berechtigter Kritik an der neopluralistischen Theorie und ihrer partiellen Blindheit für strukturelle Machtungleichgewichte hat sie doch einen entscheidenden Beitrag zur generellen Akzeptanz von Verbänden in modernen Gesellschaften gelegt, der angesichts der etatistisch geprägten politischen Kultur der frühen Bundesrepublik nicht hoch genug eingeordnet werden kann. Für *Ernst Fraenkel* bedeutete die kritische Beurteilung seiner Pluralismuskonzeption jedoch keinen Nachteil, im Gegenteil behielt er sich seine wissenschaftliche Streitbarkeit und differenzierte seinen Ansatz analog zur fundierten Kritik aus. So wurde *Fraenkel* für die deutsche Nachkriegsgeschichte im Allgemeinen wie die Politikwissenschaft im Speziellen zu einem „Glücksfall" und bereitete der neuen Disziplin den Weg (Buchstein/Göhler 2005: 161).

Literatur:

Alemann, Ulrich von 1985, Der Wandel organisierter Interessen in der Bundesrepublik. Erosion oder Transformation?, in: Aus Politik und Zeitgeschichte (APuZ) B 49, S. 3-21.
Alemann, Ulrich von 1989, Organisierte Interessen in der Bundesrepublik (unter Mitarbeit von Reiner Fonteyn und Hans-Jürgen Lange), 2. durchgesehene Auflage, Opladen.

---

[6] Vgl. dazu den Beitrag von Dirk Leuffen in diesem Band.
[7] Siehe dazu den Beitrag von Alexander Straßner in diesem Band.

Bracher, Karl-Dietrich 2000, Zwischen Zeitgeschichte und Politikwissenschaft. Erinnerung an Ernst Fraenkel, in: Buchstein, Hubertus/ Göhler, Gerhard (Hrsg.), Vom Sozialismus zum Pluralismus. Beiträge zu Werk und Leben Ernst Fraenkels, Baden-Baden, S. 115-123.

Brünneck, Alexander von 1988, Ernst Fraenkel (1898-1975). Soziale Gerechtigkeit und pluralistische Demokratie, in: Kritische Justiz (Hrsg.), Streitbare Juristen. Eine andere Tradition, Baden-Baden, S. 415-425.

Brünneck, Alexander von/Buchstein, Hubertus/Göhler, Gerhard (Hrsg.) 2000, Ernst Fraenkel. Gesammelte Schriften, 4 Bände, Baden-Baden.

Buchstein, Hubertus 1991, Auf der gemeinsamen Suche nach einer „modernen Demokratietheorie": Otto Suhr, Franz L. Neumann und Ernst Fraenkel, in: Göhler, Gerhard/Zeuner, Bodo (Hrsg.), Kontinuitäten und Brüche in der deutschen Politikwissenschaft, Baden-Baden, S. 171-194.

Buchstein, Hubertus/ Göhler, Gerhard (Hrsg.) 2000, Vom Sozialismus zum Pluralismus. Beiträge zu Werk und Leben Ernst Fraenkels, Baden-Baden.

Buchstein, Hubertus 2000, Ernst Fraenkels Studien zur Politik und Kultur Amerikas, in: Buchstein, Hubertus/ Göhler, Gerhard (Hrsg.), Vom Sozialismus zum Pluralismus. Beiträge zu Werk und Leben Ernst Fraenkels, Baden-Baden, S. 79-96.

Buchstein, Hubertus/ Göhler, Gerhard 2005, Ernst Fraenkel (1898-1975), in: Bleek, Wilhelm/Lietzmann, Hans J. (Hrsg.), Klassiker der Politikwissenschaft. Von Aristoteles bis David Easton, München, S. 151-164.Detjen, Joachim 1988, Neopluralismus und Naturrecht, Paderborn.

Erdmann, Heinrich 1988, Neopluralismus und institutionelle Gewaltenteilung, Opladen.

Fix, Elisabeth 1993, Das Herrschaftssystem des Dritten Reiches. Der „Führerstaat" zwischen Anspruch und Realität, in: Hampel, Johannes (Hrsg.), Der Nationalsozialismus. Band II: Friedenspropaganda und Kriegsvorbereitung 1935-1939, 2. Auflage, München, S. 43-82.

Fraenkel, Ernst 1924, Die Neuregelung der Arbeitszeit im Rahmen der Entwicklung des Arbeitsrechtes, in: Gewerkschafts-Archiv 1, S. 198-202.

Fraenkel, Ernst 1925, Das Arbeitsrecht und der amtliche Entwurf eines allgemeinen deutschen Strafgesetzbuches, in: Arbeitsrecht 12, S. 327-336.

Fraenkel, Ernst 1928, Die Arbeitsverfassung des faschistischen Italiens, in: Jungsozialistische Blätter 7, S. 202-205.

Fraenkel, Ernst 1929a, Ruhrfrieden und Schlichtung, in: Der Klassenkampf 3, S. 38-41 (veröffentlicht unter dem Pseudonym Emil Kleinfrank).

Fraenkel, Ernst 1929b, Ruhrkampf und Ruhrprozeß, in: Der Klassenkampf 3, S. 120-124 (veröffentlicht unter dem Pseudonym Emil Kleinfrank).

Fraenkel, Ernst 1930, Zehn Jahre Betriebsrätegesetz, in: Die Gesellschaft 7, S. 117-129.

Fraenkel, Ernst 1931, Arbeitsrechtliche Vollstreckungsfragen, in: Arbeitsrecht 18, S. 459-476.

Fraenkel, Ernst 1932, Biographische Notiz über Otto Sinzheimer, in: Heyde, Ludwig (Hrsg.), Internationales Handwörterbuch des Gewerkschaftswesens Band III, Berlin, S. 1470-1471.

Fraenkel, Ernst 1937, Das Dritte Reich als Doppelstaat, in: Sozialistische Warte 12, S. 41-44, 53-56, 87-90 (veröffentlicht unter dem Pseudonym Conrad Jürgens).

Fraenkel, Ernst 1941, The Dual State. A Contribution to the Theory of Dictatorship, New York et alii.

Fraenkel, Ernst 1958, Die repräsentative und die plebiszitäre Komponente im demokratischen Verfassungsstaat, Tübingen.

Fraenkel, Ernst 1960a, Deutschland und die westlichen Demokratien, in: Dokumente 16, S. 91-102.

Fraenkel, Ernst 1960b, Zur Entstehung des Faszismus, in: Politische Studien 11, S. 238-244.

Fraenkel, Ernst 1960c, Das amerikanische Regierungssystem. Eine politologische Analyse, Köln/Opladen).

Fraenkel, Ernst 1964, Der Pluralismus als Strukturelement der freiheitlich-rechtsstaatlichen Demokratie, München, Berlin.

Fraenkel, Ernst 1966, Möglichkeiten und Grenzen politischer Mitarbeit der Bürger in einer modernen parlamentarischen Demokratie, in: APuZ B 14, S. 3-13.

Fraenkel, Ernst 1968, Die ordnungspolitische Bedeutung der Verbände im demokratischen Rechtsstaat, in: DGB (Hrsg.), Die Stellung der Verbände im demokratischen Rechtsstaat, Düsseldorf, S. 11-28.

Fraenkel, Ernst 1969, Strukturanalyse der modernen Demokratie, in: APuZ B 49, S. 3-27.

Fraenkel, Ernst 1973a, Das Dritte Reich als Doppelstaat, in: Esche, Falk/Grube, Frank (Hrsg.), Reformismus und Pluralismus. Materialien zu einer ungeschriebenen politischen Autobiographie, Hamburg, S. 225-239.

Fraenkel, Ernst 1973b, Die Rheinlandbesetzung 1918-1923 – Ein Modellfall für das besiegte Deutschland?, in: Esche, Falk/Grube, Frank (Hrsg.), Reformismus und Pluralismus. Materialien zu einer ungeschriebenen politischen Autobiographie, Hamburg, S. 251-257.

Fraenkel, Ernst 1973c, Die künftige Organisation der deutschen Arbeiterbewegung, in: Esche Falk/Grube, Frank (Hrsg.), Reformismus und Pluralismus. Materialien zu einer ungeschriebenen politischen Autobiographie, Hamburg, S. 283-303.

Fraenkel, Ernst 1974, Der Doppelstaat, Frankfurt am Main/Köln.

Fraenkel, Ernst 1979, Deutschland und die westlichen Demokratien, 7. Auflage, Stuttgart.

Gebauer, Bernt 2004, Ernst Fraenkel, in: Riescher, Gisela (Hrsg.), Politische Theorie der Gegenwart in Einzeldarstellungen. Von Adorno bis Young, Stuttgart, S. 164-169.

Göhler, Gerhard 1986, Vom Sozialismus zum Pluralismus. Politiktheorie und Emigrationsforschung bei Ernst Fraenkel, in: PVS 27, S. 6-27.

Göhler, Gerhard/Schumann, Dirk Rüdiger 2000, Die Planungen Ernst Fraenkels zum Aufbau der Demokratie in Deutschland und Korea, in: Buchstein, Hubertus/ Göhler, Gerhard (Hrsg.), Vom Sozialismus zum Pluralismus. Beiträge zu Werk und Leben Ernst Fraenkels, Baden-Baden, S. 63-77.

Harpprecht, Klaus 1995, Thomas Mann. Eine Biographie, Reinbek bei Hamburg.

Hartmann, Jürgen 2003, Geschichte der Politikwissenschaft. Grundzüge der Fachentwicklung in den USA und in Europa, Opladen.

Hermann, Armin 2004, Einstein. Eine Biographie, Stuttgart.

Kremendahl, Hans 1977, Pluralismustheorie in Deutschland. Entstehung, Kritik, Perspektiven, Leverkusen.

Kühn, Rainer 2000, Die Schriften Ernst Fraenkels zur Weimarer Republik. Das Arbeitsrecht als Knoten und Katalysator, in: Buchstein, Hubertus/ Göhler, Gerhard (Hrsg.), Vom Sozialismus zum Pluralismus. Beiträge zu Werk und Leben Ernst Fraenkels, Baden-Baden, S. 9-28.

Ladwig-Winters, Simone 2000, Ernst Fraenkel als Stipendiat des American Committee in Chicago, in: Buchstein, Hubertus/ Göhler, Gerhard (Hrsg.), Vom Sozialismus zum Pluralismus. Beiträge zu Werk und Leben Ernst Fraenkels, Baden-Baden, S. 43-61.

Massing, Peter 2003, Ernst Fraenkel, in: Ders. /Breit, Gotthard (Hrsg.), Demokratie-Theorien. Von der Antike bis zur Gegenwart, Bonn, S. 214-223.

Popper, Karl Raimund 1996, Die offene Gesellschaft und ihre Feinde, 2 Bände, München.

Rudzio, Wolfgang 1982, Die organisierte Demokratie – Parteien und Verbände in der Bundesrepublik Deutschland, 2. bearbeitete Auflage, Stuttgart.

Salisbury, Robert H. 1969, An Exchange Theory of Interest Groups, in: Midwest Journal of Political Science 13, S. 1-32.

Salisbury, Robert H. 1992, Interests and Institutions. Substance and Structure in American Politics, Pittsburgh/ London.

Schütt-Wetschky, Eberhard 1997, Interessenverbände und Staat, Darmstadt.

Sebaldt, Martin/ Straßner, Alexander 2004, Verbände in der Bundesrepublik Deutschland. Eine Einführung, Wiesbaden.

Steffani, Winfried 2000, Ernst Fraenkel als Persönlichkeit, in: Buchstein, Hubertus/ Göhler, Gerhard (Hrsg.), Vom Sozialismus zum Pluralismus. Beiträge zu Werk und Leben Ernst Fraenkels, Baden-Baden, S. 125-147.

Sternberger, Dolf 1971, Nicht alle Gewalt geht vom Volke aus, Stuttgart.

Straßner, Alexander 2005, Zwischen Eigennutz und Gemeinwohl. Verbandsfunktionen in Theorie und Praxis, in: Gesellschaft – Wirtschaft – Politik Nr. 2, S. 233-253.

Straßner, Alexander 2006: Funktionen von Verbänden in der modernen Gesellschaft, in: APuZ, B 15-16, S. 10-17.

Truman, David B. 1971, The Governmental Process. Political interests and Public Opinion, New York.

II. Verbände und Individuum:
Die Perspektive der
Neuen Politischen Ökonomie

Verbände als Indikator variabler Mitgliedermobilisierung: Mancur Olson

Dirk Leuffen

1 Biographie

Der Nationalökonom *Mancur Lloyd Olson* wurde am 22. Januar 1932 in Grand Forks (North Dakota) geboren. Er stammt aus einer Familie von Landwirten norwegischer Abstammung. 1954 erwirbt *Olson* einen „Bachelor of Science" an der *North Dakota State University.* Ein „Rhodes Stipendium" ermöglicht ihm daraufhin einen Aufenthalt an der Universität Oxford, den er mit einem „Master of Arts" abschließt. 1956 schreibt sich *Olson* in das Graduierten-Programm der Harvard Universität ein, wo er auch erste Lehrerfahrungen sammelt. Nachdem *Olson* seine Promotion wegen seines Militärdienstes an der „Air Force Academy" von 1961 bis 1963 unterbrochen hatte, wird seine Doktorarbeit erst im dritten Anlauf von seinem Betreuer *Thomas C. Schelling* akzeptiert. Dennoch empfiehlt *Schelling* die Arbeit zur Publikation bei der renommierten *Harvard University Press*, wo sie 1965 unter dem Titel „The Logic of Collective Action" erscheint.

Bereits ab 1963 arbeitet *Mancur Olson* als Assistenz-Professor für Volkswirtschaftslehre an der Universität Princeton. 1967 unterbricht er seine akademische Laufbahn, um als „Deputy Assistant Secretary for Social Indicators" im Ministerium für Gesundheit, Erziehung und Wohlfahrt in Washington zu arbeiten. 1969 erhält er jedoch einen Ruf an die Universität Maryland, wo er ab 1979 bis zu seinem Tod am 19. Februar 1998 als „Distinguished Professor of Economics" wirkt (Rowley 2000, 57).

Mancur Olson hat zahlreiche wissenschaftliche Ehrungen erfahren, unter anderem wurde er zum Fellow des „Woodrow Wilson International Center for Scholars", des „US Institute for Peace" und des „University College Oxford" ernannt. Er wirkte als Vize-Präsident der "American Economic Association" und als Präsident der „Public Choice Society", der „Southern Economic Association", der „Eastern Economic Association" und der sozial-, politik- und wirtschaftswissenschaftlichen Sektion der „American Association for the Advancement of Science". 1990 gründet *Olson* an der Universität Maryland das „Center for Institutional Reform and the Informal Sector" (IRIS), das sich der Erfor-

schung der institutionellen Grundlagen wirtschaftlichen Wachstums und demokratischer Stabilität widmet.

2   Profil des Gesamtwerks

Mancur Olsons Gesamtwerk lässt sich grob in drei Teile gliedern, in Anlehnung
an seine drei Hauptwerke.[1] In der „Logik des kollektiven Handelns" beschäftigt
sich *Olson* mit der Organisationsfähigkeit gesellschaftlicher Gruppen (Olson
1998).[2] Diese Studie stellt sicherlich *Olsons* anregendsten Beitrag für die Verbändeforschung dar, weshalb auch der Schwerpunkt des vorliegenden Beitrags
diesem Werk gilt. Die „Logik" setzt sich aus der Perspektive der „Neuen Politischen Ökonomie" mit der pluralistischen Verbändetheorie auseinander.[3] Diese
war davon ausgegangen, dass sich gesellschaftliche Interessen geradezu natürlich
organisieren und aggregieren lassen und durch ihren Wettstreit wünschenswerte
politische Outputs zu Stande kommen. Demgegenüber hinterfragt *Olson* – ausgehend von den Grundannahmen des methodologischen Individualismus – die
Organisationsfähigkeit insbesondere größerer gesellschaftlicher Gruppen. Er
macht deutlich, dass diese, wegen des Kollektivgutcharakters ihrer Interessen
und dem damit verbundenen „Trittbrettfahrer-Dilemma", nur schwer ihre Mitglieder mobilisieren können. Für *Olson* kann daher die Entstehung und Aufrechterhaltung größerer Verbände nur über zusätzliche, d.h. jenseits des ursprünglichen Verbandszwecks stehende, selektive Anreize erklärt werden. Die
„Logik" gilt in den Wirtschaftswissenschaften, aber auch in der Politikwissenschaft und in der Soziologie als ein „Meilenstein" der Verbändeforschung.
    In seinem zweiten großen Werk „Aufstieg und Niedergang von Nationen"
(Olson 1991), führt *Mancur Olson* makroökonomische Phänomene wie Stagflation oder Arbeitslosigkeit „im Wege einer mikroökonomischen Anreizanalyse
auf die Einflussfaktoren individueller Kosten-Nutzen-Kalküle zurück" (Pies
1997, 1).[4] Dabei stützt sich *Olson* auf seine früheren Befunde aus der „Logik".
Während jedoch die „Logik" schwerpunktmäßig die Entstehung von Verbänden

---

[1] Daneben hat *Olson* über 150 wissenschaftliche Aufsätze vorgelegt, auf die hier nicht näher eingegangen werden kann. Die „Umfassende Ökonomie" (Olson 1991) macht dem deutschsprachigen
Leser 15 seiner zentralen Aufsätze zugänglich.
[2] Im Folgenden wird die „Logik des kollektiven Handelns" auch als „Logik" abgekürzt.
[3] Unter der „Neuen Politischen Ökonomie" versteht man die Anwendung ökonomischer Paradigmen,
wie der Rationalitätsannahme oder des Gleichgewichtskonzepts, auf die Sphäre des politischen
Handelns. Vgl. dazu einleitend Lehner (1981) oder Braun (1999).
[4] Der Originaltext erschien 1982 unter dem Titel „The Rise and Decline of Nations. Economic
Growth, Stagflation and Social Rigidities" bei Yale University Press. Vgl. einleitend zu diesem Werk
auch Braun (1999: 122ff.).

thematisiert, untersucht *Olson* in „Aufstieg und Niedergang von Nationen" ihre Einflussnahme auf ökonomische Entwicklungen. Ausgehend von der Beobachtung, dass die Bundesrepublik Deutschland und Japan in der Nachkriegszeit einen beispiellosen wirtschaftlichen Aufstieg nehmen konnten, zeichnet *Olson* von den stabileren Demokratien ein Bild verkrusteter Gesellschaften, in denen gefestigte „Verteilungskoalitionen" wirtschaftlichen Fortschritt behindern. Die sogenannte „*Age-of-Democracy* These" ist – nicht zuletzt wegen ihrer politischen Bedeutung – jedoch äußerst kontrovers diskutiert worden.[5]

Olsons letztes Buch, „Macht und Wohlstand. Kommunistischen und kapitalistischen Diktaturen entwachsen" (Olson 2002), befasst sich mit dem Verhältnis staatlicher Institutionen, politischer Herrschaft und wirtschaftlicher Entwicklung.[6] Vor dem Hintergrund der Transformation der ehemaligen Ostblockstaaten geht *Olson* der Frage nach den ordnungspolitischen Grundlagen von Innovation und Wachstum nach. Ganz im Sinne des „Neuen Institutionalismus" kommt er dabei in „Macht und Wohlstand" zu dem Befund, dass die politischen Institutionen eines Staates Innovationsfähigkeit begünstigen bzw. hemmen können. So regulieren politische Spielregeln auch das eigennützige Verhalten von Interessenverbänden oder Kartellen. Ein „marktvermehrender" Staat muss für *Olson* (2002: 177, 186) vor allem die privaten Eigentumsrechte schützen und die Durchsetzung von Verträgen gewährleisten. Andererseits darf auch der Staat nicht einen zu großen Einfluss in das Wirtschaftsgeschehen und die Eigentumsrechte der Individuen nehmen – denn auch Staaten sind für *Olson* nicht vor der Versuchung der „Räuberei" gefeit.

3   Verbändestudien

3.1   Die Logik des kollektiven Handelns – Eine Einführung

Die „Logik des kollektiven Handelns" gilt als Meilenstein der Theorie der Interessengruppen. Nach *Keller* (1988: 388) hat sie die Interessengruppen-Forschung „buchstäblich vom Kopf auf die Füße gestellt und seitdem weitgehend dominiert". Was aber ist die genaue Fragestellung des Werkes? Mit welchem theoretischen Ansatz bearbeitet *Olson* die Problematik? Was sind die zentralen Aussagen der „Logik"?

---

[5] Vgl. z. B. Mueller (1983) Choi (1983), Weede (1986), Lehmbruch (1986), Olson (1986), Pryor (1987), Crepaz (1996), Belke (1997).

[6] Das englischsprachige Orginal erschien 2000 bei Basic Books in New York unter dem Titel „Power and Prosperity. Outgrowing Communist and Capitalist Dictatorships". Der Text geht auf das unveröffentlichte Manuskript „Capitalism, Socialism, and Dictatorship: Outgrowing Communist and Capitalist Dictatorships" zurück und ist posthum erschienen.

Olson untersucht in der „Logik" die Organisationsfähigkeit von Interessen bzw. Gruppen. Eine Gruppe definiert er dabei neutral als „eine Anzahl von Personen mit einem gemeinsamen Interesse" (Olson 1998: 7). Während frühere Ansätze, wie z. B. die Pluralismustheorie, einfach angenommen hatten, dass sich Menschen zusammentun, um gemeinsame Interessen zu verfolgen, stellt sich *Olson* nun die Frage, inwieweit sich unterschiedliche gesellschaftliche Gruppen tatsächlich zur Durchsetzung gemeinsamer Ziele organisieren lassen.[7]

In Einklang mit der „Theorie der Gruppen" nimmt die „Logik" an, dass Organisationen zunächst das Ziel haben, die Interessen ihrer Mitglieder zu fördern: Ihr Zweck besteht darin, ein bestimmtes „Kollektivgut" bereit zu stellen, weshalb *Olson* (1998: 5f.) unter einer Organisation zunächst sowohl einen Bauernverband, eine Gewerkschaft, eine Aktiengesellschaft oder gar den Staat versteht. Ein Kollektivgut wiederum zeichnet sich für *Olson* dadurch aus, dass es, sobald es beschafft wurde, für jedes Mitglied einer bestimmten Gruppe verfügbar ist: „Ein Gemein-, Kollektiv- oder öffentliches Gut wird hier als jenes Gut definiert, das den anderen Personen in einer Gruppe praktisch nicht vorenthalten werden kann, wenn irgendeine Person Xi in einer Gruppe X1, ... Xi, ... Xn es konsumiert" (Olson 1998: 13). Das Kollektivgut bestimmt sich für *Olson* also über das Kriterium der „Nicht-Ausschlussfähigkeit".[8]

3.2 Das Trittbrettfahrer-Dilemma

Eine Gruppe ist zunächst also eine noch unorganisierte Anzahl von Personen, die ein gemeinsames Interesse teilen. War zuvor angenommen worden, dass sich Personen mit einem gemeinsamen Interesse quasi natürlich zusammentun, um gemeinsam die Erzeugung eines angestrebten Kollektivgutes zu erreichen, hinterfragt *Olson* nun die Mechanismen eines solchen Zusammenschlusses. Für ihn stellt weder der menschliche Instinkt noch eine funktionale Motivation eine hinreichende Begründung für das Entstehen einer Organisation dar. Welchen Ansatz aber verfolgt die „Logik"?

---

[7] Als die zentralen Vertreter der modernen Theorie der „Pressure Groups" identifiziert *Olson Arthur F. Bentley* (1949), *David Truman* (1951) und *Earl Latham* (1957) (vgl. v.a. Olson 1998: 115ff.). Er bezeichnet diese Autoren auch als „analytische Pluralisten" (Olson 1998: 116). Vgl. zu *Olsons* Kritik an der pluralistischen Theorie auch Braun (1999: 107ff.), zum Pluralismus einführend siehe auch die Beiträge von Benjamin Zeitler und Alexander Straßner in diesem Band.
[8] Das Kriterium der „Nicht-Rivalität", mit der *Samuelson* (1954: 387) ein reines öffentliches Gut weiter bestimmt hatte, wird damit von *Olson* nicht übernommen (vgl. Olson 1998: 14). Der Rechtsstaat oder auch die Landesverteidigung werden häufig als öffentliche Güter betrachtet, aber auch ein großer Park ist als ein solches vorstellbar (vgl. einführend Braun 1999: 54f.).

Olsons „Logik" steht in der Tradition des methodologischen Individualismus. Dieser postuliert eine sogenannte Mikrofundierung der Erklärung sozialer Prozesse: Soziale Vorgänge sind nur als ein Ergebnis der Interaktionen verschiedener individueller Akteure zu begreifen, die daher zunächst zu analysieren sind. Ausgehend von einer bestimmten Situation treffen Individuen Entscheidungen, die dann in einer „Logik der Aggregation" (Esser 1993: 96) auf der Makroebene Ergebnisse zeitigen (vgl. auch Braun 1999: 23f.). Als handlungstheoretische Grundlage bedient sich dabei die Neue Politische Ökonomie, als einer deren Hauptvertreter *Mancur Olson* in die Literatur eingegangen ist, des Postulats rationalen Wahlverhaltens: die Individuen handeln per Annahme nutzenmaximierend.[9]

Ist es nun für Individuen rational, sich bei Vorliegen gemeinsamer Interessen zu organisieren? Bevor *Olson* seine Theorie der Interessengruppen formal entwickelt, verweist er auf zwei Analogien: den Wettbewerbsmarkt und den Staat. In beiden Fällen ist individuell rationales Handeln nicht immer wohlfahrtsmaximierend: In einem Markt vollständiger Konkurrenz haben die Unternehmen ein gemeinsames Interesse an Preissteigerungen.[10] Solange jedoch keine verbindlichen Abmachungen getroffen werden können, ist es für den einzelnen Erzeuger rational, seine eigene Produktion zu erhöhen. Nach den Gesetzen des Marktes führt dies allerdings zu Preissenkungen – ein nicht von den individuellen Akteuren intendiertes Ergebnis! Die langfristige Wirkung der Preissenkung ändert für *Olson* jedoch nichts an der Rationalität der individuellen Handlung – schließlich würde der Erzeuger im Endeffekt noch schlechter dastehen, hätte er als einziger seine Produktion beschränkt!

---

[9] Leider benutzt *Olson* den Begriff der Rationalität in der „Logik" nicht immer gleich. So führt er als „einzige Bedingung" seiner Theorie aus, „dass das Verhalten der Individuen in den hier betrachteten großen Gruppen oder Organisationen im Allgemeinen rational sein sollte, und zwar in dem Sinne, dass sie ihre eigennützigen und uneigennützigen Ziele mit geeigneten und wirksamen Mitteln verfolgen" (Olson 1998: 63f.). Dies entspricht also einem zweckrationalen Verständnis. Auf der anderen Seite stützt sich sein zentrales Argument auf die Eigennutz-Orientierung der Individuen: „Wenn aber die Individuen in einer großen Gruppe an ihrem eigenen Wohlergehen interessiert sind, werden sie *nicht* freiwillig irgendwelche Opfer bringen, um ihrer Gruppe zu helfen, ihre politischen [...] Ziele zu erreichen" (Olson 1998: 125; Hervorhebung im Original). Dass das ökonomische Verhaltensmodell im Übrigen auch mit dem Konzept der „eingeschränkten Rationalität" von *Herbert A. Simon* zu vereinen ist, zeigt *Kirchgässner* (2000: 27).

[10] Bei seiner späteren Unterscheidung zwischen „exklusiven" und „inklusiven" Gruppen arbeitet *Olson* jedoch grundlegende Differenzen zwischen Unternehmen in einem Markt und Verbänden heraus: „Während Unternehmungen in einem Markt jeden Zuwachs an Konkurrenz beklagen, sind den Verbänden, die unabhängig vom Markt Kollektivgüter bereitstellen, neue Mitglieder fast immer willkommen" (Olson 1998: 35).

D.h. also, dass die Steigerung der Produktion die rationalste Handlungsoption für ihn darstellt, vorausgesetzt Eingriffe von außen wie staatliche Preisstützungen, Zölle oder Kartellabsprachen bleiben aus (vgl. Olson 1998: 8f.).[11]

Ähnliches ist für *Olson* (1998: 12) auch für den Staat zu sagen. Der Staat steht für ihn stellvertretend für eine Gruppe, die durch ein starkes emotionales, kulturelles und ideologisches Moment zusammengehalten wird. Dass jedoch selbst im Zeitalter des Nationalismus kein Staat auf Zwangsmittel zur Eintreibung der Steuern verzichten kann, ist für *Olson* ein Indiz für die eigennutzmaximierende Haltung der Menschen. Obgleich wahrscheinlich die Mehrheit der Bürger eine grundsätzliche Notwendigkeit von Steuern anerkennen würde, bilden freiwillige Zahlungen die absolute Ausnahme. Hier nun zieht *Olson* seine Parallele zum Fall der intermediären Organisationen:

> Wenn der Staat mit allen ihm zur Verfügung stehenden Hilfsmitteln seine grundlegendsten und lebenswichtigsten Tätigkeiten nicht ohne Zwangsanwendungen finanzieren kann, darf man annehmen, dass große private Organisationen ebenfalls Schwierigkeiten haben dürften, die Einzelnen in den Gruppen, deren Interessen sie zu vertreten suchen, dazu zu bewegen, die notwendigen Beiträge zu leisten (Olson 1998: 12).

Die Begründung für das Zwangselement der Steuer liegt nun für *Olson* im Kollektivgut-Charakter der staatlichen Leistungen. Der fehlende Nutzungs-Ausschluss verleitet zum Trittbrettfahren:

> Mit anderen Worten, denjenigen, die von dem öffentlichen oder kollektiven Gut weder etwas kaufen noch dafür bezahlen, kann man es weder vorenthalten noch kann man ihnen seinen Konsum verwehren, wie man das bei nicht-kollektiven Gütern kann (Olson 1998: 14).

Heißt dies, dass sich Gruppen von Menschen nie zu Organisationen zusammenschließen können? Gibt es auch Fälle, wo es rational für einzelne Akteure sein kann, sich in einer Organisation zu engagieren? Welche Möglichkeiten bestehen darüber hinaus, um die Organisationsproblematik zu umgehen?

---

[11] Der Fall entspricht der Struktur des „Gefangenen-Dilemmas" in der nicht-kooperativen Spieltheorie (vgl. Holler und Illing 1993: 1ff.). Auf kollektive Suboptimalitäten individuell rationalen Handelns hatte bereits *Arrow* (1951) aufmerksam gemacht (vgl. dazu auch Mueller 2003).

3.3 Das Organisationsproblem

Für *Olson* ist kollektives Handeln „individuelles Handeln in einer Gruppe" (Pies 1997: 2f.).[12] Ausgehend von dieser Annahme, d.h. dass Gruppenverhalten sich aus der Summe individueller Handlungen ergibt, und der weiteren Annahme, dass Individuen der Theorie des rationalen Wahlverhaltens entsprechend handeln, stellt *Olson* die Einschätzung der Pluralismustheorie in Frage, wonach sich Menschen quasi selbstverständlich organisieren, um ein Gruppeninteresse durchzusetzen. Der Grund dafür besteht für *Olson* in den für die Beschaffung eines Kollektivgutes anfallenden Kosten – bei ihrer gleichzeitigen Verfügbarkeit für Jedermann: Jedes Gruppenmitglied will von einem Kollektivgut profitieren, nur bezahlen will es niemand!

Diese einfache Grundidee wird von *Olson* mit Hilfe eines axiomatisch-deduktiven Ansatzes verfeinert: Ausgehend von seinen zentralen Annahmen entwirft er ein formales Modell. Durch mathematische Umformungen deckt er Zusammenhänge zwischen den unterschiedlichen Variablen dieses Modells auf und generiert seine Hypothesen.[13] Als eine zentrale Variable identifiziert er dabei die „Gruppengröße". Wie wirkt sich die Größe einer Gruppe auf ihre Fähigkeit aus, ein Kollektivgut bereitzustellen? Da das Handeln der Individuen in *Olsons* Modell durch einfachen Kosten-Nutzen Abwägungen geleitet werden, ergibt sich folgende Beziehung:

> Wenn es eine bestimmte Menge eines Kollektivgutes gibt, die zu Kosten bereitgestellt werden kann, welche gemessen an ihrem Nutzen so gering sind, dass irgendeiner in der betreffenden Gruppe noch gewänne, wenn er das Gut ganz allein bereitstellte, so wird man annehmen können, dass das Kollektivgut bereitgestellt wird (Olson 1998: 21).

In einem solchen Fall ist der Gesamtgewinn so hoch, dass ein Einzelner es als rational erachten würde, die gesamten Kosten auf sich zu nehmen – denn wie es im *Rational Choice* die Regel ist, sind die Individuen frei von auf Neid oder Fairness basierenden intersubjektiven Vergleichen und allein an ihrem persönlichen Vorteil interessiert. Die Wirkung der Gruppengröße zeigt *Olson* (1998: 23ff.) dabei formal anhand eines Modells einer Gruppe von Unternehmungen in einem Markt. Hier wird deutlich, dass eine höhere Anzahl von Wettbewerbern

---

[12] Vgl. *Olson* (1998: 22): „Was eine Gruppe tut, wird davon abhängen, was die Einzelnen in dieser Gruppe tun, und das wiederum hängt von deren relativen Vorteilen bei alternativen Handlungsweisen ab."
[13] Um den weniger in formalen Methoden geschulten Leser nicht auf dem Weg zu verlieren, bietet *Olson* (1998: 32ff.) auch eine nicht-technische Zusammenfassung seiner Hypothesen.

die Wahrscheinlichkeit einer (preissteigernden) Produktionseinschränkung rationaler Unternehmer erheblich senken wird. Entsprechend kann nach *Olson* in bestimmten kleinen Gruppen „ein Kollektivgut oft durch freiwilliges, eigennütziges Handeln der Gruppenmitglieder bereitgestellt werden" (Olson 1998: 32f.). Einzelne Individuen haben in kleinen Gruppen teilweise einen so hohen Anteil an einem Kollektivgut, dass sie bereit sind, sämtliche Kosten dafür aufzubringen. Damit ist es wahrscheinlicher, dass sich kleine als große Gruppen zur Erzeugung eines Kollektivgutes zusammenschließen.

Neben der Bereitstellung eines Kollektivgutes bleibt jedoch die Frage nach der Höhe der Bereitstellung bzw. der zu beschaffenden Menge des jeweiligen Gutes. Auch hier korrigiert *Olson* ursprüngliche Erwartungen nach unten: Selbst bei einer kleinen Gruppe wird der Gruppennutzen nicht maximiert, denn sobald die Menge erreicht ist, die das Mitglied, das den größten Bruchteil am Gesamtwert hat, benötigt, ist es für die anderen nicht mehr rational, zusätzliche Kosten auf sich zu nehmen – schließlich profitieren auch sie von der bereits beschafften Menge des Kollektivgutes.[14] Gleichzeitig steht auch hier die *Suboptimalität* wieder im Verhältnis zur Gruppengröße, denn der Anteil des größten Nutzers an einem Kollektivgut nimmt mit zunehmender Gruppengröße ab: „Offensichtlich werden also Gruppen mit vielen Mitgliedern gewöhnlich weniger leistungsfähig sein als Gruppen mit weniger Mitgliedern" (Olson 1998: 26).

Neben der bloßen Gruppengröße berücksichtigt *Olsons* Analyse zusätzlich jedoch noch die relative „Größe" einzelner Mitglieder. Dabei kommt er zu dem Befund, dass sich heterogene Gruppen, d.h. Gruppen, in denen sich die Nutzenmenge der einzelnen Mitglieder unterscheidet, optimaler mit einem Kollektivgut versorgen als homogenere Gruppen (ceteris paribus).[15] Dies ist darauf zurückzuführen, dass bei mehr Heterogenität einzelne Gruppenmitglieder ein überdurchschnittliches Interesse an einer erhöhten Beschaffung des Kollektivgutes haben. Aus diesem Verhältnis lässt sich für *Olson* auch der Schluss einer disproportionalen Verteilung der Lasten ziehen: Weil, bildlich gesprochen, die „Kleinen" vom Windschatten der Großen profitieren, diagnostiziert *Olson* eine „systematische Tendenz zur ‚Ausbeutung' der Großen durch die Kleinen!" (Olson 1998: 28; Hervorhebung im Original).[16]

---

[14] Vgl. zur „optimalen Versorgung mit einem Kollektivgut" Olson 1998: 29.
[15] Zusätzlich dazu nimmt für *Olson* auch die grundsätzliche Wahrscheinlichkeit der Bereitstellung eines Kollektivgutes in Gruppen mit Mitgliedern ungleicher „Größe" tendenziell zu. Während dies im formalen Teil (vgl. Olson 1998: 27) nur in Klammern Einfügung findet, stellt *Olson* diesen Aspekt in der nicht-technischen Zusammenfassung stärker in den Vordergrund (vgl. Olson 1998: 33).
[16] Vgl. dazu auch Kirsch 2004: 172f.

3.4 Gruppengröße und Mitgliedermobilisierung

Nach der deduktiven Ableitung seiner Hypothesen operationalisiert *Olson* seine Gruppentypen. Dabei wirkt sich ihr Hauptunterscheidungsmerkmal der „Größe" auf ihre Organisationskosten und damit wiederum auf ihren zumindest theoretischen Organisationserfolg aus. Kleine oder „privilegierte" Gruppen sind solche, in der „jedes einzelne Mitglied oder zumindest eines von ihnen Veranlassung hat, das Kollektivgut bereitzustellen, selbst wenn es die gesamten Kosten für die Bereitstellung zu tragen hat" (Olson 1998: 48). Wegen des hohen Anteils am Gesamtnutzen einzelner Mitglieder führt also schon einseitiges, eigennütziges Handeln der Individuen zur Bereitstellung des Kollektivgutes. In einem solchen Fall sind für *Olson* kaum organisatorische Absprachen von Nöten.

Auf der anderen Seite des Spektrums stehen mit den großen oder „latenten" Gruppen solche, die sich durch Anonymität auszeichnen. D.h. dass die individuellen Handlungen eines oder mehrerer Mitglieder kaum mehr bemerkt oder gar sanktioniert werden können. Zudem ist der individuelle Anteil an dem angestrebten Kollektivgut so gering, dass eine individuelle Anschaffung ausfällt. Bei großen Gruppen ist eine formale Organisation eine notwendige Voraussetzung für die Bereitstellung des angestrebten Kollektivgutes. Wie gezeigt werden wird, bedarf es nach *Olson* darüber hinaus jedoch noch weiterer Anreize zu ihrer Entstehung.

Dazwischen befinden sich die „mittelgroßen" Gruppen. In diesen müssen zwei oder mehr Mitglieder gleichzeitig handeln, bevor ein Kollektivgut erlangt werden kann. Gleichzeitig sind hier die Wirkungen individuellen Handelns auch für die anderen Mitglieder noch spür- oder nachvollziehbar. *Olsons* Vorhersagen zum Verhalten und der Organisation mittelgroßer Gruppen bleiben dabei recht unbestimmt: „In einer solchen Gruppe mag ein Kollektivgut erlangt werden, es mag auch ebenso gut nicht erlangt werden; aber in keinem Fall kann ein Kollektivgut ohne irgendwelche Gruppenübereinkunft oder –organisation erlangt werden" (Olson 1998: 49).

Während also die „analytischen Pluralisten" grundsätzlich angenommen hatten, dass sich Gruppen mit gemeinsamen Interessen zusammentun, um diese beispielsweise durch Einflussnahme auf politische Entscheidungsträger durchzusetzen, lehnt *Olsons* „Logik des kollektiven Handelns" die Richtigkeit dieser Annahme ab. Für *Olson* können sich insbesondere große Gruppen nur schwer organisieren, und diese strukturelle Benachteiligung ist gerade auch aus demokratietheoretischer Sicht problematisch, denn dadurch besteht die Gefahr einer Verzerrung des öffentlichen Spektrums. Denn während die „Jedermanns-Interessen" der Verbraucher, Arbeitslosen, Rentner oder Steuerzahler sich nur schwer organisieren und sich nur unzureichend in den politischen Prozess ein-

speisen lassen, zeichnen sich kleinere Gruppen, wie spezialisierte Unternehmer-
verbände, durch eine höhere Wirksamkeit aus.[17] Diese können also einen stärkeren Einfluss auf politische Entscheidungen nehmen. *Olsons* Theorie steht damit
der optimistischen Lesart des Gruppenverhaltens der „analytischen Pluralisten"
entgegen, die davon ausgegangen waren, dass sich die verschiedenen gesellschaftlichen Gruppen gegenseitig kontrollieren und dass daher das gesellschaftliche „Gruppengleichgewicht tendenziell gerecht und wünschenswert sei" (Olson
1998: 122). Für *Olson* waren die Pluralisten von falschen Annahmen ausgegangen:

> Sie haben angenommen, dass in einer Gruppe, die einen Grund oder Anreiz hat, sich
> zur Förderung ihrer Interessen zu organisieren, auch die rational handelnden Indivi-
> duen Grund oder Anreiz hätten, eine Organisation zu unterstützen, die in ihrem Inte-
> resse arbeitet. Aber logisch ist diese Annahme verfänglich, zumindest für große la-
> tente Gruppen mit wirtschaftlichen Interessen (Olson 1998: 125).

Doch auch *Olsons* Theorie muss sich einer empirischen Überprüfung stellen.
Wenn sich große Gruppen so schwierig organisieren lassen, wie kann beispielsweise die Entstehung von Gewerkschaften erklärt werden?

3.5 Die Theorie der selektiven Anreize

Aus *Olsons* bisheriger Theorie könnte man schließen, dass es nie zur Herausbildung größerer Organisationen kommt: Rationale Akteure beteiligen sich nicht an
Gruppen, für deren Entstehung sie einen Beitrag leisten müssen, der Nutzen
jedoch unteilbar ist, also auch denen zu Gute kommt, die sich eben nicht an der
Entstehung des Kollektivgutes beteiligen. Das Argument überzeugt sicherlich
durch seine analytische Klarheit und doch hält es einer empirischen Überprüfung
nur unter der Hinzuziehung einer Zusatztheorie stand, denn tatsächlich existieren
in modernen Gesellschaften eine Vielzahl von Vereinigungen, die die Interessen
großer Gruppen vertreten – man denke an die Gewerkschaften oder Kraftfahrer-
vereinigungen.

Die Zusatztheorie, der sich *Olson* bedient, ist die der „Theorie der Nebenprodukte" oder der „selektiven Anreize" („selective incentives").[18] Nach *Olson*
kann die Entstehung größerer Organisationen nur über die Bereitstellung selektiver Anreize erklärt werden: „Nur ein *besonderer und „selektiver"* Anreiz wird
ein rational handelndes Mitglied einer latenten Gruppe dazu bewegen, gruppen-

---

[17] Vgl. zu den Jedermanns-Interessen auch Weber 1980: 192.
[18] Vgl. dazu auch einleitend Hardin 1982: 31ff.

orientiert zu handeln" (Olson 1998: 49; Hervorhebung im Original).[19] Die selektiven Anreize können dabei positiv oder negativ ausgeformt sein. Im positiven Fall muss ein Anreiz selektiv in dem Sinne sein, dass diejenigen ausgeschlossen werden können, die nicht zur Erlangung des Gruppenzieles beitragen. Im negativen Fall müssen die Trittbrettfahrer sanktioniert werden:

> Diese „selektiven Anreize" können negativer oder auch positiver Art sein, indem sie entweder dadurch Zwang ausüben, dass sie jene bestrafen, die einen ihnen zugewiesenen Anteil der Lasten der Gruppentätigkeit nicht tragen, oder sie können positive Anreize sein, die denen geboten werden, die im Interesse der Gruppe handeln. (Olson 1998: 50).

Ein negativer Anreiz kann also über Zwang erfolgen, d.h. bestimmte „institutionelle Vorkehrungen" (Olson 1998: 33) oder Absprachen können Individuen dazu bringen, einer Organisation beizutreten.[20] Als Beispiel für die Bedeutung von Zwang verweist *Olson* auf die Entwicklung der Gewerkschaften in den USA.[21] Im Gegensatz zu Deutschland sind in den USA – insbesondere seit dem „Wagner Act" von 1935 – sogenannte „closed shops" rechtlich zulässig, d.h. dass in bestimmten Unternehmungen nur Gewerkschaftsmitglieder arbeiten dürfen. Es sind also indirekte Zwangsmechanismen, die für *Olson* den Erfolg der Gewerkschaften erklären: „Der weitaus wichtigste Einzelfaktor, der zum Überleben großer nationaler Gewerkschaften beitrug, war der, dass die Mitgliedschaft in jenen Gewerkschaften und die Unterstützung der von ihnen ausgerufenen Streiks weitgehend obligatorisch war" (Olson 1998: 67).[22]

---

[19] Die Nebenprodukt-Theorie der „Pressure Groups" muss nach *Olson* nur auf die latenten Gruppen Anwendung finden, denn bei kleineren Gruppen kann gruppenorientiertes Handeln, wie bereits dargelegt, über den hohen Nutzen einzelner Individuen erklärt werden. So können z.B. auf bestimmte Gewerbezweige spezialisierte Unternehmerorganisationen auch ohne ein Angebot von Nebenprodukten entstehen, einfach weil ihre Mitgliederzahl gering genug ist, um ein freiwilliges Engagement im Sinne der „Sonderinteressen" zu begünstigen (vgl. Olson 1998: 141).

[20] *Olson* definiert Zwang ökonomisch als eine Strafe, „die eine Person auf eine niedrigere Indifferenzkurve als die versetzt, auf der sie sich befinden würde, wenn sie ihre Anteil an den Kosten des Kollektivgutes ohne Zwang bezahlt hätte" (Olson 1998: 50). Vgl. zu Zwangsmitgliedschaften auch *Kirchgässner* 2000: 123.

[21] Allgemein lässt sich zum Vorgehen *Olsons* sagen, dass er seine einzelnen Hypothesen nicht wirklich systematisch überprüft. Seine Hauptthesen kann er jedoch überzeugend mit Hilfe einzelner qualitativer Fallstudien unterstützen. U.a. überprüft er seine Theorie anhand der Entwicklung amerikanischer Gewerkschaften, Ärzte- und Landwirtschaftsverbände.

[22] Vgl. zum „Wagner Act" und der Rolle des Staates zur Förderung der Gewerkschaften Olson 1998: 78 und 134. Die Bedeutung des Staates wird auch in *Olsons* Fallstudien zur Entstehung der „Farmers Union" und des „Farm-Bureaus" deutlich (vgl. Olson 1998: 146ff.).

Ein positiver Anreiz besteht auf der anderen Seite zum Beispiel in bestimmten Vergünstigungen, von denen nur die Mitglieder einer Organisation profitieren. So bieten zahlreiche Organisationen nichtkollektive Vorteile wie „Versicherungen" oder „Freizeitaktivitäten" nur für ihre Mitglieder an (Olson 1998: 71, 66). Beispiele für solche Nebenprodukte sind z.B. die „Streikversicherung" und Rechtsberatung der Gewerkschaften oder aber die Pannenhilfe des ADAC (vgl. Kirchgässner 2000: 124f.; Pies 1997: 7).[23] Auch die Bereitstellung von Fachliteratur stellt einen positiven Anreiz dar, einem Berufs- oder Fachverband beizutreten.[24]

Olsons Analyse macht also darauf aufmerksam, dass zwar die politischen Aktivitäten von Verbänden häufig im Zentrum der publizistischen Aufmerksamkeit stehen, diese gleichzeitig jedoch in den Hintergrund geraten, wenn es um die Frage der Mitgliedermobilisierung geht. Diese kann für *Olson* zumindest in latenten Gruppen nur durch externe Anreizstrukturen gewährleistet werden. Damit werden für *Olson* die Lobbys der Verbände zu ihren tatsächlichen „Nebenprodukten" (Olson 1998: 130f.).

4   Rezeption und Kritik

Iain McLean beginnt seinen „Review Article" zu *Mancur Olson* mit folgendem Vergleich: „When Condorcet fell foul of the Jacobins in 1793, Robespierre said of him that he was a great mathematician in the eyes of men of letters, and a distinguished man of letters in the eyes of the mathematicians" (McLean 2000: 651). Tatsächlich bewegte sich auch *Mancur Olson* teilweise unverstanden zwischen den unterschiedlichen sozialwissenschaftlichen Disziplinen. Dabei steht sein Status als „Klassiker der Gesellschaftswissenschaften" außer Frage. Insbesondere die „Logik" hat einen zentralen Beitrag nicht nur für die Entwicklung der Literatur zu den Interessengruppen, sondern der gesamten Sozialwissenschaften geleistet. Noch heute kommt kaum ein Buch zu Verbänden ohne zumindest einen Verweis auf die „Logik" aus.[25] Die wissenschaftliche Auseinan-

---

[23] Ähnlich vertritt auch die *American Medical Association* ihre Mitglieder bei Fehlbehandlungen (vgl. Olson 1998: 138).
[24] Insofern verwundert es nicht, dass die Deutsche Vereinigung für Politische Wissenschaft ihren Mitgliedern neben dem kostenfreien Rundbrief auch ihr Fachorgan „Politische Vierteljahresschrift" zu einem leicht verbilligten Preis anbietet.
[25] Von 1970 bis 1985 galt *Olson* als einer der meistzitierten Wirtschaftswissenschaftler weltweit (vgl. Rowley 2000: 57). Die anhaltende Bedeutung der „Logik des kollektiven Handelns" kommt auch dadurch zum Ausdruck, dass das Werk noch 1993 einen „enduring contribution award" durch die *American Academy of Management* und 1995 den „Leon D. Epstein Preis" der *American Political Science Association* zugesprochen bekam.

dersetzung mit *Olsons* Werk ist so enorm, dass hier nur auf einige zentrale Aspekte eingegangen werden kann.[26]

Ohne Zweifel hat die „Logik" zahlreiche Vorzüge. Insbesondere zu nennen ist die Klarheit, Transparenz und Eleganz des Arguments. *Olsons* theoretisch stringenten Befunde sind zunächst kontra-intuitiv – auch wenn sie mittlerweile fast zum Allgemeinwissen gehören! *Olsons* Hypothesen sind explizit, was zu ihrer Überprüfung anregt. Dabei haben zahlreiche empirische Überprüfungen seine Hauptthesen zumindest tendenziell bestätigt (McLean 2000: 656).[27] Gleichzeitig ist natürlich auch die „Logik" nicht vor Kritik gefeit.

Zur immanenten Kritik, die hauptsächlich von Wirtschaftswissenschaftlern geäußert wurde, gehört der Hinweis auf gewisse Unstimmigkeiten oder zumindest Unklarheiten des *Olson'schen* Modells. So wirft *McLean* (2000: 655) *Olson* beispielsweise vor, die genauen Mechanismen des Trittbrettfahrens nicht ausreichend theoretisch zu spezifizieren.[28] Eine besonders herbe Kritik formuliert *Mjoset*: „Olson provides neither a theory nor a history of selective incentives. Polemically, one may say that this notion serves as a cover for a number of ad hoc explanations" (Mjoset 1985, 80; hier zitiert nach Keller 1988: 394). Jenseits der Tatsache, dass die Übertragung allgemeiner Theorien auf spezifische Fälle immer problematisch ist, kann eine gewisse Beliebigkeit insbesondere bei der Behandlung der Theorie der Nebenprodukte in der Tat nicht ganz verleugnet werden, denn für jeden der untersuchten Fälle führt *Olson* leicht abweichende Mechanismen ins Feld (vgl. Olson 1998: 133ff.). Autoren wie *Offe* (1969) aber auch *McLean* (1982) haben *Olson* darüber hinaus eine zu große Konzentration auf die Variable der Gruppengröße vorgeworfen. Tatsächlich könnten auch weitere von *Olson* vernachlässigte Faktoren Gruppenverhalten erklären, z.B. würde auch die Art bestimmter Interessen ihre „Organisationsfähigkeit" bestimmen.[29]

Es ist ferner häufig darauf aufmerksam gemacht worden, dass *Olsons* Theorie der Nebenprodukte nicht wirklich ausreicht, um die Gründungsphase von Organisationen latenter Gruppen zu erklären (McLean 2000: 656). Insbesondere um positive Anreize anzubieten, müssen Organisationen zunächst existieren, denn auch die Bereitstellung dieser Anreize ist mit Kosten verbunden. Aus diesem Grunde ist die Figur sogenannter „politischer Unternehmer" in der Folge von *Olson* stärker herausgearbeitet worden (Braun 1999: 114ff.; Keller 1988:

---

[26] Siehe darüber hinaus Hardin (1982), Schubart (1992), Sandler (1992), Pies/ Leschke (1997), Heckelman/ Coates (2003), Keller (1988), Baron/ Hannan (1994: 1130ff.), Schmid (1996), Reisman (1990: 141ff.), Braun (1999: 104ff.) und Azfar (2001).

[27] Vgl. z.B. Marsh (1976), Chamberlin (1978), Moe (1980), van Waarden (1992), Winkelhake (1997). Weitere Literaturangaben auch bei Keller (1988: 395).

[28] Vgl. auch die Fußnoten 11 und 17 des vorliegenden Beitrags.

[29] Vgl. dazu einleitend Braun (1999, 108) und den Beitrag von Alexander Straßner in diesem Band.

106

392). Politische Unternehmer streben auf Grund ihrer eigenen Karrierebestre-
bungen, d.h. aus Eigennutz, kollektive Güter an: „Political entrepreneurs are
people who, for their own career reasons, find it in their private interest to work
to provide collective benefits to collective groups" (Hardin 1982, 35). So hoffen
sie bspw. zukünftige Führungsämter in den entstehenden Organisationen zu
erlangen. Es wird heute generell akzeptiert, dass die Figur des politischen Unternehmers eine fruchtbare Ergänzung zu *Olsons* Theorie darstellt und durchaus mit
dem Ansatz rationalen Wahlverhaltens zu vereinen ist (Keller 1988: 392).[30]

Das gilt auch für eine bestimmte Form der von *Hirschman* (1974) thematisierten Loyalität, die den Verbleib von Mitgliedern auch in größeren Organisationen erklären hilft: *Exit*, d.h. der Austritt aus einer Organisation, ist dementsprechend mit höheren sozialen Kosten verbunden als der materielle Nutzen, den
man aus dem Austritt ziehen würde (vgl. Braun 1999: 121). Auch weil häufig
keine Abwanderungsalternativen gegeben sind, entscheiden sich Individuen für
eine Strategie der „Veränderung von Innen" (*Voice*).[31]

Daneben ist jedoch auch „extrarationales Verhalten" (Hardin 1982: 22) her-
angeführt worden, um die Entstehung und Aufrechterhaltung von Organisationen
zu erklären. Solche Ansätze lassen sich allerdings nicht ohne weiteres in Olsons
Modell übertragen. So führt *Hardin* (1982: 101ff.) Moral, die Hoffnung, sich
durch Partizipation in Gruppen selbst zu verwirklichen, und Unkenntnis als alternative Motivationen auf, die Mitgliedermobilisierung jenseits des rationalen
Paradigmas erklären können. Es stellt sich dabei natürlich grundsätzlich die
Frage nach der Rationalität individuellen Verhaltens. Rechnen Individuen tatsächlich permanent die Vor- und Nachteile bestimmter Verhaltensoptionen aus
oder sind sie nicht auch durch moralische Maßstäbe, Idealismus, gesellschaftliche Normen oder Praktiken geleitet?[32] Welche Bedeutung haben Institutionen für
das Verhalten von Individuen?[33]

Olson (1998: 157f.) reagiert auf diese Kritik mit einer Beschränkung seiner
Theorie auf wirtschaftliche Gruppen, wo altruistisches Verhalten in der Tat ver-
nachlässigbar erscheint. Zudem geht er auch teilweise – allerdings, wie bereits
ausgeführt, nicht immer – von einer Zweckrationalität aus, die ja auch das zielgerichtete Verfolgen uneigennütziger Zwecke aufnehmen kann. Eine weitere Ent-

---

[30] Vgl. dazu auch den Beitrag zu *Robert H. Salisburys* Theorie des politischen Unternehmertums von Jürgen Stern in diesem Band.
[31] Siehe dazu den Beitrag von Tobias Nerb in diesem Band.
[32] Vgl. dazu auch Braun (1999: 116), Margolis (1982: 98ff.), Homann und Suchanek (1992), Panther (1997), allgemein auch March/ Olsen (1989).
[33] Institutionen könnten jedoch auch gewinnbringend in *Olsons* Theorie integriert werden (vgl. Czada 1992), denn schließlich waren dieser z.B. von Keller (1988: 394) „erhebliche Erklärungsprobleme" angesichts beträchtlicher Unterschiede im Organisationsgrad verschiedener Länder vorgeworfen worden (vgl. auch Schubert 1992: 186).

wicklung in diese Richtung könnte dabei zu einer stärkeren Berücksichtigung von Anreizen wie Macht, Prestige oder Kontakt bei der Erklärung individuellen Gruppen-Engagements führen (vgl. Keller 1998: 395). Dies ist in der Tat bereits von *Olson* angedacht, wenn er gesellschaftliche Sanktionen und Belohnungen als „selektive Anreize", d.h. als individuelle Güter, konzeptualisiert (vgl. Olson 1998: 59). Gleichzeitig verweist *Olson* (1998: 60) auf die methodische Schwierigkeit, moralische Motivationen in ihrer Reinform empirisch nachzuweisen.[34]

Ein Klassiker zeichnet sich allgemein dadurch aus, über längere Zeiträume Menschen anzuregen und Aktualität zu bewahren. Auch dieses Kriterium erfüllt *Mancur Olsons* Werk voll und ganz, weshalb sein Platz im Olymp der Verbändeforscher – auch jenseits der zahlreichen Einwände – noch über lange Zeit als gesichert erscheint.

Literatur:

Arrow, Kenneth J. 1951: Social Choice and Individual Values, New York.

Azfar, Omar 2001: The Logic of Collective Action, in: Shugart, William F./ Razzolini, Laura (Hrsg.), The Elgar Companion to Public Choice, Cheltenham und Northampton, S. 59-83.

Baron, James N./ Hannan, Michael T. 1994, The Impact of Economics on Contemporary Sociology, in: Journal of Economic Literature 32 (3), S. 1111-1146.

Belke, Ansgar 1997: Interessengruppen und säkularer Anstieg der Arbeitslosigkeit: Mancur Olson versus Insider-Outsider Theorie, in: Pies, Ingo/ Leschke, Martin (Hrsg.), Mancur Olsons Logik des kollektiven Handelns, Tübingen, S. 135-143.

Bentley, Arthur F. 1949: The Process of Government: A Study of Social Pressures, Evanston.

Braun, Dietmar 1999: Theorien rationalen Handelns in der Politikwissenschaft. Eine kritische Einführung, Opladen.

Chamberlin, John R. 1978: The Logic of Collective Action. Some Experimental Results, in: Behavioural Science 23, S. 441-445.

Choi, Kwang 1983: A Statistical Test of Olson's Model, in: Mueller, Dennis C. (Hrsg.), The Political Economy of Growth, New Haven, S. 57-78.

Crepaz, Markus M.L. 1996: Constitutional Structures and Regime Performance in 18 Industrialized Democracies: A Test of Olson's Hypothesis, in: European Journal of Political Research 29 (1), S. 87-104.

Czada, Roland 1992: Interessengruppen, Eigennutz und Institutionenbildung: Zur politischen Logik kollektiven Handelns, in: Schubert, Klaus (Hrsg.), Leistungen und

---

[34] Eine weitere häufig von Rational Choice Adepten vertretene Reaktion wäre der sich auf *Friedman* (1968) stützende Verweis auf die überdurchschnittlich gute Vorhersagekraft des Modells, die gewisse Vereinfachungen bei den Annahmen legitimiert.

Grenzen politisch-ökonomischer Theorie. Eine kritische Bestandsaufnahme zu Mancur Olson, Darmstadt, S. 57-78.

Dixit, Avinash 1999: Mancur Olson – Social Scientist, in: The Economic Journal 109 (456), S. F443-F452.

The Economist (U.S. Edition) 1998: Mancur Olson, 07.03., S. 91.

Esser, Hartmut 1993: Soziologie. Allgemeine Grundlagen, Frankfurt.

Friedman, Milton 1968: The Methodology of Positive Economics, in: May Brodbeck (Hrsg.) Readings in the Philosophy of the Social Sciences, New York, London, S. 508-528.

Hardin, Russell 1982: Collective Action, Baltimore.

Heckelman, Jac C./ Coates, Dennis (Hrsg.) 2003, Collective Choice. Essays in Honor of Mancur Olson, Berlin et al.

Hirschman, Albert O. 1974: Abwanderung und Widerspruch. Reaktionen auf Leistungsabfall bei Unternehmungen, Organisationen und Staat, Tübingen.

Holler, Manfred J./ Illing, Gerhard 1993, Einführung in die Spieltheorie, Berlin et al.

Homann, Karl/ Suchanek, Andreas 1992, Grenzen der Anwendbarkeit einer „Logik des kollektiven Handelns", in: Schubert, Klaus (Hrsg.), Leistungen und Grenzen politisch-ökonomischer Theorie. Eine kritische Bestandsaufnahme zu Mancur Olson, Darmstadt, S. 13-27.

Keller, Berndt 1988, Olsons „Logik des kollektiven Handelns". Entwicklung, Kritik – und eine Alternative, in: Politische Vierteljahresschrift 29 (3), S. 388-406.

Kirchgässner, Gebhard 2000, Homo oeconomicus. Das ökonomische Modell individuellen Verhaltens und seine Anwendung in den Wirtschafts- und Sozialwissenschaften, Tübingen.

Kirsch, Guy 2004, Neue Politische Ökonomie, Stuttgart: Lucius und Lucius.

Lathan, Earl 1957, The Group Basis of Politics, Ithaca.

Lehmbruch, Gerhard 1986, Die Messung des „Einflusses von Verteilungskoalitionen". Zu Weedes Überprüfung von Olsons Stagnationshypothese, in: Politische Vierteljahresschrift 27 (4), S. 415-419.

Lehner, Franz 1981, Einführung in die Neue Politische Ökonomie, Königstein.

March, James G./ Olsen, Johan P. 1989, Rediscovering Institutions. The Organizational Basis of Politics, New York.

Margolis, Howard 1982, Selfishness, Altruism and Rationality. A Theory of Social Choice, Cambridge.

Marsh, David 1976, On Joining Interest Groups. An Empirical Consideration of the Work of Mancur Olson Jr., in: British Journal of Political Science 6, S. 257-271.

McGuire, Martin C. 1998, Mancur Lloyd Olson, Jr. 1932-1998: Personal Recollections, in: Eastern Economic Journal 24 (3), S. 253-263.

McLean, Ian 1982, Dealing with Votes, Oxford.

McLean, Ian 2000, Review Article: The Divided Legacy of Mancur Olson, in: British Journal of Political Science 30, S. 651-668.

Mjoset, Lars 1985, Review Essay: The Limits of Neoclassical Institutionalism, Journal of Peace Research 22, S. 79-86.

Moe, Terry M. 1980, The Organization of Interests. Incentives and the Internal Dynamics of Political Interest Groups, Chicago und London.

Mueller, Dennis C. 2003, Public Choice, Cambridge.

Offe, Claus 1969, Politische Herrschaft und Klassenstrukturen, in: Senghaas, Dieter und Kress, Gisela (Hrsg.) Politikwissenschaft, Frankfurt a.M., S. 155-189.

Olson, Mancur 1986, An Appreciation of the Tests and Criticisms, in: Scandinavian Political Studies 9, S. 65-85.

Olson, Mancur 1991a, Aufstieg und Niedergang von Nationen: ökonomisches Wachstum, Stagflation und soziale Starrheit, Tübingen.

Olson, Mancur 1991b, Umfassende Ökonomie, Tübingen.

Olson, Mancur 1998, Die Logik des kollektiven Handelns: Kollektivgüter und die Theorie der Gruppen, Tübingen.

Olson, Mancur 2002, Macht und Wohlstand. Kommunistischen und kapitalistischen Diktaturen entwachsen, Tübingen.

Panther, Ingo 1997, Soziale Netzwerke und die Logik kollektiven Handelns, in: Pies, Ingo/ Leschke, Martin (Hrsg.), Mancur Olsons Logik des kollektiven Handelns, Tübingen, S. 71-93.

Pies, Ingo 1997, Theoretische Grundlagen demokratischer Wirtschafts- und Gesellschaftspolitik – Der Beitrag Mancur Olsons, in: Pies, Ingo/ Leschke, Martin (Hrsg.), Mancur Olsons Logik des kollektiven Handelns, Tübingen, S. 1-26.

Pies, Ingo/ Leschke, Martin (Hrsg.) 1997, Mancur Olsons Logik des kollektiven Handelns, Tübingen.

Pryor, Frederic L. 1987, Testing Olson: Some Statistical Problems, in: Public Choice 52, S. 223-226.

Reisman, David 1990, Theories of Collective Action. Downs, Olson and Hirsch, Houndmills et al.

Rowley, Charles K. 1998, Mancur Lloyd Olson 1932-1998, in: Economic Affairs 18 (3), S. 57-58.

Samuelson, Paul A. 1954, The Pure Theory of Public Expenditure, in: The Review of Economics and Statistics 36(4), S. 387-389.

Sandler, Todd 1992, Collective Action: Theory and Applications, Ann Arbor.

Schmid, Allan A. 1996, Mancur Olson, Jr., in: Samuels, Warren J. (Hrsg.), American Economists of the Late Twentieth Century, Cheltenham, S. 216-237.

Schubert, Klaus (Hrsg.) 1992, Leistungen und Grenzen politisch-ökonomischer Theorie. Eine kritische Bestandaufnahme zu Mancur Olson, Darmstadt.

Schubert, Klaus 1992, Leistungen und Grenzen des politisch-ökonomischen Ansatzes von Mancur Olson: Ein Resümee, in: Schubert, Klaus (Hrsg.), Leistungen und Grenzen politisch-ökonomischer Theorie. Eine kritische Bestandaufnahme zu Mancur Olson, Darmstadt, S. 186-191.

Truman, David B. 1951, The Governmental Process: Political Interests and Public Opinion, New York.

Waarden, Frans van 1992, Zur Empirie kollektiven Handelns: Geschichte und Struktur von Unternehmerverbänden, in: Schubert, Klaus (Hrsg.), Leistungen und Grenzen politisch-ökonomischer Theorie. Eine kritische Bestandsaufnahme zu Mancur Olson, Darmstadt, S. 139-168.

Weber, Jürgen 1980, Gefährdung der parlamentarischen Demokratie durch Verbände?, in: Oberreuter, Heinrich (Hrsg.), Pluralismus, Opladen, S. 163-201.

Weede, Erich 1986, Verteilungskoalitionen, Staatstätigkeit und Stagnation, in: Politische Vierteljahreschrift 27, S. 222-236.

Winkelhake, Olaf 1997, Deutsche Gewerkschaften und die Logik des kollektiven Handelns, in: Pies, Ingo/ Leschke, Martin (Hrsg.), Mancur Olsons Logik des kollektiven Handelns, Tübingen, S. 195-214.

Verbände als Instrument politischer Unternehmer: Robert H. Salisbury

Jürgen Stern

1 Durch und durch ein amerikanischer Wissenschaftler – Biographisches

Robert H. Salisbury wurde 1930 in den Vereinigten Staaten von Amerika geboren und lebt derzeit in St. Louis (Missouri, USA). 1953 heiratete er *Rose Marie Cipriani*, mit der er eine Tochter und zwei Söhne hat. Sein Studium schloss er 1951 an der Washington und Lee University ab. Den Master-Titel erlangte er an der University of Illinois 1952, wo er drei Jahre später auch mit einer Doktorarbeit bei *Jack Peltason* promovierte. Im selben Jahr wechselte er zur Washington University in St. Louis, an der er bis 1996 blieb. *Salisbury* absolvierte dort eine Karriere vom „instructor" bis hin zum Professor. Von 1966 bis 1973 und von 1986 bis 1992 war er Vorsitzender des dortigen politikwissenschaftlichen Instituts. Von 1982 bis zu seiner Emeritierung 1996 hatte er als erster die Position des Sidney W. Souers Professor of American Government inne und war von 1974 bis 1976 Direktor des Center for Study of Public Affairs. 1990 war *Salisbury* Guggenheim Fellow und Resident Scholar am Studien- und Konferenzzentrum der Rockefeller Stiftung in Bellagio (Italien). In all seinen Funktionen betrieb er den Ausbau seines Departments. Im Zuge dessen gelang es ihm, sein Institut als eines der führenden in den USA zu etablieren.

Seine Forschungen unterstützten unter anderem die National Science Foundation, die American Bar Foundation und das amerikanische Erziehungsministerium. Neben seiner Lehrtätigkeit engagierte sich *Salisbury* intensiv in verschiedenen politikwissenschaftlichen Vereinigungen. 1969 bis 1971 war er Mitglied des Executive Council der Amerikanischen Vereinigung für Politikwissenschaft (American Political Science Association) und von 1980 bis 1981 deren Vizepräsident. Von 1985 bis 1987 zeichnete er verantwortlich für die Auswahl der Rezensionen in der American Political Science Review. 1976 und 1977 stand *Salisbury* der Midwest Political Science Association vor, 1964 war er Gründungsmitglied, bis 1965 auch Präsident der Missouri Political Science Association. 1997 ist *Salisbury* mit dem „Eldersveld Award for Career Achievement" von der Political Organizations and Parties Section of the American Political Science Association ausgezeichnet worden. Die gleiche Organisation erkannte ihm zweimal

(1989, 1998) den „Jack Walker prize" für einen außergewöhnlich bedeutsamen politikwissenschaftlichen Beitrag zu.

2   Viele Aspekte der amerikanischen Politik – das Gesamtwerk

Am Anfang seiner Karriere wandte sich *Salisbury* dem Zusammenspiel von Staat und Kommunen zu. Ein großer Teil dieser Analyse beschäftigte sich mit der Bildungspolitik. Anhand der öffentlichen Schulen untersuchte er beispielsweise die Bürgerbeteiligung (Salisbury 1980). In den späten sechziger Jahren begann *Salisbury* sich auf die Interessengruppen zu spezialisieren, die in seinem wissenschaftlichen Werk einen immer größeren Stellenwert eingenommen haben. Zu den jüngeren Werken in diesem Zusammenhang zählen „Interests and Institutions" (1992), in dem die wichtigsten seiner Aufsätze erneut abgedruckt wurden, und „The Hollow Core" (1993). Die Bücher, die *Salisbury* in seinem Lebenslauf nennt, teilen sich dementsprechend auf diese Themenbereiche auf – eines zur Erziehungspolitik, eines zur Partizipation und zwei zu den Interessenverbänden. Der Hauptteil von *Salisburys* wissenschaftlichem Schaffen besteht aus Beiträgen in Sammelbänden und Aufsätzen in Zeitschriften. Auch sie beschäftigen sich im Wesentlichen mit den oben genannten Themenkreisen.[1]

Ein ebenso ausführliches wie bescheidenes Zeugnis über seine akademische Karriere (inklusive Selbstzweifel) legte *Salisbury* 1992 ab. Deshalb mag ihm hier selbst eine zusammenfassende Bemerkung gestattet sein: „I have worked on a good many different topics over the years. All have been aspects of American politics, to be sure, but they have ranged quite widely in substance and institutional milieu and reached into numerous established subfields of political science" (Salisbury 1992: ix). Er sieht sich also als Generalist.

Salisburys Arbeiten zu den amerikanischen Verbänden gliedern sich – grob gesprochen – in zwei Untergruppen. Zuerst soll sein konzeptioneller Beitrag zum Verständnis der Entstehung von Interessengruppen dargestellt werden. Es handelt sich um seine „Exchange Theory", die ihre Wirkung in der amerikanischen Forschung bis heute entfaltet. Im Anschluss werden die für die Verbändestudien relevanten Werke vorgestellt. Die Resonanz, die beide gefunden haben, wird im vierten Abschnitt herausgearbeitet.

---

[1] Eine Gesamtliste findet sich unter „http://news-info.wustl.edu/sb/page/normal/453.html" (Stand: 18.11.2005) im Internet.

3 Theorie und Empirie – Salisburys Verbändestudien

3.1 Die Entstehung, das Wachstum und der Tod von Interessengruppen

In seinem wichtigsten konzeptionellen Beitrag setzt sich *Salisbury* mit *Mancur Olson*[2] auseinander, wobei er ähnliche ökonomische Argumentationslinien verfolgt. In seiner „Exchange Theory of Interest Groups" (Salisbury 1969) kritisiert er verschiedene Blindstellen:

- *Olson* beschäftige sich nur mit Interessengruppen, die bereits existierten und blende daher ihre Entstehung und Entwicklung aus;
- *Olson* gehe es nur um den Erhalt der Gruppe, aber er erkläre mit seinen Ansätzen nicht, warum, wie und zu welchem Zweck das Lobbying betrieben wird.

Beide Defizite versucht *Salisbury* mit seinem Ansatz auszuräumen. Seine zentralen Erklärungsfiguren sind der politische Unternehmer und der ökonomische Austauschprozess. Als empirische Belege dienen ihm vor allem die Entwicklungen der Interessenvertretung im amerikanischen Agrarsektor. Der Grund für seine Beschäftigung mit dem Lebenszyklus von Interessengruppen ist für *Salisbury* jedoch nicht nur *Olsons* unzureichende konzeptionelle Umschreibung, sondern auch die bisher wenig befriedigende Erklärung der Veränderungen in der amerikanischen Verbandslandschaft.

Bisher – Stand 1969 – seien zwei Erklärungsmuster vorherrschend gewesen: Das eine geht von einem linearen Zusammenhang von gesellschaftlicher Differenzierung und Interessenvertretung aus. Daraus folge eine größere Breite von Interessen, die wiederum entsprechend feingliedrig vertreten würden. Wenn dies in einem Teil der Gesellschaft geschehe, folge darauf nahezu automatisch die Reaktion der konkurrierenden Gruppen aus demselben Bereich. Andererseits handelten Interessengruppen nicht im luftleeren Raum, sondern seien auch von gesellschaftlichen Entwicklungen oder technischen Innovationen betroffen. Dies rufe vor allem bei benachteiligten Gruppen die Gründung von Interessengruppen hervor, da sie diese Nachteile über den politischen Prozess auszugleichen suchen.

Während der obige Ansatz von einer kontinuierlichen Entwicklung ausgeht, lässt sich der zweite wohl eher als eine Wellenbewegung beschreiben. *Salisbury* legt beide Konzepte an seinen Untersuchungsgegenstand an und stellt fest, dass sie aus seiner Sicht zur Erklärung nicht ausreichend sind. Er betont einen ande-

---

[2] Vgl. den Beitrag von Dirk Leuffen in diesem Band.

ren Zusammenhang: Nämlich den zwischen dem allgemeinen Wirtschaftswachstum und der Gründung von Interessenorganisationen. Dieser Zusammenhang bildet den Ausgangspunkt für *Salisburys* weitere Überlegungen. Er beginnt sie mit der Einführung des politischen Unternehmers. Vom Prinzip unterscheide ihn dabei beispielsweise nichts vom Hersteller von Seifen: „Entrepreneurs/organizers invest capital to create a set of benefits which they offer to a market of potential customers at a price" (Salisbury 1969: 11). Wenn die Produkte oder Dienstleistungen nicht (mehr) den Wünschen der Kunden entsprächen, analog die Mitgliedschaft zu teuer oder der Gewinn für den politischen Unternehmer zu gering sei, dann brächen die Organisationen zusammen. Dieser Austausch von Dienstleistungen gegen Geld bildet den Kern der „Exchange Theory" – auch wenn die Begriffe und Zusammenhänge noch einer genaueren Beschreibung bedürfen.

Salisbury wendet sich der Natur der Leistungen und Anreize zu und unterscheidet dabei drei mögliche Ausprägungen:

1.   Hier sind zuerst einmal die Güter und Dienstleistungen zu nennen, die einen messbaren materiellen Wert haben.
2.   Die zweite Möglichkeit sind Anreize solidarischer Art – etwa durch die Anerkennung und das gesellschaftliche Leben in einer Gruppe.
3.   Schließlich kann der Antrieb einer Verbandsmitgliedschaft auch aus dem Wunsch nach der Verwirklichung von höheren Zielen kommen, die über den reinen Egoismus hinausgehen. Als Beispiele nennt *Salisbury* die Bekämpfung der Armut oder das Eintreten für das Recht auf freie Meinungsäußerung.

In Parenthese sei hier angemerkt, dass solches Engagement wie jedes, das durch Religion oder Ideologie motiviert ist, mit den konzeptionellen Annahmen *Olsons* – vor allem dem streng auf den eigenen Nutzen ausgerichteten Individuum – nicht zu erklären ist. Es erschließt sich von selbst, dass dies materiell kaum zu fassen ist. Realiter sind die Anreize nach *Salisbury* meist materieller Natur – etwa bei Einkaufsgenossenschaften oder Gewerkschaften. Allerdings mischen sich auch diese nahezu unweigerlich mit den anderen Motiven. Somit wird klar, dass es sich hier um eine analytische Trennung handelt. Bei der Einteilung der Anreize greift *Salisbury* auf ältere Konzepte zurück (Clark/ Wilson 1961; Eschenburg 1975).

Die Überlebenschancen der Organisationen schätzt *Salisbury* nicht für alle gleich hoch ein: Für einen Unternehmer sei es oft einfach, eine Interessengruppe zu gründen, die auf allgemeine gesellschaftliche Ziele gerichtet ist, da er dafür relativ wenig Kapital benötige. Allerdings seien damit auch relativ hohe Risiken verbunden, wenn sich etwa nicht genügend Befürworter einer Sache finden, die einer Gruppe mit diesem oder jenem Ziel auch wirklich beitreten. Um sie attraktiver zu machen, kann der solidarische Aspekt gestärkt werden – etwa durch gemeinsame Aktionen. Schließlich argumentiert *Salisbury* aber, dass die Gruppen mit einem direkt erkennbaren ökonomischen Nutzen die stabilsten seien. Als Ausnahme nennt er die Organisationen, die durch Zwangsmitgliedschaft zustande gekommen und durch diese nachhaltig geprägt sind.

Das Erfolgskriterium für eine Interessengruppe ist nach *Salisbury* ihre Akzeptanz auf dem Markt. Es sei ihre Aufgabe, die Interessen ihrer Mitglieder, die ja ihrer Gründung vorausgehen und wegen derer sie beitreten, zu vertreten. Dementsprechend sei es dann an ihr, Forderungen zu artikulieren und in den politischen Prozess einzubringen. Ob sie diese Aufgaben jedoch zufrieden stellend erfülle, entscheide sich erst in der Realität. Nämlich daran, ob die Individuen angesichts des Werts ihrer Interessen und der zu zahlenden Preise in die Organisation einträten und in ihr blieben. Dieser Entschluss werde jedoch aufgrund ganz persönlicher Präferenzen (und deren Einklang mit dem Anreizmix) getroffen, die im Vorfeld kaum festzustellen seien. Deshalb gehe der politische Unternehmer ein Risiko ein, wenn er seine Dienstleistung dem Konsumenten, Mitglied oder Wähler am Markt anbiete. Dies werde allerdings, so *Salisbury*, dadurch gemildert, dass er meist durch frühere Tätigkeiten über Erfahrungen im betreffenden Segment verfüge.

Der politische Unternehmer sei überdies auf Gewinn angewiesen: Dieser bestehe allerdings wie bei seinen Kunden aus immateriellen (Zufriedenheit, Glück) und materiellen Komponenten, wobei letztere für das dauerhafte Überleben einer Organisation entscheidend seien. Praktisch sei laut *Salisbury* damit das Gehalt des politischen Unternehmers gemeint. In vielen Fällen ist dies verbunden mit der (Wieder-)Wahl in eine bestimmte Position (Vorsitzender). Insofern präge die Persönlichkeit des politischen Unternehmers die Führung einer Interessengruppe über einen längeren Zeitraum.

Theoretisch, so merkt *Salisbury* an, müsse auch eine bestimmte Rendite erzielt werden, damit das Kapital nicht in andere Unternehmungen investiert werde. Das absolute Minimum, um die Existenz einer Interessengruppe (und deren Organisation) zu gewährleisten, sei jedoch eine Mitgliederzahl, die dafür ausreiche, die Anreize für Eintritt und andauernde Zugehörigkeit aufrechtzuerhalten. Am Anfang könne dies noch durch eine Anschubfinanzierung des Unternehmers geschehen, doch langfristig müsse dies mittels der Beiträge der Mitglieder möglich sein. Dies weist auf die Gegenseitigkeit im Austauschprozess hin: Die Bedürfnisse der Mitglieder müssen ebenso befriedigt werden wie die des politischen Unternehmers. Das Scheitern von Verbänden führt *Salisbury* in erster Linie auf ein Misslingen dieser Austauschbeziehungen zurück.

Wenn die Organisationen jedoch gesund seien, entstünden Überschüsse, für deren Verwendung *Salisbury* verschiedene Möglichkeiten sieht: die Verstärkung der Anreize für die Mitglieder, die Erhöhung des Gehalts des politischen Unternehmers oder die Finanzierung öffentlicher Auftritte, um den Einfluss seiner Organisation zu erhöhen oder Unentschlossene als Mitglieder zu gewinnen. Dabei sollte die Organisation nicht die Zufriedenheit der vorhandenen Mitgliedschaft aus den Augen verlieren. Deshalb ist die wichtigste Zielgruppe von Verbandsführungen zuerst einmal die eigene Klientel, sofern sie überhaupt etwas anderes tut, als die Interessen ihrer Mitglieder weiterzugeben. Natürlich ist es trotzdem möglich, Lobbying zu betreiben – allerdings gerade mit dem Zweck, die Situation der eigenen Mitglieder zu verbessern.

Im Unterschied zu *Olson* erkennt *Salisbury* in diesem Zusammenhang an, dass es nur extrem wenige kollektive Güter gibt, die unverändert und dauerhaft zur Verfügung stehen. Am Beispiel der Agrarsubventionen erklärt er, dass diese immer wieder neu bewilligt und deren Höhe immer neu verhandelt werden müssten. Damit werde die Bereitstellung von (materiellen) Zuwendungen – auch wenn sie vom Staat kommen – zum Hauptzweck des Verbandes. Das sei Anreiz genug für viele, wenn auch kaum für alle möglichen Mitglieder, sich einem Verband anzuschließen. Diese Teilmenge werde durchaus dafür sorgen, dass der politische Unternehmer ihre Interessen vertritt. Zusätzlich gebe es noch Gruppen, deren Innenleben entscheidend von den gesetzlichen Bestimmungen geprägt wird. So etwa bei Organisationen, die die Zulassung zu bestimmten Berufen regeln. Es nimmt wenig Wunder, so *Salisbury*, dass auch diese sich frühzeitig in den politischen Prozess einschalteten. Das Wachstum der Anzahl von Organisationen in einem bestimmten Bereich erklärt er durch sattsam bekannte ökonomische Prozesse: Wo ein Unternehmer erfolgreich ist, tauchen bald andere auf, die ihm nacheifern. Ähnliches vermutet *Salisbury* auch bei den Verbänden.

Eine Interpretation seiner Theorie liefert *Salisbury* selbst: Im von *Fred Greenstein* und *Nelson Polsby* herausgegebenen vierten Band des Handbuchs der Politikwissenschaft (Nongovernmental Politics) macht er seinen Beitrag zu den Interessengruppen seine Theorie zur Grundlage einer neuen Typologie: Meist würden die Verbände nach Sektoren (beispielsweise Arbeit oder Kapital) oder nach großen Anliegen eingeteilt. Als Beispiel für letzteres nennt er die Anti-Saloon League, deren Anstrengungen zur Prohibition geführt haben. Davon unterscheidet *Salisbury* seinen Ansatz, der sich, wie oben gezeigt, weniger mit den politischen Gegenständen als mit den Austauschbeziehungen innerhalb der Gruppe beschäftigt. Die Analyse der Anreize innerhalb der Gruppe hält er aus Sicht der Wissenschaft für lohnender und erfolgversprechender als die Arbeit mit der sektoralen Typologie (Salisbury 1975: 182-185).

Ein zweites Anwendungsgebiet für seine Theorie sieht er in der Analyse der Entstehung und des Wachstums von Interessengruppen. Auch hier schätzt er seine Theorie als sinnstiftender ein als die bisher von *Olson* oder *Truman*[3] vorgebrachten Erklärungen. Besonders wichtig ist ihm, dass die Gründe für ein Scheitern bis zu seiner Arbeit kaum betrachtet worden sind. Im Gegensatz zu *Truman* erklärt die „Exchange Theory", warum die Mitgliederzahlen fast jeder Art von Interessengruppe in wirtschaftlich schwierigen Zeiten sinken und in prosperierenden Perioden steigen (nach *Truman* müsste es umgekehrt sein). Ihre Erklärung läuft darauf hinaus, dass einerseits nicht genügend Leistungen von der Organisation zur Verfügung gestellt und andererseits die Mitgliedsbeiträge nicht mehr bezahlt werden können (Salisbury 1975: 185-201).

Das bekannteste Beispiel für *Salisburys* Überlegungen in der Praxis ist wohl *Ralph Nader*, der sich mit seiner Initiative „Public Citizen" um Durchsetzung von Verbraucherrechten kümmert. Weitere praktische Anwendungen für den in der „Exchange Theory" postulierten Anreizmix unter anderem am Beispiel der National Rifle Association finden sich bei *Ronald Hrebenar* und *Ruth Scott* (1990: 23-25).

3.2 Interessengruppen in den USA

Salisbury schenkt seine Aufmerksamkeit besonders dem Spannungsverhältnis zwischen dem von *Olson* postulierten rationalen Individuum und der Realität, die sich oftmals anders darstellt. Diesem Problem widmet er sich in verschiedenen Studien. Anhand der „National Endowment for the Arts" belegt er, dass Engagement nicht zwingend mit der Aussicht auf Erfolg verbunden ist. Der Einzelne kann in diesem Fall auch dann nicht mit einem materiellen Vorteil rechnen, wenn das Anliegen durchgesetzt werden würde.

In *Olsons* Augen wäre solches Handeln irrational, trotzdem kommt es nicht selten vor. Mehr noch: *Salisbury* führt einen beträchtlichen Teil des Wachstums der Zahl der Verbände gerade auf solche Gruppen zurück. Allerdings räumt er ein, dass ein solches Verhalten einen subjektiven Gewinn an Wohlbefinden bringen kann. Noch problematischer wird das Engagement dann, wenn es objektiv sinnlos erscheint, wenn also die Chance auf politischen Erfolg verschwindend gering ist. Dies kann *Salisbury* nicht ökonomisch erklären, führt es vielmehr auf das Bedürfnis von Menschen zurück, sich für Dinge einzusetzen, weil sie ihnen wichtig sind – und zwar auch ethisch: „People get involved because they care about an issue and think they ought to contribute" (Salisbury/Conklin 1998:

[3] Vgl. den Beitrag von Benjamin Zeitler in diesem Band.

288). Dies sei besonders häufig bei kirchlichen Einrichtungen der Fall, aber auch wenn es etwa um die Pflege der Künste gehe.

Salisbury nennt dieses Engagement „expressive" (Salisbury/Conklin 1998: 288). Diese Bezeichnung rührt von den Instrumenten her, die bei dieser Art der Interessenvertretung zum Einsatz kommen – vom Leserbrief über Demonstrationen und Boykotts bis hin zur Aussage vor einem Parlamentsausschuss. Gerade der Kampf gegen einen übermächtigen Gegner mag solchen Gruppen Inspiration sein. Allerdings sind derartige moralisch hoch aufgeladenen Vereinigungen oft kurzlebig (Salisbury/Conklin 1998). Diese Überlegungen illustriert *Salisbury* teilweise an seinem Fallbeispiel (The National Endowment for the Arts). Allerdings muss hier angemerkt werden, dass dies bereits früher im Zuge der Diskussion um Rational Choice thematisiert worden ist.[4]

Salisburys Beschäftigung mit den Verbänden als Forschungsgebiet hat aber schon sehr viel früher begonnen. In einem seiner ersten Aufsätze beschäftigte er sich 1964 mit dem beherrschenden Einfluss des Lehrerverbandes im Schulwesen in Missouri (Missouri State Teachers Association). Er beschreibt dabei einige Aktionsweisen der stärksten Lobby in dem amerikanischen Bundesstaat: Sie unterstützte die Forderungen von staatlicher Seite nach der Erhöhung von Steuern, um damit die Finanzierung der Schulen (und ergo die Bezahlung der Lehrer) zu verbessern. Er legt dabei Wert auf die Beschreibung der Strategien des Verbandes, dem es gelungen sei, die Themenhoheit über Mittel zur Verbesserung des Unterrichts zu erringen. Überdies habe er lockere Allianzen mit allen anderen großen Interessengruppen geschlossen, da niemand gegen bessere Schulen ist (Salisbury u.a. 1964).

In einem Sammelbandbeitrag, den *Philippe C. Schmitter*[5] und *Gerhard Lehmbruch*[6] herausgegeben haben, beschäftigte sich *Salisbury* mit der Frage, warum in den Vereinigten Staaten kein Korporatismus entstanden ist. Dabei beklagt er zuerst die mangelnde Trennschärfe der Begriffe „Spitzenorganisation", die er mit Hilfe einer eigenen Definition beheben will: „A peak association is an organization which purports, and is taken, to speak for a particular sector of society" (Salisbury 1979: 215). Dies tut er jedoch nur, um im Weiteren festzustellen, dass Spitzenverbände in diesem Sinne in den USA – von wenigen Ausnahmen abgesehen – nicht existieren und auch vom Staat nicht als solche anerkannt werden. Dementsprechend bilanziert er: „Thus peak associations in the United States are either weak and incomplete or ineffectual. None can claim quasi-monopolistic hegemony over a significant sector of socio-economic self-interest. Consequently, the United States lacks an essential ingredient of a corpo-

---

[4] Siehe dazu den Beitrag von Dirk Leuffen in diesem Band.
[5] Vgl. den Beitrag von Stefan Köppl in diesem Band.
[6] Vgl. den Beitrag von Stefan Köppl und Tobias Nerb in diesem Band.

ratist polity" (Salisbury 1979: 217). Dies führt er auf die großen sozioökonomischen und ethnischen Unterschiede in den Vereinigten Staaten sowie auf strukturelle Elemente zurück. Unter den letzteren sind vor allem der Föderalismus und
die Gewaltenteilung von Bedeutung. So können viele Gruppeninteressen bereits
auf einzelstaatlicher Ebene geklärt werden; Engagement auf nationalstaatlicher
Ebene in Washington wirkt dadurch nicht lohnend.

Auf der höheren Ebene fehlt darüber hinaus ein entscheidungsberechtigter
Ansprechpartner, da sich Kongress und Administration die Kompetenzen teilen
und den jeweils anderen argwöhnisch kontrollieren. Aus diesen Gründen fehlt es
den Spitzenverbänden auch an Möglichkeiten, sich gegenüber den potentiellen
eigenen Mitgliedern und gegenüber der Regierung, der Verwaltung oder dem
Parlament mit besonderen Vorzügen zu präsentieren. Schließlich stellt *Salisbury*
fest, dass der Einfluss der Interessengruppen in den USA im Allgemeinen skep-
tisch gesehen wird, da „interest groups" gemeinhin „as the enemy of the public
interest" (Salisbury 1979: 221) angesehen werden. Dementsprechend unterliegt
ihr Einfluss besonders rigiden rechtlichen Beschränkungen. Aus all diesen Faktoren setzt sich *Salisburys* Antwort auf die amerikanische Korporatismusfrage
zusammen – wobei er trotzdem keineswegs den Einfluss der Verbände negiert
(Salisbury 1979).

Salisbury richtet seinen Blick jedoch auch auf die Mesoebene und beschreibt die „Lobby-Landschaft" in Washington. Anfang der 1980er Jahre stellt
er fest, dass es zwei Arten von Interessenverbänden gibt. Einerseits diejenigen
mit moralisch hoch aufgeladenen Anliegen und andererseits diejenigen, die
pragmatisch vor allem auf das materielle Wohlergehen ihrer Mitglieder Wert
legen. Darüber hinaus beobachtet er drei Entwicklungen: Erstens die Zunahme
der Bedeutung der Informationen für das politische Geschäft; zweitens die immer stärkere und von den Verbänden unterstützte Nutzung des Rechtswegs zur
Durchsetzung von Interessen (etwa zur Gleichberechtigung der Schwarzen);
drittens die vermehrte Bildung von themenorientierten Koalitionen unter den
Interessengruppen (Salisbury 1983). Mit dem Charakter der Interessenrepräsentation setzt er sich ebenfalls auseinander. Dabei unterscheidet er zwischen Interessenvertretung durch Institutionen und durch Interessenverbände (Salisbury
1984).

Drei Jahre später stellt *Salisbury* bei einer erneuten Bestandsaufnahme auf
der Grundlage umfangreichen Datenmaterials fest, dass die Zahl der Organisationen und deren Beschäftigten stark gestiegen ist, dass das öffentliche Bild, das in
jenen Jahren von den Lobbyisten gezeichnet wurde, der Realität jedoch kaum
entspricht. Sie beschäftigen sich in der Regel schon längere Zeit mit ihrem Gegenstandsbereich und gehören größtenteils zum organisationseigenen Mitarbei-
terstab – werden also nicht erst zur Lösung eines speziellen Problems angeheu-

ert. Außerdem lassen sich viele Gruppen nicht strikt auf ein Tätigkeitsfeld festlegen. Schließlich stellt er eine Zunahme von Organisationen fest, die nicht aus dem Bereich Arbeit und Kapital stammen – beispielsweise die Umweltschutzbewegung (Salisbury 1986).

Mit dem Erscheinungsbild der Verbände setzt sich *Salisbury* auch in der dritten Auflage des Sammelbandes „Interest Group Politics" auseinander. So versucht er das Bewusstsein für die konstituierenden Wesensmerkmale einer Interessengruppe zu schärfen. Er nennt die Verbindung zwischen privaten Interessen und öffentlichen Handlungen konstituierend für eine Interessengruppe. Ihr Gegenstand ist jedoch in den seltensten Fällen bereits im Vorhinein vollkommen bekannt, sondern entsteht großteils erst in der Interaktion im politischen Prozess. Dabei seien die Interessengruppen keineswegs immer das aktive Element, im Gegenteil: Meistens reagieren sie vielmehr auf politische Entwicklungen. In Zusammenhang damit plädiert er dafür, die Inhalte nicht zugunsten des Studiums der Techniken und Taktiken der Einflussgewinnung zu vernachlässigen: „One learns relatively little about which interests are stronger simply from examining political institutions and processes detached from the substantive matters (read interests) with which they deal" (Salisbury 1991: 383). Auch an anderer Stelle hat sich *Salisbury* die Mühe gemacht, ein Forschungsprogramm zu beschreiben (Salisbury 1994). Auch wenn er den aktiven Einfluss der Verbände nicht allzu hoch einschätzt und ihre Strategie und Taktik für nicht sonderlich interessant hält, hat er sie doch vorher analysiert (Salisbury 1990).

Einen beachtlichen Wissensgewinn erzielt *Salisbury* durch ein großes Forschungsprojekt, das er mit *John P. Heinz, Robert L. Nelson* und *Edward O. Laumann* durchgeführt hat. Diese Arbeit der Größen der amerikanischen Verbändeforschung (Heinz u.a. 1993) ist zu einem Standardwerk geworden. Neben der Hauptpublikation sind daraus auch einige kleinere Aufsätze entstanden. 1987 arbeiteten die vier in einem Aufsatz etwa die verschiedenen strukturellen Konflikte und Koalitionen zwischen Interessenverbänden heraus. So vermeiden kleinere spezialisierte Organisationen im Gegensatz zu größeren in der Regel den Konflikt, stattdessen suchen sie Unterstützung, wo immer sie sie bekommen können (Salisbury u.a. 1987). In einer anderen Studie betont *Salisbury* etwa die Bedeutung der ständigen Beobachtung des politischen Geschehens, des Regierungshandelns und der Tätigkeit anderer Verbände für Interessenvertreter. Alle drei Tätigkeitsfelder gewinnen nicht zuletzt wegen der steigenden Zahl von Verbänden gegenüber dem direkten Einwirken auf die Regierung an Bedeutung. Vor allem deswegen habe das „eiserne Dreieck" als Bild für den politischen Prozess in Washington weitgehend ausgedient (Salisbury u.a. 1992).

Salisbury hat sich jedoch schon früh auch auf einem abstrakteren Niveau mit der Stellung der Verbände beschäftigt und ein analytisches Modell zur Erforschung von Politikfeldern entwickelt, auf das hier nicht näher eingegangen werden kann (Salisbury 1968). Ebenso kann hier nicht wiedergegeben werden, wie *Salisbury* die Beziehungen zwischen den amerikanischen Parteien und dem gesellschaftlichen Pluralismus beschreibt (Salisbury 1993), weil es den hier behandelten Gegenstandsbereich letztlich nur streift.

4 Rezeption und Kritik

Das Wirken von *Robert H. Salisbury* hat zwei Schwerpunkte: Zum einen hat er mit der „Exchange Theory of Interest Groups" einen bedeutenden Beitrag zum Verständnis von Verbänden geleistet. Gleichzeitig ist er ein beachtlicher Analytiker der amerikanischen Interessengruppen und ihres Einflusses auf den politischen Prozess in den USA. Dementsprechend gestaltet sich die Rezeption seines Schaffens.

Die Auswertung des Social Sciences Citation Index zeichnet das Bild einer konstant hohen Rezeption von *Salisburys* Schaffen. Im Zeitraum von 1969 bis 1999 ist die „Exchange Theory of Interest Groups" 147 Mal in anerkannten Fachzeitschriften aufgegriffen worden. 53 Mal erfasst das Verzeichnis ein Zitat des 1984 entstandenen Aufsatzes „Interest Representation: The Dominance of Institutions" und 34 Mal bezog sich ein Wissenschaftler auf den 1987 erschienen Beitrag „Who Works With Whom? Patterns of Interest Group Alliance and Opposition". Eine Längsschnittanalyse zeigt, dass *Salisburys* sieben wichtigste Arbeiten seit Mitte der siebziger Jahre pro Jahr etwa zehn bis 20 Mal ihren Niederschlag in Publikationen finden. Diese Analyse sagt zwar nichts über die Art des Bezugs aus, macht jedoch deutlich, dass *Salisburys* Ideen in der Diskussion in den amerikanischen Fachkreisen durchaus präsent waren und sind.[7]

Da diese quantitativ geprägte Grundlage jedoch keine qualitative Bewertung zulässt, soll mit Hilfe der Literatur ein Einblick in die Wirkungsgeschichte von *Salisburys* Arbeiten gegeben werden. Es ist hier allerdings nicht möglich, die gesamte Entwicklung und Diskussion in der amerikanischen Verbändeforschung nachzuzeichnen, noch jeden Pfad, der ausgehend von *Salisburys* Überlegungen beschritten wurde, nachzuvollziehen, aber es sollen wenigstens wichtige Abzweigungen markiert werden.

---

[7] Der Verfasser dankt Kai Koddenbrock für seine Hilfe bei der Erhebung dieser Daten. Für vielfältige Hilfen, Kritiken und Anregungen steht der Autor überdies in der Schuld von Imelda Wagner, Silvia Eder, Ondřej Kalina, Uwe Kranenpohl und Stefan Köppl.

4.1 Das Konzept des politischen Unternehmers

Es gehört zum unstrittigen Wissensbestand der amerikanischen Politikwissenschaft, dass *Salisbury* eine wichtige Ungereimtheit in *Olsons* Theorie ausgeräumt hat. *Olson* bezieht sich auf Organisationen, die bereits funktionieren und das weiterhin tun wollen. Um dies zu können, müssen sie selektive Anreize anbieten. *Olson* sagt jedoch wenig darüber aus, wie Organisationen gegründet werden. Aber wenn die Mitglieder nur wegen der selektiven Anreize beitreten, warum betreiben die Interessengruppen überhaupt noch Lobbying? In beiden Fällen spielt *Salisburys* politischer Unternehmer eine zentrale Rolle, um dieses *Olson*-Dilemma zu überwinden: Er initiiert die Gründung der Organisation und übernimmt auch die Vertretung der politischen Interessen der Mitglieder – sorgt mit *Olson* gesprochen für die Bereitstellung der kollektiven Güter. Dies tut er aus allen möglichen, aber meist persönlichen Gründen (eine besondere Beziehung zum Thema, Spaß an der politischen Auseinandersetzung oder zur Förderung seiner Karriere). Wichtig ist, dass der politische Unternehmer dabei weiterhin nach rationalen Gesichtspunkten handelt und die Erklärung somit im gleichen Feld bleibt wie bei *Olson* (Behrends 2001: 67). Das Zusammenspiel der politischen Führungsfiguren in einem Verband untereinander und das Verhältnis zu den Mitgliedern haben viele weitere Forschungsarbeiten inspiriert (Schlozman/Tierney 1986: 131-132). *Graham Wootton* stellt fest, dass auch *Salisbury* nicht über den rationalen Ansatz hinausgegangen ist, dem homo oeconomicus verhaftet bleibt und dadurch die reale Welt nur unzureichend erfasst (Wootton 1985: 40). Kritik daran übt auch *Jeffrey Browne* (2002: 324-325). Mit dieser Orientierung am Rational Choice-Modell liefert sich *Salisbury* auch der Kritik an diesem aus, die allerdings hier nicht nachvollzogen werden kann (exemplarisch zu *Olson* sei hier *Berndt Keller* (1988) genannt).

Mit seiner Betonung der Anreize reiht sich *Salisbury* in eine Reihe von bedeutenden amerikanischen Theoretikern ein (Daumann 1999: 40-41) und ist weiterhin in der Diskussion um adäquate Erklärungsansätze präsent (für viele: Nownes/Cigler 1995; Nownes/Neeley 1996b). Das Konzept „eignet sich hervorragend, um die Initiierung kollektiven Handelns zu erklären" (Daumann 1999: 44). So nutzt etwa *Maureen Casamayou* (2002) das Konzept, um die Organisation der Interessen von Brustkrebspatientinnen zu erklären. Diese empirische Komponente von *Salisburys* wissenschaftlicher Tätigkeit wird auch in anderen Werken durch die Verwendung seiner Arbeiten gewürdigt (Browne 1977; Guttman 1982; Berry 1989: 50-57; Foreman 1995; John 2002). Auch im direkten Vergleich zu *Trumans* Theorien schneidet sein Konzept besser ab (Berry 1978).

Salisburys Konzept hat auch in Deutschland Aufnahme gefunden. *Martin Sebaldt* weist etwa darauf hin, dass dem Amerikaner mit seinem Konzept gelungen ist, schlüssig nachzuweisen, wie Interessengruppen zustande kommen. Weder *Truman* noch *Olson* hätten sich diesem Problem in angemessener Weise gewidmet. *Sebaldt* betont überdies, dass das Bedürfnis nach Interessenvertretung unterschiedlich ausgeprägt ist. Individuen, bei denen dieses Bedürfnis besonders stark ist, wachsen in die Rolle des politischen Unternehmers hinein. Dies habe Folgen für die Führungsstruktur der Organisation, die durch die Art und Weise ihrer Gründung vorgeprägt wird. Dem Gründer stehe eine besondere Machtstellung, seinen Interessen eine besondere Berücksichtigung zu. Folglich scheuten sie die Anstrengung der Gründung nicht (Sebaldt 1997: 49-50). Den interessanten Versuch, die Bildung von Interessengruppen mit Hilfe mathematischer Formeln nachzuvollziehen, unternimmt *Terry Moe* (1980). *Salisbury* hat sich selbst nicht auf diesen Weg begeben, sondern orientierte sich eher an der Untersuchung einzelner Verbände bzw. Sektoren.

Die Figur des politischen Unternehmers ist bisher kaum grundlegend kritisiert worden. Die Gründe hierfür liegen wohl nicht zuletzt in der einleuchtenden Formulierung des Konzepts, das sich bestens in das sicherlich markwirtschaftlich geprägte Weltbild der amerikanischen Sozialwissenschaftler einfügt. Dies mag auch dazu beigetragen haben, dass es immer wieder aufgegriffen worden ist: Beispielsweise erweitern *Harmon Zeigler* und *Wayne Peak Salisburys* Konzeption um den Wettbewerb, der zwischen mehreren Unternehmern und den von ihnen gegründeten Organisationen entsteht (Zeigler/Peak 1972: 87-90). *Jeffrey Berry* würdigt im Einklang mit *Salisbury* die Bedeutung des Elements der Führung für den Erfolg von Interessengruppen, bemängelt allerdings gleichzeitig dessen defizitäre Untersuchung (Berry 1989: 46-47).

Michael Hayes sieht es als Verdienst *Salisburys* an, daran erinnert zu haben, dass die Vorstände von Interessenverbänden als Repräsentanten ihrer Mitglieder mit komplexen Eigeninteressen und einem gerüttelt Maß an Freiheit auftreten. Allerdings bemängelt er, dass die Austauschtheorie nur auf den Verband beschränkt bleibt und die Beziehungen zu den Abgeordneten nicht berücksichtigt (Hayes 1981: 63). Kritisch sieht *Heinz Ulrich Brinkmann* die Rolle des politischen Unternehmers bei der Entstehung von Public Interest Groups: „Politische Unternehmer sind sicherlich wichtig. Allerdings scheint es genug von ihnen zu geben, so daß unter günstigen Bedingungen immer erfolgreiche Gruppengründungen stattfinden werden" (Brinkmann 1984: 73). Für ihn ist der politische Unternehmer also nur ein Faktor unter mehreren anderen.

4.2 Die Austauschbeziehungen in Verbänden

Wenn der politische Unternehmer die Interessengruppe ins Leben gerufen hat, entfaltet *Salisburys* Theorie ihre Brauchbarkeit in einer weiteren Hinsicht zur Erklärung des komplexen Phänomens Interessengruppe: Was muss der politische Unternehmer oder die Führung eines Verbandes bieten, damit ihre Bedürfnisse befriedigt werden können, neue Mitglieder zur Gruppe stoßen und alte der Organisation treu bleiben? So verstanden kann das Konzept als Leitfaden zur Untersuchung von Interessengruppen genutzt werden (Zimmer 1996: 200). Die von *Salisbury* vorgeschlagene analytische Trennung der verschiedenen Anreize findet auch in neueren Werken noch Verwendung (Hildreth 1994; Hrebenar u.a. 1999: 280-283). Allerdings legen manche Autoren dabei starkes Gewicht auf die thematisch basierten Anreize (Cook 1984). Dabei macht *Scott Ainsworth* in seinem Beitrag jedoch klar, dass die solidarischen und expressiven Anreize von anderen Gruppen als den Interessenverbänden weit besser angeboten werden können (Ainsworth 2002: 42). Zusammen mit *Itai Sened* kritisiert er zudem, dass *Salisbury* bei der Betonung der verschiedenen Anreize eine Komponente des Austausches innerhalb einer Gruppe übersehen hat: nämlich den Informationsvorsprung der Mitglieder gegenüber den Nicht-Mitgliedern (Ainsworth/Sened 1993: 850).

Salisburys Konzept hat eine noch andauernde Debatte darüber ausgelöst, ob man den Erwerb einer Mitgliedschaft in einem Interessenverband mit dem Kauf anderer Güter gleichsetzen könne (Ainsworth 2002: 42). Sowohl gegen das Modell des politischen Unternehmers wie gegen das Austauschkonzept wendet sich Kritik: Die Struktur werde zu sehr betont, dagegen bleibe Motivation und Zielrichtung der Mitglieder und die daraus resultierenden Probleme unterbelichtet (Sebaldt/ Straßner 2004: 37). Anders gesagt: Das Wie stehe gegenüber dem Warum zu sehr im Vordergrund (Zimmer 1996: 201).

1996 stellten *Anthony Nownes* und *Grant Neeley* fest: „Salisbury's exchange theory [...] is now the dominant paradigm for explaining group development" (Nownes, Neeley 1996a: 76). In ihrer Untersuchung ergänzen sie gleichzeitig *Salisburys* Konzept des selbständigen politischen Unternehmers um die Komponente des Patrons, der eine von ihm als nützlich angesehene Interessengruppe gründen lässt. Sie fanden überdies heraus, dass die Kosten für die Gründung relativ gering sind. In ihrer – allerdings recht kleinen – Stichprobe kam knapp die Hälfte der Gründer mit weniger als 10.000 Dollar aus. Darüber hinaus betonen die beiden Forscher, dass es nach ihren Erkenntnissen nicht an politischen Unternehmern mangelt, deren Engagement die Bildung von Interessengruppen fördert. Schließlich legen ihre Erkenntnisse nahe, dass das von *Olson* skizzierte „free-rider problem" in der Gründungsphase einer Gruppe nicht auftritt und dementsprechend keine selektiven Anreize nötig sind (Nownes/Neeley 1996a; auch: Imig, Berry 1996). Der Ansatz der Ressourcen-Mobilisierung nimmt Anleihen bei *Olson* wie auch bei *Salisbury* (Jenkins: 1983; Zimmer 1996: 201-202; McCarthy/Zald 1976/ 1977). Bisher fehlt nichtsdestotrotz eine umfassende und integrierte Theorie der Interessenrepräsentation. Sollte sie jedoch einmal erstellt werden, so wird sie nach Ansicht von *Virginia Gray* und *David Lowery* einen sinnvollen Ausgangspunkt in *Salisburys* Exchange Theory finden (Gray, Lowery 1996: 91). Ein weiteres Desiderat scheint die Überprüfung von *Salisburys* austauschtheoretischer Erklärung zum Scheitern von Verbänden zu sein. Dies ist wahrscheinlich der überaus schwierigen Datenerhebung in diesem Bereich geschuldet. Es ist also noch viel Forschungsarbeit zu leisten. Dabei bleiben *Salisburys* Arbeiten ein wichtiger Anknüpfungspunkt. „The exchange theory of interest group membership, developed by Salisbury (1969), is one of the most useful frameworks for the study of group affiliation" (Cook 1984: 411; ähnlich: Browne 1990).

4.3 Die Resonanz Salisburys empirischer Arbeiten

Salisburys Schaffen wird in der amerikanischen Politikwissenschaft allgemein anerkannt. Als Beleg dafür mag die Einschätzung von *Alan Rosenthal* dienen: „The political scientist who in the recent years has done much original research as anyone on both interest groups and lobbyists in Washington, D.C., is Robert H. Salisbury. His work has informed that of all political scientists in this field" (Rosenthal 1993: 9). Als zweite Stimme sei *William Crotty* zitiert, der *Salisbury* eine „outstanding contribution" zur amerikanischen Verbändeforschung bescheinigt (Crotty 1994: 1). Es ist daher wohl nicht zu hoch gegriffen, wenn hier festgestellt wird, dass niemand, der sich mit der Analyse des amerikanischen Verbandssystems beschäftigt, an den Arbeiten *Salisburys* vorbeigehen kann. In seiner Untersuchung des Wandels im amerikanischen Verbändesystem stützt sich beispielsweise *Martin Sebaldt* ebenfalls vielfach auf die Arbeiten von *Salisbury* (Sebaldt 2001).

Zumindest erwähnt werden soll auch, dass *Salisburys* Definition einer Interessengruppe mehrfach aufgenommen worden ist: „An interest group is an organized association which engages in activity relative to government decisions." Allerdings kritisiert *Graham Wootton*, dass auch darin quasi-staatliche Institutionen Amerikas (z.B. Federal Trade Commission) eingeschlossen seien. Aus diesem Grund legt er Wert darauf, die Definition um die Adjektive „privat" und „nicht-parteilich" zu ergänzen (Wootton 1985: 21-23).

126 Jürgen Stern

Insgesamt lassen sich zu *Salisburys* Rezeption drei Feststellungen machen: Erstens gehört das Konzept des politischen Unternehmers unumstritten zu den Instrumenten der Verbändeforschung. Zweitens ist die Austauschtheorie als Ganzes bisher noch nicht widerlegt, wohl aber ergänzt, erweitert und verbessert worden. Drittens haben *Salisburys* empirische Arbeiten Standards gesetzt und weite Verbreitung sowie große Anerkennung gefunden.

Literatur:

Ainsworth, Scott H., 2002: Analyzing Interest Groups, Group Influence on People und Policies, New York, London.
Ainsworth, Scott H./Sened, Itai, 1993: The Role of Lobbyists: Entrepreneurs with Two Audiences, in: American Journal of Political Science, Bd. 37, H. 3, S. 834-866.
Behrends, Sylke, 2001: Neue Politische Ökonomie. Systematische Darstellung und kritische Beurteilung ihrer Entwicklungslinien, München.
Berry, Jeffrey, 1978: On the Origins of Public Interest Groups: A Test of Two Theories, in: Polity, Bd. 10, H. 3, S. 379-397.
Berry, Jeffrey, [2]1989: The Interest Group Society, Glenview u.a.
Brinkmann, Heinz Ulrich, 1984: Public Interest Groups im politischen System der USA. Organisierbarkeit und Einflußtechniken, Opladen.
Browne, Jeffrey M., 2002: Exchange Theory and the Institutional Impetus for Interest Group Formation, in: Cigler, Allan/Loomis, Burdett, (Hrsg.): Interest Group Politics, Washington, 6. Auflage, S. 313-329.
Browne, William P., 1977: Organizational Maintenance: The Internal Operation of Interest Groups, in: Public Administration Review, Bd. 31, H. 1, S. 48-57.
Browne, William P., 1990: Organized Interests and Their Issue Niches: A Search for Pluralism in a Policy Domain, in: Journal of Politics, Bd. 52, H. 2, S. 477-509.
Casamayou, Maureen, 2002: Collective Entrepreneurialism and Breast Cancer Advocacy, in: Cigler, Allan/Loomis, Burdett, (Hrsg.): Interest Group Politics, Washington, 6. Auflage, S. 79-94.
Clark, Peter, Wilson, James, 1961: Incentive Systems: A Theory of Organizations, in: Administrative Science Quarterly, Bd. 6, S. 129-166.
Cook, Constance E., 1984: Participation in Public Interest Groups, Membership Motivation, in: American Politics Quarterly, Bd. 12, H. 4, S. 409-430.
Crotty, William, 1994: Interest Representation and Interest Groups: Promise and Potentialities, in: ders. u.a. (Hg.): Representing Interests and Interest Group Representation, Lanham u.a., S. 1-11.
Daumann, Frank, 1999: Interessenverbände im politischen Prozeß. Eine Analyse auf Grundlage der Neuen Politischen Ökonomie, Tübingen.
Eschenburg, Rolf, 1975: Politische Unternehmer und öffentliche Güter, Möglichkeiten und Grenzen der gemeinsamen Bereitstellung öffentlicher Güter in großen Gruppen, in: Arndt, Erich u.a. (Hg.): Wirtschaft und Gesellschaft, Ordnung ohne Dogma, Tübingen, S. 257-302.

Foreman, Christopher, 1995: Grassroots Victim Organizations: Mobilizing for Personal and Public Health, in: Cigler, Allan/Loomis, Burdett, (Hrsg.): Interest Group Politics, Washington, S. 33-53.

Gray, Virginia/Lowery, David, 1996: A Niche Theory of Interest Representation, in: The Journal of Politics, Bd. 58, H. 1, S. 91-111.

Guttman, Joel M., 1982: Can Political Entrepreneurs Solve The Free-Rider Problem, in: Journal of Economic Behavior and Organization, Jg. 3, S. 357-366.

Hayes, Michael T., 1981: Lobbyists and Legislators. A Theory of Political Markets, New Brunswick.

Heinz, John P./Laumann Edward O./Nelson, Robert L./Salisbury Robert H., 1993: The Hollow Core. Private Interests in the National Policy Making, Cambridge, London.

Hildreth, Anne, 1994: The Importance of Purposes in „Purposive" Groups: Incentives and Participation in the Sanctuary Movement, in: American Journal of Political Science, Bd. 38, H. 2, S. 447-463.

Hrebenar, Ronald J./ Scott, Ruth K., [2]1990: Interest Group Politics in America, Englewood Cliffs.

Hrebenar, Ronald J., u.a., 1999: Political Parties, Interest Groups, and Political Campaigns, Boulder.

Imig, Douglas R./Berry, Jeffrey M., 1996: Patrons and Entrepreneurs: A Response to Public Interest Group Entrepreneurship and Theories of Groups Mobilization", in: Political Research Quarterly, Bd. 49, H. 1, S. 147-154.

Jenkins, J. Craig, 1983: Resource Mobilization Theory and the Study of Social Movements, in: Annual Review of Sociology, Jg. 9, S. 527-553.

John, Steve, 2002: The Persuaders. When Lobbyists Matter, Basingstoke.

Keller, Berndt, 1988: Olsons „Logik des kollektiven Handelns". Entwicklung, Kritik – und eine Alternative, in: Politische Vierteljahresschrift, 29. Jg., S. 388-406.

McCarthy, John D./Zald, Mayer N., 1976/1977: Resource Mobilization and Social Movements: A Partial Theory, in: American Journal of Sociology, Bd. 82, H. 6, S. 1212-1241.

Moe, Terry M., 1980: A Calculus of Group Membership, in: American Journal of Political Science, Jg. 24, H. 4, S. 593-632.

Nownes, Anthony/Cigler, Alan, 1995: Public Interest Groups and the Road to Survival, in: Polity, Bd. 27, H. 3, S. 379-404.

Nownes, Anthony/Neeley, Grant, 1996a: Towards an Explanation for Public Interest Group Formation and Proliferation: Seed Money, Disturbances, Entrepreneurship, and Patronage, in: Policy Studies Journal, Bd. 24, H. 1, S. 74-92.

Nownes, Anthony/Neeley, Grant, 1996b: Public Interest Group Entrepreneurship and Theories of Group Mobilization, in: Political Research Quarterly, Bd. 49, H. 1, S. 119-146.

Rosenthal, Alan, 1993: The Third House: lobbyists and lobbying in the states, Washington.

Salisbury, Robert H. u.a., 1964: State Politics and the Public Schools, New York.

Salisbury, Robert H. u.a., 1987: Who works with whom? Interest Group Alliances and Opposition, in: American Political Science Review, Jg. 81, Heft 4, S. 1217-1234.

Salisbury, Robert H. u.a., 1992: Triangles, Networks, and Hollow Cores: The Complex Geometry of Washington Interest Representation, in: Petracca, Mark (Hrsg.): The Politics of Interests, Interest Groups Transformed, Boulder u.a., S. 130-149.

Salisbury, Robert H., 1968: The Analysis of Public Policy: A Search for Theories and Roles, in: Ranney, Austin (Hg.): Political Science and Public Policy, Chicago, S. 151-175.

Salisbury, Robert H., 1969: An Exchange Theory of Interest Groups, in: Midwest Journal of Political Science, Bd. 13, H. 1, S. 1-32.

Salisbury, Robert H., 1975: Interest Groups, in: Greenstein, Fred/Polsby, Nelson (Hg.): Handbook of Political Science, Nongovernmental Politics, Bd. 4, Reading u.a., S. 171-228.

Salisbury, Robert H., 1979: Why No Corporatism in America?, in: Schmitter, Philippe C./ Lehmbruch, Gerhard (Hrsg.): Trends Toward Corporatist Intermediation, Beverly Hills, London, S. 213-230.

Salisbury, Robert H., 1983: Interest Groups: Toward a New Understanding, in: Cigler, Allan/Loomis, Burdett (Hrsg.): Interest Group Politics, Washington, S. 354-369.

Salisbury, Robert H., 1984: Interest Representation: The Dominance of Institutions, in: American Political Science Review, Jg. 78, S. 64-76.

Salisbury, Robert H., 1986: Washington Lobbyists: A Collective Portrait, in: Cigler, Allan/Loomis, Burdett (Hrsg.): Interest Group Politics, 2. Auflage, Washington, S. 146-161.

Salisbury, Robert H., 1990: The Paradox of Interest Groups in Washington – More Groups, Less Clout, in: King, Anthony (Hg.): The New American Political System, 2. Auflage, Washington, S. 203-229.

Salisbury, Robert H., 1991: Putting Interests Back Into Interest Groups, in: Cigler, Allan, Loomis, Burdett (Hrsg.): Interest Group Politics, 3. Auflage, Washington, S. 371-384.

Salisbury, Robert H., 1992: Interests and Institutions, Substance and Structure in American Politics, Pittsburgh, London.

Salisbury, Robert H., 1993: Parties und Pluralism, in: Uslaner, Eric M. (Hg.): American Political Parties: A Reader, Itasca, S. 30-54.

Salisbury, Robert H., 1994: Interest Structures and Policy Domains: A Focus for Research, in: Crotty, William u.a. (Hg.): Representing Interests and Interest Group Representation, Lanham u.a., S. 12-20.

Salisbury, Robert H./Conklin, Lauretta, 1998: Instrumental Versus Expressive Group Politics: The National Endowment for the Arts, Washington, in: Cigler, Allan/Loomis, Burdett (Hrsg.): Interest Group Politics, 5. Auflage, Washington, S. 283-302.

Schlozman, Kay Lehman/Tierney, John T., 1986: Organized Interests and American Democracy, New York.

Sebaldt, Martin, 1997: Organisierter Pluralismus. Kräftefeld, Selbstverständnis und politische Arbeit deutscher Interessengruppen, Opladen.

Sebaldt, Martin, 2001: Transformation der Verbändedemokratie. Die Modernisierung des Systems organisierter Interessen in den USA, Wiesbaden.

Sebaldt, Martin/Straßner, Alexander, 2004: Verbände in der Bundesrepublik Deutschland. Eine Einführung, Wiesbaden.

Wootton, Graham, 1985: Interest Groups, Policy and Politics in America, Englewood Cliffs.

Zeigler, Harmon L./Peak, G. Wayne, 1972: Interest Groups in American Society, Englewood Cliffs.

Zimmer, Annette, 1996: Vereine – Basiselement der Demokratie. Eine Analyse aus der Dritte-Sektor-Perspektive, Opladen.

Verbände als Spielball mitgliedschaftlicher Kalküle: Albert O. Hirschman

Tobias Nerb

1 Biographie

Albert Otto Hirschman wurde im April 1915 als Sohn jüdischer Eltern geboren. Bereits im Alter von 16 Jahren engagierte sich der junge *Hirschman* in der SPD und in der Sozialistischen Jugend. Zwischen 1923 und 1932 besuchte er das französische Gymnasium in Berlin. 1931 wurde *Hirschman* Parteimitglied der SPD. *Hirschman* immatrikulierte sich 1932 an der Universität von Berlin. Dort nahm er das Studium der Wirtschaftswissenschaften auf. Nach dem frühen Tod des Vaters ein Jahr später brach er das Studium ab. Die Machtübernahme durch die Nationalsozialisten veranlasste *Hirschman*, nach Frankreich zu emigrieren, wo er sein Studium an der Sorbonne in Paris fortsetzte. Später erfolgte ein weiterer Universitätswechsel an die London School of Economics. Nach erfolgreichem Absolvieren eines fellowship-Programmes kämpfte *Hirschman* 1936 auf der Seite der Internationalen Brigaden im Spanischen Bürgerkrieg (Schneider 2004: 229).

In den Folgejahren promovierte er an der Universität Triest in Oberitalien über die Außenhandelspolitik Frankreichs. *Mussolinis* Rassengesetze zwangen ihn 1938 nach Frankreich zurückzukehren. Mit seiner Rückkehr nach Paris trat er in die französische Armee ein. Nach der raschen Kapitulation Frankreichs im Zweiten Weltkrieg engagierte sich *Hirschman* zusammen mit *Varian Fry* als Fluchthelfer unter gefälschten Papieren in der südfranzösischen Hafenstadt Marseille (Hirschman 1996: 145-147).[1]

1941 erhielt er, seiner drohenden Verhaftung durch das Vichy-Regime nur knapp entkommen, im Rahmen eines Rockefeller-Stipendiums eine Einreisegenehmigung in die USA. Im selben Jahr heiratete *Hirschman* seine aus dem Baltikum stammende Frau Sarah. Die ersten Jahre verbrachte er an der University of California in Berkeley, bevor er der US-amerikanischen Armee beitrat und dadurch die amerikanische Staatsbürgerschaft erlangte. Ende 1943 wurde er an die europäische Front geschickt. Nach dem Krieg arbeitete *Hirschman*, als ausge-

---

[1] *Hirschman* und *Fry* verhalfen – neben anderen – Intellektuellen wie *Hannah Arendt, Marc Chagall, Max Ernst* und *Lion Feuchtwanger* zur Flucht.

wiesener Fachmann für die Systeme und wirtschaftlichen Strukturen Italiens und Frankreichs, am Federal Reserve Board an der Umsetzung des Marshallplans und des European Recovery Programs. Von Kontinentaleuropa verschlug es ihn ins kolumbianische Bogotá. Dort war er als Finanzberater der kolumbianischen Regierung tätig (Nitsch/ Lepenies 2000: 19).

Im Jahr 1956 kehrte *Hirschman* in die USA zurück und trat seine erste Ökonomie-Professur an der Yale University an. 1958 wechselte er für weitere sechs Jahre an die New Yorker Columbia-University auf den Lehrstuhl für Internationale Wirtschaftsbeziehungen, bevor er 1964 an die Harvard University nach Boston kam. Nach zehn Jahren an der renommierten Harvard University ereilte ihn ein Ruf aus New Jersey. Bis zu seiner Emeritierung im Jahr 1985 lehrte *Hirschman* am *Institute for Advanced Study* in Princeton (Nitsch/ Lepenies 2000: 19).   Im Jahr 1988 wurde *Hirschman* die Ehrendoktorwürde der Freien Universität Berlin verliehen. 2004 wurde ihm die Ehrendoktorwürde der Albert-Ludwigs-Universität Freiburg zuteil.

2   Profil des Gesamtwerkes

Hirschmans Forschungsspektrum ist überaus breit angelegt. Anfänglich widmete er sich ausschließlich den Wirtschaftswissenschaften, doch bald schaffte es *Hirschman*, die inhaltlichen Querverbindungen zu den Sozialwissenschaften für seinen Ansatz fruchtbar zu machen. Die Breite dieses Spektrums macht es nahezu unmöglich, von einer homogenen *Hirschman*-Theorie zu sprechen. Der spezielle Denkstil kennzeichnet vielmehr sein wissenschaftliches Werk (Nitsch/ Lepenies 2000: 20). Das wissenschaftliche Oeuvre *Hirschmans* ist Spiegelbild seines von stetigen Ortswechseln gekennzeichneten Lebens. So beschäftigt er sich in seinen einzelnen Lebensabschnitten oft mit (regional) entsprechenden Forschungsschwerpunkten. Unternimmt man den Versuch, *Hirschmans* Schaffen zu systematisieren, so lassen sich drei Phasen seines wissenschaftlichen Arbeitens unterscheiden:

(1) Seine Dissertation und das 1945 erschienene Werk *National Power and the Structure of Foreign Trade* beinhalten Analysen zur Außenhandelspolitik bzw. zum Verhältnis von staatlicher Handlungsautonomie und Strukturen des zunehmend integrierten Außenhandels. Als Hintergrund dienten *Hirschman* seine Beobachtungen in Italien und Frankreich, jedoch auch seine Studien über den Einfluss des Dritten Reiches in Ost- und Südosteuropa (Hirschman 1984: 89). Dieser Analyse legte *Hirschman* als Argument die spätere Dependenztheorie zu Grunde. Große, ökonomisch starke Staaten haben dieser Theorie entspre-

chend einen Hang dazu, kleinere, ökonomisch schwächere Staaten zu dominieren und diese – mittels der Wirtschaft – von sich abhängig zu machen.

(2) In den 1950er und frühen 1960er Jahren, die *Hirschman* in Lateinamerika, überwiegend in Kolumbien, verbrachte, widmete er sich voll und ganz der Entwicklungsökonomie. Als Berater der Weltbank und später der kolumbianischen Regierung untersuchte er die Industrialisierungsprozesse lateinamerikanischer Staaten. Hierbei grenzt sich *Hirschman* von der Entwicklungstheorie ab, und legt dabei sein Hauptaugenmerk auf nicht-ökonomische Faktoren, wie z. B. ideologische und politisch-institutionelle Aspekte, der nachholenden Industrialisierungsprozesse in Lateinamerika (Schneider 2004: 230). *The Strategy of Economic Developement* und *Journeys Toward Progress: Studies of Economic Policy-Making in Latin America* sind die bedeutsamsten Publikationen. Die Besonderheit liegt in *Hirschmans* wissenschaftlicher Unvoreingenommenheit: „I went to Colombia early in 1952 without any prior knowledge of, [...] I looked at ‚reality' without theoretical preconceptions of any kind" (Hirschman 1984: 88). Mit seiner Studie „Strategy" (Hirschman 1958) gelingt es *Hirschman* die Argumente des „Balanced Growth" zu widerlegen. Ein ausgeglichenes Wachstum der gesamten Volkswirtschaft galt zu jenem Zeitpunkt in der Modernisierungstheorie als unabdingbar. Sein Konzept des „Unbalanced Growth" erwies sich als flexibler und anpassungsfähiger.

(3) Nach diesen beiden Phasen der reinen Wirtschaftswissenschaft wagt *Hirschman* – nahezu zeitgleich mit seinem Wechsel an das Institut für Sozialwissenschaften in Princeton – auch den eigenen wissenschaftlichen „Sprung" dorthin. Im Jahr 1970 erscheint „Exit, Voice and Loyalty"[2], das noch heute große Anerkennung in den Sozialwissenschaften genießt und welches sein zentrales Werk für die Verbändetheorien darstellt.

Ende der 1970er Jahre widerlegte *Hirschman* die eigenen Ansätze der Dependenztheorie in den beiden bekannten Aufsätzen „*A General Linkage Approach* ..." (Hirschman 1978) und „*Beyond Asymmetry*" (Hirschman 1979). Insbesondere für kleinere Staaten, die im Schatten der Großen stünden, verleugnet *Hirschman* nun eine reine, unüberwindbare Abhängigkeit. Die Konstellation der Akteure und die Gewichtung der Interessen erlaube es diesen Staaten, die Dependenz zu überwinden (Nitsch/ Lepenies 2000: 22).

Hier tritt das wesentliche Element der *Hirschmanschen* Forschung zu Tage, seine Selbstreflexion. Das spätere Modifizieren von Meinungen bezeichnet *Hirschman* selbst als „Propensity to Self-Subversion" (Hirschman 1994: 277-283; Hirschman 1995). Andererseits bewirkt seine „Neigung" auch, dass es kei-

---

[2] 1974 erscheint die Monographie in der deutschen Übersetzung unter dem Titel *Abwanderung und Widerspruch: Reaktionen auf Leistungsabfall bei Unternehmen, Organisationen und Staaten* (Hirschman 1974). Im Nachfolgenden werden die deutschen Termini verwendet.

ne homogene Theorie oder eine homogene Vorgehensweise gibt. *Hirschman* bedient sich oft verschiedenster Nachbarwissenschaften, wie der Geschichte, der Philosophie, aber auch der Soziologie und der Politikwissenschaft.

3   *Abwanderung* und *Widerspruch* als Element der Verbändeforschung

Für die Politikwissenschaft, im speziellen für die Verbändeforschung, ist *Hirschmans* Gesamtwerk *Abwanderung und Widerspruch*[3] zentral. Sein Ansatz ist in der *Neuen Politischen Ökonomie* (NPÖ) beheimatet, dessen Rahmenkonstrukt 1957 von *Anthony Downs* entworfen worden dar. Sie übertrug die wirtschaftswissenschaftliche Methodik auf den politischen Bereich (Behrends 2001: 8-9). So wird das Handeln des Einzelnen nicht von der Umgebung und deren Struktur, sondern durch sein ureigenes rationales Verhalten bestimmt. Für Interessenverbände und deren Erforschung ist dies die „conditio sine qua non" (Zimmer 1996: 164). Diesem Theorem liegt die Annahme eines ökonomischen Menschenbildes, des „homo oeconomicus" zu Grunde. *Mancur Olson*[4] wandte das Konzept der NPÖ als erster nur auf die Sozialwissenschaften an. *Hirschmans* Rolle in diesem „Trio" ist die eines Bindeglieds zwischen den beiden Wissenschaften. Der Ansatz erfolgt dabei akteurzentriert oder aus handlungstheoretischer Perspektive (Zimmer 1996: 165).

Die Kernthese der NPÖ besagt, dass einzelne Akteure stets auf ihre Nutzenmaximierung bedacht sind und dementsprechend handeln, um ihren Einfluss geltend zumachen. Im Umkehrschluss lassen sich soziale Gegebenheiten innerhalb der betreffenden Organisationen über dieses Handeln erklären. Der Beitritt zu einer Organisation, die wiederum ein Interesse vertritt, erfolgt nur, wenn sich das Individuum davon einen Nutzen oder Vorteil gegenüber anderen – die diesem Verband nicht angehören – versprechen kann (Sebaldt/ Straßner 2004: 34).

Die Theoriegattung innerhalb der NPÖ, die sich mit der Organisation per se auseinandersetzt, ist die „Theorie der politischen Organisation". Diese versucht eine Konfliktlinie zwischen den Interessen der Organisation und bestimmten Eigeninteressen von Mitgliedern – aber auch von Führung und Führungspersonen – zu zeichnen. Hierin verdeutlicht sich die Komplexität der Koordination

---

[3] Das Werk diente ursprünglich der Analyse der nigerianischen Eisenbahn, die sich in den 1970er Jahren – so die Beobachtung von *Hirschman* – im Vergleich zum Straßenverkehr nicht entwickelte und unter einem hohen Qualitätsverlust litt. Hirschmans Anliegen war es, diesem Phänomen auf den Grund zu gehen (Hirschman 1974 V-VI). Im Vorwort zur deutschen Ausgabe von Abwanderung und Widerspruch nimmt er jedoch Bezug zur Situation der Juden im Dritten Reich und setzt diese in Beziehung zu seiner eigenen Abwanderung. In seinen eigenen Worten bringt er ein „sorgfältig unterdrücktes Schuldgefühl" zum Ausdruck (Hirschman 1974: VII).

[4] Siehe hierzu den Beitrag von Dirk Leuffen in diesem Band.

und des Organisierens innerhalb eines Verbandes (Behrends 2001: 68-69). Tritt diese Konfliktlinie nun deutlich zu Tage, oder kommt es gar zu einem Bruch zwischen der Führungs- und der Mitgliederebene, stellt sich die Frage, welche Optionen dem Einzelnen, hier insbesondere den Mitgliedern, zur Reaktion auf solche Unstimmigkeiten bleibt.

Mitgliedschaft oder gar Einsatz eines Individuums im System der Interessengruppen erfolgt nur aus einer rationalen Abwägung (rational-choice) heraus. Sodann nimmt das Mitglied die Haltung eines Konsumenten ein, der Verband oder die Organisation wird entsprechend zu einem Anbieter von Dienstleistungen. Aus diesem originär ökonomischen Verhältnis leitet *Hirschman* verschiedene Handlungsmuster der Mitglieder ab. Der Kunde, in diesem Fall das Verbandsmitglied, hat prinzipiell zwei Handlungsoptionen bei Unzufriedenheit, die aus einer allgemeinen nicht näher zu definierenden Qualitätsverschlechterung der Firma, des Verbandes resultiert. Erstens hat er die Möglichkeit des internen *Widerspruchs* gegen seine Leitung, oder er hat zweitens die Gelegenheit zur *Abwanderung* aus der Organisation.

Diese Handlungsoptionen stellen für die Mitglieder ein Spannungsfeld dar, innerhalb dessen sie situationsabhängige Prioritäten setzen können. Darüber hinaus kommt es zwischen den zuerst isoliert zu betrachtenden Phänomenen zu Interaktionen und Wechselwirkungen. Im Folgenden sollen diese Mechanismen einer genaueren Betrachtung unterzogen werden.

3.1 Abwanderung

Die Reaktionsmöglichkeit der Abwanderung ist laut *Hirschman* charakteristisch für eben jene Organisationen, die sich in einem Wettbewerb befinden. „Bei dem das einzelne Unternehmen Konkurrenten hat, aber hinsichtlich der Preis- und Qualitätsgestaltung (und daher auch der Qualitätsverschlechterung) eine gewisse Bewegungsfreiheit genießt" (Hirschman 1974: 17). Die Erhaltung des Leistungsniveaus ist in der Privatwirtschaft demnach sehr eng an die Möglichkeit der Abwanderung gebunden. Der Widerspruch ist innerhalb dieser Rahmenbedingungen nur sehr gering ausgeprägt.

Jedwede Abwanderung eines Mitgliedes führt zu Einkommensverlusten auf Seiten der Organisation. Vor allem Organisationen, welche sich über Mitgliedsbeiträge finanzieren und aus diesen ihre Angestellten besolden, sind hier „verwundbar". Umso größer und umfangreicher sich eine Abwanderungsbewegung gestaltet, desto höher die Verluste der betroffenen Organisation. Als Beispiel für die Theorie *Hirschmans* lässt sich der Mitgliederschwund in den Gewerkschaften anführen. Insbesondere hat sich der Anteil der Frauen und ausländischen Arbeitnehmer an der Gesamtmitgliederzahl stark verringert (Behrends 2001: 75). Diese Tatsache kann als Reaktion dieser innerorganisatorischen Gruppen auf eine Repräsentationsschwäche ihrer Interessen innerhalb des Verbands gesehen werden. Darüber hinaus soll es zu einer Reaktion des Verbands auf diese Entwicklungen kommen. Diese Reaktionsfunktion berücksichtigt die dargestellte Abwanderungsfunktion. Es werden Gegenmaßnahmen eingeleitet, die der Qualitätssicherung oder Verbesserung der Verbandsleistungen dienen. Die Verknüpfung dieser beiden Funktionen kann drei Szenarien hervorrufen:

1. Ein niedriger Verlust (= geringe Abwanderungen) wird kaum wahrgenommen, und entsprechend werden keine Maßnahmen zur Verbesserung eingeleitet;
2. Bei einem mittleren Verlust herrscht ein ausgewogenes Verhältnis zwischen Aktion und Reaktion, eine Korrektur des Verhältnisses ist daher möglich;
3. Bei großem Verlust jedoch wird die Organisation so sehr geschwächt, dass sie der eigenen Auflösung entgegensteuert, bevor Gegenmaßnahmen wirksam werden (Hirschman 1974: 18-19).

Wenn die Abwanderung als Korrekturmechanismus nicht nur für das Mitglied sondern auch für die Organisation effektiv funktionieren soll, ist die Organisation darauf angewiesen, dass sie neben Mitgliedern, die ihre Unzufriedenheit sofort zum Ausdruck bringen, auch Mitglieder hat, die sich gewissermaßen „träge" gegenüber möglichen Verschlechterungen verhalten. Die Effektivität ist daher in dem an zweiter Stelle beschriebenen, ausgewogenen Szenario am höchsten. Abhängig ist der Mechanismus zudem von den Kosten für die Mitglieder. Sollte ein anderer Verband ihre Interessen ebenso oder zumindest ähnlich geartet vertreten, sind die Kosten der Abwanderung gering. Bei Organisationen mit Monopolcharakter sind die Kosten natürlich ungleich höher. In einem solchen Fall findet der Widerspruch Anwendung.

3.2 Widerspruch

Der Widerspruch bietet eine weitere Reaktionsmöglichkeit für das Mitglied, seine Unzufriedenheit kund zu tun. Dieser ist auf einer imaginären Eskalationsleiter der Handlungsoptionen eine Sprosse weiter unten angesiedelt und kann so entweder als Ergänzung zur Abwanderung aber auch als Ersatz fungieren.

Als Widerspruch gilt dabei jeder wie immer geartete Versuch, einen ungünstigen Zustand zu verändern, anstatt ihm auszuweichen, sei es durch individuelle oder kollektive Petition an die unmittelbar Verantwortlichen, durch Berufung an eine höhere Stelle in der Absicht, einen Führungswechsel zu erzwingen, oder durch verschiedene Arten von Aktionen und Protesten, einschließlich jener, die zur Mobilisierung der öffentlichen Meinung dienen sollen (Hirschman 1974: 25).

Diese Aussage meint nichts anderes als eine reine Interessenartikulation innerhalb eines bestehenden Systems. Das Mitglied ist aus unterschiedlichen Gründen nicht gewillt oder nicht in der Lage, abzuwandern bzw. die Organisation zu wechseln. Der Widerspruch dient also dazu, der Organisation bessere Leistungen abzuringen. Der Ausgangspunkt für den Widerspruch ist – ähnlich der Abwanderung – ein Leistungsrückgang[5] der betreffenden Organisation.

In punkto Erscheinungsform des Widerspruchs muss differenziert werden. Der Widerspruch kann im öffentlichen wie im privaten Raum erfolgen und unterschiedliche Gestalt annehmen. Sinnvoll erscheint in diesem Kontext die Untergliederung *Hahnes* nach „horizontalem" und „vertikalem" Widerspruch. Horizontal bedeutet Widerspruch und seine Artikulation gegenüber Gleichgestellten, vertikal hingegen gegenüber Verantwortlichen und Vorgesetzten (Hahne 1998: 252). Von informellen Aussagen gegenüber anderen Mitgliedern bis hin zu schriftlichen Beschwerden und Petitionen wird hierbei allerdings ein großes – kaum überschaubares – Spektrum abgedeckt.

Wird der Widerspruch z.B. von einer großen Öffentlichkeit außerhalb der Organisation wahrgenommen, entwickelt er eine eigenständige Dynamik und seine isolierte Bedeutung steigt. Durch diese Externalisierung wächst der Druck auf die Organisation. Der innere Widerspruch gelangt nach Außen und wird so verstärkt. Als Beispiele aus dem Verbändesektor gelten hier die Gesundheitsverbände, aus dem privatwirtschaftlichen Bereich die Automobilbranche. Wenn z.B. Fahrzeugtypen eklatante Sicherheitsmängel aufweisen, kommt es nicht zwangsläufig zu einem Wechsel des Fabrikats. Zumeist wird der Hersteller zu einer Rückrufaktion gezwungen (Meldolesi 1995:150-152).

Ähnlich der Abwanderung sieht *Hirschman* die Effektivität nur bei einem maßvollen Auftretens des Widerspruchs gegeben. Zu „laute" Proteste könnten demnach, ebenso wie „fluchtartige" Abwanderung, die initiierten Verbesserungsschritte des Verbandes torpedieren (Hirschman 1974: 25-27). Parallel zur Abwanderung ist also eine Mischung aus aktivistischen und sich in Zurückhaltung übenden Mitgliedern wünschenswert und scheint nach *Hirschman* ideal.

---

[5] Unter Leistungsrückgang werden an dieser Stelle verschiedene Erscheinungsformen der Unzufriedenheit des Mitglieds mit seiner Firma oder generell seiner Organisation subsumiert.

Hirschman sieht den Widerspruch primär in der politischen Sphäre verortet, da die Kosten einer Abwanderung in diesem Bereich als zu hoch erscheinen.

3.3 Spannungsfeld und Wechselwirkungen

Die Loyalität der Mitglieder zu einer Organisation entscheidet letztendlich über die Anwendung von Austritt oder Widerspruch. Ist ein Mitglied der Organisation loyal ergeben, versucht es bei negativen Entwicklungen derselben, seinen eigenen Einfluss innerhalb der Organisation zu stärken, um diese Entwicklungen zu verhindern oder zu korrigieren. Sollte dieser Einfluss bereits gegeben sein, liegt in den meisten Fällen ein hoher Grad an Identifikation mit dem Verband vor, was eine Abwanderung ebenfalls abwendet. *Hirschman* vermutet an dieser Stelle, dass der Grad an Loyalität eines Mitgliedes der Möglichkeit der Abwanderung diametral entgegen steht und in solchen Fällen der Widerspruch zum Tragen kommt (Hirschman 1974: 66-68).

Was aber nun schafft diese Loyalität zur Organisation? Zum einen kann diese freiwillig entstehen, z.B. durch Identifikation mit einem Verband. Zum anderen kann sie auch erzwungen werden durch hohe materielle Kosten bei Ein- und Austritt, wie z.B. Mitgliedsbeiträge, Verlust von Vergünstigungen usw. Neben den materiellen Kosten treten auch „immaterielle" (Behrends 2001: 73) auf, wie der Verlust einer gesellschaftlichen Stellung oder der Verlust der Einflussnahme auf eine Organisation. Allerdings bedient sich auch das loyale Mitglied einer Abwanderungsandrohung, um seinen Widerspruch zu bestärken.

> Zwar schiebt die Loyalität die Abwanderung hinaus, aber ihre ganze Existenz hängt von der Möglichkeit der Abwanderung ab. Dass auch das loyalste Mitglied abwandern kann, ist oft ein wichtiger Bestandteil seines Einflusses und seiner Verhandlungsmacht gegenüber der Organisation" (Hirschman 1974: 70).

Diese stets bleibende Option der Abwanderung ist demnach elementarer Bestandteil der modernen Verbandsmitgliedschaft. Neben der Loyalität ist auch die Rolle der Wahrnehmung und der damit einhergehenden Intensität einer Qualitätsverschlechterung zu berücksichtigen. Geringe Intensität hat oft Widerspruch, hohe hingegen Abwanderung als Konsequenz.

Bei politischen Parteien und Verbänden kommt es zu einer optimalen Mischung aus Widerspruch und Abwanderung. Durch vergleichsweise geringe Abwanderungskosten – ermöglicht durch eine gewisse programmatische Nähe der Parteien – und maßvolle Kosten erzwungener Loyalität steht dem einzelnen Mitglied auch die Option eines Austritts jederzeit offen. Insbesondere das Faktum, dass solche Organisationen auf freiwilligen Zusammenschlüssen basieren, erweitert den Spielraum der Handlungsoptionen gegenüber sozialen Zusammenschlüssen, wie Staat, Kirche etc., oder etwa Konkurrenzgefügen der freien Wirtschaft. Bei Parteien und Interessenverbänden besteht entweder die Möglichkeit der Abwanderung zu einem anderen, ideologisch-programmatisch benachbarten sozialen System, oder aber die Option, eine neue Partei oder einen neuen Verband zu gründen. Als Beispiel sei an dieser Stelle auf die abgewanderten Mitglieder der SPD verwiesen, welche die Wahlalternative für Soziale Gerechtigkeit (WASG) gründeten.

Korrekturen an der Arbeit oder den Strukturen des Verbands können jedoch auch durch einen Widerspruch, der durch eine Abwanderungsdrohung unterstützt wird, erst möglich gemacht werden. Hierin verdeutlicht sich auch, dass die Beziehung zwischen den beiden – nach *Hirschman* idealtypischen Handlungsoptionen – in Wahrheit komplexer erscheint. So kommt es laut *Hirschman* zu einer Reihe von Wechselwirkungen, die teils Behinderungen und Hemmnisse für die einzelnen Artikulationsformen in sich bergen.

Erstens: Abwanderung aus Gruppierungen, die das soziale Leben maßgeblich regeln und bestimmen, wie der Kirche, der Familie, einer Stammesgemeinschaft und natürlich in letzter Instanz dem Staat sind in der Regel nicht denkbar, wenn auch nicht ausgeschlossen (Hirschman 1974: 65). In gerade diesen sozialen Organisationen ist ein Austritt der Mitglieder nicht vorgesehen, sondern ganz im Gegenteil treten Mechanismen auf, die einen Ausschluss des Einzelnen vorsehen, wie das Exkommunizieren der Kirche oder ein Zwangsausschluss aus einer Organisation. Das Instrument des Ausschlusses seitens der Führung eines Verbandes oder einer Organisation dient dem Zweck, „den kritischen Widerspruch der Mitglieder zu beschränken" (Hirschman 1974: 65).

Zweitens stellt *Hirschman* die Grundthese auf, dass die Option einer freien, kostenneutralen Abwanderung das Aufkommen von Widerspruch verhindert. Vor allem die Aufwendigkeit des Widerspruchs veranlasst die Mitglieder, bei gegebenen Möglichkeiten, zur Abwanderung zu tendieren. Die dann noch Verbleibenden bewirken keinen effizienten Widerspruch: „Verfall erzeugt den Druck der Unzufriedenheit, der sich in Abwanderung und Widerspruch äußert; je mehr Druck durch Abwanderung entweicht, desto weniger steht zur Verfügung, um Widerspruch zu schüren" (Hirschman 1996: 23). Der hohe Zeit- und Kostenaufwand des Widerspruchs und die mögliche „Bestrafung" des Widersprechenden sind weitere Faktoren, die der Abwanderung den Vorzug geben (Hirschman 1989: 170). So verstärkt sich zusätzlich der Eindruck, dass die beiden Optionen, bei zeitgleichem Auftreten, sich oft gegenseitig behindern und unterminieren.

4   Rezeption und Kritik

Das Verhältnis Mitglied-Organisation ist durch *Hirschman* neu definiert worden. An die Stelle innerorganisatorischer Demokratie mit ihren oft einhergehenden Legitimationsdefiziten tritt ein neues „*ökonomisches Austauschverhältnis*" (Müller-Jentsch 1997: 149). Mitglieder können demnach jenseits ihrer formalen Mechanismen Einfluss auf die Politik von Verbänden und Organisationen nehmen.

In *Abwanderung und Widerspruch* weist *Hirschman* auf diese innerorganisatorischen Phänomene hin, die auch für Verbände zutreffen, deren Funktionslogik nicht rein demokratischer Natur ist. Ebenso Großverbände wie der DGB, die eine „alleinige Willensbildung von unten nach oben" (Sebaldt/ Straßner 2004: 201) ausschließen, werden hiervon betroffen. Obwohl die Mitglieder keinen direkten elementaren Einfluss auf die Politik und Struktur des Verbandes haben, bleiben ihnen die genannten Handlungsmöglichkeiten, um so indirekt Einfluss zu nehmen. Im Umkehrschluss lassen sich bestimmte Entwicklungen der Verbändelandschaft, vor allem bei den Dachverbänden, an Hand dieser Kategorien *Hirschmans* beleuchten. Der Verband wird dementsprechend zum „Spielball" der mitgliedschaftlichen Kalküle. Sowohl *Hirschman* als auch weitere Wissenschaftler versuchten die Reichweite dieses Ansatzes auf andere Gebiete auszudehnen. So fand seine Konzeption auch Anwendung auf den Bereich der Ehe und die Entwicklung von Jugendlichen (Meldolesi 1995: 153; Peattie 1994: 118).

Eine besondere Form der Rezeption erfuhren seine Thesen um *Exit* und *Voice* kurz nach dem Fall der Berliner Mauer im November 1989. Die Frankfurter Allgemeine Zeitung wartete am 09. November 1989 mit einem Artikel „Abwandern, Widersprechen: Zur aktuellen Bedeutung einer Theorie von A. O. Hirschman" auf. Hierin wurde versucht, das Geschehen um den Fall der Mauer an Hand der *Hirschmanschen* Handlungsoptionen zu analysieren (Hirschman 1996: 19-21).[6] Die Ereignisse in der DDR zeigten deutlich, dass entgegen der These *Hirschmans* Abwanderung und Widerspruch sehr wohl Hand in Hand gehen konnten und sich sogar gegenseitig verstärkten (Pollack 1990: 292-295). *Hirschman* selbst nahm 1990/91 im Jahr am Wissenschaftskolleg in Berlin, ganz seiner eigenen Arbeitsweise treu, Modifikationen an seinen Thesen vor.

Die ständigen Ortswechsel *Hirschmans* sind sowohl Zeichen seiner geistigen und wissenschaftlichen Flexibilität als auch der Heterogenität seines *oeuvres*. Durch seine verschiedenen Ansätze wird *Hirschman* zum „Meister interdisziplinärer Grenzüberschreitungen" (Schneider 2004: 232). Seine volkswirtschaftlichen Konzeptionen fanden in den Wirtschaftwissenschaften zwar Beachtung,

---

[6] Auf wissenschaftlicher Seite setzten sich neben anderen *Pollack* 1990: 292-307, *Claus Offe* und *John Torpey* mit der Anwendung dieser Thesen auf die Geschehnisse 1989 auseinander.

wurden jedoch kaum verfolgt. *Hirschman* wandte sich vom abstrahierten Modellcharakter seines eigenen Faches ab. Seiner Ansicht nach konnten Generalisierungen und allgemein verbindliche Aussagen nur über eine breite Empirie belegt und aufgestellt werden. Eben diese Aussagen müssen sich getreu seinem Motto einer steten und wiederkehrenden Überprüfung unterziehen, um im Zweifelsfall auch falsifiziert werden zu können: „It ain't necessarily so"[7] (Nitsch/ Lepenies 2000: 19). „Dadurch dass ich meine Überlegungen auf dieser Grundlage entwickle, hoffe ich, den Politologen die Nützlichkeit ökonomischer Begriffe und den Ökonomen die Nützlichkeit politischer Begriffe zu demonstrieren" (Hirschman 1974: 16). Für ihn spiegelt sich dieser angestrebte „Synergieeffekt" bereits in der Wahl des Begriffpaares Abwanderung und Widerspruch wider. Die Abwanderung ist für ihn das Synonym der Ökonomie. Der Kunde ist mit einem Produkt unzufrieden, also kauft er ein anderes. Widerspruch hingegen ist schwieriger zu fassen. Unter diesen Terminus lassen sich sämtliche Artikulationsformen subsumieren, die nicht die finale Abwanderung zur Folge haben. „Widerspruch ist politisches Handeln par excellence" (Hirschman 1974: 13).

Somit orientiert sich *Hirschman* am Forschungsideal der Sozialwissenschaften. Durch die Überwindung der Grenze zwischen Wirtschafts- und Sozialwissenschaften bewirkte *Hirschman* eine Rückbesinnung der Politikwissenschaft auf ihre ureigene Stärke, die komparative Methodik (Schneider 2004: 232). Gerade in den USA konnte er damit ihre graduelle Autonomie steigern.

Literatur:

Behrends, Sylke 2001: Neue politische Ökonomie: systematische Darstellung und kritische Beurteilung ihrer Entwicklungslinien, München.
Braun, Dietmar 1999: Theorien rationalen Handels in der Politikwissenschaft: Eine kritische Einführung, Opladen.
Hahne, Anton 1998: Kommunikation in der Organisation: Grundlagen und Analyse – Ein kritischer Überblick, Wiesbaden.
Hirschman, Albert O. 1945: National Power and the Structure of Foreign Trade, Berkeley.
Hirschman, Albert O. 1958: The Strategy of Economic Development, New Haven.
Hirschman, Albert O. 1961: Latin American Issues; Essays and Comments, New York.
Hirschman, Albert O. 1963: Journeys Toward Progress: Studies in Economic Policymaking in Latin America, New York.
Hirschman, Albert O. 1967: Die Strategie der wirtschaftlichen Entwicklung, Stuttgart.
Hirschman, Albert O. 1969: How to Divest in Latin America, and Why, Princeton.
Hirschman, Albert O. 1970: Exit, Voice, and Loyalty: Responses to Decline in Firms, Organizations, and States, Cambridge.

---

[7] Titel eines Liedes aus der *Gershwin*-Oper „Porgy and Bess".

Hirschman, Albert O. 1971: A Bias for Hope: Essays on Development and Latin America, New Haven.

Hirschman, Albert O. 1974: Abwanderung und Widerspruch, Tübingen.

Hirschman, Albert O. 1979: Toward a new Strategy for Development, New York.

Hirschman, Albert O. 1981: Essays in Trespassing: Economics to politics and beyond, Cambridge, New York.

Hirschman, Albert O. 1984a: A Dissenter's Confession: The Strategy of Economic Development Revisited, in: Meier, Gerald M. /Speers Dudley, Pioneers in Development, Washington D.C., S. 87-111.

Hirschman, Albert O. 1984b: Getting Ahead Collectively: Grassroots Experiences in Latin America, New York.

Hirschman, Albert O. 1989: Entwicklung, Markt und Moral, Abweichende Betrachtungen, München.

Hirschman, Albert O. 1994: A propensity to Self-Subversion, in: Rodwin, Lloyd/ Schön, Donald A. (Hg.), Rethinking the development experience: Essays provoked by the work of Albert O. Hirschman, Athens/ Georgia, S. 277-283.

Hirschman, Albert O. 1995: A propensity to Self-Subversion, Cambridge.

Hirschman, Albert O. 1996: Selbstbefragung und Erkenntnis, München.

Hirschman, Albert O. 1998: Crossing Boundaries: Selected Writings, New York.

Meldolesi, Luca 1995: Discovering the Possible: The Surprising World of Albert Hirschman, Notre Dame.

Müller-Jentsch, Walther [2]1997: Soziologie der Industriellen Beziehungen: Eine Einführung, Frankfurt a.M.

Nitsch, Manfred/ Lepenies, Philipp 2000: Albert O. Hirschman (1915-): Ungleichgewichtiges   Wachstum – und die Neigung zur Selbstsubversion, in: E+Z – Entwicklung und Zusammenarbeit, Nr. 1, S. 19-21.

Peattie, Lisa R. 1994: Society as Output, Exit and Voice among the Passions and Interests, in: Rodwin, Lloyd/ Schön, Donald A. (Hg.), Rethinking the development experience: Essays provoked by the work of Albert O. Hirschman, Athens/ Georgia, S. 118-130.

Pollack, Detlef 1990: Das Ende einer Organisationsgesellschaft, in: Zeitschrift für Soziologie, Nr. 19, S. 292-307.

Schneider, Steffen 2004: Albert O. Hirschman, in: Riescher, Gisela (Hg.), Politische Theorien der Gegenwart in Einzeldarstellungen – von Adorno bis Young, Stuttgart, S. 229-233.

Schroeder, Wolfgang 1997: Loyalty und Exit – Austritte aus regionalen Arbeitgeberverbänden der Metall- und Elektroindustrie im Vergleich, in: Alemann, Ulrich v./Wessels, Bernhard (Hg.), Verbände in vergleichender Perspektive – Beiträge zu einem vernachlässigten Feld, Berlin, S. 225-251.

Sebaldt, Martin/ Straßner, Alexander 2004: Verbände in der Bundesrepublik Deutschland: Eine Einführung, Wiesbaden.

Zimmer, Annette 1996: Vereine – Basiselement der Demokratie. Eine Analyse aus der Dritte-Sektor-Perspektive, Opladen.

III. Verbände und Konkurrenz:
Die Perspektive der Konflikttheorie

Verbände als Speerspitze des Klassenkampfs: Karl Marx

Hendrik Hansen

Unter den Klassikern der Verbändeforschung nimmt *Marx* eine Sonderstellung ein. Die drei anderen makrosoziologischen Perspektiven – Pluralismus, Korporatismus und Neue Politische Ökonomie – gehen grundsätzlich von der Möglichkeit der Kooperation und des Interessenausgleichs zwischen Verbänden aus. Demgegenüber vertritt *Marx* eine radikale Konflikttheorie: die Pluralität von Interessen in einer kapitalistischen Gesellschaft ist Ausdruck des Antagonismus zwischen den Kapitalisten und dem Proletariat; die Verbände, die diese Interessen organisieren, fördern die Schlagkraft der Klassen im Klassenkampf. In der kommunistischen Idealgesellschaft hingegen soll – so lautet das Versprechen – jegliche Differenz von Eigen- und Gemeinwohl wegfallen („Ökonomisch-philosophische Manuskripte", Marx 1844/2005: 86), folglich gibt es dort auch keine Verbände mehr. Verbände sind Ausdruck gesellschaftlicher Widersprüche, die im dialektischen Geschichtsprozess aufgelöst werden.

Marx' Interesse an Verbänden ist vorwiegend praktischer Natur. Die Ziele, die von Verbänden verfolgt werden, sind der Ebene des Bewusstseins und damit dem politischen Überbau der Gesellschaft zuzurechnen. In seinen theoretischen Schriften widmet *Marx* sich fast ausschließlich der Analyse der „Basis" der Gesellschaft: den Gesetzmäßigkeiten der Ökonomie, die den Geschichtsprozess und damit auch alles Handeln von Individuen, Verbänden und Staaten determinieren.[1] In diesen Schriften werden Verbände nur am Rande berücksichtigt. In seiner praktisch-politischen Tätigkeit hat *Marx* hingegen ein ausgeprägtes Interesse an Fragen der politischen Organisation der Arbeiterbewegung. Seine Briefe und seine zahlreichen Pamphlete gegen sozialistische Gegner (z. B. *Proudhon, Weitling, Lassalle, Bakunin*) zeugen davon, dass er sich intensiv darum bemühte, der theoretische Kopf der europäischen Arbeiterbewegung zu werden. Ein Überblick

---

[1] Zur Unterscheidung von „realer Basis" und „Überbau" siehe „Zur Kritik der politischen Ökonomie" (MEW 13: 8f.); zum Verhältnis von „Sein" und „Bewusstsein": ebd. und Marx/Engels: „Die deutsche Ideologie" (MEW 3: 26, 245f.). Der Übersichtlichkeit halber werden die Schriften von *Marx* und *Engels* mit dem Titel (oder Kurztitel) zitiert; die Stellenangaben beziehen sich (mit Ausnahme der „Ökonomisch-philosophischen Manuskripte") auf den Band und die Seitenzahl in „Marx-Engels-Werke" (MEW, Berlin: Dietz Verlag, 1956ff.). Die Hervorhebungen in Zitaten sind jeweils aus dem Original übernommen.

über die Verbändetheorie von *Marx* muss den Zusammenhang zwischen seiner Theorie und seiner Praxis in den Mittelpunkt stellen und zeigen, wie die Analyse der Gesetzmäßigkeiten der Geschichte und die taktischen Überlegungen zur Organisation des Proletariats zusammengehören. In der Literatur wird dieser Zusammenhang oft vernachlässigt; *Marx* wird zumeist als reiner Theoretiker des Kommunismus oder als Kritiker des Kapitalismus dargestellt, um den Abstand zur späteren Praxis des Kommunismus und den mit dieser Praxis verbundenen Verbrechen zu betonen.[2] Bringt man hingegen *Marx'* praktisch-politische Tätigkeit, die vor allem in Biographien geschildert wird[3], in Verbindung zu seiner Theorie, so wird die Kontinuität des Verständnisses der Partei in der Entwicklung von *Marx* zum Sowjetkommunismus deutlich.

1   Biographie: Verbindung von Theorie und Praxis

Die Hauptstationen in *Marx'* Leben kennzeichnen zugleich seine intellektuelle Entwicklung. Während seines Studiums in Berlin (1836 – 1841) setzte er sich intensiv mit *Hegel* und den Hegelianern auseinander, die die philosophische Diskussion der damaligen Zeit – zumal in Berlin – dominierten (Zehnpfennig 2005: XIII-XVIII). *Hegel* stellte seine Nachfolger vor ein Problem: Er hatte die gesamte sichtbare und unsichtbare Welt in ein System gefasst; wer nach ihm noch philosophieren wollte, musste ihn entweder mit einem ähnlich umfassenden, aber gänzlich verschiedenen System vom Thron stürzen oder sich mit einer Interpretation bzw. der Ausarbeitung eines Aspekts seiner Philosophie begnügen. „So also stellte sich die Alternative für *Marx* dar, Prometheischer Himmelsstürmer oder Gipsstukkateur zu werden" (Zehnpfennig 2005: XIIIf.). *Marx'* unbändiger Ehrgeiz[4] ließ nur Ersteres zu, und den Schlüssel für den Angriff gegen *Hegel* fand er in der griechischen Antike: in der materialistischen Reaktion von *Epikur* auf *Aristoteles'* Metaphysik. Die Auseinandersetzung mit dem Materialismus der Antike machte *Marx* zum Thema seiner Dissertation (MEW 40: 257-373); die materialistische Umdeutung der *Hegelschen* Philosophie wurde zu seinem Lebensprojekt. Dieser Ausgangspunkt verdeutlicht, dass es nicht das

---

[2] Der erste Versuch einer umfassenden Zusammenstellung der Verbrechen des Kommunismus findet sich bei *Courtois* 1998. Zum Zusammenhang zwischen der Theorie von *Marx* und den Verbrechen siehe den Aufsatz des Verfassers (2002).
[3] Die Partei- und Gewerkschaftstätigkeit von *Marx* wird von *Raddatz* 1975, mit zahlreichen wertvollen Nachweisen, geschildert. Eine Analyse des unbändigen Machtwillens von *Marx* leistet *Künzli* 1966.
[4] Bezeichnend für diesen Ehrgeiz ist der berühmte Brief an den Vater vom 10.11.1837 (MEW 40: 3-12); siehe dazu: Raddatz 1975: 41f., Zehnpfennig 2005: XIV.

Mitleid mit der Arbeiterklasse war, das *Marx'* Interesse an der Ökonomie motivierte.

Die konzeptionelle Ausarbeitung der materialistischen Geschichtsphilosophie erfolgte hauptsächlich während der Pariser Zeit (1843 – 1845), in der *Marx* sich mit der klassischen Nationalökonomie (*Smith, Ricardo* etc.) auseinander setzte. Von zentraler Bedeutung sind in diesem Zusammenhang die „Ökonomisch-philosophischen Manuskripte", die erstmals 1932 veröffentlicht wurden. Sie zeigen den Zusammenhang zwischen den verschiedenen Ebenen seines Systems – Kapitalismuskritik, Entfremdung, Geschichtsprozess – deutlicher als jede andere seiner Schriften. In Paris knüpft *Marx* Kontakte zu zahlreichen sozialistischen Theoretikern (z. B. *Pierre-Joseph Proudhon, Louis Blanc*) und zu führenden Köpfen der Arbeiterbewegung (z. B. *Wilhelm Weitling, Michael Bakunin*). Auch die Freundschaft mit *Friedrich Engels* beginnt in dieser Zeit – er wird von den genannten der Einzige sein, mit dem *Marx* sein Leben lang befreundet bleibt; alle anderen wird er später erbittert bekämpfen.[5] Zudem kommt er mit der kommunistischen Vereinigung „Bund der Gerechten", dem späteren „Bund der Kommunisten", in Berührung und beginnt, regelmäßig Arbeiter- und Handwerkertreffen zu besuchen, die von dem „Bund" organisiert werden.[6]

Aus diesen ersten Kontakten zur Arbeiterbewegung entwickelt sich während der Zeit in Brüssel (1845-1848), wo *Marx* nach seiner Ausweisung aus Paris hinzieht, eine intensive politische Tätigkeit. Schon frühzeitig wird deutlich, dass es *Marx* dabei nicht darum geht, gleichberechtigt in Organisationen mitzuwirken, sondern dass seine Mitwirkung an die Bedingung geknüpft ist, dass er zumindest die konzeptionelle Führung innehat. 1847 traten *Marx* und *Engels* dem „Bund der Kommunisten" auf dessen Bitte hin bei, nachdem die Vertreter des Bundes die „allgemeine[ ] Richtigkeit unserer Auffassungsweise" (d. h. derjenigen von *Marx* und *Engels*) anerkannt und die beiden Freunde ermächtigt hatten, den Bund nach ihren Vorstellungen neu zu strukturieren; zudem wurde ihnen die Möglichkeit gegeben, „auf einem Bundeskongress unsren kritischen Kommunismus in einem Manifest zu entwickeln, das sodann als Manifest des Bundes veröffentlicht würde" (Engels: „Zur Geschichte des Bundes der Kommunisten", MEW 21: 214f.). Der „Bund der Kommunisten" scheiterte bald an

---

[5] Die Freundschaft zu *Engels* wäre 1863 ebenfalls beinahe zerbrochen. Der Anlass war ein privater, wirft aber ein bezeichnendes Licht auf *Marx'* Person: Auf einen Brief von *Engels*, in dem dieser schrieb, dass seine Frau, *Mary Burns*, unerwartet gestorben sei, antwortete *Marx* postwendend – mit einer ausführlichen Schilderung seiner Geldnot und der Bitte um finanzielle Unterstützung (Briefwechsel Marx – Engels im Januar 1863, MEW 30: 309-318).
[6] Siehe z. B. Brief an *Feuerbach* vom 11.8.1844 (MEW 27: 426, 428). Zu den Anfängen von *Marx'* politischer Tätigkeit: Schraepler 1972: 127-146, insb. 138, Raddatz 1975: 96f.

inneren Zerwürfnissen, doch das im Februar 1848 veröffentlichte „Manifest der Kommunistischen Partei" errang Weltruhm (MEW 4: 459-493).

Die Vorgehensweise von *Marx* und *Engels* im „Bund" kennzeichnet allgemein ihre Haltung zur Arbeiterbewegung. Wenn *Marx* später in einem Brief schrieb, dass der Beitritt zu dem Bund nur unter der Bedingung erfolgte, „daß alles aus den Statuten entfernt würde, was dem Autoritätsaberglauben förderlich" ist (Brief an Blos vom 10.11.1877, MEW 34: 308), so richtete sich dies gegen eine voluntaristische oder charismatische Führung der Arbeiterbewegung. *Marx* wollte die Arbeiterbewegung nicht mit Emotionen, sondern mit dem Wissen über den Gang der Geschichte führen. In ihrer Deutung der Geschichte duldeten *Marx* und *Engels* keinen Widerspruch. Kennzeichnend ist dafür *Engels'* Schilderung seines Vorgehens gegen Gegner in der Pariser Sektion des Bundes. Schon vor *Engels'* Ankunft in Paris waren die „letzten Grünianer" (Anhänger des Sozialisten *Karl Grün*) aus dem Bund herausgeworfen worden. *Engels* hatte dann noch *Moses Hess* zu erledigen, der es gewagt hatte, seinen „Entwurf des kommunistischen Glaubensbekenntnis"[7] zu überarbeiten: „Dem Mosi hab' ich, *ganz unter uns*, einen höllischen Streich gespielt. Er hatte richtig ein gottvoll verbessertes Glaubensbekenntnis durchgesetzt. Vorigen Freitag nun nahm ich dies im Kreise vor, Frage für Frage, und war noch nicht an der Hälfte angekommen, als die Leute sich für satisfaits erklärten. *Ohne alle Opposition* ließ ich mich beauftragen, ein neues zu entwerfen, was nun nächsten Freitag im Kreis wird diskutiert und *hinter dem Rücken der Gemeinden* nach London geschickt werden. Das darf aber natürlich kein Teufel merken, sonst werden wir alle abgesetzt, und es gibt einen Mordsskandal" (Brief Engels an Marx vom 25./26.10.1847, MEW 27: 98). Hier wird exemplarisch die Vorgehensweise von *Marx* und *Engels* in Verbänden deutlich: Kritik wird nie als sachlicher Einwand, sondern immer als Angriff gesehen, so dass jeder Kritiker ein Feind ist; Ziel von Verbandssitzungen ist es – ganz im Stil des späteren „demokratischen Zentralismus" – die eigene Position durchzusetzen und Gegner auszuschalten; da es dabei nicht um eine sachliche Auseinandersetzung geht, sind alle Mittel der Intrige erlaubt. *Raddatz* (1975: 126) bemerkt dazu treffend: „Schon in der Geburtsstunde der Kommunistischen Partei wurden die Fraktionskämpfe ‚etwas außerhalb der Legalität' ausgetragen, wurde ‚der Apparat' eingesetzt, um hinter dem Rücken vermeintlicher Gegner Beschlüsse durchzusetzen. *Marx* und *Engels* sind nicht nur die Gründer dieser kommunistischen Partei, sondern auch die Begründer jener Kongreßstrategie und listigen Doppelbödigkeit, die ihr Gesetz wurde, in dem es gilt, oben bleiben oder abgesetzt werden."

---

[7] Abgedruckt in Andréas (1969, 53-58).

Im Revolutionsjahr 1848 wurde *Marx* aus Belgien ausgewiesen und zog nach Köln, wo er die „Neue Rheinische Zeitung" gründete. Nachdem ihn dort das gleiche Schicksal ereilte, ging er nach London, wo er den Rest seines Lebens im Exil lebte.[8] Dort arbeitet er zum einen an der Ausformulierung seiner ökonomischen Theorie; es entsteht das „Kapital", dessen erster Band 1867 erscheint. Zum anderen bemüht *Marx* sich vor allem in den 1860er Jahren systematisch darum, einen maßgebenden Einfluss auf die europäische Arbeiterbewegung auszuüben. Entscheidende Bedeutung erhält dabei die „Internationale Arbeiterassoziation" (IAA, später als „I. Internationale" bekannt geworden), in der er mit ähnlichen Taktiken und Intrigen wie im „Bund der Kommunisten" seine Position durchgesetzt hat.[9]

Die offizielle Rolle von *Marx* bei der IAA war die des korrespondierenden Sekretärs für Deutschland (Raddatz 1975: 300). Der Briefwechsel mit *Engels* zeigt jedoch, dass er sich als den eigentlichen Kopf der Organisation verstand und sogar meinte, die europäische Arbeiterbewegung zu führen: „Und bei der nächsten Revolution, die vielleicht näher ist, als es aussieht, haben *wir* (d.h. Du und ich) diese mächtige engine [die IAA, der Verf.] *in unsrer Hand.*"[10] *Marx* ging es dabei weniger um die konkrete Organisationsarbeit als vielmehr um die Bestimmung der Programmatik. Seine gesamte politische Tätigkeit ist gekennzeichnet vom Kampf gegen zwei konkurrierende Richtungen des Sozialismus: die gemäßigten und die anarchistischen Sozialisten. Die gemäßigten Sozialisten gehen davon aus, dass zwischen den Klassen ein Kompromiss über eine Reform des Kapitalismus gefunden werden kann und somit eine friedliche Lösung der sozialen Frage möglich ist; diese Richtung wurde u.a. in Deutschland von *Lassalle*, in Frankreich von *Proudhon* vertreten (Na'aman 1991; Bock 1991). Einen solchen Kompromiss lehnt *Marx* ab, weil er aus seiner Sicht dem Geschichtsgesetz widerspricht, demzufolge die Widersprüche in der kapitalistischen Gesellschaft notwendig zur Revolution führen. Entsprechend hat er versucht, den Einfluss von *Lassalle* in Deutschland zu bekämpfen: „Was wir wollen, ist ja grade der Untergang [...] der ganzen Lassallescheiße" (Brief an Engels vom 10.2.1866, MEW 31: 175). Die anarchistischen Sozialisten hingegen befürworten die Revolution und sehen sie als Produkt lokaler Aufstände, die darauf zielen, alle Formen von Herrschaft zu zerschlagen; am Ende soll der Staat abgeschafft werden.

---

[8] *Marx'* Ausweisung aus Deutschland war möglich, weil er seine preußische Staatsbürgerschaft abgegeben hatte.
[9] Siehe den Brief, in dem *Marx Engels* erläutert, wie er seine Formulierung der Inauguraladresse und der Statuten der IAA durchgesetzt hat (Brief vom 4.11.1864, MEW 31: 9-16; dazu Raddatz 1975: 298).
[10] Brief Marx an Engels vom 11.9.1867 (MEW 31: 342f.), s. a. den Brief vom 13.3.1865 (MEW 31: 100).

Weitling und *Bakunin* haben immer wieder in diesem Sinne für spontane Proteste und Gewalthandlungen plädiert. *Marx* und *Engels* hingegen lehnen diese Sicht als anarchistisch ab: Die Revolution ist kein Willensakt der Armen, sondern erfolgt, wenn die gesellschaftliche Entwicklung reif ist; bis dahin muss die Kommunistische Partei die Arbeiterschaft straff organisieren, so dass sie im richtigen Moment unter der Führung der Partei die Macht ergreifen kann. Den anarchistischen Sozialismus bekämpfte *Marx* vor allem in der Person von *Bakunin*, der innerhalb der „Internationale" sein bedeutendster Gegner wird.[11] Im Kern war dieser Kampf einer um die Deutungshoheit über die sozialistische Theorie; der zentrale Vorwurf gegen *Bakunin* lautete, dass er „die Arbeiterbewegung unter *russische* Leitung nehmen" wollte – und damit die Leitung von *Marx* nicht akzeptierte (Brief Marx an Engels vom 15.12.1868, MEW 32: 234). Diese Kämpfe müssen von der *Marxschen* Theorie her verstanden werden, aus der deutlich wird, welche Rolle *Marx* der Partei bzw. den Gewerkschaften in der Arbeiterbewegung zuspricht.

2 Profil des Gesamtwerkes: Der Konnex von Philosophie und Ökonomie

Der Schwerpunkt des Werks von *Marx* hat sich im Laufe seines Lebens verlagert. Die ersten Jahre in Berlin, Paris und Brüssel sind vor allem von der Auseinandersetzung mit *Hegel*[12] und den Linkshegelianern[13] geprägt, von denen *Marx* sich abzugrenzen suchte. Die Schriften dieser Zeit sind (im Unterschied zum Spätwerk) im klassischen Sinn Texte der politischen Philosophie: Sie behandeln das grundsätzliche Verständnis des Staates, das Verhältnis von Individuum und Gemeinschaft, das Problem der Entfremdung etc. In der Londoner Zeit hingegen treten die ökonomischen und zeitgeschichtlichen Fragen in den Vordergrund. Das dialektisch-materialistische Geschichtsverständnis ist im Grundsatz entworfen; nun sollen die ökonomischen Gesetzmäßigkeiten, die den Geschichtsprozess

---

[11] *Marx* vernichtet *Bakunins* Einfluss in der IAA durch eine Reihe von Intrigen; zur Rechtfertigung seines Vorgehens verfasst er das Pamphlet „Ein Komplott gegen die Internationale Arbeiter-Assoziation" (MEW 18: 327-471). Zum Machtkampf zwischen *Marx* und *Bakunin*: Künzli 1966, 355-363, Raddatz 1975, 314-334, Kolakowski 1981, 278-297.

[12] „Kritik des Hegelschen Staatsrechts" (geschrieben 1843, Erstveröffentlichung 1927; MEW 1: 201-333), „Ökonomisch-philosophische Manuskripte (geschrieben 1844, Erstveröffentlichung 1932; MEW 40: 465-588, hier zitiert nach der kritischen Studienausgabe von Zehnpfennig).

[13] Siehe die zusammen mit *Engels* verfassten Schriften „Die heilige Familie oder Kritik der kritischen Kritik. Gegen Bruno Bauer und Konsorten" (1845 veröffentlicht; MEW 2: 3-223) und „Die deutsche Ideologie" (geschrieben 1845/46, Erstveröffentlichung 1932; MEW 3).

determinieren, en détail analysiert werden.[14] Zudem setzt *Marx* sich intensiv mit revolutionären Ereignissen seiner Zeit auseinander, die er als Vorboten der von ihm prophezeiten kommunistischen Revolution sieht.[15]

Das Verhältnis von Früh- und Spätwerk ist unter den verschiedenen Interpretationsrichtungen umstritten. Die Mehrzahl der Interpreten sieht zwischen den beiden Phasen einen Bruch und sieht den „wahren" *Marx* entweder im Früh- oder im Spätwerk. Drei Richtungen lassen sich unterscheiden:

1. Der orthodoxe Marxismus sowjetischer Prägung stützte sich auf das Spätwerk und das „Kommunistische Manifest".[16] Im Mittelpunkt des Interesses stand die Analyse der ökonomischen Gesetzmäßigkeiten des Kapitalismus, die zur Revolution und zur „Diktatur des Proletariats" führen. Das Frühwerk wurde als der noch unvollkommene Versuch gesehen, sich von *Hegel* zu lösen.

2. Der westliche Marxismus der sechziger und siebziger Jahre stützte sich auf die Frühschriften, um gegen den orthodoxen Marxismus das „humanistische" Anliegen von *Marx* zur Geltung zu bringen. Die Philosophie von *Marx* wird als Protest gegen soziale Ungerechtigkeit und nicht als Argumentation für eine Einparteienherrschaft gedeutet. Sein Ziel sei nicht der Kollektivismus gewesen, sondern die „volle Verwirklichung des Individualismus" (Fromm 1963: 15).

3. Die dritte Interpretationsrichtung liest *Marx'* Werk als eine nüchterne Analyse und Kritik des Kapitalismus und stützt sich dabei vor allem auf das Spätwerk. Ziel dieser Interpretation ist es zu zeigen, dass das praktische Scheitern des Kommunismus nicht als Argument gegen die Gültigkeit der Theorie von *Marx* verwendet werden kann.[17]

---

[14] An erster Stelle sind hier die drei Bände des „Kapitals" (Bd. 1 von 1867; Bd. 2: geschrieben 1861-63, Erstveröffentlichung 1885; Bd. 3: geschrieben 1864-65, Erstveröffentlichung 1894; MEW 23-25) und die Theorien über den Mehrwert zu nennen (geschrieben 1861-63, Erstveröffentlichung 1905-10; MEW 26.1-3); ferner eine Reihe von Schriften, die als Vorarbeiten zum „Kapital" angesehen werden können, wie: „Lohnarbeit und Kapital" (1849; MEW 6: 397-423), „Grundrisse der Kritik der politischen Ökonomie" (geschrieben 1857-58, Erstveröffentlichung 1931; MEW 42), „Zur Kritik der Politischen Ökonomie" (1859; MEW 13, 3-160), „Lohn, Preis und Profit" (Vortrag von 1865, Erstveröffentlichung 1898; MEW 16: 101-152).
[15] Vgl. „Die Klassenkämpfe in Frankreich" (1850; MEW 7: 9-107), „Der achtzehnte Brumaire des Louis Bonaparte" (1852; MEW 8: 111-207), „Der Bürgerkrieg in Frankreich" (1871; MEW 17: 313-365).
[16] Vgl. z. B. Cornu 1962: 369. Für eine Darstellung des sowjetischen Marxismus siehe Wetter 1960; 1962.
[17] Diese Sicht wird auch von Autoren vertreten, die nicht Marxisten sind, z. B. Maurer 1998: 149.

Alle drei Deutungen greifen einen bestimmten Aspekt aus *Marx'* Denken heraus, den sie für die Bekräftigung der eigenen politischen Position benutzen; dabei übersehen sie jedoch den inneren Zusammenhang des Werks.[18] Dieser Zusammenhang wird erstens daran ersichtlich, dass die ökonomischen Analysen des Spätwerks *in nuce* bereits im Frühwerk enthalten sind und später nur ausformuliert und präzisiert, nicht aber neu entwickelt werden.[19] Zweitens läßt sich das Spätwerk nur vom Frühwerk her als Analyse der Mechanismen verstehen, die die Bewegung der Menschheitsgeschichte verursachen. Das Frühwerk verdeutlicht die Grundzusammenhänge von *Marx'* Denken, das Spätwerk zielt auf die theoretische Ausformulierung und die politische Umsetzung.[20] Eine Trennung der Kapitalismuskritik von dem Ziel der Revolution – wie sie die dritte Interpretationsrichtung vorschlägt – ist nicht möglich: Wenn *Marx* die Ausbeutung der Arbeiter im Kapitalismus kritisiert, so versteht er darunter nicht das Problem zu niedriger Löhne, sondern sieht die Lohnarbeit als solche als Problem an; die Überwindung der Lohnarbeit ist nur durch die Abschaffung des Privateigentums möglich, das die Klassentrennung von Lohnarbeitern und Kapitalisten verursacht (vgl. „Kapital I", MEW 23: 790f.).

Der grundlegende Zusammenhang der *Marxschen* Theorie wird in den „Ökonomisch-philosophischen Manuskripten" von 1844 entwickelt. Dort entwirft *Marx* in drei Schritten seine materialistische Geschichtssicht: Erstens schildert er, dass der Kapitalismus von einem existenziellen Kampf zwischen Arbeitern und Kapitalisten geprägt ist („Manuskripte": 5-54)[21]; zweitens führt er das Übel, das diesen Kampf bewirkt, nämlich das Privateigentum, auf eine tiefere Ursache zurück: die Entfremdung des Menschen (ebd.: 54-70); drittens skizziert er, wie die Entfremdung sich in einem dialektischen Prozess im Laufe der Geschichte erst stufenweise entfaltet, bevor sie in der Revolution quasi automatisch ihre Grundlage (das Privateigentum) zerstört und – ebenfalls stufenweise – überwunden wird (ebd.: 78-86). Die ersten zwei Schritte werden in diesem Abschnitt behandelt; der Geschichtsprozess soll unter besonderer Berücksichtigung der Rolle der Verbände im nächsten Abschnitt (3.) dargestellt werden.

---

[18] Diesen Zusammenhang betonen auch Ballestrem 1990, Zehnpfennig 2005.

[19] Vgl. zur Arbeitswertlehre: „Ökonomisch-philosophische Manuskripte" (10-12), zum Gesetz vom tendenziellen Fall der Profitrate: ebd. (27-31).

[20] Das „Kapital" sollte nach *Marx'* Auffassung der allgemeinen Verbreitung seiner Lehre und damit der Unterstützung seiner politischen Tätigkeit dienen, vgl. Raddatz 1975: 364-366. Zur Förderung der Verbreitung hatte *Engels* reihenweise Rezensionen verfasst und zum Teil unter falschem Namen veröffentlicht (siehe ebd. und den Brief von Engels an Marx vom 18.10.1867, MEW 31: 367, in dem er anbietet: „Ich kann Dir noch 4-5 Artikel über Dein Buch von verschiednen Standpunkten schreiben").

[21] Im Folgenden werden die „Ökonomisch-philosophischen Manuskripte" (1844/2005) als „Manuskripte", das „Manifest der Kommunistischen Partei" (MEW 4: 459-493) als „Manifest" zitiert.

Den Ausgangspunkt bilden die Analyse der ökonomischen Verhältnisse und die Deutung der gesellschaftlichen Wirklichkeit des Kapitalismus als unerbittlicher Klassenkampf. Das erste Manuskript setzt sogleich mit der zentralen Feststellung ein: „*Arbeitslohn* wird bestimmt durch den feindlichen Kampf zwischen Kapitalist und Arbeiter" („Manuskripte": 4). Dieser Kampf betrifft nicht nur die wirtschaftliche Seite des Menschen als einen Teilbereich seiner Existenz, sondern wird als ein Kampf auf Leben und Tod verstanden. Der Arbeiter existiert im Kapitalismus nur als Arbeiter (ebd.: 71); sein Kampf gegen Lohnsenkungen zielt auf die Sicherung seines Überlebens: „Der Arbeiter weiß den Kapitalisten und umgekehrt als sein Nichtdasein; jeder sucht dem andren sein Dasein zu entreißen" (ebd.: 78). Diese Situation läßt keinen Kompromiss zwischen den Klassen zu, denn selbst in der Situation einer wachsenden Wirtschaft, in der es ausnahmsweise möglich wäre, den Arbeitslohn über das Existenzminimum zu heben, weckt dies im Arbeiter lediglich „die Bereicherungssucht des Kapitalisten, die er aber nur durch Aufopferung seines Geistes und Körpers befriedigen kann" (ebd.: 9). Der Arbeiter wird also entweder Opfer seiner eigenen Habsucht oder derjenigen des Kapitalisten, wobei in beiden Fällen die Habsucht ein Produkt der ökonomischen Verhältnisse und nicht des individuellen Wollens ist. Aufgrund des Determinismus gibt es in *Marx'* System weder die Möglichkeit der Überwindung der Habsucht durch die Moral, noch die Möglichkeit ihrer Einhegung durch Institutionen.

Der Klassenkampf ist Folge der Existenz des Privateigentums. Das Privateigentum spaltet die Gesellschaft in Kapitalisten, die von den Produkten fremder Arbeit leben, und Proletarier, die als Besitzlose den Besitz der Kapitalisten erarbeiten müssen. Diese Deutung des Kapitalismus als Herr-Knecht-Verhältnis setzt freilich voraus, dass allein die Arbeit produktiv ist, so dass jede Form von Lohnarbeit, bei der der Unternehmer (Kapitalist) einen Teil des Mehrwerts einbehält, ein Ausbeutungsverhältnis ist.[22] *Marx* sieht in jedem Versuch, den Kapitalismus durch eine Verbesserung der Lage der Arbeiter zu reformieren, nur das Bestreben, die Entwicklung zur Revolution aufzuhalten („Manuskripte": 12, 67), und er bekämpft vehement alle Sozialisten, die den Kapitalismus grundsätzlich als reformierbar ansehen.[23]

---

[22] „Manuskripte" (10f.); grundlegend zur Arbeitswertlehre: Band I des „Kapitals" (MEW 23: 49-55).

[23] Seine Hauptgegner in diesem Punkt waren *Lassalle* und *Proudhon*. Verstorbene Reformsozialisten hat *Marx* teilweise zu Vorläufern umgedeutet, die den tieferen Sinn ihres Wirkens noch nicht begreifen konnten. So sind *Owens* „Kooperativfabriken" aus der Sicht von *Marx* „gleichzeitig Bildungselemente einer neuen und die Umwälzungsmomente der alten Gesellschaft" („Kapital I", MEW 23: 526). Wenn aber die These stimmt, dass die Konkurrenz unter den Kapitalisten sich notwendig soweit verschärft, dass sie die Löhne unter das Existenzminimum drücken *müssen*, fragt es sich, wie solche Kooperativen gegründet werden können.

Nur durch die Abschaffung des Privateigentums in der Revolution kann die Spaltung der Gesellschaft in Klassen dauerhaft überwunden werden. Die Revolution wird durch die Widersprüche und Antagonismen in der kapitalistischen Gesellschaft, die sich mit der Zeit immer weiter herausbilden, automatisch herbeigeführt. Die Konkurrenz zwischen den Kapitalisten fördert die Entwicklung der Produktivkräfte und führt zu einer steigenden Kapitalkonzentration. Immer mehr Kapitalisten unterliegen im Wettbewerb und sinken ins Proletariat hinab; unter den verbleibenden verschärft sich der Wettbewerb, so dass sie gezwungen sind, die Arbeitslöhne immer weiter zu senken. „Endlich muss der auf ein Minimum reduzierte Arbeitslohn noch mehr reduziert werden, um die neue Konkurrenz zu bestehen. Das führt dann notwendig zur Revolution" („Manuskripte": 54).[24] In der Revolution mündet der „feindliche Kampf zwischen Kapitalist und Arbeiter" (ebd.: 4) in die Abschaffung der Ursache der Klassenspaltung: die Expropriateure werden expropriiert.[25]

Marx sieht jedoch im Privateigentum noch nicht die letzte Ursache des Klassenkampfes und der Ausbeutung; es wird vielmehr im zweiten Schritt der Argumentation auf eine noch grundlegendere Verkehrung in der menschlichen Existenz zurückgeführt – die Entfremdung des Menschen vom Produkt seiner Arbeit und vom Akt der Produktion. „Der Gegenstand, den die Arbeit produziert, ihr Produkt, tritt ihr als ein *fremdes Wesen*, als eine von dem Produzenten *unabhängige Macht* gegenüber. Das Produkt der Arbeit ist [...] die *Vergegenständlichung* der Arbeit. Die Verwirklichung der Arbeit ist ihre Vergegenständlichung. Diese Verwirklichung der Arbeit erscheint in dem nationalökonomischen Zustand als *Entwirklichung* des Arbeiters, die Vergegenständlichung als *Verlust des Gegenstandes* und *Knechtschaft unter dem Gegenstand*, die Aneignung als *Entfremdung*, als *Entäußerung*" („Manuskripte": 56). Die Vergegenständlichung der Arbeit besteht darin, dass der Arbeiter seinen Gegenstand um eines äußeren Zweckes willen produziert – nicht zur Verwirklichung seiner selbst, sondern zur Mehrung eines äußerlichen Reichtums. Hier liegt die eigentliche Ursache für die Knechtschaft des Arbeiters: Die Unterwerfung des Menschen unter sein Produkt, aus der alle anderen Knechtschaftsverhältnisse resultieren. Diese ursprüngliche Knechtschaft stellt eine Verkehrung des natürlichen Verhältnisses des Menschen zur Produktion dar, das im Zustand der Nicht-Entfremdung (im Kommunismus) besteht: In letzterem begreift der Mensch den Akt der Produktion als Verwirklichung seiner selbst; in der Betrachtung seines Produkts erkennt er seine Fähigkeiten und Begabungen und findet sich darin wieder. Der Mensch verwirklicht sich in der Arbeit, „indem er sich nicht nur, wie im Bewußtsein, intellektuell,

---

[24] Eine ähnliche Analyse der Entwicklung des Kapitalismus findet sich im ersten Abschnitt des „Manifests" (462-474).
[25] Vgl. „Kapital I" (MEW 23: 791).

sondern werktätig, wirklich verdoppelt, und sich selbst daher in einer von ihm geschaffenen Welt anschaut" (ebd.: 63). In diesem idealen Zustand gibt es eine Einheit des Arbeiters und seines Gegenstandes, von Subjekt und Objekt, die durch die Entfremdung verloren geht. In der Entfremdung begreift sich das Subjekt als vom Objekt getrennt – und eben dies äußert sich im Haben-Wollen des Gegenstandes, der Habsucht, die dann die Knechtschaft verursacht.

In der Theorie der Entfremdung wird deutlich, welches Menschenbild der *Marxschen* Theorie zugrunde liegt. Der Mensch soll sich in der freien Arbeit verwirklichen, wobei Freiheit bedeutet: „frei vom physischen Bedürfnis" zu sein (ebd.: 63). Der nicht-entfremdete Mensch produziert zu dem einzigen Zweck, dass er „die Natur als sein Werk und seine Wirklichkeit" ansehen kann (ebd.). So wie der aristotelische Gott das Denken ist, das sich selbst anschaut, so soll hier der Mensch als Werktätiger sich in seinen Produkten an sich selbst erfreuen: Die nicht-entfremdete Arbeit ist „Aneignung der *menschlichen* Wirklichkeit", sie „ist ein Selbstgenuß des Menschen" (ebd.: 91). Dieser Selbstgenuss vollzieht sich wohl gewissermaßen kollektiv, denn im Zustand der Nicht-Entfremdung begreifen sich die Menschen nicht mehr als besondere Individuen, sondern nur noch als Ausprägungen der Gattung Mensch.[26] Folglich entfällt in diesem Zustand nicht nur der Staat, sondern auch jede Strukturierung der Gesellschaft durch Verbände.

Für das Verständnis der Revolutionstheorie von *Marx* und die Rolle der Verbände (vor allem der Kommunistischen Partei) in der Revolution ist nun die Ursachenkette entscheidend: Die Entfremdung bringt das Privateigentum hervor, und das Privateigentum verursacht seinerseits die Herrschaftsstrukturen und die Ausbeutung („Manuskripte": 66f.). Das impliziert, dass mit der Abschaffung des Privateigentums in der Revolution die Entfremdung noch nicht überwunden ist, sondern es einer längeren Phase des Übergangs bedarf, in der die Kommunistische Partei eine zentrale Rolle spielt. Im dritten Schritt, der Frage der Überwindung von Ausbeutung und Entfremdung im Geschichtsprozess, werden somit die Verbände als wichtige Akteure in diesem Prozess relevant.

3   „Verbändestudien": Partei und Gewerkschaften im Geschichtsprozess

Aus dem bisherigen Überblick wird bereits deutlich, dass *Marx* keine „Verbändestudien" im Sinne pluralistisch oder korporatistisch orientierter Autoren verfasst hat (vgl. Oldenburg 1982: 50). Ihn interessieren Verbände (in seiner Sprache: Assoziationen, Vereinigungen, Koalitionen) nur, wenn sie den Kampf der

---

[26] Der Mensch ist also Exemplar, nicht Person. Das erklärt, warum in der Geschichte des Marxismus nach vorsichtigen Schätzungen 80 Millionen Menschen der Verheißung eines zukünftigen kollektiven Selbstgenusses geopfert werden konnten (zur Zahl der Opfer: Courtois 1998).

jeweiligen revolutionären Klasse aktiv vorantreiben. Verbände haben eine Scharnierfunktion zwischen den Produktionsbedingungen und dem politischen Überbau: Sie sind Ausdruck des Organisationsgrades einer Klasse, der seinerseits vom Entwicklungsstand der Produktionsbedingungen bestimmt wird. Diesen Zusammenhang zeigt *Marx* im „Manifest" sowohl für den Kampf der Bourgeoisie gegen den Feudalismus als auch für den des Proletariats gegen den Kapitalismus.

Auf den ursprünglichen Zustand der Nicht-Entfremdung, in dem Subjekt und Objekt des Produktionsaktes (Arbeit und Kapital) eine Einheit bilden („Manuskripte": 78), folgt eine erste Phase des Geschichtsprozesses, in der der Gegensatz von Arbeit und Kapital noch gemildert ist. Die Herrschaftsbeziehungen erscheinen im Feudalismus als „patriarchalische[ ], idyllische[ ] Verhältnisse" („Manifest": 464) und haben eine *„gemütliche* Seite" („Manuskripte": 50). Es ist das große Verdienst der Bourgeoisie, dass sie „die persönliche Würde in den Tauschwert aufgelöst und an die Stelle der zahllosen verbrieften und wohlerworbenen Freiheiten die *eine* gewissenlose Handelsfreiheit gesetzt" hat („Manifest": 465). Der zuvor nur unterschwellig wirkende Gegensatz von Arbeit und Kapital konnte damit offen zutage treten; die verdeckte Habsucht wurde zur offenen Habsucht. In dem Prozess der Emanzipation der Bourgeoisie gegen das Feudalsystem hat sie verschiedene Organisationsformen gewählt, um den Kampf gegen die alte Gesellschaft führen zu können: War sie zu Beginn ein „[u]nterdrückter Stand unter der Herrschaft der Feudalherren", so bildete sie im nächsten Schritt freie Städte und unabhängige städtische Republiken und wurde schließlich „zur Zeit der Manufaktur Gegengewicht gegen den Adel in der ständischen oder in der absoluten Monarchie" („Manifest": 464). Erst am Ende dieses Prozesses, mit der Entwicklung „der großen Industrie und des Weltmarkts", entsteht die „ausschließliche politische Herrschaft" der Bourgeoisie im „Repräsentativsystem" (ebd.). Auf dieser letzten Stufe hat sie den Feudalismus auch in seiner letzten Erscheinungsform, dem Grundeigentümer, überwunden und den Boden zur Ware gemacht („Manuskripte": 50).

Vom Moment des Sieges der Bourgeoisie an lautet die neue Kampfstellung: Proletarier gegen Kapitalisten. Ähnlich wie die Bourgeoisie im Kampf gegen den Feudalismus verschiedene Formen von Assoziationen genutzt hat, organisieren auch die Proletarier schrittweise ihren Kampf gegen die Kapitalisten.[27] Die Organisation der Arbeiter im Kampf gegen die Ausbeutung beginnt lokal in einzelnen Fabriken und einzelnen Orten. Der Kampf wird auf dieser Stufe noch als ein persönlicher Kampf verstanden, der einen bestimmten Kapitalisten zum Gegner hat; er wird unsystematisch geführt, weil die Arbeiter ihre Angriffe „nicht nur

---

[27] Vgl. „Das Elend der Philosophie" (MEW 4: 181).

gegen die bürgerlichen Produktionsverhältnisse" richten, sondern „gegen die Produktionsinstrumente selbst" („Manifest": 470); und er folgt zudem einem falschen, rückwärtsgewandten Ziel, weil die Arbeiter „sich die untergegangene Stellung des mittelalterlichen Arbeiters wiederzuerringen" suchen (ebd.).

Erst durch die Konzentration des Kapitals wachsen die Organisationsmöglichkeiten der Arbeiter. Die Kämpfe zwischen einzelnen Arbeitern und einzelnen Kapitalisten folgen diesem Konzentrationsprozess und werden zu einem Kampf Klasse gegen Klasse, in dem die Arbeiter beginnen, überregionale „Koalitionen [...] zur Behauptung ihres Arbeitslohns" zu gründen („Manifest": 470f.). Diese Koalitionen verfolgen vordergründig das Ziel, die ökonomische und soziale Lage der Arbeiter zu verbessern, doch das eigentliche Ziel (das den Akteuren selbst nicht bewusst sein muss) ist ein anderes: „Das eigentliche Resultat ihrer Kämpfe ist nicht der unmittelbare Erfolg, sondern die immer weiter um sich greifende Vereinigung der Arbeiter. [...] Es bedarf aber bloß der Verbindung, um die vielen Lokalkämpfe von überall gleichem Charakter zu einem nationalen, zu einem Klassenkampfe zu zentralisieren. Jeder Klassenkampf aber ist ein politischer Kampf" (ebd.). Ökonomische Forderungen der Gewerkschaften haben also einen rein instrumentellen Charakter: Sie werden nicht erhoben, um durchgesetzt zu werden, sondern um die Arbeiter im Kampf gegen die Kapitalisten zusammenzubringen. Dadurch „zentralisieren" sie den Klassenkampf – d. h. sie führen die verschiedenen Gewerkschaften am Ende in *einer* internationalen Partei zusammen.[28]

Den Doppelcharakter der Gewerkschaften betont *Marx* auch an anderen Stellen: „So hat die Koalition [der Arbeiter, H.H.] stets einen doppelten Zweck [...]. Wenn der erste Zweck des Widerstandes nur die Aufrechterhaltung der Löhne war, so formieren sich die anfangs isolierten Koalitionen in dem Maß, wie die Kapitalisten ihrerseits sich behufs der Repression vereinigen zu Gruppen, und gegenüber dem stets vereinigten Kapital wird die Aufrechterhaltung der Assoziationen notwendiger für sie als die des Lohnes. [...] In diesem Kampfe – ein veritabler Bürgerkrieg – vereinigen und entwickeln sich alle Elemente für eine kommende Schlacht. Einmal auf diesem Punkte angelangt, nimmt die Koalition einen politischen Charakter an" („Das Elend der Philosophie", MEW 4: 180).

Der Schritt von den vielen lokalen Kämpfen zu dem einen umfassenden Klassenkampf ist somit der Schritt vom ökonomischen zum politischen Kampf: vom Kampf um die Bedingungen der Lohnarbeit zum Kampf um die Überwindung der Lohnarbeit durch die Abschaffung des Privateigentums. Für die neue

---

[28] Im „Manifest" hatte *Marx* dabei den international verfassten „Bund der Kommunisten" vor Augen; später übernahm diese Rolle die Internationale Arbeiterassoziation.

Stufe des offenen Klassenkampfes bedarf es einer Partei, die die Gewerkschaften koordiniert und die das Proletariat mit der Kenntnis des Geschichtsprozesses leiten kann. Von der Unterordnung der Gewerkschaften unter das (von der Partei formulierte) politische Ziel des Klassenkampfes hängt ihr positiver Beitrag zu diesem Kampf ab: „Gewerkschaften [...] verfehlen ihren Zweck gänzlich, sobald sie sich darauf beschränken, einen Kleinkrieg gegen die Wirkungen des bestehenden Systems zu führen, statt gleichzeitig zu versuchen, es zu ändern, statt ihre organisierten Kräfte zu gebrauchen als einen Hebel zur schließlichen Befreiung der Arbeiterklasse, d. h. zur endgültigen Abschaffung des Lohnsystems" („Lohn, Preis, Profit", MEW 16: 152). Eine Gewerkschaft, die sich der Leitung durch die Kommunistische Partei verweigert, lehnt die Revolution ab, und muss genauso bekämpft werden wie diejenigen Sozialisten, die sich für einen Kompromiss zwischen den Klassen einsetzen.

Die Steuerung der Gewerkschaften durch die Kommunistische Partei bedeutet nichts anderes als ihre Gleichschaltung. Die Gewerkschaften sollen auf der lokalen Ebene vielleicht taktischen Entscheidungsspielraum behalten (*Marx* äußert sich dazu nicht im Detail); die Strategie jedenfalls und die Ziele des Kampfes werden von der Partei formuliert und dem Proletariat vorgegeben. Im zweiten Teil des „Manifests" erläutert *Marx* das Selbstverständnis der Partei. Dort heißt es: „Die Kommunisten sind keine besondere Partei gegenüber den andern Arbeiterparteien" („Manifest": 474). Das ist nicht ein Bekenntnis zur Bescheidenheit (im Sinne von: „wir sind allen anderen gleichgestellt"), sondern die Formulierung eines Alleinvertretungsanspruchs: Die Kommunisten stehen nicht neben anderen Parteien, sondern sind die Führung der Arbeiterschaft schlechthin. *Marx* erläutert diese hierarchische Beziehung im folgenden: „Die Kommunisten unterscheiden sich von den übrigen proletarischen Parteien nur dadurch, dass einerseits sie in den verschiedenen nationalen Kämpfen der Proletarier die gemeinsamen, von der Nationalität unabhängigen Interessen des gesamten Proletariats hervorheben und zur Geltung bringen, andrerseits dadurch, dass sie in den verschiedenen Entwicklungsstufen, welche der Kampf zwischen Proletariat und Bourgeoisie durchläuft, stets das Interesse der Gesamtbewegung vertreten" (ebd.). Die Partei hat also auf der internationalen Ebene stets die Gesamtentwicklung im Auge – den Geschichtsprozess. Was sie zur Leitung befugt, ist das Verständnis dieses Prozesses, das sie allen anderen Parteien voraus hat: „Die Kommunisten [...] haben theoretisch vor der übrigen Masse des Proletariats die Einsicht in die Bedingungen, den Gang und die allgemeinen Resultate der proletarischen Bewegung voraus" (ebd.). *Marx'* Vorgehensweise gegen seine Kritiker im „Bund der Kommunisten" und in der „Internationale" liefert die Anschauung zu diesem Anspruch: *Er selbst* will nämlich offensichtlich die Partei mit seiner Theorie führen und damit die „proletarische Bewegung" lenken. Das

Führerprinzip wird auch in der „Inauguraladresse" der „Internationale" deutlich (MEW 16: 12): „Ein Element des Erfolges besitzt sie [die Arbeiterklasse], die *Zahl*. Aber Zahlen fallen nur in die Waagschale, wenn Kombination sie vereint und Kenntnis sie leitet." Verbindet man diesen Satz mit den Ausführungen im „Manifest", so läßt sich daraus die in der folgenden Abbildung dargestellte Hierarchie ableiten:

Abbildung: Das Prinzip der Zentralisation in der Verbändetheorie von *Marx*

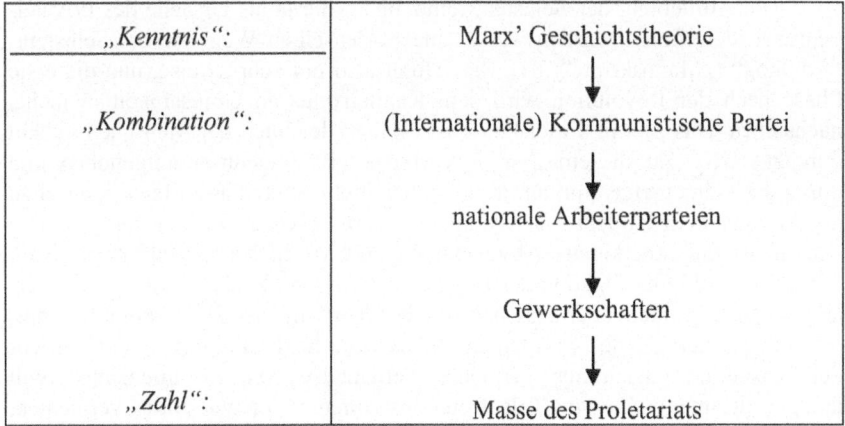

„*Kenntnis*":	Marx' Geschichtstheorie
„*Kombination*":	(Internationale) Kommunistische Partei
	nationale Arbeiterparteien
	Gewerkschaften
„*Zahl*":	Masse des Proletariats

Im Rahmen der *Marxschen* Theorie ist es jedoch schlüssig, dass das Führerprinzip nicht beim Namen genannt wird, denn es soll nicht die besondere Willensstärke eines Führers sein, die die Partei leitet, sondern das besondere Verständnis der „tatsächliche[n] Verhältnisse [...] einer unter unsern Augen vor sich gehenden geschichtlichen Bewegung" („Manifest": 475). Die Zentralisation der Arbeiterbewegung dient also ihrer Lenkung durch diejenigen, die über ein höheres Bewusstsein der geschichtlichen Entwicklung verfügen. Die Parteiführung muss dem Determinismus auf die Sprünge helfen, indem sie diejenigen bekämpft, die ihn nicht verstehen wollen und die dadurch die geschichtliche Entwicklung verzögern. Die sowjetische Praxis, politische Gegner in die Psychiatrie zu sperren, ist da nur konsequent: Wer die Partei kritisiert, leidet an Realitätsverlust – und ist folglich verrückt.

Der Aufbau einer straffen Parteiorganisation im Kampf gegen die Kapitalisten dient der Vorbereitung der Revolution, in der die Partei die Staatsführung übernehmen und die „Diktatur des Proletariats" errichten soll (Kritik des Gothaer Programms, MEW 19: 28). Mit dem Konzept der Diktatur des Proletariats wendet *Marx* sich gegen zwei Positionen: erstens die Vorstellung, dass in der Revolution der Staat abgeschafft werden könne[29], und zweitens diejenige, dass es das Ziel des Sozialismus bzw. Kommunismus sein könne, einen freien, auf dem Respekt der Menschenrechte gegründeten Staat zu errichten.[30] Detaillierte Überlegungen zur Organisation des Staatswesens nach der Revolution sucht man bei *Marx* vergebens. Doch die Funktion der Diktatur des Proletariats wird in den „Manuskripten", wo sie unter der Bezeichnung „roher Kommunismus" behandelt wird, verdeutlicht.[31]

„Die Aufhebung der Selbstentfremdung" – die ja als Ursache des Privateigentums identifiziert worden war – „macht denselben Weg wie die Selbstentfremdung" („Manuskripte": 83). Sie erfolgt also nur schrittweise, und die erste Phase nach der Revolution wird dem Kapitalismus an Grausamkeit in nichts nachstehen. Das Ziel in dieser Phase ist es, die Gleichheit der Menschen radikal durchzusetzen. Zu diesem Zweck wird das Privateigentum aufgehoben und durch das Gemeineigentum an Produktionsmitteln ersetzt; alle Menschen stehen als Arbeiter dem Kollektiv als verallgemeinertem Kapitalisten gegenüber. Das Kapital ist die „anerkannte Allgemeinheit und Macht der Gesellschaft" (ebd.: 85), es ist als bloße Negation des Privateigentums aber zunächst nur dessen Verallgemeinerung, nicht aber dessen wirkliche Überwindung. Zu der kommt es nur, wenn alle Unterschiede zwischen den Menschen, die der Prägung in der Zeit vor der Revolution entstammen, vernichtet werden: Der rohe Kommunismus „will auf gewaltsame Weise von Talent etc. abstrahieren", er will „alles vernichten, was nicht fähig ist, als Privateigentum von allen besessen zu werden" (ebd.: 84), er ist die „Negation der ganzen Welt der Bildung und der Zivilisation, die Rückkehr zur unnatürlichen Einfachheit des armen und bedürfnislosen Menschen" (ebd.: 85). Weder physisch, von den Lebensbedingungen her, noch geistig geht

---

[29] Sie wurde z. B. von *Bakunin* vertreten und von *Marx* in „Ein Komplott gegen die IAA" (MEW 18: 343f.) verhöhnt; aus *Marx'* Sicht kann der Staat nur durch ein langsames Absterben nach der Revolution überwunden werden (die Formulierung, dass der Staat abstirbt, stammt von *Engels*, siehe: „Die Entwicklung des Sozialismus von der Utopie zur Wissenschaft", MEW 19: 224).

[30] Eine beißende Polemik gegen diese Vorstellung, die Teil des Parteiprogramms der SPD von 1875 war, findet sich in der „Kritik des Gothaer Programms" (MEW 19: 27).

[31] „Manuskripte" (83-86). Dieser Text wird auch von Autoren, die *Marx* kritisch gegenüberstehen, häufig so gelesen, dass *Marx* den rohen Kommunismus als ein falsches Kommunismusverständnis zurückweist, um ihm sein Konzept des Kommunismus als „vollendeten Humanismus" (ebd.: 86) gegenüberzustellen (z. B. Raddatz 1975: 83; Kolakowski 1981: 159). Eine solche Deutung widerspricht aber sowohl dem Text als auch der sachlichen Logik: *Marx* nennt den rohen Kommunismus eindeutig die „erste[ ] Gestalt" („Manuskripte": 84) des Kommunismus, die sich in der Folge noch entwickeln muss; und es wird aus der Analyse der Entfremdung deutlich, dass sie mit der Abschaffung des Privateigentums noch nicht überwunden ist. Es muss auf die Revolution sachnotwendig eine Phase der „Reinigung" der Gesellschaft folgen (siehe dazu ausführlich Zehnpfennig 2005: LIV-LVII).

es dem Menschen hier besser als im Kapitalismus; doch die brutale Durchsetzung der äußeren Gleichheit ist Vorbote der verinnerlichten Gleichheit des vollendeten Kommunismus und enthält damit die Verheißung der besseren Zukunft.

Die Kraft, die diese reinigende Zerstörung leisten soll, ist der Neid: „Der allgemeine und als Macht sich konstituierende *Neid* ist die versteckte Form, in welcher die *Habsucht* sich herstellt und nur auf eine *andere* Weise sich befriedigt" (ebd.: 84). Der Neid ist unterschwellig bereits im Kapitalismus wirksam, doch „[d]er rohe Kommunist ist [...] die Vollendung dieses Neides und dieser Nivellierung von dem *vorgestellten* Minimum aus" (ebd., 84f.). Erst wenn der Neid die Menschen in einer Art kollektiver Katharsis von den ihnen aus früheren geschichtlichen Umständen anhaftenden Ungleichheiten gereinigt hat, kann sich eine bessere Zukunft einstellen und der Staat langsam absterben. Bis dahin aber wird es die Aufgabe der Partei sein, in dieser Diktatur die notwendigen Maßnahmen zu ergreifen, um das Gelingen der Katharsis sicherzustellen. Das Maß kann dabei niemals die Rücksicht auf die gegenwärtige Generation oder gar auf einzelne Menschen bzw. Menschenrechte sein, sondern nur die Aussicht auf die zukünftige Idealgesellschaft. In dieser Idealgesellschaft soll dann alle Differenz zwischen den Menschen überwunden sein, so dass nicht nur der Staat abstirbt, sondern überhaupt alle besonderen Vereinigungen wie Gewerkschaften oder Parteien überflüssig werden.

4 Rezeption und Kritik

Die spärlichen Aussagen von *Marx* zur Rolle der Partei während und nach der Revolution führten zu scharfen Auseinandersetzungen unter seinen Nachfolgern. Eine besondere Intensität bekamen diese Auseinandersetzungen während der russischen Revolution von 1917. *Lenin* kämpfte auf der intellektuellen Ebene gegen zwei Gegner, die der von ihm errichteten Diktatur die Rechtfertigung durch den Marxismus absprachen. *Kautsky* (1918/1981), der Gralshüter des Marxismus in der deutschen Sozialdemokratie, griff *Lenins* Vorgehen als verbrecherisch an, weil die Diktatur des Proletariats seiner Ansicht nach nicht durch den Einsatz von Gewalt zu errichten sei, sondern auf dem gesetzlichen Weg der Mehrheitsbeschaffung in der parlamentarischen Demokratie. *Luxemburg* (1918/1975) hingegen störte nicht die Gewalttätigkeit der russischen Revolution, sondern die Organisation der KPdSU als Kaderpartei und das damit verbundene fehlende Vertrauen in die Spontaneität der Massen. *Lenin* hielt demgegenüber daran fest, dass eine Revolution nur als gewaltsamer Umsturz der bestehenden Ordnung verstanden werden kann, und dass dieser Umsturz von der Kommunistischen Partei zentral gelenkt und organisiert werden müsse (Lenin 1917/1978, 1918/1954). Die Partei- und Gewerkschaftstheorie von *Marx* lässt einen solchen Deutungsspielraum nicht zu. *Marx* hätte *Kautsky* als einen Lassalleaner bekämpft; in *Luxemburg* hätte er eine neue Variante des „Bakunismus", also des anarchistischen Sozialismus, gesehen. *Marx* war, wenn man das so anachronistisch formulieren darf, Leninist: Die Partei war als Kaderpartei mit straffer Führung gedacht, und die Revolution sollte ein Gewaltakt sein – nicht um der Gewalt, aber um der „Sache", also der Einlösung des Heilsversprechens willen. Der Streit zwischen *Lenin, Kautsky* und *Luxemburg* ähnelt also in seiner Struktur demjenigen zwischen *Marx* und seinen Gegnern. Immer geht es um die gleichen Grundfragen: Welche Rolle kommt der Partei (als dem voluntaristischen Element) im deterministischen Prozess der Selbstzerstörung des Kapitalismus zu? Soll die Revolution von der Masse der Arbeiter ausgehen oder von der Partei gesteuert werden? Wie wird nach der Revolution das Ziel der Herrschaftsfreiheit erlangt? Ironischerweise schlägt der Traum von der Herrschaftsfreiheit am Ende immer in die totalitäre Einparteiendiktatur um – wenn nicht der sozialdemokratische Weg gewählt und das Dogma der Unausweichlichkeit des Klassenkampfes aufgegeben wird.

Die Darstellung des Zusammenhangs der *Marxschen* Gewerkschafts- und Parteitheorie mit seiner Geschichtstheorie verdeutlicht die eingangs thematisierte Sonderstellung von *Marx* unter den Klassikern der Verbändeforschung. Verbände werden nicht als eigenständige gesellschaftliche Gruppen gesehen, die eine Mittlerfunktion zwischen Individuen und Staat einnehmen, sondern als Organisationsformen der Klassen im Klassenkampf, wobei diese Organisationsformen von der Entwicklung der Produktionsverhältnisse determiniert werden, die ihrerseits allein die *Marxsche* Theorie zu verstehen erlaubt. *Marx* formuliert insofern das totalitäre Gegenstück zu den pluralistischen Verbändetheorien: Die Pluralität der Ziele der verschiedenen Verbände wird gewaltsam auf ein einziges reduziert: die Abschaffung des Privateigentums, das als Ursache der Herrschaft und damit als Grund allen Übels in der Welt angesehen wird.

Doch neben diesem grundsätzlichen Unterschied gibt es eine bemerkenswerte Gemeinsamkeit zwischen der *Marxschen* und der pluralistischen Verbändetheorie. Als Weiterentwicklung des Liberalismus vertraut der Pluralismus auf einen quasi mechanischen Interessenausgleich zwischen Verbänden. Der Ausgleich wird hier durch institutionalisierte und verrechtlichte Prozesse der Konfliktlösung herbeigeführt; während *Fraenkel* noch die Notwendigkeit eines (nicht näher bestimmten) Minimalkonsenses als Voraussetzung für die Errichtung funktionsfähiger Institutionen ansieht, führen andere Autoren (vor allem in der ökonomischen Theorie der Politik) auch die Institutionen auf ein Eigennutzkalkül der Individuen zurück (z.B. Buchanan 1984). Der Interessenausgleich zwischen den eigennutzorientierten Individuen wird erreicht, ohne dass diese Entscheidendes hinzu tun müssen. Auch wenn der gesellschaftliche Idealzustand gänzlich anders als bei *Marx* verstanden wird – nämlich eben als ein Ausgleich zwischen Individuen und nicht als Kollektivismus –, gibt es eine Gemeinsamkeit im Prozess: In beiden Fällen wird der Idealzustand quasi automatisch erreicht – im einen Fall durch die Institutionen, im anderen durch die Geschichte. Das hat für den einzelnen Bürger eine zunächst bequem anmutende Konsequenz: Politik hat in beiden Fällen nichts mit Selbstbeherrschung zu tun. Doch die Bequemlichkeit hat einen hohen Preis. Der Kraft, die den Institutionen bzw. der Geschichte zugeschrieben wird, steht die Verantwortung gegenüber, die dem Bürger abgesprochen wird. Die Reduktion des Bürgers auf ein von den Institutionen bzw. der Geschichte gesteuertes Individuum nimmt ihm am Ende das, was ihn auszeichnen soll: seine Würde.

Literatur:

Die Schriften von *Marx* und *Engels* werden mit Ausnahme der Ökonomisch-philosophischen Manuskripte, von denen 2005 im Meiner Verlag eine ausführlich kommentierte Studienausgabe erschienen ist, nach der Ausgabe „Marx-Engels-Werke" (MEW, 42 Bände und 2 Registerbände, Berlin: Dietz Verlag, 1956ff.) zitiert. Im Literaturverzeichnis werden nur die für die Verbändeforschung wichtigsten zitierten Texte angegeben.

Andréas, Bert 1969, Gründungsdokumente des Bundes der Kommunisten (Juni bis September 1847), Hamburg.
Ballestrem, Karl Graf 1990, Das politische Denken des Marxismus, in: ders. / Ottmann, Henning (Hrsg.), Politische Philosophie des 20. Jahrhunderts, München, S. 147-177.
Berlin, Isaiah 1959, Karl Marx. Sein Leben und sein Werk, München.
Berlinger, Rudolf Niklaus 1976, Die Gewerkschaften in der Theorie von Marx und Lenin – Grundlagen für eine immanente Kritik des FDGB, Würzburg.
Bock, Hans Manfred 1991, Pierre-Joseph Proudhon (1809-1865), in: Euchner, Walter (Hrsg.), Klassiker des Sozialismus I, München, S. 97-109.
Buchanan, James 1984, Die Grenzen der Freiheit. Zwischen Anarchie und Leviathan, Tübingen.
Calvez, Jean-Yves 1956, La pensée de Karl Marx, Paris.
Cornu, August 1954-1968, Karl Marx und Friedrich Engels. Leben und Werk, 3 Bände: 1818-1844 (1954), 1844-1845 (1962), 1845-1846 (1968), Berlin.
Courtois, Stéphane (Hrsg.) 1998, Das Schwarzbuch des Kommunismus. Unterdrückung, Verbrechen und Terror, München.
Engels, Friedrich 1885/1962, Zur Geschichte des Bundes der Kommunisten, in: MEW Bd. 21, S. 206-224.
Euchner, Walter 1982, Karl Marx, München.
Fromm, Erich 1963, Das Menschenbild bei Marx, Frankfurt am Main.

Hansen, Hendrik 2002, Karl Marx: Humanist oder Vordenker des GULag? in: Ballestrem, Karl Graf / Gerhardt, Volker / Ottmann, Henning / Thompson, Martyn P. (Hrsg.), Politisches Denken – Jahrbuch 2002, Stuttgart/Weimar, S. 152-174.

Hartmann, Karl 1970, Die Marxsche Theorie. Eine philosophische Untersuchung zu den Hauptschriften, Berlin.

Kautsky, Karl 1918/1981, Die Diktatur des Proletariats, in: Lübbe, Peter (Hrsg.), Kautsky gegen Lenin, Berlin / Bonn, S. 28-77.

Kolakowski, Leszek 1981, Die Hauptströmungen des Marxismus. Entstehung – Entwicklung – Zerfall, 3 Bände, München/Zürich.

Künzli, Arnold 1966, Karl Marx. Eine Psychographie. Wien / Frankfurt am Main / Zürich.

Lenin, Wladimir Iljitsch 1917/1978, Staat und Revolution. Die Lehre des Marxismus vom Staat und die Aufgabe des Proletariats in der Revolution, Berlin. 1918/1954, Die proletarische Revolution und der Renegat Kautsky, in: Ausgewählte Werke in zwei Bänden, Bd. 2, S. 411-495.

Löw, Konrad 2001, Marx und Marxismus. Eine deutsche Schizophrenie. Thesen – Texte – Quellen, München.

Luxemburg, Rosa 1918/1975, Die russische Revolution, in: Politische Schriften Bd. 3, Frankfurt am Main.

Marx, Karl 1844/2005, Ökonomisch-philosophische Manuskripte, mit einer Einleitung, Anmerkungen, Bibliographie und Register hrsg. von Barbara Zehnpfennig, Hamburg.

Marx, Karl 1864/1962, Inauguraladresse der Internationalen Arbeiter-Assoziation, in: MEW Bd. 16, S. 3-13.

Marx, Karl 1864/1962, Provisorische Statuten der Internationalen Arbeiter-Assoziation, in: MEW Bd. 16, S. 14-16.

Marx, Karl 1867ff./1962ff., Das Kapital, 3 Bände, MEW Bd. 23-25.

Marx, Karl 1875/1962, Kritik des Gothaer Programms, in: MEW Bd. 19, S. 11-32.

Marx, Karl/ Engels, Friedrich 1846/1948, Die deutsche Ideologie, MEW Bd. 3. 1848/ 1959, Manifest der Kommunistischen Partei, in: MEW Bd. 4, S. 459-493.

Marx, Karl/Engels, Friedrich 1873/1962, Ein Komplott gegen die Internationale Arbeiterassoziation. Im Auftrag des Haager Kongresses verfaßter Bericht über das Treiben Bakunins und der Allianz der sozialistischen Demokratie, in MEW Bd. 18, S. 327-471.

Maurer, Reinhart 1998, Der Liberalismus siegt. Die Abwicklung und das Schweigen der Philosophie, in: Pasternack, Peer (Hrsg.), Eine nachholende Debatte. Der innerdeutsche Philosophenstreit 1996/97, Hochschule Ost „special", Leipzig, S. 138-158.

Na'aman, Shlomo 1991, Ferdinand Lassalle (1825-1864), in: Euchner, Walter (Hrsg.), Klassiker des Sozialismus I, München, 171-182.

Oldenburg, Fred 1982, Marx über die Partei – Zur Legitimationsproblematik der SED-Herrschaft, Berichte des Bundesinstituts für ostwissenschaftliche und internationale Studien, Köln.

Raddatz, Fritz J. 1975, Karl Marx. Eine politische Biographie, Hamburg.

Schraepler, Ernst 1972, Handwerkerbünde und Arbeitervereine 1830 – 1853. Die politische Tätigkeit deutscher Sozialisten von Wilhelm Weitling bis Karl Marx, Berlin / New York.

Schwan, Gesine 1974, Die Gesellschaftskritik von Karl Marx. Politökonomische und philosophische Voraussetzungen, Stuttgart.

Stangl, Christine 2002, Sozialismus zwischen Partizipation und Führung. Herrschaftsverständnis und Herrscherbild der sozialistischen deutschen Arbeiterbewegung von den Anfängen bis 1875, Berlin.

Wetter, Gustav A. 1960, Der dialektische Materialismus. Seine Geschichte und sein System in der Sowjetunion, Freiburg (5. Aufl.).

Wetter, Gustav A. 1962, Sowjetideologie heute. Band 1: Dialektischer und historischer Materialismus, Frankfurt am Main.

Zehnpfennig, Barbara 2005, Einleitung, in: Karl Marx, Ökonomisch-philosophische Manuskripte, hrsg. von Barbara Zehnpfennig, Hamburg, VII-LXXV.

Zoll, Rainer 1976, Der Doppelcharakter der Gewerkschaften. Zur Aktualität der Marxschen Gewerkschaftstheorie, Frankfurt am Main.

Verbände als Ausdruck des „Pluralismus der Souveränitäten": Harold Laski

Jürgen Stern

1 Biographie: Zwischen Wissenschaft und Politik

Harold Joseph Laski wurde am 30. Juni 1893 im englischen Manchester in ein orthodox jüdisches Elternhaus geboren, mit dem er brach, als er 1911 seine acht Jahre ältere und überdies nicht jüdische Frau heiratete. Noch im gleichen Jahr begann er sein Studium am New College in Oxford, wo er sich der Geschichte zuwandte. Zu seinen akademischen Lehrern zählte dort unter anderen *Ernest Barker*, der wiederum stark von den Schriften *Frederick Maitlands* beeinflusst wurde. Darüber hinaus lernte er die Gedanken von *John Neville Figgis* und *G. D. H. Cole* kennen (Birke 1978: 153-200; Solomon 1983: 8-13; Laborde 2000: 45-100). Nach dem Ende seines Studiums schrieb er 1914 für den Daily Herald und setzte sich zusammen mit seiner Frau für das Frauenwahlrecht ein. Die Meldung an die Front des Ersten Weltkriegs scheiterte an seinem schlechten Gesundheitszustand (Martin 1953: 9-26).

Seine akademische Karriere begann *Laski* in Kanada, wo er ab 1914 an der McGill University in Montreal Geschichte lehrte. Wegen seiner prekären finanziellen Lage nach der Geburt des ersten Kindes wechselte er zwei Jahre später an die Harvard University und schloss dort Freundschaft mit dem Richter am US Supreme Court *Oliver Wendell Holmes*. Mit ihm pflegte er einen intensiven Briefwechsel, anhand dessen sich die geistige Entwicklung *Laskis* detailliert nachvollziehen lässt (Howe 1953). 1920 kehrte *Laski* zurück nach Großbritannien, übernahm 1926 den Lehrstuhl für Regierungslehre an der London School of Economics and Political Science und lehrte dort Politikwissenschaft bis zu seinem Tod im Jahr 1950. Mehrmals führten ihn in dieser Zeit Vortragsreisen in die USA (Newman 1992, 1993).

Schon früh – etwa ab 1920 – verließ *Laski* den wissenschaftlichen Elfenbeinturm und engagierte sich zunehmend auf dem praktisch-politischen Feld – etwa im Wahlkampf 1923, der zur ersten Labour-Minderheitsregierung führte. Als Intellektueller sah er sich dabei in der Pflicht, sich zum Wohl der Allgemeinheit einzubringen (Eastwood 1977: 113). 1936 gründete er angesichts des Vormarsches faschistischer Regime zusammen mit anderen den „Left Book

Club", der schnell 50.000 Mitglieder gewann und sich dem Kampf gegen den rechten Totalitarismus verschrieb (Lewis 1970). Von 1937 bis 1949 gehörte *Laski* dem Vorstand der Labour Party an und war zeitweise der Vorsitzende der (außerparlamentarischen) Parteiorganisation. Er unterstützte während des Zweiten Weltkriegs – wenn auch nicht kritiklos – *Clement Attlee*, der als stellvertretender Premierminister agierte, als einer seiner persönlichen Berater. Mit ihm konnte er sich über den Sieg der Labour Party bei den Wahlen 1945 freuen. Gleichwohl gelang es *Laski* nicht, seine sozialistischen Vorstellungen Realität werden zu lassen. Obwohl er sich schon 1949 aus gesundheitlichen Gründen aus dem Parteivorstand zurückgezogen hatte, kämpfte er bei den Wahlen von 1950 wieder für seine Partei, starb aber unerwartet wenige Wochen nach dem Urnengang am 24. März des Jahres. *Laski* hat es mehrfach abgelehnt, als Abgeordneter aktiv Politik zu gestalten, da er der Überzeugung war, auf lange Sicht als Intellektueller – er wurde zum sozialistischen Zirkel der Fabier[1] gezählt (Beyme 2002) – mehr bewegen zu können (Newman 1993: 76).

Als Hochschullehrer gelang es *Laski*, seine Studenten nicht nur intellektuell, sondern auch emotional anzusprechen. Viele von ihnen hielten auch nach seinem Tod noch Kontakt zu seiner Witwe. Gerade durch seine Schüler war der praktisch-politische Einfluss des Wissenschaftlers *Laski* groß, besonders wenn man berücksichtigt, dass bei ihm die spätere politische Elite einiger Entwicklungsländer – insbesondere Indiens, wo nach seinem Tod ein Institut nach ihm benannt wurde – studierte (Kramnick/Sheerman, 1993: 589). Auch wenn sein Werk – wie später noch gezeigt wird – vielfach kritisch gesehen wird, beeindruckt doch auf den ersten Blick die schiere Masse an Büchern, Aufsätzen sowie Zeitungs- und Zeitschriftenbeiträgen. Alle Schriften legte er ausschließlich in Manuskriptform vor, sie entstanden zumeist ohne größere Vorbereitungen und dank seines ausgezeichneten Gedächtnisses spontan. Schließlich war *Laski* bekannt für seine Fähigkeit, stundenlange Reden ohne Notizen zu halten, und für seine fast hingebungsvolle Sorge um seine Studenten (Newman 1993: 354-364).

Im Folgenden wird *Laskis* politikwissenschaftliches Schaffen vorgestellt. Des Weiteren werden die Kernthesen aus seinem Werk bezüglich der Rolle der Verbände erläutert, ihre Veränderung nachgezeichnet und seine Wirkungsgeschichte dargestellt.

---

[1] Die „Fabian Society" wurde 1884 gegründet und widmete sich der graduellen sozialen Reform der britischen Gesellschaft. Zu den frühen Mitgliedern zählten etwa *George Bernard Shaw* und *Sidney* und *Beatrice Webb*. Die Fabier waren an der Gründung der Labour Party beteiligt.

2 Profil des Gesamtwerks: Vom Pluralismus zur „revolution by consent"

Die schriftliche Hinterlassenschaft *Harold Laskis* ist also umfangreich – eine Übersicht der wichtigsten Werke findet sich etwa bei *Michael Newman* (1993: 415-425) und bei *Peter Lamb* (2004: 195-199). Dementsprechend kann hier nur auf wenige ausgewählte Arbeiten detailliert eingegangen werden. Seine erste Monografie „Studies in the Problem of Sovereignty" verfasste *Laski* 1917 an der McGill University. Schon darin beschäftigte er sich mit der Kritik des Souveränitätsanspruchs des modernen Staates gegenüber anderen gesellschaftlichen Gruppen – etwa Kirchen, Gewerkschaften, Freimaurerlogen oder Verbänden. In Harvard beschäftigte er sich weiter wissenschaftlich mit diesen Zusammenhängen, und so entstand 1919 das Buch mit dem Titel „Authority in the Modern State" und 1921 die Studie zu „The Foundations of Sovereignty". Diese drei Werke bilden die wichtigste Grundlage für die Bezeichnung *Laskis* als Vertreter des frühen Pluralismus. An der „London School of Economics and Political Science" schrieb er 1925 sein vielleicht bekanntestes Buch „Grammar of Politics", das mit den schon erwähnten Studien eine Reihe abschloss, die später als „The Big Four" bezeichnet wurde (Eastwood 1977: 103).

In der „Grammar" änderte er seine Sicht gegenüber dem Staat schrittweise, erkannte seine Bedeutung an und wandte sich einer britischen Spielart des Sozialismus zu. Diesen Weg ging er weiter, als er 1927 über „Communism" schrieb. Die einzige Chance, eine Revolution zu verhindern, war seiner Meinung nach, dass die herrschende Klasse den Arbeitern bedeutende Zugeständnisse macht. In späteren Schriften (etwa „Democracy in the Crisis" 1933) beschäftigte sich *Laski* intensiv mit den negativen Erscheinungen einer „kapitalistischen Demokratie" und der Möglichkeit, den Sozialismus mit demokratischen und verfassungsmäßigen Mitteln einzuführen. Dies hinderte ihn jedoch nicht daran, die kommunistische Revolution in Russland gegen Kritik zu verteidigen (Henningsen 1974: 121-123).

Letztlich kam er zu dem Schluss, dass seine Ideen wenig Aussicht auf Umsetzung hatten und ging deshalb auf den Marxismus zu. Seine wissenschaftlichen Ansichten verbanden sich hier mit seinen politischen Zielen. Entsprechend setzte *Laski* sich dafür ein, einen gesellschaftlichen Konsens für einen revolutionären Umbruch herzustellen („revolution by consent", Lamb 2004: 38-44). So fokussierte er seine intellektuelle Aufmerksamkeit etwa in „Parliamentary Government in England" auf die Frage, inwieweit sich ein solcher Umbruch auf parlamentarischem Wege bewerkstelligen ließe (Laski 1938, Eastwood 1977: 108). Mit diesen Vorschlägen stieß *Laski* jedoch in der britischen Gesellschaft auf breite Kritik (Martin 1953: 138-167) und hatte dementsprechend wenig Erfolg.

Ein wichtiges wiederkehrendes Thema in *Laskis* Schaffen ist die Beschäftigung mit dem politischen System der USA. Er publizierte beispielsweise 1940 eine Vorlesungsreihe unter dem Titel „The American Presidency" und schrieb 1948 „The American Democracy", das allerdings von der Fachwelt als zumindest veraltet gewertet wurde. Mit der Wirkung seines Schaffens in den Vereinigten Staaten konnte *Laski* jedoch schwerlich zufrieden sein, da diese letztlich nur als gering eingeordnet werden kann (Best 2005).

3 Wider den souveränen Staat

Obschon *Laskis* Überlegungen oftmals wenig strukturiert sind, sich über die Zeit gewandelt haben und sich manchmal sogar in einer Schrift widersprechen, soll hier versucht werden, seine Ansichten zum „Pluralismus der Souveränitäten" darzulegen. Dabei konzentriert sich die Darstellung auf *Laskis* pluralistische Phase von 1914 bis 1924 (Steinberg 1973: 401). Nach einigen notwenigen Vorüberlegungen werden die Kerninhalte und der Bezug zu den Verbänden offengelegt.

3.1 *Verbände – dem Staat gleichrangig*

In seinen frühen Werken widmete sich *Laski* der (Rechts-)Persönlichkeit einer Vereinigung, deren Charakter Anfang des 20. Jahrhunderts durchaus nicht unumstritten war und welche die Grundlage für die weiteren Gedanken zum „Pluralismus der Souveränitäten" bildete. Kern war die Überlegung, dass die Kirche, von deren historischem Beispiel im Kampf gegen die Ansprüche des britischen Staates er ausging, oder ein Verband mehr darstellt als die Summe der einzelnen Mitglieder: „The corporation is an obvious unit. It has rights and duties. It acts and is acted upon" (Laski 1916: 409). Damit stellt sie nach *Laski* eine selbständige Rechtspersönlichkeit dar (Zylstra 1968: 37). Er geht allerdings über den rein juristischen Bereich hinaus, wenn er die Verbände mit den gleichen Eigenschaften ausstattet wie einen Menschen – mit Ethos, Charakter, Natur und Identität (Laski 1917: 208).

In einem zweiten Schritt stellte *Laski* den Ehrenplatz und die Oberhoheit des monistischen Staates, der die Ideengeschichte aus seiner Sicht von *Bodin* über *Hobbes* und *Bentham* bis zu *Hegel* geprägt hat, in Frage (Laski 1917). Er nahm damit eine Tradition auf, in der etwa auch *John Locke* stand, orientierte sich an den Arbeiten *Otto von Gierkes*[2], ging jedoch dabei einen wesentlichen Schritt weiter. Seine Überlegungen drehten sich über Jahre hinweg um die Frage: Ist ein souveräner Staat notwendig? Wenn ja, wem kommt es zu, Anweisungen zu geben und zu welchen Bedingungen (Eastwood 1977: 104)? Den Ausgangspunkt zu diesen Gedankengängen bildeten in jener Zeit schwere politische und juristische Konflikte auf arbeits- und kirchenrechtlichem Gebiet (Kremendahl 1977: 87).

Im Folgenden sollen *Laskis* Überlegungen dazu dargestellt werden: Sein Ausgangspunkt ist die staatliche Souveränität, die *Laski* folgendermaßen definierte: „It is [...] internally supreme over the territory that it controls. It issues orders to all men and all associations within that area; it receives orders from none of them. Its will is subject to no legal limitation of any kind" (Laski 1938: 44). Diese Definition ist Ausfluss einer historischen, philosophischen, juristischen und schließlich auch politischen Betrachtung (Zylstra 1968: 5-31). Was den Staat – wie er ihn vorfindet – von anderen Verbänden unterscheidet, ist, dass er sich auf eine Zwangsmitgliedschaft stützen kann. Um es vorwegzunehmen: *Laski* sieht für dieses Privileg keinerlei im Vorhinein gegebene Rechtfertigung. Der hierarchisch aufgebaute Staat mit absoluter Souveränität ist weder unter verwaltungstechnischen noch unter ethischen Aspekten eine angemessene Lösung.

Gleichzeitig weist *Laski* bei seiner Untersuchung nach, dass die staatliche Macht durchaus Grenzen kennt und stellt damit der monistischen Theorie vom allmächtigen Staat die Realität entgegen: Obwohl etwa das britische Parlament eine im gesetzlichen Sinne unbeschränkte Macht über das Volk ausübe, so gebe es doch Dinge, die es nicht tun könne. Am Beispiel der Quäker machte *Laski* deutlich, dass die Souveränität des Staates etwa an der moralischen Autorität einer Religionsgemeinschaft scheitern konnte, weil deren „Verfügungsgewalt" zumindest für die Gläubigen über den Tod hinausreiche (Laski 1917: 11-16). Gegen den Staat konnten zu *Laskis* Zeiten auch die Vertreter des Frauenwahlrechts oder streikende Bergarbeiter obsiegen. Daraus leitete er folgende weitergehende Feststellung ab: „For these associations are, in their sphere, not less sovereign than the State itself; with of course, the implication that their sovereignty is similarly limited by the refusal or willingness of the individual member to accept their decisions" (Laski 1938: 60). Damit ist der Staat nicht anders als eine freiwillige Vereinigung letztlich auf die Folgebereitschaft der Individuen angewiesen, die sich in vielerlei soziale Zusammenhänge eingebunden wissen und diese auch brauchen, um sich zu entfalten (Newman 1993: 46).

---

[2] Vgl. dazu den Beitrag von Tobias Nerb in diesem Band.

In einer zweiten Argumentationslinie behandelt *Laski* die normative Komponente absoluter Alleinherrschaft des Staates. Nach dem monistischen Konzept dient der Staat einem hehren Ideal. Allerdings merkt *Laski* an, dass selbst, wenn dem so sei, die Regierungen keineswegs dieses Ziel anstrebten. Darüber hinaus findet sich in der Realität kein Konsens darüber, was das Ziel des Staates überhaupt sei. Es existiert also kein Gemeinwille im Sinne *Rousseaus*. *Laski* geht nun davon aus, dass die moralische Aufgabe des Staates ein gutes Leben und damit die Selbstverwirklichung des Einzelnen ist (Zylstra 1968: 31-32). Ob er dies erfüllt, kann nur an der Realität gemessen werden. Ein von vorneherein normativ höherwertiger Anspruch des Staates um seiner selbst willen wird dadurch verneint (Newman 1993: 46). Aus *Laskis* Sicht dient der Staat vielmehr stets den Interessen derer, die ihn lenken. Später wird gezeigt werden, dass *Laski* damit auch ganz konkrete Vorstellungen verband, denn die wahre Selbstverwirklichung könne ihm zufolge nur in einer sozialistischen Gesellschaftsordnung erfolgen.

Laski betrachtete dies aber auch aus der Perspektive des Individuums: Dieses sei der einzige Souverän über sein eigenes Handeln, seine Gewissensentscheidung sei der oberste moralische Bezugspunkt. Er beschäftigte sich in der Folge mit der Frage, wie Zugehörigkeit zu einer Gruppe und Gehorsam ihr gegenüber mit diesem Anspruch vereinbar war. *Laski* sah dafür zwei Möglichkeiten: Die eine ist Zustimmung auf Basis der eigenen, rationalen Gewissensentscheidung – damit begreift *Laski* staatliche Autorität nicht mehr als Quelle ethischer Handlungsanweisungen. Als historische Beispiele arbeitet er etwa den Widerstand der Katholiken gegen *Bismarcks* Kulturkampf heraus (Laski 1917: 211-265). Positiv gewendet bedeutet dies: Das Handeln einer Körperschaft wird dadurch gerechtfertigt, dass sie die Zustimmung ihrer Mitglieder erfährt.

In einem zweiten Ansatz akzentuiert *Laski* die Vielfältigkeit der Gesellschaft als Resultante der Mannigfaltigkeit der menschlichen Handlungsmotive. Damit wendet er sich gegen die Behauptung, der Staat könnte eine sittliche Idee vorgeben, nach der sich die Bürger blindlings zu richten hätten. Gleichzeitig seien die sozialen Strukturen auf die eine oder andere Weise eine Reaktion auf die Bedürfnisse der Menschen. Dies gelte einerseits für den Staat an sich, jedoch auch für jede andere Vereinigung – sei es eine Kirche oder ein Verband (Zylstra 1968: 47, 52). Dies alles mündet bei *Laski* in eine Negation der Vorrangstellung eines starken Staates und seiner Gleichstellung als einem Zusammenschluss unter anderen. Er stellte damit klar, dass „the state is but one of the groups to which the individual belongs" (Laski 1917: 11).

Damit war es für *Laski* unmöglich, einen Qualitätsunterschied zwischen dem Staat und anderen gesellschaftlichen Organisationen festzustellen. Letztlich standen beide mit gleichem Recht auf gleicher Ebene. Dies führte nach *Laskis* Auffassung zu einer Konkurrenz zwischen diesen Gruppen, die auf einem Weg entschieden werden kann: Gehorsam kann nur die Vereinigung mit dem überlegenen moralischen Zweck erwarten, da sich die Mitglieder mittels ihres Gewissens für sie entscheiden. Dies unterstreicht die starke normative Komponente in *Laskis* Pluralismus: „Authority should go where it can be most wisely exercised for social purposes" (Laski 1919: 73). Damit wird der moralische Zweck zum Fundament für die Autorität einer Organisation. Die Entscheidung über die Rangordnung der Loyalitäten muss wiederum jeder in viele soziale Beziehungen eingebundene Mensch für sich selbst treffen (Zylstra 1968: 56). *Laski* lehnt es ab, dem staatlichen Handeln nur deswegen schon Legitimität zuzubilligen, weil es der Staat ist, der handelt (Laski 1921: 232-249).

Für die Politik hatte dies aus *Laskis* Perspektive weitreichende Folgen: Den nicht-staatlichen Organisationen wurde zum einen Autonomie gegenüber dem Staat konzediert und zum anderen eigenes politisches Gewicht. Gerade um die Interessen ihrer Mitglieder durchzusetzen, war nach *Laski* von eminenter Bedeutung, dass die Gruppen – etwa Gewerkschaften – auch politische Verantwortung übernehmen. In ihrem Gebiet gesteht *Laski* ihnen auch das souveräne Recht zu, ihre Angelegenheiten selbständig durch autoritative und verbindliche Entscheidungen zu regeln (Deane 1968: 31). Dieser Staatsvorstellung widersprachen *Laskis* empirische Feststellungen: Der Staat habe sich zu einer Pflichtorganisation entwickelt, deren Aufgabe es sei, mit Hilfe seiner unbeschränkten Souveränität das Gemeinwohl gegen Privatinteressen durchzusetzen. Diesen Maßstab legte *Laski* an die Realität an und stellte fest, dass das „Gemeinwohl" in der Geschichte stets von wirtschaftlich Mächtigen bestimmt wurde und meist daraus bestand, deren Interessen zu schützen. Besonders dringend erschienen diese Überlegungen vor dem Hintergrund des Ersten Weltkrieges, in dessen Verlauf der Staat seine Kontrolle über die Wirtschaft massiv ausdehnte. Zu diesem Zweck konzentriert sich die Macht in einem einzigen Zentrum. Bezieht man die obigen Überlegungen mit ein, so wird klar, dass die Gewerkschaften ebenso wie ihre Mitglieder einem Staat, der allein die Interessen der Arbeitgeber wahrt und die der Arbeitnehmer vernachlässigt, die absolute Souveränität nicht zugestehen, ja nicht zugestehen können und ihm in einem solchen Fall – nicht zuletzt wegen ihrer eigenen Souveränität – keinen Gehorsam leisten dürfen (Deane 1955: 35).

Es ist demnach nicht Aufgabe des Staates, das Zusammenleben der sozialen Gruppen zu regulieren. Durch das Gleichgewicht der Gruppen soll die Freiheit innerhalb der Gesellschaft gewahrt bleiben (Newman 1993: 50). Der Wettbewerb der Gruppen um möglichst viel Souveränität, die sich in der Zustimmung und Unterstützung durch Einzelne ausdrückt, erzeugt einen unaufhörlichen Wettstreit um Fortschritt und Wachstum. Wenn der Staat hier eine gewichtige Rolle einnehmen will, muss er sich durch seine Leistung bewähren und so Vertrauen erwerben (Steinberg 1973: 403). Das Gemeinwohl steht also nicht von vorneherein fest (a priori), sondern wird erst durch Auseinandersetzung angesteuert. Eine besondere Rolle kommt nach *Laskis* Politikverständnis dabei den Gewerkschaften zu. Sie sollten als Vertreter der größten Gruppe, der Arbeitnehmer, zur Keimzelle einer neuen, sozialistischen Gesellschafts- und Wirtschaftsordnung werden (Laski 1919: 87-88).

3.2 Laski als der Begründer des sozialistischen Pluralismus

Spätestens ab 1930 lässt sich ein substanzieller Wandel in *Laskis* Konzeptionen nachweisen, da er sich zusehends dem Marxismus zuwandte. Er selbst schrieb: „I now recognise [...] that the pluralist attitude to the state and law was a stage on the road to acceptance of the Marxian attitude to them" (Laski 1980: xii; Zylstra 1968: 94-126; Lamb 2004: 67). Zumal er feststellte, dass die Schwäche des Pluralismus bis dahin die Unterschätzung der Bedeutung der Klassenbeziehungen war (Laski 1980: xi, Lamb 2004: 69-91). Als Grundlage des gesellschaftlichen Lebens sah er mehr und mehr allein die Wirtschaft an und übernahm damit die Prämisse der marxistischen Lehre – ohne sie jedoch vollständig oder ganz und gar kritiklos zu übernehmen (Laski 1925; Eastwood 1977: 111). Die individuelle Freiheit war nach seiner Ansicht gefährdet, wenn das kapitalistische System Klassenkämpfe hervorrief und letztlich durch eine Revolution in eine unfreie Gesellschaft umschlug. Gerade aus diesem Grund setzte sich *Laski* intellektuell wie praktisch-politisch für einen kontrollierten und gewaltlosen Wandel ein. Sein Ziel war es, einen Sozialismus zu schaffen, ohne auf dem Weg dorthin die Freiheit zu verlieren (Martin 1953: 193). Ausschlaggebend für diese intellektuelle Entwicklung dürfte der historische Kontext gewesen sein, unter anderem Ereignisse wie die Weltwirtschaftskrise und der Aufstieg des Faschismus vor allem in Italien, Deutschland und Spanien, dessen Kern bekanntlich die Verneinung des Eigenwerts des Individuums bildet (nach der Maxime: „Du bist nichts, dein Volk ist alles"). Dass *Laski* nicht erkannte, dass der Kommunismus in diesem Punkt nur wenig anders war, mag an seiner insgesamt zu positiven Sicht der Sowjetunion gelegen haben (Newman 1993: 373).

Im Laufe seiner Entwicklung trat der Pluralismus in *Laskis* Gedanken immer mehr zurück: Ihm wurde klar, dass der von ihm propagierte moralische Individualismus sich nicht gegen einen Staat durchsetzen ließ, der von einer Klasse als Herrschaftsinstrument ge- oder auch missbraucht wird. Aus diesem Grunde strebte er die Errichtung einer klassenlosen Gesellschaft an. Erst dann könnte sich der Einzelne gemäß dem Laskischen Pluralismuskonzept entfalten. Damit wurde *Laski* zum „Begründer des sozialistischen Pluralismus" (Kremendahl 1977: 94; Bermbach/Nuscheler 1973). *Laski* trat zeitweise auch für eine

Zusammenarbeit mit der Kommunistischen Partei der Sowjetunion ein (Eastwood 1977: 111f.), was dort jedoch nicht immer auf Gegenliebe stieß (Martin 1953: 196). Trotz allem lehnte er eine gewaltsame Revolution stets ab und favorisierte sein Modell der „revolution by consent" hin zum Sozialismus. Dabei muss aus heutiger Sicht berücksichtigt werden, dass die Idee des Sozialismus zu *Laskis* Zeiten keineswegs als allgemein diskreditiert galt – wie das gegenwärtig der Fall sein mag.

4 Laskis Pluralismuskonzeption – Kritik, Rezeption und Fortwirken

Nach einhelliger Meinung ist es *Laskis* bleibendes Verdienst, dass er mit seinen zahlreichen Aufsätzen zwischen 1916 und 1920 den Terminus „Pluralismus" in die politikwissenschaftliche Debatte eingeführt hat. Dabei darf jedoch nicht verschwiegen werden, dass er ihn aus der pragmatischen Philosophie von *William James* übernahm (Laski 1917; Hsiao 1927: 175-208). Wie oben bereits gezeigt, hat sich *Laski* auch von anderen Denkern inspirieren lassen (Ellis 2001: 11516f.). Alles weitere zu seinem Schaffen und dessen Qualität bleibt bis in die Gegenwart umstritten. Die verschiedenen Probleme und Widersprüche werden im Folgenden umrissen.

4.1 Konzeptionelle Einwände

Es gibt einige theoretische Einwände gegen *Laskis* Konzepte. Mit *Herbert Deane* muss ihm vorgehalten werden, dass er sich – zumindest in der Zeit, als er den Pluralismus der Souveränitäten formulierte – nicht mit den gesellschaftlichen Konsequenzen seiner Konzeption auseinandergesetzt hat. Eine mögliche Folge wäre bei vollständiger Umsetzung die Anarchie. Die Frage, ob die Selbstverwirklichung des Individuums unter diesen Bedingungen besser möglich sein soll als unter staatlicher Souveränität, die zumindest in westlichen Demokratien die Garantie des Rechtsstaats einschließt und auch damals schon einschloss, bleibt bei *Laski* offen. Es muss hier zumindest am Rande erwähnt werden, dass keineswegs alle anderen Vertreter des frühen englischen Pluralismus so weit gingen wie *Laski*. So gestand etwa *Ernest Barker* dem Staat weiterhin eine das Zusammenspiel der gesellschaftlichen Kräfte ordnende und ausgleichende Rolle zu, diese seine Schiedsrichterfunktion sollte aber eher eine dienende denn eine herrschende sein (Ellis 2001: 11517). Gleiches gilt für das Problem, dass die juristische wie politische Legitimierung der radikalen Selbstverwirklichung den Staat ohnehin unmöglich macht (Steffani 1976: 20). Diese Konsequenzen seines Denkens haben *Laski* auch das Etikett eines „philosophical anarchist" (Hawkins 1950) eingebracht. Positiv gewendet kann ihm jedoch zugestanden werden, dass er – in Fortführung alter Widerstandslehren (Quaritsch 1980: 40) – seinen pluralistischen Gedanken radikal und konsequent durchdacht hat (Eisfeld 1987: 428), auch wenn ihm nicht alle Folgen klar waren (Kremendahl 1977: 92).

Ein zweiter Einwand von *Deane* richtet sich gegen die moralische Urteilsfähigkeit der Bürger. *Laski* hat zwar zweifelsfrei zutreffend beschrieben, dass der Bürger in einem Netz (potentieller) Loyalitätskonflikte gefangen ist, doch muss in Zweifel gezogen werden, ob die eigene Gewissensentscheidung ständig herangezogen werden kann. Für den einfachen Bürger ist es extrem schwierig, das staatliche Handeln stets im Auge zu behalten und es darüber hinaus fortwährend gegenüber Angeboten ebenso souveräner Gruppen und deren moralischen Wert einzustufen (Deane 1955: 39-41, 100-102). Die Frage der Maßstäbe bleibt bei *Laski* im Unklaren. Dass dies eine idealistische Überforderung des Individuums darstellt, ist offenkundig. Im Zuge seiner Annäherung an den Marxismus hat sich *Laski* hier etwas zurückgenommen. Als späterer Kritiker *Laskis* weist *Francis Coker* darauf hin, dass es ebenfalls Aufgabe des Staates ist, auch die schlechter organisierten Interessen in einer Gesellschaft vor der Diktatur der mächtigen Verbände zu schützen (Ellis 2001: 11518). Dieser Problematik hat sich *Laski* in seinem Idealismus nicht gestellt.

Schließlich hat sich *Laski* – anders als sein Zeitgenosse *Michels*[3] – weder mit dem Innenleben der Gruppen noch mit der moralischen Qualität ihres Handelns beschäftigt. So können gerade religiöse Gruppen intern sehr intolerant sein. Wenn im „Pluralismus der Souveränitäten" allen Gruppen generell das gleiche Recht eingeräumt wird, ihren Interessen nachzugehen, bleibt notwendigerweise deren Bewertung außen vor (Newman 1993: 48). Eine Unterscheidung in einen strittigen und einen nicht-strittigen Sektor – wie es später *Ernst Fraenkel*[4] getan hat – kennt *Laski* nicht.

4.2 Laskis Rezeption

Seine bleibende – wenn auch nicht unbedingt positive – Bedeutung für die deutsche Pluralismus- und Verbändeforschung geht darauf zurück, dass seine Gedanken als Reibungspunkte dienten. Als erster hat *Laskis* Pluralismusvorstellungen der Staatsrechtler *Carl Schmitt* in der deutschen wissenschaftlichen Öffentlichkeit behandelt, scharf abgelehnt und zur Grundlage der Kritik am Pluralismus

---

[3] Vgl. den Beitrag von Benjamin Zeitler in diesem Band.
[4] Vgl. den Beitrag von Alexander Straßner in diesem Band.

an sich sowie an der Weimarer Republik gemacht. Im „Begriff des Politischen" (Schmitt 1932; Lehnert 2003) stellt er einen Gegenentwurf auf und zieht aus *Laskis* Pluralismus der Souveränitäten Konsequenzen, die dessen Intentionen diametral entgegenstehen. *Schmitts* Hauptvorwurf an die frühen englischen Pluralisten besteht darin, dass sie den Staat in seinem Sinne als politische Einheit auflösen, ja zerstören und keine andere im Konfliktfall handlungsfähige – das Politische durch die Unterscheidung von Freund und Feind erzeugende – Entität an seine Stelle setzen. Und selbst wenn der Staat weiterbestünde, wäre er doch nur „willenloser Spielball, zur privaten Beute des mächtigen Kartells sozialer Organisationen und Gruppen" (Steffani 1980: 60) verkommen. Für *Schmitt* Grund genug, dieses Konzept abzulehnen und dem absoluten Staat zu huldigen (Kremendahl 1977: 94-98).

Aus anderen Gründen hat *Ernst Fraenkel Barkers* Konzepte als Anknüpfungspunkt benutzt, *Laski* dagegen scharf kritisiert: Letzterer habe gerade in jenem Moment versagt, als sich der Pluralismus angesichts von nationalistischem und kommunistischem Monismus hätte bewähren müssen. Darüber hinaus reagierte *Fraenkel* sehr gereizt auf die Gefährdung des Verfassungsstaates, der eine Grundfeste des von ihm entwickelten Neopluralismus bildete. Gerade in dieser Zeit habe sich *Laski* von wesentlichen Elementen des Pluralismus verabschiedet (Fraenkel 1964: 13, 1991). Es ist *Laski* zwar nicht als Verdienst anzurechnen, bleibt aber dennoch Fakt, dass *Fraenkel* sein überaus nützliches Konzept des „Neopluralismus" nicht zuletzt in der Auseinandersetzung mit den Konzepten von *Schmitt* und *Laski* entwickelt hat (Steffani 1980: 60-61).

Auch *Winfried Steffani* gesteht *Laski* immerhin zu, den Begriff Pluralismus in die angelsächsische Sozialwissenschaft eingebracht zu haben (Steffani 1980: 40). Er weist darüber hinaus auf *Laskis* Unvermögen hin, seine Überzeugungen in die praktische Politik einzubringen. Immerhin war er 1945, als die Labour-Party zum ersten Mal eine absolute Mehrheit im Unterhaus erzielte, deren Vorsitzender – zumindest außerhalb des Parlaments. *Steffanis* Bilanz fällt ernüchternd aus: „Die gesetzgebende Gewalt des Staates stand ihr [der Labour-Party, d. Verf.] zur Disposition. Das marxistische Konzept eines Absterbens des Staates hatte damit ebenso wie die Theorie von der Pluralität der Souveränitäten an handlungsleitender Aktualität verloren" (Steffani 1980: 60). Dies darf aber nicht weiter verwundern, denn neben allen politischen Faktoren, die gegen eine Umsetzung sprachen, hatte sich *Laski* von seinem radikalen Pluralismuskonzept bereits verabschiedet (siehe oben). Dennoch war er in weiten Kreisen als bedeutendster Theoretiker seiner Partei anerkannt (Eisfeld 1987: 424).

Mit *Fraenkel* und *Steffani* teilen *Laski* und die anderen Vertreter des englischen Pluralismus einen gewissen normativen Anspruch, der in der wissenschaftlichen Beschäftigung nach dem Niedergang der englischen Diskussionslinie etwa

ab 1920, spätestens aber ab 1930 (Runciman 1997: 195; Steinberg 1973) erst
einmal hinter die fruchtbaren, empirischen Bemühungen der amerikanischen
Forscher zurücktrat. Hier sind unter anderen die Werke von *Peter Odegard*
(1928), *Pendleton Herring* (1929) und *David Truman*[5] (1951) zu nennen.
Hans Kremendahl gestand *Laski* zu, dass er den pluralistischen Gedanken
zu Ende geführt hat. Seine Infragestellung der staatlichen Souveränität hatte eine
heilsame Wirkung, sie förderte zu Tage, dass der Staat „ein von divergierenden
Gruppen und einer heterogenen Gesellschaft zusammenhaltendes Gebilde ist"
(Kremendahl 1977: 92). Positiv führte er auch die Betonung der Legitimations-
notwendigkeit staatlichen Handelns sowie die Beschreibung des Dissens und der
Existenz von Loyalitätskonflikten an. Problematisch sei dagegen die Überhö-
hung des Individuums: Um Gesellschaft aufrechtzuerhalten, so *Kremendahl*,
bedürfe es eines Minimums an verbindlicher Ordnung. Wenn der Einzelne sich
daraus ohne Konsequenzen welcher Art auch immer jederzeit verabschieden
könne, funktioniere die Gesamtorganisation nicht mehr, weil dem staatlichen
Handeln der Rückgriff auf Sanktionen, um notfalls Zwang zur Gefolgschaft
herzustellen, verwehrt bliebe. Damit gebe es gar keinen Staat mehr. Im Unterschied dazu beschrieb *Kremendahl* den pluralistischen Staat als eine Entität,
deren Macht funktional etwa durch Grundrechte begrenzt ist und deren Entscheidungen durch eine Pluralität des Inputs bestimmt sind. Die staatliche Zwangs-
funktion werde so „rechtlich geregelt, nicht aber aufgelöst zugunsten individueller, also nicht gesellschaftlicher Entscheidungskompetenz" (Kremendahl 1977:
93).

In letzter Konsequenz wäre damit den Verbänden der Rahmen für ihr Handeln entzogen, da sie sich realiter in einem gesellschaftlichen Kräftefeld bewegen und den Staat als einen wichtigen Ansprechpartner haben. Dies wird jedoch
erst möglich, wenn der Staat im Inneren Gewaltfreiheit und Rechtsstaatlichkeit
wahrt und Territorium und Bürger gegen Angriffe von außen schützt. Solche
Funktionen auf die gesellschaftlichen Gruppen zu übertragen, erscheint zumindest unrealistisch.

4.3 Bleibende Bedeutung?

Kurz nach *Laskis* Tod sprach *Max Beloff* von einem „Age of Laski" (Martin
1953: 257), *George Catlin* nannte *Laski* noch zu seinen Lebzeiten in einem
Atemzug mit *Platon*, *Hobbes* und *Hegel* (Catlin 1939). Trotzdem gerieten sein
Name und sein Werk schnell in Vergessenheit (Kramnick/Sheerman 1993: 583).

---

[5] Vgl. den Beitrag von Benjamin Zeitler in diesem Band.

Sein Einfluss als Hochschullehrer auf die wissenschaftliche Welt war wahrscheinlich in den dreißiger Jahren am größten. Allerdings nicht als Vertreter des Pluralismus, sondern als Anwalt des Sozialismus, wobei sein Einfluss auf Intellektuelle in Asien und Afrika am größten war (Deane 1968: 33). In sozialistischen Kreisen wird die intellektuelle Auseinandersetzung mit *Laskis* Gedanken auch heute noch gepflegt. Auf ihn können sich diejenigen berufen, die „Pluralismus im Kapitalismus für pure Ideologie, im Sozialismus dagegen für möglich und notwendig halten" (Kremendahl 1977: 94; Wright 1983). In dieser Denktradition hat sich eine internationale „Laski-Schule" entwickelt, zu der unter anderen *Stanislaw Ehrlich* zählte (Breitling 1980: 13). In Deutschland gehörten *Rainer Eisfeld, Udo Bermbach, Franz Nuscheler, Hannelore Gudrich* und *Stefan Fett* zu ihr (Detjen 1988: 63). Allerdings ist dieser Diskussionsfluss um Sozialismus und Pluralismus (für viele Eisfeld 1972) mit dem Ende des real existierenden Sozialismus weitgehend ausgetrocknet und trägt dementsprechend nicht mehr viel zur bleibenden Aktualität *Laskis* bei. Sein Einsatz für den Sozialismus mag der entscheidende Grund dafür sein, dass er schnell in Vergessenheit geriet und im Kalten Krieg Opfer der Ausgrenzung Linksintellektueller in den USA wurde (Newman 1993: 355).

Stellvertretend für den Stand der gegenwärtigen deutschen Diskussion mag die Bewertung von *Klaus Schubert* im „Lexikon der Politik" gelten. Er billigt *Laski* zu, zwei Neuerungen eingebracht zu haben: Die nachhaltige Kritik an einem erstens abgehobenen und zweitens nur den Interessen des Kapitals verpflichteten Staats. Letzteres bildete das Kernargument späterer linker Pluralismustheoretiker (Schubert 1995: 411).

Im angloamerikanischen Raum ist schon der junge *Laski* von einigen seiner Zeitgenossen vor allem für die mangelnde Originalität seiner Pluralismuskonzepte hart kritisiert worden (Kampelman 1948; Runciman 1997: 197-198). *Isaac Kramnick* und *Barry Sheerman* sehen *Laski* in der Nähe des Journalismus: „He wrote too much in general and far too much journalism in particular for the academy to take him seriously. His journalism sparkled, but Laski's scholarly writings were often unimpressive and poorly written" (Kramnick/Sheerman 1993: 585). Diese nüchterne Bilanz führt zur grundlegenden Tragik in *Laskis* intellektuellen Leben: Es gelang ihm nie, ein konsistentes Konzept seiner wichtigsten Gedanken zu erstellen. So blieben die Spannungen zwischen dem radikalen Individualismus seiner frühen pluralistischen Konzepte und der Akzeptanz der Souveränität des Staates mit seiner späteren Wendung hin zum Sozialismus und Marxismus bestehen (Ekirch 1980: 139).

Wie *Manfred Henningsen* von *Laskis* „Sturz in eine wohlverdiente Vergessenheit" (1974: 145) zu sprechen, mag übertrieben wirken, zumal sein Werk immer wieder aufgegriffen wird. So hat etwa *Paul Hirst* (1993) im Vorwort zu

seiner Edition der Werke früher englischer Pluralisten *Laskis* Gedanken durchaus
mit der damaligen englischen Innenpolitik unter der Ägide von *Margaret Thatcher* verknüpft. Zudem wird ein anderer Aspekt von *Laskis* Schaffen wieder aus
der Versenkung geholt, indem die Fruchtbarkeit seiner Schriften für die Analyse
der internationalen Politik herausgestellt wird (Hirst 1997: 34; Lamb 2004: 115-
173). Allerdings wird hier nicht auf die Schriften Bezug genommen, die als Kern
von *Laskis* pluralistischen Konzepten gelten dürfen.

Zieht man eine Bilanz der Bedeutung *Laskis*, so sind als dauerhafte Plus-
punkte anzuführen: Wenn auch seine radikale Haltung zum Staat als überholt
gelten darf, so war es doch richtig, den monistischen Staat in Frage zu stellen.
Die logische Folge war die Betonung der Rolle der gesellschaftlichen Gruppen in
all ihren Formen. Damit verfolgte *Laski* zwar in erster Linie ein normatives Pro-
gramm, er leistete aber auch einen wichtigen und richtigen Beitrag zur Analyse
der Realität. Auf der Minusseite muss notiert werden, dass *Laski* seine eigenen
radikalen Thesen nicht auf ihre Folgen und ihre Praxistauglichkeit überprüft hat.
Schließlich kann *Laski* der Vorwurf nicht erspart werden, dass er sich von vom
pluralistischen Prinzip verabschiedet hat, anstatt es fortzuentwickeln. *Laskis*
bleibende Bedeutung erschließt sich letztlich vor allem in seiner Rolle als (un-
freiwilliger) Wegbereiter für das Konzept des Neopluralismus.[6]

Literatur:

Bermbach, Udo/Nuscheler, Franz (Hg.) 1973: Sozialistischer Pluralismus, Hamburg.
Best, Gary Dean 2005: Harold Laski and American Liberalism, New Brunswick, London.
Beyme, Klaus von 2002: Politische Theorien im Zeitalter der Ideologien, 1789-1945,
    Wiesbaden.
Birke, Adolf M. 1978: Pluralismus und Gewerkschaftsautonomie in England, Entste-
    hungsgeschichte einer politischen Theorie, Stuttgart.
Breitling, Rupert 1980: The concept of pluralism, in: Ehrlich, Stanislaw/Wootton, Graham
    (Hg.), Three Faces of Pluralism, Political, Ethnic, and Religious, Westmead, S. 1-19.
Catlin, George 1939: The Story of Political Philosophers, New York, London.
Deane, Herbert 1955: The Political Ideas of Harold J. Laski, New York.
Deane, Herbert 1968: Laski, Harold J., in: Sills, David L. (Hg.), International Encyclope-
    dia of the Social Sciences, Bd. 9, New York, S. 30-33.
Detjen, Joachim 1988: Neopluralismus und Naturrecht. Zur politischen Philosophie der
    Pluralismustheorie, München u.a.
Eastwood, Granville 1977: Harold Laski, Oxford.
Eisfeld, Rainer 1972: Pluralismus zwischen Liberalismus und Sozialismus, Stuttgart u.a.

---

[6] Vgl. dazu den Beitrag von Alexander Straßner in diesem Band.

Eisfeld, Rainer 1987: Pluralismus, in: Fetscher, Iring/Münkler, Herfried (Hg.), Pipers Handbuch der politischen Ideen, Bd. 5, München, Zürich, S. 421-436.

Ekirch, Arthur A. 1980: Harold J. Laski: The Liberal Manqué or Lost Libertarian?, in: The Journal of Libertarian Studies, Bd. 9, Heft 2, S. 139-150.

Ellis, Richard 2001: Pluralism, in: Smelser, Neil/Baltes, Paul (Hg.), International Encyclopedia of the Social & Behavioral Sciences, Amsterdam u.a., S. 11516-11520.

Fraenkel, Ernst 1964: Der Pluralismus als Strukturelement der freiheitlich-rechtsstaatlichen Demokratie (=Verhandlungen des fünfundvierzigsten Deutschen Juristentages), München, Berlin.

Fraenkel, Ernst 1991: Deutschland und die westlichen Demokratien, hrsg. von Alexander v. Brünneck, Frankfurt am Main.

Hawkins, Carroll 1950: Harold J. Laski: A Preliminary Analysis, in: Political Science Quarterly 65, S. 376-392.

Henningsen, Manfred 1974: Harold J. Laski und George Orwell, in: Weber, Manfred (Hg.), Der gebändigte Kapitalismus: Sozialisten und Konservative im Wohlfahrtsstaat. Englisches politisches Denken im 20. Jahrhundert, München, S. 99-153.

Herring, Pendleton 1929: Group Representation Before Congress, Baltimore.

Hirst, Paul Q. (Hg.) 1993: The Pluralist Theory of the State, Selected Writings of G. D. H. Cole, J. N. Figgis, and H. J. Laski, London.

Hirst, Paul Q. 1997: From statism to pluralism, Democracy, civil society and global politics, London.

Howe, Mark DeWolfe (Hg.) 1953: Holmes-Laski Letters: The Correspondence of Mr Justice Holmes and Harold J. Laski, London.

Hsiao, Kung Chuan 1927: Political Pluralism. A Study in Contemporary Political Theory, (= Ethics and Political Philosophy, Bd. 4; Nachdruck von 2000), London.

Kampelman, Max M. 1948: Harold J. Laski: A Current Analysis, in: The Journal of Politics, Bd. 10, S. 131-154.

Kramnick, Isaac/Sheerman, Barry 1993: Harold Laski. A Life on the Left, New York u.a.

Kremendahl, Hans 1977: Pluralismustheorie in Deutschland. Entstehung, Kritik, Perspektiven. Leverkusen.

Laborde, Cécile 2000: Pluralist Thought and the State in Britain and France, 1900-25, Oxford.

Lamb, Peter 2004: Harold Laski: Problems of Democracy, the Sovereign State, and International Society, New York.

Laski, Harold 1916: The Personality of Associations, in: Harvard Law Review, Bd. 29, S. 404-426 (auch abgedruckt in: Laski, Harold, 1921 und 1968: Foundations of Sovereignty and other Essays. New York).

Laski, Harold 1917: Studies in the Problem of Sovereignty, London (erneut gedruckt 1968).

Laski, Harold 1919: Authority in the Modern State, New Haven (erneut gedruckt 1968).

Laski, Harold 1921: Foundations of Sovereignty and other Essays. New York.

Laski, Harold 1925: Socialism and Freedom, London.

Laski, Harold 1938: Parliamentary Government in England, London.

Laski, Harold 1980: A Grammar of Politics, 6. Auflage, London (erstmals 1925).

Lehnert, Detlef 2003: "Der Staat als Form politischer Einheit, durch den Pluralismus in Frage gestellt" (37-45), in: Mehring, Reinhard (Hg.): Carl Schmitt. Der Begriff des Politischen. Ein kooperativer Kommentar, Berlin, S. 71-92.

Lewis, John 1970: The Left Book Club, an historical record, London.

Martin, Kingsley 1953: Harold Laski (1893-1950). A Biographical Memoir, London.

Newman, Michael 1992: Harold Laski, 1893-1950, in: Benewick, Robert/Green, Philip (Hg.): The Routledge dictionary of twentieth-century political thinkers, London, New York, S. 125-126.

Newman, Michael 1993: Harold Laski: A Political Biography, London.

Quaritsch, Helmut 1980: Zur Entstehung der Theorie des Pluralismus, in: Der Staat, Bd. 19, H. 1, S. 29-56.

Odegard, Peter 1928: Pressure Politics: The Story of the Anti-Saloon League, New York.

Runciman, David 1997: Pluralism and the Personality of the State, Cambridge.

Schmitt, Carl 1932: Der Begriff des Politischen. Text von 1932 mit einem Vorwort und drei Corollarien, 2. Aufl., Berlin 1963.

Schubert, Klaus 1995: Pluralismus versus Korporatismus, in: Nohlen, Dieter/Schultze, Rainer-Olaf (Hg.): Lexikon der Politik. Bd. 1: Politische Theorien, München, S. 407-423.

Solomon, Susan Gross 1983: 'Pluralism' in Political Science: The Odyssey of a Concept, in: dies. (Hg.): Pluralism in the Soviet Union. Essay in Honour of H. Gordon Skilling, London, Basingstoke, S. 4-36.

Steffani, Winfried 1976: Einleitung, in: ders./Nuscheler Franz (Hg.): Pluralismus. Konzeptionen und Kontroversen, 3. Auflage, München, S. 9-46.

Steffani, Winfried 1980: Vom Pluralismus zum Neopluralismus, in: Oberreuter, Heinrich (Hg.): Pluralismus. Grundlegung und Diskussion, Opladen, S. 37-108.

Steinberg, Rudolf 1973: Deskriptive und normative Pluralismustheorie in Amerika und England, in: Archiv für Rechts- und Sozialphilosophie, Jg. LIX, S. 393-416.

Truman, David 1951: The Governmental Process. Political Interests and Public Opinion, New York.

Wright, Anthony 1983: British Socialism. Socialist thought from the 1880s to 1960s, London, New York.

Zylstra, Bernard 1968: From Pluralism to Collectivism. The Development of Harold Laski's Political Thought. Amsterdam.

Verbände als Konsequenz tradierter Klassenunterschiede: Claus Offe

Alexander Straßner

1 Biographie

Das Vorhaben, biographische Skizzen über noch lebende Personen zu entwerfen, hat sich stets mit dem Standortnachteil fehlender Literatur auseinander zu setzen. Insofern wird hier nur kurz auf den Lebenslauf *Claus Offes* eingegangen, dessen bisherige Eckdaten nur auf Homepages, nicht zuletzt auf seiner eigenen, zu eruieren sind und daher auch nur kursorisch abgehandelt werden sollen. Daneben entbehrt die Würdigung eines Lebenslaufes nicht des Hautgouts einer vorzeitigen und damit verfrühten Bewertung des wissenschaftlichen Ertrages verdienter Vertreter der Zunft. Schließlich ist nicht absehbar, welchen Beitrag der Gegenstand der biographischen Skizze noch leisten wird, denn wie an *Ernst Fraenkel*[1] zu sehen ist, setzt sich die Publikationstätigkeit losgelöst von der Lehrverpflichtung auch und besonders nach der Emeritierung fort.

Claus Offe gilt als Vertreter der zweiten Generation der „Kritischen Theorie" der so genannten Frankfurter Schule (Buchstein 2003: 265). Er wurde während des Zweiten Weltkrieges im Jahr 1940 geboren. Nach dem Abitur trat er das Studium der Soziologie, Volkswirtschaft und der Philosophie an den Universitäten Köln und Berlin an, das er 1965 mit dem Diplom für Soziologie an der FU Berlin abschloss. Noch im selben Jahr wurde er wissenschaftlicher Assistent am Soziologischen Seminar (dem späteren Institut für Sozialforschung) der Universität Frankfurt, wo er dem Lehrstuhl von *Jürgen Habermas* zugeordnet war und es bis 1969 blieb. Ein Jahr zuvor hatte er seine Dissertation zum Thema „Leistungsprinzip und industrielle Arbeit" an der Wirtschafts- und Sozialwissenschaftlichen Fakultät der Universität Frankfurt eingereicht und zum Dr. rer. pol. promoviert. Von 1969 bis 1972 absolvierte *Offe* einen Studienaufenthalt in den USA, im Anschluss daran wurde er Mitarbeiter an *Habermas`* Institut in Starnberg. Nur fünf Jahre danach, im Jahr 1973, habilitierte sich *Offe* im Fachbereich Politikwissenschaft der Universität Konstanz und erhielt die Lehrbefugnis für Politikwissenschaft. Abermals zwei Jahre später erhielt *Offe* den Ruf auf einen

---

[1] Siehe dazu den Beitrag von Alexander Straßner in diesem Band.

Lehrstuhl für Politikwissenschaft und Soziologie an der Fakultät für Soziologie der Universität Bielefeld. 1988 wechselte *Offe* auf den Lehrstuhl für Politikwissenschaft und Soziologie der Universität Bremen und bekleidete dort die Stelle des Leiters der Abteilung „Theorie und Verfassung des Wohlfahrtsstaates" am Zentrum für Sozialpolitik. Ab 1995 war *Offe* Professor für Politikwissenschaft mit dem Lehrgebiet Politische Soziologie und Sozialpolitik an der Humboldt-Universität zu Berlin. Zwischen seinen verschiedenen Berufungen auf Lehrstühle und seiner Tätigkeit an Forschungsinstituten widmete sich *Offe* ferner seinen Forschungsgegenständen der industriellen Arbeit auch und besonders im Ausland, was er mit verschiedenen Fellowships und Studienaufenthalten in den Niederlanden und Australien verband. Seit April 2005 ist *Claus Offe* emeritiert.

2   Profil des Gesamtwerkes

Offes internationale Ausrichtung schlug sich auch in der Auswahl seiner Publikationen nieder. Das Gros seiner Literatur veröffentlichte er nicht in monographischer, sondern in Form von Aufsätzen, darüber hinaus verfasste er den Großteil seiner Publikationen in englischer Sprache, um einen möglichst großen Rezeptionsgrad zu erreichen. Zudem wurden zahlreiche seiner Arbeiten in andere Sprachen übersetzt. Primärer Forschungsgegenstand *Offes* ist die Demokratie- und Staatstheorie, die Arbeitsgesellschaft und Arbeitspolitik sowie die jeweils drängenden aktuellen als auch die zukünftigen Probleme des Wohlfahrtsstaates. Daneben galt sein Forschungsinteresse in den neunziger Jahren vermehrt den Transformationsprozessen in Osteuropa.

Gemäß der marxistischen Prägung seines Frühwerkes engagierte sich *Offe* auch in den Anliegen der Studentenbewegung, wenngleich ihn seine wissenschaftliche Herangehensweise und sein strikt am potentiellen Nutzen orientierter Impetus vom Gros der studentischen Motive abhoben. So verfasste er relativ früh eigene Texte und publizierte in relevanten Fachzeitschriften ebenso wie eigenständig, so zum Beispiel als Teil eines Autorenkollektivs eine Programmschrift für den Sozialistischen Deutschen Studentenbund (SDS) mit dem Titel „Hochschule und Demokratie" (Nitsch/ Gerhard/ Offe/ Preuss 1965), die ihrerseits den Kernpunkt der demokratischen Reformen an den deutschen Universitäten bildete (Buchstein 2003: 265). Sein wissenschaftlicher Durchbruch gelang ihm aber mit der Analyse der bundesdeutschen Gesellschaft, die er als tradierte Form der Klassengesellschaft definierte (Offe 1969: 155-189; Offe 1984b: 234-256; Offe 1985: 208-227). Daraus leitete er folgelogisch die zielgerichtete Frage nach der grundlegenden Legitimität und Selbständigkeit staatlicher Ordnungsmodelle ab (Offe 1976: 80-105).

In der Folge galt seine wissenschaftliche Publikationstätigkeit dem Problemfeld Arbeit und industrielle Gesellschaft, was sich zunächst auf der monographischen Ebene niederschlug (Offe 1970, Offe 1972). Deutlich wurde darin stets sein Anliegen, eine stringente Analyse der arbeitsmarktpolitischen Strukturpolitik (Offe/Projektgruppe Arbeitsmarktpolitik 1977) mit Grundsätzen der Gerechtigkeit zu verbinden. Nicht von ungefähr sah sich daher gerade das Phänomen der dauerhaften und institutionalisierten Einbindung von Verbandsinteressen in das politische Leben seiner Kritik ausgesetzt (Offe/ Narr 1975, Offe 1979: 72-91, Offe 1984: 234-256). Daneben galt seine Problematisierung auch benachbarten Verbändetheorien, die wie die Neue Politische Ökonomie mit ihrer empirischen und theoretischen Unterfütterung der unterschiedlichen Konfliktfähigkeit von Verbänden *Offe* den Boden bereitet hatten (Offe/ Wiesenthal 1980: 67-115).[2] So wurde auch die öffentliche Resonanz auf Entwicklungen in der Verbandslandschaft und die generelle Einschätzung von Verbänden zu einem Gegenstand seiner Untersuchungen (Offe 1981: 123-158).

Zu weiteren zentralen Objekten seiner wissenschaftlichen Tätigkeit avancierten neben seinen Untersuchungen von Einzelaspekten und singulären Politikfeldern (Offe 1981: 119-133) auch makrotheoretische Problemlagen. So galt sein Augenmerk in den achtziger Jahren primär den sich abzeichnenden Veränderungen der Arbeitsbedingungen vor dem Hintergrund der Herausbildung des Dienstleistungssektors (Offe/Berger 1980: 41-75; Offe/ Berger 1982: 348-371, Offe 1984: 291-319). Zu den Verdiensten *Offes* gehört es daher zweifellos, die Zukunft der Arbeitsgesellschaft und die qualitative Veränderung des Faktors Arbeit untersucht und seine Wandlung in modernen Gesellschaften frühzeitig erkannt und analysiert zu haben (Offe 1983: 489-504). Vor dem Zusammenbruch des Sozialismus in Osteuropa zeichnete sich *Offes* Publikationstätigkeit noch einmal durch eine detaillierte Analyse der sich stetig wandelnden Arbeitsbedingungen aus. Nun rückten jedoch immer mehr Policy-Instrumentarien in den Mittelpunkt seiner Untersuchungen. Zwischen Markt und Staat sah es *Offe* als zentrale Aufgabe an, durch staatliche Politiken zumindest für einen Ausgleich von sozialen Schieflagen zu sorgen (Offe 1984a, Offe/ Heinze 1986: 471-495). Nach 1989/1990 begann *Offe* mit der Untersuchung der Transformationsbedingungen in den Ländern Mittel- und Osteuropas, was er durch eine substantielle Analyse der politischen Systeme verband. Das „Dilemma der Gleichzeitigkeit" von politischer Transformation und wirtschaftlicher Modernisierung und daraus resultierende Folgeprobleme waren Gegenstand der Publikationstätigkeit in den frühen neunziger Jahren (Offe 1991: 279-292, Offe 1994). Dabei widmete sich *Offe* auch der Kritik an monetaristischen Wirtschaftspolitiken und der liberalen An-

---

[2] Siehe dazu den Beitrag von Dirk Leuffen in diesem Band.

schauung der reduzierten Staatstätigkeit (Offe 1994: 317-352). Die sich zuspit-
zende Arbeitslosenproblematik gerade in Deutschland führte *Offes* Veröffentlichungen wieder zur Arbeitsgesellschaft zurück (Offe 1995: 240-249). Neben
notwendigen Neustrukturierungen im Arbeitsrecht (Offe/Mückenberger 1996:
56-63) und den Handlungsoptionen angesichts zunehmender Arbeitslosigkeit
(Offe 1997: 239-243) und den Beschränkungen und geöffneten Handlungsspiel-
räumen durch die europäische Integration (Offe 1998: 35-56) widmete sich *Offe*
besonders den staatlichen Steuerungsinstrumenten zur Bewältigung der neuen
Problemlagen (Offe 1996a: 26-45, Offe 1998: 359-380).

In den letzten Jahren wandte sich *Offe* wieder übergeordneten Fragestellungen nach der grundlegenden Leistungsfähigkeit politischer Institutionen zu (Offe
2003). Im Anschluss an die Untersuchungen des amerikanischen Soziologen
Robert D. Putnam, der einen Niedergang des sozialen Kapitals in den USA beobachten zu können glaubte, zielten *Offes* Betrachtungen auch auf die zivilgesell-
schaftliche Situation in der Bundesrepublik (Offe/ Fuchs 2002: 189-244). Des
Weiteren publizierte er zuletzt auch zu philosophischen Themen (Offe 2001:
191-214, Offe 2004).

3   Verbändestudien

Neben der fundamentalen Kritik durch die konservativ-etatistische Demokratietheorie eines *Carl Schmitt* (1888-1985) und eines *Ernst Forsthoff* (1902-1974)
sowie durch die Neue Politische Ökonomie (NPÖ) sah sich der pluralistisch-
integrative Ansatz besonders auch der Gegnerschaft von links ausgesetzt. Während *Mancur Olson*[3] und die NPÖ allerdings aus der Warte von individuellen
Nutzenmaximierern heraus argumentierten und daraus folgernd eine verminderte
Konfliktfähigkeit von Einzelverbänden attestierten, näherte sich *Offe* der Problematik durch einen neomarxistischen Ansatz. Wie die NPÖ hat sich auch *Offes*
Konflikttheorie daher an der Auseinandersetzung mit dem pluralistischen Gesell-
schaftsmodell von *Ernst Fraenkel* entwickelt. Neben den Verbänden untersuchte
er ähnliche Prozesse auch bei sozialen Bewegungen und Parteien (Buchstein
2004: 362).

Offe versucht eine Neuformulierung der *Marxschen* ökonomischen Theorie
unter Berücksichtigung der gewandelten gesellschaftlichen Rahmenbedingungen. Sein Kernsatz lautet: Die Institutionen des modernen Staates befestigen und
perpetuieren tradierte ökonomische Ungleichgewichte. Nicht nur in seiner funktionalen Beurteilung von Staat und Gesellschaft, auch und besonders in seiner

---

[3] Siehe dazu den Beitrag von Dirk Leuffen in diesem Band.

Analyse der Verbandsproblematik wird diese Herangehensweise deutlich. Der Kerngedanke der neomarxistisch geprägten Konflikttheorie beruht darauf, dass es entgegen dem demokratischen Postulat der durch eine Verfassung gebändigten Hauptinteressen auch in modernen Demokratien herrschende Interessen von privilegierten Klassen, Schichten oder Gruppen gäbe (Offe 1972: 135; Offe/Fuchs 1998). Institutionen und gesellschaftliche Ordnungsformen sind der Überbau der ökonomischen Ungleichverteilung zwischen Beherrschenden und Beherrschten. Die strukturelle Verteilung politischer Einflusschancen sei deshalb eben nicht grundlegend paritätisch gestaltet, sondern an historisch tradierten Ungleichgewichten orientiert. Davon profitierten am meisten wirtschaftliche Interessen, denen auch die politischen Institutionen untergeordnet seien. Nicht von ungefähr konzentriert sich seine Kritik daher besonders auf die neokorporatistischen Verhandlungssysteme, die nur bestimmten gesellschaftlichen Interessen Berücksichtigung gewährten, während andere dauerhaft und systematisch ausgeschlossen würden (Buchstein 2004: 363). Politische Herrschaft erscheine dem gegenüber „als bloße Artikulationsform im Widerspruch stehender gesellschaftlicher Interessen – gleichgültig, ob diese auf der Ebene des Klassensystems, der Interessenverbände, der politischen Parteien, der „power elites" oder des Wählerverhaltens untersucht werden. (...) Die Institutionen des politischen Systems erscheinen (...) vornehmlich in ihrer instrumentellen Funktion bedeutsam, nämlich als Machtmittel, mit deren Hilfe die in vorpolitischen Bereichen konstituierte sozio-ökonomische Interessenstruktur befestigt und reproduziert wird" (Offe 1972: 139).

Staatliche Institutionen sind somit nicht mehr nur als Absicherung gesellschaftlicher Interessen zu werten, sondern dienen primär der Verflechtung von Ökonomie und Politik, mithin der spätkapitalistischen Organisation und damit deren Interessen. Insofern konnten auch der liberale Verfassungsstaat und dessen Verfassung stets nur die vorpolitisch konstituierten Interessen der herrschenden Klasse sichern. Zum einen wurden durch Wertsysteme und Ideologien des Bürgertums außen-, finanz- und sozialpolitische Strategien des Staatsapparates mit den eigenen Interessen vereinbar. Zum anderen kam es zur strikten Ausgrenzung des Staates aus Handlungsräumen, in welchen die Wirtschaftssubjekte fortan ungehemmt ihre kapitalistischen Interessen verfolgen konnten. Gerade durch die freiwillige Selbstbeschneidung der staatlichen Zuständigkeiten sei die private Kapitalakkumulation befördert worden. Diese Tendenz sei noch einmal verstärkt worden, indem das ökonomische System als staatsfreier Raum festgeschrieben wurde, wie es etwa bei den Tarifverhandlungen der Fall ist. Hier bekämen wirtschaftliche Eliten, die ökonomisch herrschende Klasse, ein faktisches Monopol bei der Steuerung des politischen Handlungssystems. Die Chancen der politischen Artikulation fielen daher mit den ökonomisch determinierten Klassengrenzen zusammen (Offe 1972: 140-142). Der Kern der Kritik richtete sich abermals gegen das Pluralismusmodell: Das *a posteriori*-Gemeinwohl des Neopluralismus wurde als geschöntes Bild einer schlechten Wirklichkeit gebrandmarkt, in der jegliches Ergebnis als erreichbares Optimum dargestellt werde (Rudzio 1982: 63). In korporatistischen Strukturen sei dies aber durch die ungleiche Einbindung von Unternehmern und Arbeitnehmern unmöglich (Offe 1981: 146-150).

In diesem Zusammenhang hielt *Offe* dem pluralistischen Modell vor, dass nicht alle Interessen gleichermaßen organisierbar seien, was aber nicht nur auf ihre Größe, sondern auch auf ihre Bedeutung für die Verwertbarkeit im kapitalistischen Wirtschaftssystem zutreffe. Ob ein Verband für eine optimale Durchsetzung des von ihm vertretenen gesellschaftlichen Interesses Sorge tragen kann, hängt *Offe* zufolge von drei grundlegenden Variablen ab (Offe 1972: 135-164):

1. *Organisationsfähigkeit*: Entgegen der pluralistischen Annahme, dass jegliches gesellschaftliche Interesse prinzipiell organisierbar sei, betont *Offe* die Tatsache, dass nur Spezialbedürfnisse einer sozialen Gruppe organisierbar sind, nicht aber allgemeine Interessen (Gesundheit, Verkehr, Bildung).
2. *Konfliktfähigkeit*: Außerdem beruht die Durchsetzungsmacht von Interessen auf der Sanktion der Leistungsverweigerung bzw. auf deren Androhung. Abermals unter Verweis auf die pluralistische Annahme der identischen Ausstattung mit ähnlichen Konfliktpotentialen weist *Offe* auf die nur schwach durchsetzungsfähigen Interessen in der modernen Gesellschaft hin (Hausfrauen, Pensionäre, Studenten, Schüler).
3. *Negotiabilität*: Verbandsförmig artikulierte Ansprüche müssen konkrete Aussichten auf pragmatische Erfolge bieten. Somit sind Leistungsverweigerung oder deren Androhung nur solange Ausdruck politischer Macht, wie ihre Anwendung von allen Beteiligten als Ausnahmefall angesehen wird. Dies ist aber nur möglich, wenn die Strategie des Verbands nicht der Öffentlichkeit und damit notwendigerweise auch nicht den im Konflikt Gegenüberstehenden einsichtig ist. Daraus resultiert eine erhebliche Intransparenz der innerverbandlichen Willensbildung, da ansonsten der Verband seine Durchsetzungsfähigkeit verlöre. *Offe* erkennt darin eine zunehmende Tendenz zur Entdemokratisierung der innerverbandlichen Struktur hin zu Oligarchisierung und Professionalisierung.[4]

---

[4] Für *Offe* widersprechen Oligarchisierung und Professionalisierung basisdemokratischen Vorstellungen wie dem grundgesetzlichen Postulat innerparteilicher Demokratie, die er auch auf Verbände angewandt sehen möchte. Die Tendenz zur Oligarchie in allen Organisationsformen allgemein ist zu

Im Mittelpunkt seiner Betrachtungen steht demzufolge besonders der Hauptge-
gensatz zwischen Kapital und Arbeit. Nicht der als legitim postulierte Maßstab
der gleichen Verteilung von Lebenschancen sei festzustellen, sondern die permanente Benachteiligung menschlicher Arbeit gegenüber organisierten Kapitalinte-
ressen (Offe 1977: 161). Somit sei bereits durch unterschiedliche *Organisationsfähigkeit* der Interessen das Theorem der demokratischen Chancengleichheit
verworfen. *Offe* unterschied daher organisierte Interessen von „privilegierten"
und „unterprivilegierten" Lebensbereichen. Zu den privilegierten Lebensbereichen gehörten dem entsprechend besonders die finanzstarken Verbände, welche
die Interessen des Kapitals vertreten. Deren Einbindung in korporatistische Gremien (Tripartismus, Bündnis für Arbeit, Konzertierte Aktion) sei im Grunde die
Fortschreibung bevorrechtigter Klasseninteressen und damit nicht nur eine Entlastung für den Staat, sondern vielmehr auch eine „ordnungspolitische Zwickmühle" (Offe 1979: 72-91). Organisierbar seien nur solche Interessen, die sich
als Spezialbedürfnisse einer sozialen Gruppe interpretieren lassen. Gerade der
Kategorie allgemeiner Bedürfnisse sei die Organisationsform des Verbandes
oder der Interessengruppe hingegen versperrt. Hierunter fallen beispielsweise
Umweltschutzthemen wie das Interesse an sauberer Luft oder umweltverträgli-
cher Energie. An dieser Stelle trifft sich die Kritik der Konflikttheorie mit derjenigen der NPÖ. Den allgemeinen Interessen, die im Zusammenhang stünden mit
den Bereichen Wohnen, Gesundheit, Verkehr und Bildung, sei die Organisationsform des Verbandes strukturell versperrt. Hier schließt sich auch der Kreis
der Kritik an der Pluralismustheorie: Organisationsfähig sind demnach erneut
nur diejenigen Interessen, die einer *materiellen* Austauschlogik folgen. Lediglich
Gruppen, die eine konkrete, begrenzte Leistung erbringen sowie eine für sie
nützliche Gegenleistung entgegennehmen, sind als Wirtschaftssubjekte definiert
und legitimiert. Statt eine prinzipiell gleichberechtigte Situation zu schaffen,
beförderten pluralistische Theorien nur markt-analoge Interessendefinitionen
(Offe 1972: 146; Offe/ Heinze 1986: 471-495).

Die Konflikttheorie postuliert ferner, dass durch unterschiedliche Organisationsfähigkeit von Interessen auch eine erheblich voneinander abweichende Fähigkeit zum Austrag von Konflikten festgestellt werden muss. Aus der Konfliktfähigkeit resultiere schließlich die Chance auf politischen Einfluss. So sind Studenten, Schüler und Arbeitslose Gruppen, die zwar organisationsfähig sind, deren Sanktionsmittel Leistungsverweigerung aber kaum ins Gewicht fällt. Damit
sind diese Gruppen nicht in der Lage, gesellschaftlich relevanten Druck auszuüben. Die Konflikttheorie schreibt diese Tatsache allein dem Umstand zu, dass

---

Beginn des 20. Jahrhunderts durch *Robert Michels* theoretisch und empirisch festgehalten worden.
Siehe dazu den Beitrag von Benjamin Zeitler in diesem Band.

diese Interessen am Rande oder außerhalb des Leistungsverwertungsprozesses stehen. Die Fähigkeit zum Konflikt dürfe jedoch generell nicht inflationäre Anwendung in der Beurteilung finden. Im Gegenteil beruht die politische Einflussmacht von konfliktfähigen Verbänden stets nur auf der Androhung ihres Konfliktpotentials (z.B. Streik) statt einer realisierten Dauerkonfrontation. Denn damit würden der Interessengruppe diejenigen materiellen Ressourcen abhanden kommen, welche sie durch die Mitglieder in Erwartung kurzfristiger Erfolge zugestanden bekommt. Mit einem andauernden Konflikt würden demnach alle beteiligten Parteien verlieren.

Als Ergebnis daraus verfahren Interessengruppen nach folgenden Vorgehensweisen: Die Formulierung verhandlungsfähiger Positionen versucht sich der verbandsinternen Öffentlichkeit zu entziehen. Flexible Reaktionen und taktische Verhandlungsspielräume werden durch Mitgliederabstimmungen oder bindende Entschlüsse der Basis erschwert oder unmöglich. Diese Nicht-Öffentlichkeit befördert eine Entdemokratisierung der Verbandsstruktur, in der die Führungsebene gegenüber den restlichen Mitgliedern über neuralgische Informationen bezüglich der eigenen Verhandlungspläne verfügt. Gerade in den Gewerkschaften also müssen die Mitglieder dauerhaft diszipliniert werden, da utopische Bedürfnisäußerungen die Vorgehensweise des Verbandes wie seine Gesamtstrategie behindern könnten (Offe 1972: 148).

Offes Konsequenzen aber reichen weiter. Von seinen Betrachtungen über Verbände ausgehend entwirft er ehrgeizige Prognosen über die dauerhafte Überlebensfähigkeit der modernen westlichen Gesellschaften, worin er mittelbar auch die Verbände anspricht. So hätten moderne politische Systeme folgende Bedingungen zu gewährleisten, um dauerhaft demokratisch bleiben zu können (Offe 1996b: 141-157):

1. *Innere Souveränität*: Die wichtigsten und demokratisch legitimierten politischen Entscheidungsträger sind Parlament und Regierung. Nur wenn dort auch die tatsächlich wichtigen Entscheidungen getroffen werden, vermag das politische System steuerungsfähig zu bleiben und sich dauerhaft der Unterstützung durch die Bevölkerung zu versichern.
2. *Kommunikation*: Das politische System muss die Transparenz der politischen Entscheidungen durch Kommunikation gewährleisten. Zentrales Element ist die Forderung nach einer politischen Willensbildung, die frei von Korruption und Manipulation ist. Mit diesen beiden Argumenten erhärtete *Offe* seine Kritik an korporatistischen Verhandlungsgremien und votierte gegen intransparente Prozesse des Aushandelns politischer Entscheidungen.
3. *Reale Opposition*: In einem politischen Gemeinwesen müssen tatsächliche und daher auch wählbare Entscheidungsalternativen bestehen. So werden

dauerhaft Minderheiten berücksichtigt, und der latente Stress auf politische Entscheidungsträger führt zu einer bestmöglichen Qualität des Regierungs-Outputs.

4. *Innovationspotential*: Für die gesamte Bevölkerung eines Landes muss die Möglichkeit bestehen, die eigene sozioökonomische Lage durch politische Maßnahmen zu verbessern.

5. *Akzeptanz*: Das politische System, sein Charakter als „Zwangsanstalt" (Weber), seine historische „Pfadabhängigkeit" (Lehmbruch) und seine Outputs müssen durch die Bevölkerung anerkannt werden.

Vor diesem Hintergrund seiner differenzierten und streitbaren Beurteilung der modernen politischen Systeme und ihrer ökonomischen Bindungskraft hat sich *Offes* Theorie der modernen Staatlichkeit als Auslöser mehrerer Diskussionsstränge erwiesen.

4 Rezeption und Kritik

Offe zählt zu denjenigen Vertretern seiner Zunft, die nicht nur im Inland, sondern auch im Ausland stark rezipiert wurden. Zu Ende der siebziger Jahre wurde *Offe* zusammen mit *Habermas* wenn auch nicht als „orthodoxer Marxist", so aber doch als „Wahrer" der marxistischen Tradition gekennzeichnet (Kropp/ Müller 1980: 111). Vereinzelt wurde seiner Staatstheorie auch das Prädikat des „Neo-Schumpeterianismus" (Prychitko 1990: 623) angeheftet. *Offes* Gesamtwerk zeichnet sich aber durch unterschiedliche kritische Positionen aus. Während seine neomarxistische Position in der Soziologie kaum thematisiert wurde, war sie in der Staatsdiskussion zentraler Gegenstand der meist negativen Rezeption, die den holistischen Ansatz *Offes* monierte (Esser 1975, Luhmann 1975, Mayntz 1975) oder aber bemängelte, dass seine Theorie in ihrem Ertrag über den marxistischen nicht hinausreiche (Kropp/Müller 1980: 162).

Auf der Basis seiner neomarxistischen Prägung vertrat *Offe* gegenüber der liberalen Demokratie eine ablehnende Haltung und favorisierte stattdessen einen „freiheitlichen Sozialismus" (Buchstein 2003: 266). Seine Kritik galt daher im Kern der wirtschaftlich-kapitalistischen Ordnungsform als Übertragung tradierter Strukturen der Klassengesellschaft (Kaiser 1977: 59). Auf der Grundlage dieser Überzeugungen sagte er zu Beginn der siebziger Jahre den westlichen Demokratien erhebliche „Strukturprobleme" voraus (Offe 1972), die in der von ihm prognostizierten Schärfe allerdings ausblieben. Aufgrund dessen rückte *Offe* von der Unvereinbarkeit seiner Prämissen mit dem Ordnungsmodell westliche Demokratie ab und ging dazu über, eine „interne Perspektive der Verteidigung der Demokratie" (Buchstein 2003: 266) einzunehmen, nicht ohne auf die bestehenden Mängel und Gefahren der Entwicklung moderner Gesellschaften allgemein hinzuweisen. Die grundlegende Einordnung von *Offes* Spätwerk in die Linie des Neomarxismus ist aus diesem Grund nicht mehr in dieser Eindeutigkeit aufrecht zu erhalten (Prychitko 1990: 619-632).

Seine Analyse des intermediären Sektors im Allgemeinen und der Verbände im Speziellen ist weithin anerkannt und als Korrektiv gegenüber den Prämissen der Pluralismustheorie akzeptiert worden. Zweifellos ist es *Offes* Verdienst, darauf aufmerksam gemacht zu haben, dass staatliche Institutionen tendenziell zur Selektivität gegenüber gesellschaftlichen, organisierten Forderungen neigen und sich dadurch unspezifische Interessen stets unter dem Damoklesschwert des systematischen Ausschlusses befinden. Dennoch ist seiner Theorie der Ungleichgewichtung verbandlichen Einflusses angelastet worden, dass sie das nicht operationalisieren kann, was sie postuliert, nämlich die systematische Interessengebundenheit des Staates ebenso wie den Umfang der systematisch von der Willensbildung ausgeschlossenen Interessen (Kropp/ Müller 1980: 120-123).

Dabei ist auch auf einige weitere Schwächen in *Offes* Argumentation hinzuweisen. Zum einen ist er zu einseitig auf den Gegensatz von Kapital und Arbeit ausgerichtet. Sein monokausaler Erklärungsversuch degradiert andere Konfliktfelder zu nachrangigen Organisationsgründen. Gerade die sich stets wandelnde Verbandslandschaft bringt mehr und mehr Erscheinungen hervor, die gerade nicht an diesem Gegensatz ausgerichtet sind. Zum anderen übersieht er grundlegende Errungenschaften des Sozialstaates. Dieser hat gerade den nichtprivilegierten Schichten der Bevölkerung, die im Zentrum der Betrachtungen *Offes* stehen, zu einem bescheidenen Wohlstand verholfen und wirkt mäßigend auf den Konflikt, den *Offe* zu einem elementaren Grund zur Formierung organisierter Interessen hochstilisiert (Sebaldt/ Straßner 2004: 48). Daneben ist sein Verdikt gegen oligarchische und professionalisierte Tendenzen in modernen Verbänden ein anachronistischer Kritikpunkt: Modernisierungs- und Differenzierungsprozesse lassen Verbänden keine andere Wahl als den Weg der Effektivierung und damit partiellen Entdemokratisierung der Interessenvertretung zu gehen (Straßner 2005: 247-251).

Die Breite der Publikationen *Offes*, der ehrgeizige Versuch, die ökonomische Philosophie von *Karl Marx* auf moderne gesellschaftliche Rahmenbedingungen umzulegen und auch der Anspruch seiner theoretischen Konzepte schufen einen Wirkungskreis, dessen Darstellung diesen Rahmen sprengen würde. Auffällig ist jedoch, dass die Breite der Rezeption seiner Publikationen durchaus thematisch selektiv ist. So hat sich auch die Literatur vornehmlich mit der Rezeption der *Offeschen* Staatstheorie beschäftigt (Kaiser 1977: 15), während der

Faktor Verbände als zivilgesellschaftlicher Aspekt nicht immer mit der gebüh-
renden Aufmerksamkeit behandelt worden ist (Willems/ Winter 2000).

Literatur:

Buchstein, Hubertus 2003: Claus Offe, in: Massing, Peter/Breit, Gotthard (Hrsg.), Demokratie-Theorien. Von der Antike bis zur Gegenwart, 2. Auflage, Bonn, S. 261-268.

Buchstein, Hubertus 2004: Claus Offe, in: Riescher, Gisela (Hrsg.), Politische Theorie der
Gegenwart in Einzeldarstellungen. Von Adorno bis Young, Stuttgart, S. 361-365.

Esser, Josef 1975: Einführung in die materialistische Staatsanalyse, Frankfurt am Main.

Kaiser, Hans-Rainer 1977: Staat und gesellschaftliche Integration. Zur Analyse und Kritik
des Staatsbegriffs bei Jürgen Habermas und Claus Offe. Schriftenreihe für Sozialgeschichte und Arbeiterbewegung Band 3, Marburg.

Kropp, Manfred/Müller, Hans-Peter 1980: Herrschaft und Legitimität in modernen Industriegesellschaften. Eine Untersuchung der Ansätze von Max Weber, Niklas Luhmann, Claus Offe, Jürgen Habermas, München.

Luhmann, Niklas 1975: Legitimation durch Verfahren, Neuwied.

Mayntz, Renate 1975: Legitimacy and the Directive Capacity of the Political System, in:
Lindberg, Leon N. et alii (Hrsg.), Stress and Contradiction in Modern Capitalism.
Public Policy and the Theory of the State, Massachusetts/Toronto/London, S. 261-
274.

Nitsch, Wolfgang/Gerhard, Uta/Offe, Claus/Preuss, Ulrich K. 1965: Hochschule in der
Demokratie, Berlin.

Offe, Claus 1970: Leistungsprinzip und industrielle Arbeit, Frankfurt am Main.

Offe, Claus 1972: Politische Herrschaft und Klassenstrukturen. Zur Analyse spätkapitalistischer Gesellschaftssysteme, in: Kress, Gisela/Senghaas, Dieter (Hrsg.), Politikwissenschaft. Ein Einführung in ihre Probleme, Frankfurt a.M., 4. unveränderte Aufl.,
S. 135-164.

Offe, Claus 1973: Strukturprobleme des kapitalistischen Staates. Aufsätze zur politischen
Soziologie, Frankfurt am Main.

Offe, Claus 1976: Überlegungen und Hypothesen zum Problem politischer Legitimation,
in: Ebbighausen, Rainer (Hrsg.), Bürgerlicher Staat und politische Legitimation,
Frankfurt am Main, S. 80-105.

Offe, Claus 1977: Leistungsprinzip und industrielle Arbeit. Mechanismen der Statusverteilung in Arbeitsorganisationen der industriellen „Leistungsgesellschaft", 5. Aufl.,
Frankfurt am Main.

Offe, Claus 1979: Die Institutionalisierung des Verbandseinflusses – eine ordnungspolitische Zwickmühle, in: Alemann, Ulrich von/Heinze, Rolf G. (Hrsg.), Verbände und
Staat, Opladen, S. 72-91.

Offe, Claus 1981: The Attribution of Public Status to Interest Groups – Observations on
the West German Case, in: Berger, Suzanne (Hrsg.), Organizing Interests in Western
Europe: Pluralism, Corporatism and the Transformation of Politics, Cambridge, S.
123-158.

Offe, Claus 1983: Perspektiven auf die Zukunft des Arbeitsmarktes, in: Merkur Nr. 5, S. 489-504.

Offe, Claus 1984a: Arbeitsgesellschaft. Strukturprobleme und Zukunftsperspektiven, Frankfurt am Main.

Offe, Claus 1984b: Korporatismus als System nichtstaatlicher Makrosteuerung? Notizen über seine Voraussetzungen und demokratischen Gehalte, in: Geschichte und Gesellschaft. Zeitschrift für Historische Sozialwissenschaft, 10, S. 234-256.

Offe, Claus 1984c: Das Wachstum der Dienstleistungsarbeit: Vier soziologische Erklärungsansätze, in: Ders. (Hrsg.), Arbeitsgesellschaft. Strukturprobleme und Zukunftsperspektiven, Frankfurt am Main, S. 291-319.

Offe, Claus 1985: Politische Herrschaft und Klassenstrukturen. Zur Analyse spätkapitalistischer Gesellschaftssysteme, in: Steinberg, Rudolf (Hrsg.), Staat und Verbände. Zur Theorie der Interessenverbände in der Industriegesellschaft, Darmstadt, S. 208-227.

Offe, Claus 1991: Das Dilemma der Gleichzeitigkeit. Demokratisierung und Marktwirtschaft in Osteuropa, in: Merkur Nr. 4, S. 279-292.

Offe, Claus 1994a: Der Tunnel am Ende des Lichts. Erkundungen der politischen Transformation im Neuen Osten, Frankfurt am Main/New York.

Offe, Claus 1994b: Die Aufgabe von staatlichen Aufgaben. „Thatcherismus" und die populistische Kritik der Staatstätigkeit, in: Grimm, Dieter (Hrsg.), Staatsaufgaben, Baden-Baden, S. 317-352.

Offe, Claus 1995: Vollbeschäftigung? Zur Kritik einer falsch gestellten Frage, in: Bartele, Karlheinz/Reissert, Bernd/Schettkat, Ronald (Hrsg.), Die Reformfähigkeit von Industriegesellschaften. Festschrift für Fritz W. Scharpf, Frankfurt am Main, S. 240-249.

Offe, Claus 1996a: Homogenität im demokratischen Verfassungsstaat. Sind politische Gruppenrechte eine adäquate Antwort auf Identitätskonflikte?, in: Peripherie Nr. 64, S. 26-45.

Offe, Claus 1996b: Bewährungsproben. Über einige Beweislasten bei der Verteidigung der liberalen Demokratie, in: Weidenfeld, Werner (Hrsg.), Demokratie am Wendepunkt. Die demokratische Frage als Projekt des 21. Jahrhunderts, Berlin, S. 141-157.

Offe, Claus 1997: Was tun mit dem „Überangebot" an Arbeitskraft?, in: Gewerkschaftliche Monatshefte Nr. 4, S. 239-243.

Offe, Claus 1998a: Der deutsche Wohlfahrtsstaat. Prinzipien, Leistungen, Zukunftsaussichten, in: Berliner Journal für Soziologie Nr. 3, S. 359-380.

Offe, Claus 1998b: Demokratie und Wohlfahrtsstaat: Eine europäische Regimeform unter dem Stress der europäischen Integration, in: Schweizerische Zeitschrift für Politikwissenschaft Nr. 4, S. 35-56.

Offe, Claus 2001: Wessen Wohl ist das Gemeinwohl?, in: Fricke, Werner (Hrsg.), Jahrbuch Arbeit und Technik, Bonn, S. 191-214.

Offe, Claus 2003: Herausforderungen der Demokratie. Zur Integrations- und Leistungsfähigkeit politischer Institutionen, Frankfurt am Main.

Offe, Claus 2004: Selbstbetrachtung aus der Ferne. Tocqueville, Weber und Adorno in den Vereinigten Staaten, Frankfurt am Main.

Offe, Claus/Narr, Wolf D. 1975: Was heißt hier Strukturpolitik? Neokorporativismus als Rettung aus der Krise? Anmerkungen anlässlich des Buches von Volker Hauff und Fritz Scharpf: „Modernisierung der Volkswirtschaft. Technologiepolitik als Strukturpolitik?", Technologie und Politik Bd. 6, Reinbek.

Offe, Claus/Projektgruppe Arbeitsmarktpolitik (Hrsg.) 1977: Opfer des Arbeitsmarktes – Zur Theorie der strukturierten Arbeitslosigkeit, Darmstadt.

Offe, Claus/Wiesenthal, Hugo 1980: Two Logics of Collective Action: Theoretical Notes on Social Class and Organizational Form, in: Political Power and Social Theory Nr. 1, S. 67-115.

Offe, Claus/Berger, Johannes 1980: Die Entwicklungsdynamik des Dienstleistungssektors, in: Leviathan Nr. 1, S. 41-75.

Offe, Claus 1981: Ausdifferenzierung oder Integration – Bemerkungen über strategische Alternativen der Verbraucherpolitik, in: Zeitschrift für Verbraucherpolitik Nr. 1 und 2, S. 119-133.

Offe, Claus/Berger, Johannes 1982: Die Zukunft des Arbeitsmarktes. Zur Ergänzungsbedürftigkeit eines versagenden Allokationsprinzips, in: KZfSS, Sonderheft 24, S. 348-371.

Offe, Claus/ Heinze, Rolf G. 1986: Am Arbeitsmarkt vorbei. Überlegungen zur Neubestimmung „haushaltlicher" Wohlfahrtsproduktion in ihrem Verhältnis zu Markt und Staat, in: Leviathan, 14, S. 471-495.

Offe, Claus/Mückenberger, Ulrich 1996: Bedingungen eines rationalen Diskurses über die Modernisierung des Arbeitsrechts, in: Gewerkschaftliche Monatshefte Nr. 1, S. 56-63.

Offe, Claus/Fuchs, Susanne 1998: Zurück in die Zukunft. Stellungnahmen zum dritten Bericht der Miegel-Kommission, in: Blätter für deutsche und internationale Politik, Heft 3, S. 295-311.

Offe, Claus/Fuchs, Susanne 2002: A Decline of Social Capital?, in: Putnam, Robert D. (Hrsg.), Democracies in Flux, Oxford, S. 189-244.

Prychitko, David L. 1990: The Welfare State: What is Left?, in: Critical Review. An Interdisciplinary Journal of Science Nr. 4, S. 619-632.

Rudzio, Wolfgang 1982: Die organisierte Demokratie – Parteien und Verbände in der Bundesrepublik Deutschland, 2., bearbeitete Aufl., Stuttgart.

Sebaldt, Martin/Straßner, Alexander 2004: Verbände in der Bundesrepublik Deutschland. Eine Einführung, Wiesbaden.

Straßner, Alexander 2005: Zwischen Eigennutz und Gemeinwohl. Verbandsfunktionen in Theorie und Praxis, in: Gesellschaft-Wirtschaft-Politik Nr. 2, S. 236-257.

Willems, Ulrich/Winter, Thomas von (Hrsg.) 2000: Politische Repräsentation schwacher Interessen, Opladen.

IV. Verbände und Organisation: Die Perspektive der Organisationssoziologie

Verbände als bürokratische Organisationen: Max Weber

Henrik Gast (unter Mitarbeit von Tobias Lang)

1 Biographie

Karl Emil Maximilian Weber wurde am 21. April 1864 in Erfurt als das erste von insgesamt acht Kindern des Ehepaars *Weber* geboren.[1] Sein Vater, *Max Weber* senior, war Jurist und stammte aus einer wohlhabenden Industriellen- und Kaufmannsfamilie und war später auch Berliner Stadtrat und Abgeordneter der Nationalliberalen Partei im Reichstag. Seine Mutter Helene, geborene Fallenstein, kam aus einer Familie hugenottischer Herkunft. Schon früh zeigte sich die Begabung des Sohnes Max. Während der Schulzeit las er die Autoren der antiken Klassik, der klassischen Philosophie und historische Werke und verfasste schon im Alter von 13 Jahren Aufsätze zu Themen wie „Über den Hergang der deutschen Geschichte, namentlich in Rücksicht auf die Stellung von Kaiser und Papst" (Weber 1950: 51-52). Für die intellektuelle Entwicklung *Webers* war die gesellschaftlich-elitäre Vernetzung der Familie sehr anregend: Gelehrte wie *Theodor Mommsen, Heinrich von Treitschke* und *Wilhelm Dilthey* verkehrten im Haus der Eltern (Schöllgen 1998: 13). Nach dem Abschluss seines Abiturs 1882 nahm *Weber* das Studium der Jurisprudenz in Heidelberg auf und studierte zudem Nationalökonomie, Geschichte, Philosophie und Theologie. Hier war er auch in der schlagenden Verbindung „Alemannia" aktiv. Weitere Stationen seines Studiums waren Berlin und Göttingen.

Nach seinem Examen 1886 kehrte er in sein Elternhaus nach Berlin zurück, wo er zunächst seine Studien fortsetzte und am landesrechtlichen und agrarhistorischen Seminar der Universität arbeitete. Seine spätere Frau, Marianne, schildert ihn als einen Mann, der sich der völligen Arbeitsaskese verschrieben hatte (Weber 1950: 122). 1889 promovierte *Weber* an der juristischen Fakultät über die „Entwicklung des Solidarhaftprinzips und des Sondervermögens der offenen Handelsgesellschaft aus den Haushalts- und Gewerbegemeinschaften in den

---

[1] Grundlage der allermeisten Biographien *Max Webers* ist noch immer die Darstellung seiner Ehefrau, *Marianne Weber* (1950). Auch die folgende Abfassung basiert hierauf. Aus wissenschaftlicher Perspektive ist die Biographie jedoch problematisch, da sie eindeutig in glorifizierender Intention verfasst worden ist. Hinsichtlich des gegenwärtigen Standes der Max Weber-Biographie-Forschung sei auf die kritische Darstellung von *Dirk Käsler* (1997) verwiesen.

italienischen Städten" (Weber 1889), wofür er sich Kenntnisse der italienischen und spanischen Sprache angeeignet hatte.[2] Nach dem Ende seiner Referendarszeit wurde *Weber* in Berlin als Rechtsanwalt zugelassen. Drei Jahre nach seiner Promotion – im Alter von 27 Jahren – habilitierte er sich schließlich über „Die römische Agrargeschichte in ihrer Bedeutung für das Staats- und Privatrecht" (Weber 1986). Im Anschluss daran wurde er im Frühjahr 1892 Privatdozent und erhielt im darauffolgenden Jahr eine außerordentliche Professur für Handels- und deutsches Recht an der Berliner Universität (Käsler 1978: 42-43). Während dieser Zeit beschäftigte ihn der „Verein für Socialpolitik" für eine Studie über „Die Verhältnisse der Landarbeiter im ostelbischen Deutschland" (Weber 1984), die *Weber* allgemeine wissenschaftliche Anerkennung einbrachte und in der er die Überfremdung des deutschen Grenzlandes kritisierte. Patriotisch ausgerichtet trat *Weber* für kurze Zeit dem „Alldeutschen Verband" bei (Lenk 1974: 345). In privater Hinsicht folgte 1893 die Heirat mit der Frauenrechtlerin *Marianne Schnitger*, einer Großnichte des Vaters.

1894 trat *Weber* eine Professur für Nationalökonomie in Freiburg an, wechselte aber zwei Jahre später auf den Lehrstuhl für Nationalökonomie in Heidelberg. Nach einem nervlichen Zusammenbruch musste er bereits ab 1898 seine Lehrtätigkeit reduzieren und dann aufgeben. Die Gründe für diesen Absturz lagen sicher in der langwährenden Überarbeitung, aber auch in familiären Konflikten. Nach einem heftigen Disput zwischen *Max Weber* und seinem Vater starb dieser, ohne dass es zu einer Aussöhnung gekommen war – woraus später Selbstvorwürfe resultierten (Weber 1950: 264-269). Der physische und psychische Zusammenbruch und die langwährende Erschöpfungsphase ließen in den Jahren bis 1904 nur eine äußerst begrenzte geistige Arbeit zu. Trotz gesundheitlicher Besserung durch zahlreiche Reisen und Sanatoriumsaufenthalte entschloss sich *Weber* 1903 endgültig vom Professorenamt zurückzutreten und lediglich als Honorarprofessor zu arbeiten (Weber 1950: 299-300). Im gleichen Jahr wurde er neben *Edgar Jaffé* und *Werner Sombart* Mitherausgeber des „Archiv für Sozialwissenschaft und Sozialpolitik". In dieser Zeit wurde *Weber* auch zum Führer des linken Flügels des „Verein[s] für Socialpolitik". Anfang des Jahres 1909 avancierte er schließlich zum Mitbegründer der „Deutschen Gesellschaft für Soziologie". Dies war auch der Zeitpunkt, ab dem sich *Weber* selbst als Soziologe bezeichnete (Käsler 1978: 48-49). Das Jahr 1913 sollte der Höhepunkt für *Webers* Schaffenskraft werden. Insbesondere entstanden hier eine Rechts- und Wirtschaftssoziologie, sowie eine Religions- und Musiksoziologie (Lenk 1974:

---

[2] Im Rahmen der größeren Studie „Zur Geschichte der Handelsgesellschaften im Mittelalter. Nach südeuropäischen Quellen" ist diese Arbeit ebenfalls erschienen (Weber 1970).

348). All dies waren Teile seines umfassenden Werkes „Wirtschaft und Gesellschaft" (Weber 1976).

Zu Beginn des Ersten Weltkrieges wurde *Weber* von der allgemeinen Kriegseuphorie erfasst, konnte aber nicht mit an die Front ziehen, was ihn schmerzte. Da er im Alter von 50 Jahren zwar von „hochragender, kräftiger Gestalt", aber keinesfalls „marschfähig" war, – wie seine Ehefrau berichtete – wurde ihm in der Reservelazarettkommission der Posten des Disziplinaroffiziers angetragen (Weber 1950: 568). In der nachfolgenden Zeit war *Max Weber* besonders politisch aktiv: Als er mit der Niederlage Deutschlands zu rechnen begann, forderte er eine Umwandlung der Monarchie in eine parlamentarische Demokratie, da er sich adäquates Führungspersonal, das zur Integration der Bevölkerung fähig war, nur von einer Parlamentarisierung versprach (Mommsen 1974a: 38). Nachdem *Webers* Kandidatur zur Nationalversammlung für die DDP zu keinem Erfolg führte, nahm er 1919 einen Ruf auf den Lehrstuhl *Lujo Brentanos* nach München an und war sicherlich auf dem Höhepunkt seiner wissenschaftlichen Karriere und seines gesellschaftlichen Ansehens angelangt. Kennzeichnend für seine öffentliche Reputation ist auch, dass er die deutsche Delegation bei den Friedensverhandlungen 1919 in Paris beraten und an den ersten inoffiziellen Beratungen über einen Verfassungsentwurf im Reichsamt des Inneren teilgenommen hat (Schöllgen 1998: 172-173). In der Zeit bis zu seinem Tod bearbeitete er u. a. den ersten Band des Hauptwerkes „Wirtschaft und Gesellschaft". Am 14. Juni 1920 starb *Max Weber* an einer verschleppten Lungenentzündung, die er infolge der Spanischen Grippe bekommen hatte.

2 Profil des Gesamtwerks

In dem Vortrag „Wissenschaft als Beruf" hat *Weber* noch zu bedenken gegeben, dass „Vollkommenes auf wissenschaftlichem Gebiet" nur bei „strengster Spezialisierung" gelingen könne (Weber 1988a: 588). An diesen Ratschlag hat sich *Weber* selbst zeitlebens hingegen nicht gehalten. Sein Werk ist derart umfang- und facettenreich und betrifft die verschiedensten Disziplinen, dass ein kurzgefasster Überblick schwer fällt. Obwohl ihm seine Gesundheit für einen langen Zeitraum das Arbeiten erschwerte, war seine Schaffenskraft enorm.[3] *Adolf von Harnack* bezeichnete ihn „international gesehen zwischen 1880 und 1920" als

---

[3] Ein vollständiges Verzeichnis des gesamten Schrifttums *Max Webers* ist bei *Dirk Käsler* (1998: 268-292) zu finden. Sukzessiv werden seit 1984 die Schriften, Briefe und Vorlesungen in der Max Weber-Gesamtausgabe (MWG) veröffentlicht, die von *Horst Baier, Mario Rainer Lepsius, Wolfgang Schluchter, Wolfgang J. Mommsen* und *Johannes Winckelmann* betrieben wird.

den „Mann mit der größten wissenschaftlichen Konsumtionskraft" (Heuss 1975: 246). Im Folgenden werden nur einige ausgewählte Aspekte benannt:[4]
  Ein zentrales Thema *Max Webers* war das Aufkommen, die Bedingungen und die Wirkungsweise des Kapitalismus. Mit diesem Thema war er keineswegs innovativ, da es zur Zeit des Wilhelminischen Kaiserreiches im Forschungsdiskurs dominant war (Käsler 2000: 192-193). *Max Webers* frühes Schaffen bestand vor allem aus Studien zur Agrar-, Wirtschafts- und Sozialgeschichte der Antike und des Mittelalters. In seiner frühen Forschungsphase begründen drei Monographien seinen wissenschaftlichen Ruf – die Dissertation, die Habilitation und die Landarbeiter-Enquete. Bis zu seinem Tode sollte keine weitere abgeschlossene Monographie mehr folgen (Schöllgen 1998: 16). Sowohl in seiner Dissertation als auch in seiner Habilitationsschrift beleuchtet *Weber* die historische Herausbildung kapitalistischer Wirtschaftsformen. Wenn es ein durchgängiges Leitmotiv bei *Max Weber* gibt, unter das sich viele – sicher nicht alle – Schriften subsumieren lassen, dann ist es das der „Rationalisierung" (Zöller 2004: 207). Darunter ist in einem ersten Zugriff ein Prozess des Systematisierens, des Methodisierens und das Abzielen auf Berechenbarkeit zu verstehen: „Eine unübersichtliche, chaotische Gruppe von Einheiten mit prinzipiell unendlich vielen Verbindungen untereinander wird geordnet nach Kriterien, die von Menschen gesetzt werden" (Käsler 2000: 198). Dies bezog *Weber* auf die Ebenen der Institutionen, der Weltbilder und die individuelle Lebensführung (Kieser 1999: 42). Er wies auf den in der „okzidentalen Kultur durch Jahrtausende fortgesetzte[n] Entzauberungsprozeß" hin (Weber 1988a: 594), worunter er das Anwachsen von kausalen Erklärungsmustern, die Einsicht in die Wirkungskräfte und das Zurückdrängen von irrational-magischen Erklärungs- und Verhaltensmustern verstand. Einen Einblick in seine Vorstellungen über die Rationalisierung bieten die einleitenden Bemerkungen zu dem ersten Band der Religionssoziologie (Weber 1988b: 1-16). Nach *Weber* besteht in verschiedensten Bereichen ein beständiger Strom zur Rationalisierung: Von der Fundierung der Wissenschaft durch die mathematischen Beweise und das rationale Experiment ausgehend zählt *Weber* auf, dass das Abendland u. a. hinsichtlich der Rationalität der Wirtschaftsbetriebe, in der Rechtslehre, in der harmonischen Musik und dem Staate als politische Anstalt mit gesatztem Recht besondere Rationalisierungsmerkmale aufweise. Keinesfalls bestreitet er, dass es auch andernorts zu Rationalisierungen gekommen sei, nur eben nicht in dergleichen Intensität (Weber 1988b: 1-11).
  In seinen Untersuchungen geht *Weber* der Frage nach, wieso ausgerechnet im Okzident diese Kulturerscheinungen aufgetreten seien. In Umkehrung der

---

[4] Für eine ausführliche thematische Schilderung der Schriften *Webers* sei hingewiesen auf Käsler 1978: 55-162.

Marxschen These des historischen Materialismus geht *Weber* davon aus, dass der ökonomische Rationalismus auch von den „ethischen Pflichtvorstellungen" der Menschen abhängig ist (Weber 1988b: 12). Diese Feststellung führt direkt zu einem Aufsatz, durch den *Weber* viel publizistische Aufmerksamkeit auf sich gezogen hat: „Die Protestantische Ethik und der Geist des Kapitalismus" (Weber 1988c). Seine These lautet, dass es zwischen dem Aufkommen des Kapitalismus und der puritanisch-protestantischen Ethik eine starke Beeinflussung gegeben habe; allerdings ist *Weber* weit davon entfernt, die Komplexität auf eine monokausale Verkettung zu reduzieren. Die gesellschaftlichen Rationalisierungsvorgänge in der historisch-komparativen Perspektive sind eines seiner großen Themen gewesen. Auch das im Rahmen dieses Aufsatzes näher zu thematisierende Bürokratiemodell lässt sich in diesen Kontext einordnen.

Hohen Bekanntheitsgrad hat *Weber* auch durch seine methodologischen Arbeiten erlangt (Weber 1988d): Hierbei zieht er eine eindeutige Grenze zwischen der Funktion der Wissenschaft, die die Methode des Denkens erklärt, Mittel zur Erreichung bestimmter Ziele eruiert, auf die Konsequenzen hinweisen kann, und der Funktion der Politik, die eben diese Werte setzt (Weber 1988a: 607-609). In seinem Aufsatz „Die ‚Objektivität' sozialwissenschaftlicher und sozialpolitischer Erkenntnis" (Weber 1988e) führt *Weber* in den Ansatz der verstehenden Soziologie ein und beschreibt u. a. den Idealtypus als eine Möglichkeit, die chaotische Wirklichkeit mit scharfen Begriffen zu fassen, um so den Verstehensprozess voranzutreiben. Hinsichtlich der Wirkungsgeschichte *Webers* sind auch die beiden Vorträge „Wissenschaft als Beruf" (Weber 1988a) und „Politik als Beruf" (Weber 1988f) zu nennen. Beide wurden ausgiebig rezipiert. Seine Beiträge zur politischen Debatte, die u.a. in der „Frankfurter Zeitung" publiziert wurden (Weber 1988j), zeigen, dass *Max Weber* in der politischen Sphäre nicht scheute, Position zu beziehen (Mommsen 1974b).

Das Hauptwerk „Wirtschaft und Gesellschaft" (Weber 1976) hat *Max Weber* nicht fertig stellen können; es wurde erst posthum von seiner Ehefrau publiziert (Winckelmann 1986; Schluchter 1989). In diesem Werk sind die stoffreichen Themen, die *Weber* in seiner wissenschaftlichen Laufbahn bearbeitet hat, zusammengeführt. *Weber* beschäftigt sich hierbei mit den wechselseitigen und prozesshaften Beziehungen innerhalb von Gesellschaft, Recht, Religion, Wirtschaft und Herrschaft (Käsler 1978: 140). Er versucht, die verschiedenen Teilgebiete wie etwa die Rechtssoziologie, die Wirtschaftssoziologie und die Religionssoziologie als „Teilerscheinungen einer allgemeinen historischen Entwicklung der ‚Rationalisierung' des Lebens" (Käsler 1978: 141) zu erklären. Das Werk ist für die Soziologie von großer Bedeutung und gehört zum „konstitutiven internationalen Gemeingut" dieser Wissenschaft (Käsler 1978: 140).

3 Organisationstheorie: Webers Bürokratiemodell

Vor allem in seinem Werk „Wirtschaft und Gesellschaft" (Weber 1976) und in dem Aufsatz „Über einige Kategorien der verstehenden Soziologie" (Weber 1988h) sind die Forschungsergebnisse zu finden, die ihn zum Klassiker der Organisationstheorie machen. Zwar liegt *Webers* Hauptaugenmerk weniger auf Verbänden im heutigen Sinne denn auf der öffentlichen Verwaltung. Allerdings konstatiert er, dass die Organisationsprinzipien, die er entwirft, auch gesellschaftliche Akteure wie Unternehmen und Interessengruppen auszeichnen. Kennzeichnend ist für ihn weiter, dass sich sein Erkenntnisinteresse auf die innere Ordnung von Organisationen richtet. Es wird also nicht auf das Verhältnis zwischen dem Staat und den Interessengruppen eingegangen, sondern die interne Organisationssystematik von Herrschaftsverbänden thematisiert. *Weber* ist in dem Sinne als Klassiker der Verbändeforschung zu verstehen, als dass er der Organisationsforschung zentrale Impulse verliehen hat. Deswegen wird im Weiteren das Bürokratiemodell *Webers* geschildert und im nachfolgenden Teil IV die Kritik und Rezeption hieran aufgezeigt. Zunächst wird allerdings erläutert, was *Weber* unter einem Verband, einer Anstalt und einem Verein verstanden hat.

3.1 Terminologie

Es finden sich zwei Definitionen, einmal nach dem Kategorienaufsatz (Weber 1988h: 441-474, besonders 466-470) und zum anderen nach dem Aufsatz „Soziologische Grundbegriffe" (1976: 26-30). Aus Gründen der Übersichtlichkeit wird im Folgenden nur die Begriffsfindung des zuletzt genannten Titels erläutert.[5] Hiernach soll eine nach „außen regulierend beschränkte oder geschlossene soziale Beziehung" dann Verband heißen, „wenn die Innehaltung ihrer Ordnung garantiert wird durch das eigens auf deren Durchführung eingestellte Verfahren bestimmter Menschen: eines Leiters und, eventuell, eines *Verwaltungsstabes*, der gegebenenfalls normalerweise zugleich Vertretungsgewalt hat" (Weber 1976: 26, Herv. im Original). Für *Weber* hängt die Existenz eines Verbandes davon ab, ob Weisungen bindend durchgesetzt werden können. Sollte diese Chance nicht bestehen, existiert im *Weberschen* Sinne zwar eine soziale Beziehung, aber kein Verband (Weber 1976: 26). *Weber* exemplifiziert, dass ein auf die „*Erzwingung* abgestelltes Handeln" nötig sei (Weber 1976: 26, Herv. im Original). Die Ordnung innerhalb eines Verbandes muss soweit verfestigt sein, dass sie auch bei einem Wechsel der Personen nicht ihre Geltung verliert. Die gesatzten Ordnun-

---

[5] Vgl. zu Unterschieden Fitzi 2004: 76-81, 113-120.

gen können entweder durch freie Vereinbarung oder durch Oktroyierung zustande kommen. Hinsichtlich der Geltungskraft der Satzung eines Verbandes wird deutlich, dass die Ordnung eines Verbandes für Personen entweder Geltung beanspruchen kann, weil diese freiwillig beigetreten sind oder weil sie kraft objektiver Tatbestände in den Geltungsraum des Verbandes fallen. Letzteres ist der Fall, wenn bestimmte Kriterien wie die Anwesenheit, die Gebürtigkeit oder Vornahme gewisser Handlungen gelten (Weber 1976: 27).

Für die Definition der weiteren Begriffe ist entscheidend, dass *Weber* den Begriff des Verbandes als Oberbegriff für die Idealtypen des Zweckvereins und der Anstalt verwendet. Eine Anstalt ist für *Weber* ein Verband, „dessen gesatzte Ordnungen innerhalb eines angebbaren Wirkungsbereiches jedem nach bestimmten Merkmalen angebbaren Handeln (relativ) erfolgreich oktroyiert werden kann" (Weber 1976: 28). Ein Verein unterscheidet sich hiervon dadurch, dass die vereinbarte Satzung nur für die freiwillig beteiligten Personen Geltung beanspruchen kann. Gemeinsam haben Verein und Anstalt, dass sie sich durch „*rational[e]* (planvolle) Satzungen" auszeichnen (Weber 1976: 28, Herv. im Original). Einer Interessengruppe im heutigen Sinne würde in *Webers* Terminologie demnach ein Zweckverein am ehesten entsprechen. In seiner Herrschaftssoziologie geht *Weber* der Frage nach, aus welchem Grunde die Mitglieder des Verwaltungsstabes bzw. die von dem Handeln des Verbandes betroffenen Personen dem Leiter des Verbandes Folge leisten.[6]

3.2 Kontext der Herrschaftstypen

Jede dauerhafte Herrschaft in einem Verband benötigt nach *Weber* neben den zweckrationalen, affektuellen und durch Gewöhnung bedingten Motiven zur Herstellung einer stabilen Beziehung auch einen „Glauben an ihre ‚Legitimität'" (Weber 1976: 122). Die Ordnung muss von den Mitgliedern als rechtens anerkannt werden. Das gilt für alle Organisationen im weitesten Sinne. Entscheidend ist, dass dies die Ausgangsfragestellung seiner drei Herrschaftstypen ist. Zur Beantwortung entwirft *Max Weber* dementsprechend drei Idealtypen, die in der Empirie nicht in reiner Form, sondern nur in Vermengung und Vermischung anzutreffen sind.[7] Die Art der Motive, durch die der Verwaltungsstab an den

---

[6] Der Fokus liegt auf der Beziehung zwischen dem Leiter und den Personen des Verwaltungsstabes (Weber 1976: 122).
[7] Dieses Vorgehen ist für den Leser voraussetzungsvoll, da *Weber* eine spezielle Methodik anwendet. Deswegen folgen einige Hinweise, was *Weber* mit einem Idealtypus gemeint hat: Zunächst ist bedeutsam, dass die Idealtypen *Weber* als methodisches Werkzeug dienen, aber selbst nicht das Ziel verfolgen, die Realität abzubilden: „Zu glauben: die historische Gesamtrealität lasse sich in das [...]

Herrn gebunden wird, bestimmt den Typus der Herrschaft (Weber 1976: 122).
Hierbei konstruiert *Weber* einen traditionalen und einen charismatischen Herr-
schaftstyp, bei denen die Legitimität auf dem „Alltagsglauben an die Heiligkeit
von jeher geltender Traditionen" resp. auf der „außeralltäglichen Hingabe an die
Heiligkeit oder die Heldenkraft oder die Vorbildlichkeit einer Person" beruht
(Weber 1976: 124). Zum Klassiker der Organisationslehre machen *Max Weber*
jedoch seine Ausführungen zum legal-rationalen Herrschaftstypus, in dem die
Legitimitätsgeltung durch den „Glauben an die Legalität gesatzter Ordnungen
und des Anweisungsrechts der durch sie zur Ausübung der Herrschaft Berufe-
nen" generiert wird (Weber 1976: 124). Daher wird im Folgenden dieser Idealtypus exemplifiziert.[8]

Ein zentrales Motiv bei der Konstruktion dieses Typus war, dass Legitimität
durch formale Rationalität entsteht, dass also das Verwaltungshandeln nach bestimmten Regeln verfährt. „Der einzelne Träger der Befehlsgewalt ist dann durch
jenes System von rationalen Regeln legitimiert und seine Gewalt soweit legitim,
als sie jenen Regeln entsprechend ausgeübt wird" (Weber 1976: 549-550). Legitimität entsteht durch Verfahrensrationalität. Entscheidend ist, dass „ohne Ansehen der Person" (Weber 1988i: 476) und mit einer „regelgebundenen, kühlen
‚Sachlichkeit'" (Weber 1976: 565) gehandelt wird. Ein Aspekt von zentraler
Bedeutung ist, dass der Gehorsam den Regeln und nicht der Person gegenüber
geleistet wird (Weber 1976: 550). *Max Weber* versuchte mittels der Organisationsstruktur eine „entmenschlichte" Ordnung zu schaffen, was diesen Idealtypus
fundamental von den beiden anderen Herrschaftstypen unterscheidet. Der nächste Schritt der Argumentationsführung lautet, dass es verschiedene Möglichkeiten
gäbe, eine solche Ordnung durchzusetzen, der reinste Typus sei jedoch in der
bürokratischen Organisation zu finden (Weber 1976: 126). In den Mittelpunkt
der Betrachtung gelangt, dass ein spezifischer Verwaltungsstab notwendig ist,
damit sich diese Ordnung umsetzen lässt. Denn: „Jede Herrschaft äußert sich und
funktioniert als Verwaltung" (Weber 1976: 545).

Begriffsschema einfangen, liegt hier so fern wie möglich" (Weber 1976: 124). Idealtypen stellen
nach *Max Weber* auch nicht das Gattungsmäßige eines empirischen Phänomens dar, sondern über-
treiben spezifische Elemente, um zu klaren Begriffen zu gelangen. „In seiner begrifflichen Reinheit
ist dieses Gedankenbild nirgends in der Wirklichkeit empirisch vorfindbar, es ist eine Utopie, und
für die historische Arbeit erwächst die Aufgabe, in jedem einzelnen Falle festzustellen, wie
nah oder wie fern die Wirklichkeit jenem Idealbilde steht [...]" (Weber 1988e: 191, Herv. im Original). Nach *Weber* enthält ein Idealtypus noch nicht selber Hypothesen über die Empirie, soll aber
dazu dienen, diese zu generieren (Weber 1988e: 190). Es entsprach also nicht seiner Intention, die
Realität abzubilden, sondern ein heuristisches Werkzeug zum Verständnis derselben zu liefern.
Weitere Hinweise zur Methodik finden sich u.a. bei Käsler 1978: 142-162, Mommsen 1974c, Schöllgen 1998: 30-45.
[8] In *Webers* Gesamtwerk bestehen bekanntlich drei Versionen dieses legal-rationalen Herrschaftstypus: 1. Weber 1976: 124-130, 2. Weber 1976: 551-579 und 3. Weber 1988i: 475-478.

Max Weber

3.3 Merkmale der bürokratischen Organisation

Nicht zu übersehen ist, dass *Weber* die Kriterien dieser idealtypischen Organisationsform nicht völlig abgetrennt von der Empirie, sondern durch das Studium der preußisch-deutschen Verwaltungsorganisation ermittelt hat und dabei auf die Studien *Gustav von Schmollers* (1894, 1898) zurückgreifen konnte (Derlien 1989: 322-323; Tyrell 1981: 41-42; Weber 1976: 124, 562). Der bürokratische Verwaltungsstab zeichnet sich durch folgende Merkmale aus (hierzu Weber 1976: 124-130, 551-579):

Die Mitglieder sind zunächst persönlich frei und gehorchen nur ihren Amtspflichten. Sie besitzen die Fachqualifikation, um die Regeln der gesatzten Ordnung anzuwenden und haben ihre Eignung durch entsprechende Fachprüfungen bewiesen. *Weber* konstatiert, dass die Facheinschulung bis zum Ende des dritten Lebensjahrzehnts dauern könne. Die bürokratische Organisation beruht auf dem Prinzip „Herrschaft kraft *Wissen*" (Weber 1976: 129, Herv. im Original), da sich die Beamten spezialisieren. Die Tätigkeit innerhalb der Behörde wird im Gegensatz zu den anderen beiden Herrschaftstypen nicht durch das persönliche Verhältnis zum Herrn, sondern durch die unpersönlichen Regeln bestimmt. Auch der jeweils Herrschende, kraft Appropriation oder Wahl, hat sich an die Regeln zu halten. Die Beamten arbeiten in fester Amtshierarchie und besitzen Amtskompetenzen, d.h. Zuständigkeitsbereiche. Es bestehen also ein geregelter Instanzenzug innerhalb des Herrschaftsapparates und die Möglichkeit zur Berufung bzw. zur Beschwerde. Die Beamten arbeiten ferner kraft Kontrakts, sind hauptberuflich und lebenslänglich angestellt und erhalten ein festes Gehalt, was externe Einflussfaktoren auf ihr Verhalten mindern soll. Die Beförderung wird durch Leistung oder Amtsalter bestimmt. Das Büro ist nicht mehr gleichzeitig die Privatbehausung der Beamten. Die Verwaltungsmittel gehören nicht dem Beamten wie im Falle der ständischen Herrschaftsform, einem Untertypus der traditionalen Herrschaft. Die Amtsführung beruht auf der Verschriftlichung der wesentlichen Vorgänge. Durch diese idealtypischen Prinzipien soll gewährleistet werden, dass der Herrschaftsapparat „sine ira et studio" agiert, und Verwaltungshandeln bedeutet, dass gesatzte Regeln ihre Anwendung finden.

Bisher wurde beschrieben, dass *Weber* die Kriterien dieses rationalen Herrschaftstypus hinsichtlich Legitimitätsgenerierung durch regelgebundenes Verhalten ermittelt hat. Ein zweiter Gesichtspunkt tritt hinzu, der in der Sekundärliteratur das weitaus größte Interesse hervorgerufen hat: die sogenannte *Webersche* Effizienzthese. Einige Textstellen weisen darauf hin, dass er der bürokratischen Organisationsform eine prinzipielle Überlegenheit zugesprochen hat. *Weber* schreibt etwa: „Die rein bureaukratische, also: die bureaukratisch-monokratische aktenmäßige Verwaltung ist nach allen Erfahrungen die an Präzision, Stetigkeit,

Disziplin, Straffheit und Verlässlichkeit, also: Berechenbarkeit für den Herrn wie für den Interessenten, Intensität und Extensität der Leistung, formal universeller Anwendbarkeit auf alle Aufgaben, rein *technisch* zum Höchstmaß der Leistung vervollkommenbare, in allen diesen Bedeutungen: formal *rationalste*, Form der Herrschaftsausübung" (Weber 1976: 128, Herv. im Original). An anderer Stelle erwähnt *Weber* die „rein *technische* Überlegenheit über jede andere Form" (Weber 1976: 561, Herv. im Original). „Ein voll entwickelter bürokratischer Mechanismus verhält sich zu diesen genau wie eine Maschine zu den nicht mechanischen Arten der Gütererzeugung" (Weber 1976: 561). Präzision, Schnelligkeit, Eindeutigkeit, Aktenkundigkeit, Kontinuierlichkeit, Diskretion, Einheitlichkeit, straffe Unterordnung, Ersparnisse an Reibungen, sachlichen und persönlichen Kosten, seien bei streng bürokratischer, speziell: monokratischer Verwaltung durch geschulte Einzelbeamte gegenüber allen kollegialen oder ehren- und nebenamtlichen Formen auf das Optimum gesteigert (Weber 1976: 561-562). Damit erscheint die bürokratische Organisation, ein „Machtmittel allerersten Ranges" (Weber 1976: 570), als die rationalste Form zur Durchsetzung eines beliebigen Zweckes. Aus diesen Zitaten kann abgelesen werden, dass bei *Weber* auch effizienzorientierte Gesichtspunkte – obgleich er das Wort „Effizienz" nicht gebraucht (Derlien 1989: 326) – eine Rolle spielen. Ebenso wie die Rationalität in der rational-legalen Herrschaft als das formale, regelgeleitete und systematische Handeln der Akteure verstanden werden kann, kann es auch im Sinne der outputorientierten Zweckrationalität als die Ausrichtung einer Organisation auf einen obersten Zweck gedeutet werden.

3.4 Kontrasttypen

Um die Eigenheiten dieses Herrschaftstypus zu erkennen, ist es hilfreich, ihn mit den anderen beiden Typen zu kontrastieren: In der traditionalen Herrschaftsform besteht der Verwaltungsstab aus persönlich Abhängigen oder aus Verwandten und persönlichen Freunden des Herrn (Weber 1976: 130-140). *Weber* unterscheidet die Formen der ständischen und der patriarchalen (bzw. patrimonialen und sultanistischen) Struktur der Verwaltung. In der ersten Variante werden die Personen wie im Lehnswesen kraft „Eigenstellung" mit dem Amt beliehen. Die Verwaltungsmittel sind teilweise oder vollkommen in der Hand des Verwaltungsstabes, und die Machtstellung des Herrn beruht lediglich auf einem persönlichen Treuebund (Weber 1988f: 510). In der zweiten Variante befinden sich die Mitglieder des Verwaltungsstabes in vollkommener Abhängigkeit gegenüber dem Herrn. Eine Auslese nach den fachlichen Qualifikationen findet in beiden Fällen nicht statt. Insoweit das Herrschaftshandeln nicht durch überkommene

Normen festgelegt ist, besteht in der traditionalen Herrschaft die Willkür des Herrn. „Nicht sachliche Amtspflicht und Amtsdisziplin, sondern persönliche Dienertreue beherrscht die Beziehungen des Verwaltungsstabes" (Weber 1988i: 478-479). Auch der bürokratische Begriff der Kompetenz findet in der traditionalen Herrschaft keine Anwendung (Weber 1988i: 478); es findet keine Spezialisierung statt. In der charismatischen Herrschaftsform fehlt in der Durchsetzung der Herrschaft jede Orientierung an regelgeleitetem Verhalten (Weber 1976: 140-142). Es werden keine Beamten aufgrund ihrer Kompetenz eingestellt, sondern Jünger kraft ihres Glaubens an die außeralltägliche Gnadengabe des Führers. Allein die emotionale Bindung ist entscheidend. Diese Bemerkungen verdeutlichen, wie scharf die vorbürokratische der bürokratischen Herrschaftsform gegenübergestellt wird. Gerade durch diesen Vergleich schälen sich die Spezifika des legal-rationalen Herrschaftstypus heraus.

3.5 Relevanz der Organisationsform

Bedeutung hat *Max Weber* erlangt, weil er dieser bürokratischen Organisationsform eine Fähigkeit zur „universale[n] Anwendung" zugesprochen hat (Weber 1976: 126). Nach *Weber* steige der Anteil der bürokratischen Herrschaftsformen überall (Weber 1988i: 477). Er sprach von der „objektive[n] Unentbehrlichkeit" dieser Ordnung (Weber 1976: 570). Entscheidend für diese Ausarbeitung ist, dass er ihr nicht nur für die öffentliche Verwaltung Relevanz beimisst, sondern auch für andere Organisationen: „Diese Ordnung ist im Prinzip in erwerbswirtschaftlichen oder karitativen oder beliebigen anderen private ideelle oder materielle Zwecke verfolgenden Betrieben und in politischen oder hierokratischen Verbänden gleich anwendbar und auch historisch (in mehr oder minder starker Annäherung an den reinen Typus) nachweisbar" (Weber 1976: 127). Die gesamte Entwicklung der modernen Verbandsformen, egal ob Staat, Kirche, Heer, Partei, Wirtschaftsbetrieb, Interessentenverband oder Verein ist nach *Weber* gleichzusetzen mit der Entwicklung und der stetigen Zunahme der bürokratischen Verwaltung (Weber 1976: 128). Allerdings sah *Max Weber* den Prozess der Bürokratisierung auch kritisch, weil immer die Frage bestand, wie eigenmächtig diese durch die Wissens-Asymmetrien gegenüber dem Führungspersonal wird (Weber 1988j; Mommsen 1989). *Weber* hat sehr wohl erkannt, dass das Verhältnis zwischen der Führung und dem Verwaltungsstab das „Principal-Agent-Problem" (Neuburger/Picot 1995) impliziert, wenn er formuliert: „Stets ist die Frage: *wer beherrscht* den bestehenden bureaukratischen Apparat? Und stets ist seine Beherrschung dem *Nicht-*Fachmann nur begrenzt möglich: der Fach-Geheimrat ist dem Nichtfachmann als Minister auf die Dauer meist überlegen in der Durchsetzung seines Willens" (Weber 1976: 128-129, Herv. im Original).

4   Rezeption und Kritik

Max Weber wird gegenwärtig zu den Begründern der Organisationstheorie gezählt.[9] Über einen langen Zeitraum war *Max Webers* Bürokratiemodell ein Referenzmodell für empirische und konzeptionelle Forschungsvorhaben innerhalb der Organisationsforschung (Gmür 2004: 116). *Wolfgang Schluchter* spricht gar von einer „fast zwanghafte[n] Orientierung" an *Weber* (Schluchter 1972: 18). Unter dem Stichwort „Bürokratie" führten *Constans Seyfahrt* und *Gert Schmidt* (1977) in ihrer Weber-Bibliographie 108 Referenzen an. Bemerkenswert ist, dass die allgemeine Rezeption *Webers* weder zu seinen Lebzeiten noch unmittelbar nach seinem Tode besonders stark war, sondern erst einige Zeit nach dem Zweiten Weltkrieg in Schwung kam. Der Anstoß kam dafür weniger von der deutschen als von der internationalen Soziologieforschung; vor allem *Talcott Parsons* rief *Weber* mit seinen zahlreichen Schriften (etwa 1968) wieder ins öffentliche Bewusstsein (Käsler 2000: 206-207).[10] Für die Wirkung *Webers* hinsichtlich der Organisationsforschung ist entscheidend, dass er zur „Versachlichung" des wertbesetzten Begriffes der Bürokratie beitrug; seine Darstellung ging in die Fachsprache der Sozialwissenschaften ein (Wunder 1992: 80). *Weber* inspirierte Generationen von Forschern, die sich mit organisationsstrukturellen Fragen beschäftigten. Dabei wurden derart verschiedene Aspekte thematisiert – oftmals diente *Weber* nur als Stichwortgeber –, dass hier nur auf ausgewählte Punkte eingegangen werden kann.

4.1 Kriterien und Kohärenz des Idealtypus

Bei den Analysen, die sich explizit auf *Weber* beziehen, besteht Uneinigkeit, nach welchen Kriterien dieser Idealtypus der Bürokratie konzipiert wurde. Ein großer Teil der Literatur konstatiert ein in sich geschlossenes Zweckmodell, d.h. es wird angenommen, dass *Weber* die Mittel zur rationalen Durchsetzung eines

---

[9] Nach dem Drei-Phasen Schema von *Richard W. Scott* (1961), das in die klassische, die neoklassische und die moderne Organisationstheorie unterteilt, wird *Weber* der ersten Phase zugerechnet (Schreyögg 2004: 1070-1071).
[10] Die aktuellste Max-Weber-Bibliographie von *Alan Sica* (2004), die sich hauptsächlich auf den angelsächsischen Sprachraum bezieht, ist 334 Seiten stark.

beliebigen Zweckes beschreibt. So legt *Renate Mayntz* in einem vielbeachteten Aufsatz dar, dass *Weber* den Idealtypus der Bürokratie so konstruiert habe, dass er die wirksamste Herrschaftsausübung zulasse (Mayntz 1971: 28). So wird der Idealtypus im Sinne der objektiven „Richtigkeitsrationalität" *Webers* verstanden: Auf ein gegebenes Ziel werden die objektiv richtigen Mittel zu dessen Erreichung formuliert. *Hartmann Tyrell* ist hingegen der Auffassung, dass *Weber* nicht in erster Linie einen solchen abstrakten zweckorientierten Typus beschrieben habe. Nach seiner Interpretation sind die Kriterien zusammengestellt nach „*abstrahierenden* und tendenziell ‚theoretischen' *Gesichtspunkten*, die ihrerseits dem *Vergleich* und der *Kontrastierung* der modernen Bürokratie mit historisch älteren bzw. strukturell alternativen Verwaltungsformen der Moderne abgewonnen sind" (Tyrell 1981: 42, Herv. im Original). Es wird bestritten, dass *Weber* im Sinne der Herrschaftsdurchsetzung ein maximal effizientes Organisationssystem deduktiv konstruieren wollte und stattdessen betont, dass der primäre Aspekt im *Weberschen* Rationalitätsverständnis in der Systematisierung, Methodisierung und Vereinheitlichung liegt (Tyrell 1981; ähnlich auch Breuer 1990). Ein zweiter Punkt betrifft ebenfalls die Konstruktion des Idealtypus: Was irritierend wirken muss, sind die *Weberschen* generalisierenden Bemerkungen über das Fortschreiten der Bürokratisierung. Wenn er von der universalen Anwendung der bürokratischen Organisationsform spricht, bewegt er sich innerhalb von empirischen Beobachtungen, die entgegen der angewandten Methode wohl als Hypothesen über die Empirie verstanden werden müssen. Der ungewisse Status des Idealtypus – weder deduktiv noch unter systematischem Einbezug empirischer Daten hergeleitet – führt nach der Auffassung von *Carl J. Friedrich* zu „methodologischer Konfusion"[11] (Friedrich 1986: 28).

4.2 Legitimität durch rationale Verfahren?

Ein weiterer zentraler Kritikpunkt besteht darin, dass Legitimität des Handelns der Führungspersonen in einer Organisation nicht allein durch rationale Verfahren hergestellt wird. Kritisiert wird, dass Normen bzw. Handlungsvorgänge noch nicht deswegen Geltung erreichen, weil sie einem bestimmten Verfahren entsprungen sind. So konstatiert *Richard Münch*: „Der Glaube an die Legitimität der formell korrekt gesatzten Normen und der formell korrekt getroffenen Entscheidungen ist weit davon entfernt, eine Erklärung ihrer faktischen Geltung zu geben; er ist vielmehr selbst der zu erklärende Tatbestand" (Münch 1976: 65). In der Diskussion wird dabei kontrovers diskutiert, ob aus Legalität schon Legitimi-

---

[11] Übersetzung durch die Verfasser.

tät entstehe. Beachtet werden sollte jedoch, dass bei *Weber* Legitimität in Organisationen durch die drei Herrschaftstypen zusammen generiert wird (weitere Diskussion bei Karsten 1961; Münch 1976: 58-78; Mommsen 1974b: 478-483; Winckelmann 1952).

4.3 Empirische Überprüfungen bürokratischer Strukturen

Entscheidend ist, dass ein Idealtypus die Realität nicht abzubilden beabsichtigt, sondern als Werkzeug zum Wirklichkeitsverständnis dienen soll. Wenn *Derek S. Pugh* und *David J. Hickson* nach einer empirischen Untersuchung behaupten, dass die Auffassung von dem *einen* bürokratischen Typus nicht länger brauchbar ist, weil dieser in der Realität nicht vorfindbar sei (Hickson/ Pugh 1971: 91), dann zeigt dies, dass der methodologische Status des Idealtypus verkannt wurde. Gleichwohl ein Teil der *Weber*-Kritik auf diese Weise zurückgewiesen werden kann, sind die Forschungsergebnisse, die aus der Verwechslung des Idealtyps mit einem Realtyp entstanden sind, äußerst fruchtbar (Kieser 1999: 62). Zum einen wurde untersucht, inwieweit Organisationen faktisch bürokratisch organisiert sind und zum anderen, inwieweit die Elemente korrelieren (zu den Variablen: Beck/ Walgenbach 2004). Bemerkenswert ist, dass sich die Untersuchungen zumeist auf größere Unternehmen beziehen. Inwieweit Interessengruppen bürokratische Strukturen aufweisen, wurde bisher kaum erforscht.

Richard Hall hat etwa herausgefunden, dass die Ausprägungen der bürokratischen Merkmale in der Empirie nicht in dichotomer Form, sondern – wie erwartet – auf einem Kontinuum zu verzeichnen sind; hinsichtlich der Korrelation variierten die Merkmale unabhängig voneinander (Hall 1971: 78). Die einflussreichen Untersuchungen der Aston-School unter *Derek S. Pugh* (Pugh u.a. 1968; Pugh u.a. 1969) zeigen, dass sich die bürokratischen Elemente in der Empirie nur eingeschränkt nachweisen lassen. Weitere Studien (Blau/ Schoenherr 1971; Scott 1975; Kimberly 1976) betonen den Zusammenhang zwischen der Ausprägung der bürokratischen Elemente und der jeweiligen Organisationsgröße sowie der Technologie (Gmür 2004: 118). Die Untersuchungen hinsichtlich der empirischen Korrelation der bürokratischen Elemente haben ergeben, dass Organisationen nicht mehr oder minder bürokratisch organisiert sind, sondern sich viele verschiedene Arten von Organisationen feststellen lassen (Kieser 1999: 62). Allerdings ist zu betonen, dass *Weber* niemals eine empirische Regelmäßigkeit der Elemente behauptet hat (Mayntz 1971: 31).

Es lässt sich konstatieren, dass *Max Weber* eine gesellschaftliche Beobachtung – zu Beginn des 20. Jahrhunderts war der Trend zur Zentralisierung und Systematisierung in den großen Organisationen evident – in einen Idealtypus transformiert hat. Allerdings ist gerade in den letzten Jahrzehnten ein gegenläufiger Prozess zur „Dezentralisierung, Diffusion, Enthierarchisierung" und das Entstehen „netzwerkförmiger, flüssiger Organisationsstrukturen" zu beobachten (Kocka 2004: 1060), so dass sich bezweifeln lässt, ob der Idealtyp *Webers* gegenwärtig noch das geeignete Werkzeug ist, um die Empirie zu analysieren. Zwar verliert ein Idealtypus nie ganz seinen Wert, da das Feststellen der Abweichung der Realität vom Idealtyp schon seinen Bestand rechtfertigt. Wenn allerdings die „‚Adäquanz' zu empirischen Sachverhalten" (Käsler 1978: 151) zu sehr verloren geht, lässt sich fragen, ob der Idealtypus seine erkenntnisleitende Funktion noch erfüllt. Auch *Weber* war diesem Gedanken nicht verschlossen. Er betont, dass die Bildung immer neuer idealtypischer Konstruktionen unvermeidlich sei, da die Vergänglichkeit im Wesen der fortschreitenden Wissenschaft liege (Weber 1988e: 206). Allerdings sollte nicht unterschlagen werden, dass auch in flexibleren Organisationen Regeln notwendig sind, damit individuelles Verhalten aufeinander abgestimmt werden kann. Dieses zentrale Element des *Weberschen* Idealtypus findet sich damit auch in gegenwärtigen Organisationen wieder.

4.4 Effizienz der bürokratischen Strukturen

Als weitere Frage wurde untersucht, inwieweit bürokratisch strukturierte Organisationen effizient sind. Kennzeichnend ist, dass das Bürokratiemodell nicht mehr im komparativen Kontext der anderen Herrschaftstypen betrachtet, sondern gefragt wurde, ob eine bürokratische Struktur unter allen Bedingungen effizient ist. Dabei wurde konstatiert, dass dies von den jeweiligen Aufgaben und der Umwelt abhängt (Müller 1978): Je komplexer die Aufgaben sind und je ungewisser die Zweck-Mittel-Beziehungen, desto eher scheinen flexible Verhaltensweisen und Organisationsstrukturen vorteilhaft. *Eugene Litwak* hat für solche Aufgaben ein unterschiedliches Modell entwickelt: „Kurz, wo Organisationen mit ungleichförmigen Vorgängen zu tun haben, wird ein Bürokratiemodell effizienter sein, das sich von dem *Weberschen* zumindest in sechs Punkten graduell unterscheidet: horizontale Autoritätsverteilung, minimale Spezialisierung, Vermengung von organisationspolitischen und administrativen Entscheidungen, geringe Abgrenzung der Pflichten und Privilegien eines bestimmten Amtes a priori, mehr persönliche Beziehungen und ein Minimum an allgemeinen Regeln" (Litwak 1971: 119-120). Diese Modifizierung setzt in der internen Logik des *Weberschen* Idealtypus an und postuliert, dass die Zweckrationalität nur durch die Angabe von weiteren Faktoren hinsichtlich der Aufgabe und des Umfeldes zu bestimmen sei. Welches die richtigen Mittel im Hinblick auf ein gegebenes Ziel sind, ist demnach unterschiedlich. Auch weitere Studien (Burns/ Stalker 1961; Lawrence/

Lorsch 1967) betonen, dass bürokratische Organisationen im Vergleich Aufgaben nur dann effizienter bewältigen können, wenn die Bedingungen stabil und wenig komplex seien. Dem bürokratischen Idealtypus wird ein Modell von organischen Organisationsstrukturen (Burns/ Stalker 1961: 119-122) bzw. ein Human-Relations-Modell (Litwak 1971: 122) entgegengesetzt. In der Betriebswirtschaftslehre hat der Kontingenzansatz die Perspektive darauf gelenkt, dass die Effizienz einer Organisationsstruktur von den situativen Faktoren abhängig ist (Ebers 2004).

Der Human-Relations-Ansatz hat ferner in Abgrenzung zu *Weber* betont, dass zur Produktivitätssteigerung nicht nur die Struktur einer Organisation, sondern auch die sozio-emotionalen Beziehungen eine große Rolle spielen und hat damit die Aufmerksamkeit auf die informellen Komponenten einer Organisation (generell: Lang 2004) gelenkt. Daran schließt sich in der organisationstheoretischen Diskussion der Human-Ressourcen-Ansatz an, in dem festgestellt wurde, dass die traditionelle Organisationsgestaltung mit ihrer „Logik des Regelgehorsams" die Menschen daran hindere, Initiative und Verantwortungsbewusstsein zu entwickeln (Schreyögg 2004: 1074). Unter dem Gesichtspunkt der Motivation wurden Strukturen entwickelt, die individuelle Bedürfnisbefriedigung und ökonomische Zielerreichung besser zusammenführen (Schreyögg 2004: 1074). In diesem Zusammenhang hat sich der Terminus der „postbürokratischen Organisation" entwickelt (Heckscher 1994). Sukzessiv ändert sich hierbei jedoch – das ist ausdrücklich zu betonen – die Ausgangsperspektive: Während *Weber* durch die Regelgebundenheit des Handelns Legitimität erzeugen und ein Höchstmaß an formaler Rationalität – womit die Einhaltung eines Verfahrens zur Durchsetzung einer Herrschaft gemeint ist – erreichen wollte, wird nun die Optimierung der Produktivität betrachtet. Informelle Komponenten in Organisationen waren *Weber* sicherlich bekannt: nur sollten diese idealtypisch ausgeschlossen werden, damit das Verhalten die angestrebte Unpersönlichkeit erhält.

4.5 Erweiterung und Verschiebung der Bewertungs-Kriterien

Die Bedeutung des bürokratischen Idealtypus wird deutlich, wenn die umfangreiche Rezeption nach den unterschiedlichsten Gesichtspunkten betrachtet wird (etwa: Albrow 1970: 50-66; As-Saber 1994; Bruckmeier 1988: 23-75; Corpuz 1957; Diamant 1962; Dörenbach 1983; Gmür 2004; Grunow/Hegner 1977: 49-59; Müller 1978: 20-30). Insgesamt ist in der Rezeption eine Verschiebung der Fragestellung zu beobachten. Dabei wurden sukzessiv nachgeordnete Kriterien einbezogen, etwa wie bürgerfreundlich die *Webersche* Bürokratie ist, welche Innovationskraft sie besitzt, inwieweit die Umweltanpassung möglich ist oder wie motivierend diese Organisationsstrukturen auf die Mitarbeiter wirken. Es wurde konstatiert, dass eine bürokratisch geprägte Organisation Dysfunktionen zur Folge hat. *Robert K. Merton* beklagt zum Beispiel, dass die Regeln zunehmend nicht mehr im Hinblick auf deren Zweck interpretiert werden, sondern Eigengewicht erlangen würden, was er unter den Begriff der Zielverschiebung fasst (Merton 1971: 268-269). Einzelne Abteilungen würden zum Ressortegoismus und zur Herausbildung von Subkulturen neigen (Gmür 2004: 118). Ferner wird kritisiert, dass eine bürokratische Organisation zu wenig flexibel und anpassungsfähig sei (As Saber 1994: 97-100). Was *Weber* unter dem Gesichtspunkt der Erzielung von berechenbarem Verhalten konzipierte, wird nun als Methodismus oder Dekonditionalisierung bewertet. Es wurde beklagt, dass die Regeln unabhängig von der situativen Angemessenheit angewendet werden, sich also die Regeln von den Zielen entkoppeln. Weiter wird konstatiert, dass zur Funktionsfähigkeit einer Organisation nötig sei, dass formale durch informale Regeln ergänzt werden. Dies wird dann besonders deutlich, wenn in Frankreich im Rahmen eines „Bummelstreiks" viele Sektoren der öffentlichen Verwaltung dadurch lahm gelegt werden, dass exakt nach den vorgegebenen Regeln gehandelt wird (Crozier 1971: 279; Heckscher 1994: 21). Von diesen problematischen Aspekten einer Bürokratie hat *Weber* sicherlich gewusst (Derlien 1989: 325), nur hat er in der idealtypischen Konstruktion von ihnen abstrahiert.

Auch unter ethischen Gesichtspunkten wurde vielfach kritisiert, dass bürokratische Strukturen zu einer Deindividualisierung bzw. zu einer Deformierung der Menschen führen (Presthus 1962; Whyte 1956). Die Palette an Kritik, die in dieser Hinsicht an *Max Webers* Bürokratiemodell geäußert wurde, reicht sogar bis zu der spezifisch feministischen Perspektive, nach der Rationalität, Hierarchie und Aufgabenteilung als männliche Wertvorstellungen betrachtet werden, die nicht zu weiblichen Vorstellungen von Emotionalität, Gleichheit und Solidarität passen (Ferguson 1984; Calás/ Smircich 1996). Wie man auch immer zu dieser Kritik steht, im Hinblick auf *Webers* Idealtyp ist sie irrelevant. Ausdrücklich hat *Weber* darauf hingewiesen, dass ein Idealtyp nicht ein persönliches Bekenntnis abbildet und nicht mit einem vorbildlichen Typ zu verwechseln sei (Weber 1988e: 199-200), sondern lediglich eine heuristische Funktion einnimmt.

Aus systemtheoretischen Überlegungen wurde konstatiert, dass *Webers* Zweckmodell nicht geeignet ist, um langfristig das Ziel der Systemerhaltung zu gewährleisten. *Niklas Luhmann* konstatiert, dass der Befehl viel zu unterkomplex sei, um den Voraussetzungen der Erhaltung und Rationalisierung gerecht zu werden (Luhmann 1971: 46). Nicht jede Umweltanpassung könne von zentraler Ebene bzw. nach Amtshierarchie gelenkt werden; stattdessen müsse Lernfähigkeit auch auf unterer Ebene vorausgesetzt werden (Luhmann 1971: 44). Entscheidend ist jedoch, dass diese Überlegungen die sozialen Systeme unter einem anderen Gesichtspunkt betrachten. *Weber* beanspruchte, nur hinsichtlich der Durchsetzung von Herrschaft zweckrational zu sein, nicht aber im Hinblick auf die Erhaltung von Organisationen in komplexen System-Umwelt-Beziehungen (Mayntz 1971: 29). Insofern geht Luhmann weit über die Fragestellung *Webers* hinaus. Ähnliches gilt auch für *Talcott Parsons*, der einen systemtheoretischen Ansatz wählt, der konträr zu *Weber* steht (Parsons 1960a, 1960b).

Abschließend kann – bei aller Diversität der Rezeption – festgehalten werden, dass *Webers* Bürokratiemodell bis heute als Grundstein, als „locus classicus", der strukturellen Organisationsanalyse gilt und infolgedessen den Anstoß für eine Reihe von Forschungsentwicklungen gegeben hat. Zwar schrieb *Max Weber* im Bewusstsein der fortschreitenden Wissenschaft: „Jeder von uns dagegen in der Wissenschaft weiß, dass das, was er gearbeitet hat in 10, 20, 50 Jahren veraltet ist" (Weber 1988a: 592). *Max Weber* hat die „Probe der Zeit" jedoch bestanden. Die zahllosen Referenzen zeigen, dass sein Werk auch über 85 Jahre nach seinem Tode noch eine enorm inspirierende Kraft für Forschungsvorhaben besitzt (etwa jüngst Hebeler 2004).

Literatur:

Albrow, Martin 1970: Bureaucracy, London.

As-Saber, Sharif Nafe 1994: Decline of Weberian Bureaucratic Model: A Review, in: Journal of the Asiatic Society of Bangladesh, Volume 39, No. 2, 93-103.

Beck, Nikolaus/Walgenbach, Peter 2004: Stichwort „Messung von Organisationsstrukturen, in: Schreyögg, Georg/Werder, Axel von (Hrsg.), Handwörterbuch Unternehmensführung und Organisation, 4. Auflage, Stuttgart, Sp. 843-853.

Blau, Peter M. 1963: Critical Remarks on Weber's Theory of Authority, in: American Political Science Review, Volume 57, No. 2, 305-316.

Blau, Peter M./Schoenherr, Richard A. 1971: The Structure of Organizations, London/New York.

Breuer, Stefan 1990: Rationale Herrschaft. Zu einer Kategorie Max Webers, in: Politische Vierteljahresschrift, 31. Jg., Heft 1, 4-32.

Bruckmeier, Karl 1988: Kritik der Organisationsgesellschaft. Wege der systemtheoretischen Auflösung der Gesellschaft von M. Weber, Parsons, Luhmann und Habermas, Münster.

Burns, Tom/ Stalker, George. M. 1961: The Management of Innovation, London.

Calás, Marta B./Smircich, Linda 1996: From "The Woman's" Point of View: Feminist Approaches to Organization Studies, in: Clegg, Stewart R./Hardy, Cynthia/Nord, Walter R. (Hrsg.), Handbook of Organization Studies, London u. a., 218-257.

Corpuz, Onofre D. 1957: Theoretical Limitations of Max Weber's Systematic Analysis of Bureaucracy, in: Philippine Journal of Public Administration, Volume 1, No. 4, 342-349.

Crozier, Michel 1971: Der bürokratische Circulus vitiosus und das Problem des Wandels, in: Mayntz, Renate (Hrsg.), Bürokratische Organisation, 2. Auflage, Berlin/Köln, 277-288.

Derlien, Hans-Ulrich 1989: Die selektive Interpretation der Weberschen Bürokratietheorie in der Organisations- und Verwaltungslehre, in: Verwaltungsarchiv, 80. Band, Heft 3, 319-329.

Diamant, Alfred 1962: The Bureaucratic Model: Max Weber Rejected, Rediscovered, Reformed, in: Heady, Ferrel/ Stokes, Sybil L., Papers in Comparative Public Administration, Ann Arbor, 59-96.

Dörenbach, Wilfried 1983: Von Webers Idealtypus der Bürokratie zu einem evolutionären Ansatz der Organisationsforschung, Informationszentrum Sozialwissenschaft, Standort: UuStB Köln, Signatur: 860106259 (graue Literatur), Bielefeld.

Ebers, Mark 2004: Stichwort „Kontingenzansatz", in: Schreyögg, Georg/ Werder, Axel von (Hrsg.), Handwörterbuch Unternehmensführung und Organisation, 4. Auflage, Stuttgart, Sp. 653-667.

Ferguson, Kathy E. 1984: The Feminist Case against Bureaucracy, Philadelphia.

Fitzi, Gregor 2004: Max Webers politisches Denken, Konstanz.

Friedrich, Carl J. 1986: Some Observations on Weber's Analysis of Bureaucracy, in: Gray, Ailsa P./ Hockey, Barbara/Merton, Robert K./ Selvin, Hanan C. (Hrsg.), Reader in Bureaucracy, New York, 27-33.

Gmür, Markus 2004: Stichwort „Bürokratie", in: Schreyögg, Georg/ Werder, Axel von (Hrsg.), Handwörterbuch Unternehmensführung und Organisation, 4. Auflage, Stuttgart, Sp. 113-122.

Grunow, Dieter/ Hegner, Friedhart 1977: Von der Bürokratiekritik zur Analyse des Netzes bürokratischer Organisationen, in: Leuenberger, Theodor/ Ruffmann, Karl-Heinz (Hrsg.), Bürokratie. Motor oder Bremse der Entwicklung?, Bern/Frankfurt a. M./Las Vegas, 45-79.

Hall, Richard H. 1971: Die dimensionale Natur bürokratischer Strukturen, in: Mayntz, Renate (Hrsg.), Bürokratische Organisation, 2. Auflage, Berlin/Köln, 69-81.

Hebeler, Timo 2004: Moderne Verwaltungsorganisation und moderne Personalentwicklung im Lichte der Herrschaftssoziologie Max Webers, in: Die Verwaltung, 37. Band, Nr. 1, 119-144.

Heckscher, Charles 1994: Defining the Post-Bureaucratic Type, in: Ders./Donnellon, Anne (Hrsg.),The Post-Bureaucratic Organization: New Perspectives on Organizational Change, Thousand Oakes u.a., 14-62.

Heuss, Theodor 1975: Deutsche Gestalten, München.

Hickson, David J./ Pugh, Derek S. 1971: Eine dimensionale Analyse bürokratischer Strukturen, in: Mayntz, Renate (Hrsg.), Bürokratische Organisation, 2. Auflage, Berlin/Köln, 82-93.

Karsten, Alfred 1961: Das Problem der Legitimität in Max Webers Idealtypus der rationalen Herrschaft, Hamburg.

Käsler, Dirk 1978: Max Weber, in: Ders. (Hrsg.), Klassiker des soziologischen Denkens. Zweiter Band: Von Weber bis Mannheim, München, 40-177.

Käsler, Dirk 1997: Der retuschierte Klassiker. Zum gegenwärtigen Forschungsstand der Biographie Max Webers, in: Ders. (Hrsg.), Soziologie als Berufung. Bausteine einer selbstbewussten Soziologie, Opladen, 63-79.

Käsler, Dirk 1998: Max Weber. Eine Einführung in Leben, Werk und Wirkung, 2. Auflage, Frankfurt a.m./New York.

Käsler, Dirk 2000: Max Weber, in: Ders. (Hrsg.), Klassiker der Soziologie. Band I. Von Auguste Comte bis Norbert Elias, München, 190-212.

Kieser, Alfred (Hrsg.) 1999: Organisationstheorien, 3. Auflage, Stuttgart.

Kimberly, John R. 1976: Organizational Size and the Structuralist Perspective: A Review, Critique and Proposal, in: Administrative Science Quarterly, 21. Jg., 571-597.

Kocka, Jürgen 2004: Stichwort „Organisationsstrukturen, historische Entwicklung von", in: Schreyögg, Georg/ Werder, Axel von (Hrsg.), Handwörterbuch Unternehmensführung und Organisation, 4. Auflage, Stuttgart, Sp. 1060-1068.

Lang, Rainhart 2004: Stichwort „Informelle Organisation", in: Schreyögg, Georg/ Werder, Axel von (Hrsg.), Handwörterbuch Unternehmensführung und Organisation, 4. Auflage, Stuttgart, Sp. 497-505.

Lawrence, Paul R./ Lorsch, Jay W. 1967: Organization and Environment: Managing, Differentiation and Integration, Boston.

Lenk, Kurt 1974: Max Weber, in: Denzer, Horst/Maier, Hans/Rausch, Heinz (Hrsg.), Klassiker des politischen Denkens. Zweiter Band. Von Locke bis Max Weber, 3. Auflage, München, 344-367.

Litwak, Eugene 1971: Drei alternative Bürokratiemodelle, in: Mayntz, Renate (Hrsg.), Bürokratische Organisation, 2. Auflage, Berlin/Köln, 117-126.

Luhmann, Niklas 1971: Zweck – Herrschaft – System. Grundbegriffe und Prämissen Max Webers, in: Mayntz, Renate (Hrsg.), Bürokratische Organisation, 2. Auflage, Köln/Berlin, 36-55.

Mayntz, Renate 1971: Max Webers Idealtypus der Bürokratie und die Organisationssoziologie, in: Dies. (Hrsg.), Bürokratische Organisation, 2. Auflage, Berlin/Köln, 27-35.

Merton, Robert K. 1971: Bürokratische Struktur und Persönlichkeit, in: Mayntz, Renate (Hrsg.), Bürokratische Organisation, 2. Auflage, Berlin/Köln, 265-276.

Mommsen, Wolfgang J. 1974a: Ein Liberaler in der Grenzsituation, in: Ders., Max Weber. Gesellschaft, Politik und Geschichte, Frankfurt a. M., 21-43.

Mommsen, Wolfgang J. 1974b: Max Weber und die deutsche Politik 1890-1920, 2. Auflage, Tübingen.

Mommsen, Wolfgang J. 1974c: „Verstehen" und „Idealtypus". Zur Methodologie einer historischen Sozialwissenschaft, in: Ders., Max Weber. Gesellschaft, Politik und Geschichte, Frankfurt a. M., 208-232.

Mommsen, Wolfgang J. 1989: Max Weber on Bureaucracy and Bureaucratization: Threat to Liberty and Instrument of Creative Action, in: Ders., The Political and Social Theory of Max Weber. Collected Essays, Cambridge, 109-120.

Müller, Werner 1978: Die Relativierung des bürokratischen Modells und die situative Organisation, in: Wöhler, Karlheinz (Hrsg.), Organisationsanalyse, Stuttgart, 20-53.

Münch, Richard 1976: Legitimität und politische Macht, Opladen.

Neuburger, Rahild/ Picot, Arnold 1995: Stichwort „Agency Theorie und Führung", in: Kieser, Alfred/Reber, Gerhard/Wunderer, Rolf (Hrsg.), Handwörterbuch der Führung, 2. Auflage, Stuttgart, Sp. 14-21.

Parsons, Talcott 1960a: A Sociological Approach to the Theory of Organizations, in: Ders., Structure and Process in Modern Societies, London/New York, 16-58.

Parsons, Talcott 1960b: Some Ingredients of a General Theory of Formal Organizations, in: Ders., Structure and Process in Modern Societies, London/New York, 59-96.

Parsons, Talcott 1968: The Structure of Social Action. A Study in Social Theory with Special Reference to a Group of Recent European Writers, Band II, 5. Auflage, New York.

Presthus, Robert 1962: The Organizational Society. An Analysis and a Theory, New York.

Pugh, David S./ Hickson, David J./ Hinings, Christopher R./ Turner, Christopher 1968: Dimensions of Organization Structure, in: Administrative Science Quarterly, 13. Jg., 65-105.

Pugh, David S./ Hickson, David J./ Hinings, Christopher R. 1969: An Empirical Taxonomy of Structures of Work Organizations, in: Administrative Science Quarterly, 14. Jg., 91-126.

Schluchter, Wolfgang 1972: Aspekte bürokratischer Herrschaft, München.

Schluchter, Wolfgang 1989: „Wirtschaft und Gesellschaft" – Das Ende eines Mythos, in: Weiß, Johannes (Hrsg.), Max Weber heute. Erträge und Probleme der Forschung, Frankfurt a.M., 55-89.

Schmoller, Gustav von 1894: Einleitung: Über Behördenorganisation, Amtswesen und Beamtenthum im Allgemeinen und speciell in Deutschland und Preußen bis zum Jahre 1713, in: Acta Borussica. Die Behördenorganisation und die Allgemeine Staatsverwaltung Preußens im 18. Jahrhundert, 1. Bd., Berlin, 13-143.

Schmoller, Gustav von 1898: Der deutsche Beamtenstaat vom 16. bis 18. Jahrhundert, in: Ders., Umrisse und Untersuchungen zur Verfassungs-, Verwaltungs-, und Wirtschaftsgeschichte besonders des Preußischen Staates im 17. und 18. Jahrhundert, Leipzig, 289-313.

Schöllgen, Gregor 1998: Max Weber, München.

Scott, Richard W. 1961: Organization Theory: An Overview and an Appraisal, in: Academy of Management Journal, 4. Jg., 7-26.

Scott, Richard W. 1975: Organizational Structure, in: Annual Review of Sociology, 1. Jg., 1-20.

Seyfarth, Constans/ Schmidt, Gert 1977: Max-Weber Bibliographie. Eine Dokumentation der Sekundärliteratur, Stuttgart.

Sica, Alan 2004: Max Weber. A Comprehensive Bibliography, New Brunswick/New York u.a.

Tyrell, Hartmann 1981: Ist der Webersche Bürokratietypus ein objektiver Richtigkeitstypus? Anmerkungen zu einer These von Renate Mayntz, in: Zeitschrift für Soziologie, 10. Jg., Heft 1, 38-49.

Vogel, Ulrike 1973: Einige Überlegungen zum Begriff der Rationalität bei Max Weber, in: Kölner Zeitschrift für Soziologie und Sozialpsychologie, 25. Jg., 532-550.

Weber, Marianne 1950: Max Weber. Ein Lebensbild, Heidelberg (erstm. 1926).

Weber, Max 1889: Entwickelung des Solidarhaftprinzips und des Sondervermögens der offenen Handelsgesellschaft aus den Haushalts- und Gewerbegemeinschaften in den italienischen Städten, Stuttgart.

Weber, Max 1970: Zur Geschichte der Handelsgesellschaften im Mittelalter. Nach südeuropäischen Quellen, Nachdruck der Ausgabe von 1889, Amsterdam.

Weber, Max 1976: Wirtschaft und Gesellschaft. Grundriss der verstehenden Soziologie, fünfte, revidierte Auflage besorgt von Johannes Winckelmann, Tübingen (erstm. 1922).

Weber, Max 1984: Die Lage der Landarbeiter im ostelbischen Deutschland, Max Weber-Gesamtausgabe (MWG), herausgegeben von Horst Baier, Mario Rainer Lepsius, Wolfgang J. Mommsen, Wolfgang Schluchter und Johannes Winckelmann, ediert von Martin Riesebrodt, Abteilung 1: Schriften und Reden, Band 3, 2 Teilbände, Tübingen (erstm. 1892).

Weber, Max 1986: Die römische Agrargeschichte in ihrer Bedeutung für das Staats- und Privatrecht, Max Weber-Gesamtausgabe (MWG), herausgegeben von Horst Baier, Mario Rainer Lepsius, Wolfgang J. Mommsen, Wolfgang Schluchter und Johannes Winckelmann, Abteilung 1: Schriften und Reden, Band 2, ediert von Jürgen Deininger, Tübingen (erstm. 1891).

Weber, Max, 1988a: Wissenschaft als Beruf, in: Ders., Gesammelte Aufsätze zur Wissenschaftslehre, herausgegeben von Johannes Winckelmann, 7. Auflage, Erstauflage von 1922, Tübingen, 582-613.

Weber, Max, 1988b: Gesammelte Aufsätze zur Religionssoziologie, Band I, 9. Auflage, Tübingen (erstm. 1920).

Weber, Max, 1988c: Die protestantische Ethik und der Geist des Kapitalismus, in: Ders., Gesammelte Aufsätze zur Religionssoziologie, Band I, 9. Auflage, Tübingen, 17-206 (erstm. 1920).

Weber, Max 1988d: Gesammelte Aufsätze zur Wissenschaftslehre, herausgegeben von Johannes Winckelmann, 7. Auflage, Tübingen (erstm. 1922).

Weber, Max 1988e: Die „Objektivität" sozialwissenschaftlicher und sozialpolitischer Erkenntnis, in: Ders. Gesammelte Aufsätze zur Wissenschaftslehre, herausgegeben von Johannes Winckelmann, 7. Auflage, Tübingen, 146-214 (erstm. 1922).

Weber Max 1988f: Politik als Beruf, in: Ders., Gesammelte politische Schriften, herausgegeben von Johannes Winckelmann, 5. Auflage, Tübingen, 505-560 (erstm. 1921).

Weber, Max 1988g: Gesammelte politische Schriften, herausgegeben von Johannes Winckelmann, 5. Auflage, Tübingen (erstm. 1921).

Weber, Max 1988h: Über einige Kategorien der verstehenden Soziologie, in: Ders. Gesammelte Aufsätze zur Wissenschaftslehre, herausgegeben von Johannes Winckelmann, 7. Auflage, Tübingen, 427-474 (erstm. 1922).

Weber, Max 1988i: Die drei Typen der legitimen Herrschaft, in: Ders., Gesammelte Aufsätze zur Wissenschaftslehre, herausgegeben von Johannes Winckelmann, 7. Auflage, Tübingen, 475-488 (erstm. 1922).

Weber, Max 1988j: Parlament und Regierung im neugeordneten Deutschland, in: Ders., Gesammelte politische Schriften, herausgegeben von Johannes Winckelmann, 5. Auflage, Tübingen, 306-443 (erstm. 1921).

Whyte, William H. 1956: The Organization Man, New York.

Winckelmann, Johannes 1952: Legitimität und Legalität in Max Webers Herrschaftssoziologie, Tübingen.

Winckelmann, Johannes 1986: Max Webers hinterlassenes Hauptwerk: Die Wirtschaft und die gesellschaftliche Ordnungen und Mächte. Entstehung und gedanklicher Aufbau, Tübingen.

Wunder, Bernd 1992: Stichwort „,Verwaltung', ,Bürokratie', ,Selbstverwaltung', ,Amt' und ,Beamter' seit 1800", in: Brunner, Otto/ Conze, Werner/ Koselleck, Reinhart (Hrsg.), Geschichtliche Grundbegriffe. Historisches Lexikon zur politisch-sozialen Sprache in Deutschland, Band 7, Stuttgart, 69-95.

Zöller, Michael 2004: Max Weber (1864-1920), in: Denzer, Horst/ Maier, Hans (Hrsg.), Klassiker des politischen Denkens. Von Locke bis Max Weber, Band 2, 2. Auflage, München, 205-221.

Verbände als Herrschaftsinstrument politischer Oligarchien: Robert Michels

Benjamin Zeitler

1 Biographie

Die Biographie von *Robert Michels* vermittelt ein Bild der politischen und gesellschaftlichen Strömungen der ersten Jahrzehnte des 20. Jahrhunderts. Sein Leben ist von Entwicklungen gekennzeichnet, die sich überlagerten und ineinander übergingen, die ihn vom Sozialismus und Syndikalismus letztendlich zum italienischen Nationalismus und Faschismus führten. *Michels* steht so für ein „antizipierendes Spiegelbild gesellschaftlicher Verhältnisse" (Pfetsch 2003: 486), die geprägt waren von sozialen, politischen und ideologischen Wirren und Auseinandersetzungen.

Robert Michels wurde am 9. Januar 1876 als Sohn einer reichen Kaufmannsfamilie in Köln geboren und wuchs in einem katholischen, kosmopolitischen und pazifistischen Milieu auf. Seine Schulzeit am Berliner Collége François und im Gymnasium in Eisenach schloss er nicht mit dem Reifezeugnis ab, da er sich zum Militärdienst nach Weimar meldete. Nach einem Jahr in der Armee ging er einige Monate nach England und studierte schließlich in Paris, München, Leipzig und Halle (Mitzmann 1973: 276). Diese Ausbildung verstärkte sein Erbe der „franko-germanischen Solidarität" (Conze 1970: 384), die schon in der französischen Abstammung seiner Mutter begründet lag.[1] Nachdem er im Jahr 1900 mit einem historischen Thema[2] bei *Johann Gustav Droysen* promoviert und die Tochter des Halleschen Historikers *Theodor Lindner*, Gisela, geheiratet hatte, begab sich *Michels* nach Italien und trat dort in die „Partito Sozialista Italiano" ein (Michels 1927: 148). *Michels* Entscheidung für den revolutionär-syndikalistischen Sozialismus markierte einen radikalen Bruch mit seinem bürgerlich-katholischen Herkunftsmilieu.

---

[1] *Michels* beschreibt die Geschichte und Abstammung seiner Familie und vor allem die Rolle seines Großvaters *Peter Michels* in Köln in einem eigenen Aufsatz (Michels 1930b).
[2] *Michels* promovierte zum Thema: Zur Vorgeschichte von *Ludwigs XIV*. Einfall in Holland (Michels 1900).

Als Folge wurde ihm auch in Deutschland jegliche akademische Karriere unmöglich gemacht. So konnte er nach seiner Rückkehr 1901 nicht an der Universität Marburg Geschichte lehren. Trotzdem beharrte er auf seinem sozialistischen
Engagement und trat im Jahr 1903 dem Marburger SPD-Ortsverein bei. Zwar
war er 1903, 1905 und 1906 Parteitagsdelegierter und kandidierte im Jahr 1907
auf einem aussichtslosen Platz für den Reichstag, doch wurde er nie ein einfluss-
reicher Politiker (Michels 1932: 343-364). In diesem Zeitraum unternahm er
viele Vortragsreisen zum Thema des internationalen Sozialismus in Deutschland,
Frankreich und Italien und war 1905 und 1906 mit Lehraufträgen in Paris und
Brüssel beschäftigt. Dies ermöglichte ihm eine intensive Beziehung zur syndikalistischen Bewegung, und so hielt er unter anderem regen Kontakt zu den Fran-
zosen *Georges Sorel, Hubert Largadelle, Edouard Berth* und den Italienern *Ar-
turo Labriola* und *Enrico Leone*. Bei diesen sah er Ansätze, die zu einer „Neube-
lebung der idealen und energetischen Potenzen in der Arbeiterbewegung" (Michels 1932: 350) führen könnten. Denn *Michels* erschien die Demokratie mehr
und mehr „im Lichte eines Kults der Inkompetenz", und im Parlamentarismus
erblickte er „die Herren des Parteilebens" (Michels 1932: 349).

Innerhalb der SPD fand er mit dieser Meinung aber kaum Anklang. So blieb
Michels in der innerparteilichen Opposition, die sich vor allem darin zeigte, dass
er in zahlreichen tagespolitischen und theoretischen Artikeln die Idee des Syndikalismus unterstützte (Milles 1987: 9). Seine geplante Habilitation wurde ihm
nach seinen sozialistischen Agitationen im Winter 1906/07 in Marburg und Jena
trotz einer Intervention *Max Webers* (Mommsen 1981: 101) verweigert.

Da ihm so jegliche universitäre Laufbahn in Deutschland verschlossen
blieb, wanderte er in sein Wunschland Italien aus, habilitierte bei *Achille Loria*
in Turin und war dort schließlich als Privatdozent für Nationalökonomie tätig.
Mit dem Verlassen Deutschlands trat eine weitere Zäsur in *Michels* Leben ein.
Sie markierte den langsamen Ausstieg aus der aktiven Politik. Zwar nahm er
noch 1907 als italienischer Delegierter am 7. Internationalen Sozialistenkongress
in Stuttgart teil, zog sich dann aber enttäuscht aus der Sozialistischen Partei Italiens genauso wie aus der Sozialdemokratischen Partei Deutschlands zurück.
Von nun an konzentrierte er sich auf seine wissenschaftliche und journalistische
Tätigkeit und wurde so „vom subversiven Gesinnungspolitiker – freilich stets in
der Sphäre der Diskussion, nicht des verantwortlichen Handelns – zum Theoretiker entschleiernder politischer Soziologie" (Conze 1957: 387).

Prägend waren dabei für *Michels* vor allem die Bekanntschaft mit *Gaetano
Mosca* und später der enge Kontakt mit *Vilfredo Pareto*, deren Elitentheorie er
nicht nur übernahm, sondern in der Folge auch versuchte, mit eigenständigen
Beiträgen fortzuentwickeln. Neben diesem Wandel im theoretischen Denken
Michels kam es in den Wirren vor und zu Beginn des Ersten Weltkrieges zu

einer letzten bedeutsamen Wendung in seinem Lebensweg. Aus dem Internatio-
nalisten *Michels* wurde nun ein strammer italienischer Patriot und Anhänger des
italienischen Nationalismus. Dies dokumentierte er in der Annahme der italienischen Staatsbürgerschaft im Jahr 1913.

Trotzdem musste er 1914 aus finanziellen Gründen Turin in Richtung Basel
verlassen, um dort eine Professur für Nationalökonomie und Statistik anzunehmen. Doch riss mit seiner Lehrtätigkeit in Basel nicht die Verbundenheit mit
Italien ab und er blieb weiterhin mit Veröffentlichungen in und über Italien präsent. Auch setzt er sich vehement für den Kriegseintritt Italiens 1915 ein und
rechtfertigte ihn in mehreren Publikationen (Röhrich 1972: 117-119). In der
Folgezeit wuchsen auch immer mehr sein Interesse und seine Begeisterung für
den italienischen Faschismus. Schließlich avancierte *Michels* zu einem Bewun-
derer des „charismatischen Führers" *Mussolini*. Dies veranlasste ihn kurz nach
dem „Marsch auf Rom" im Jahr 1922 zum Eintritt in die Partito Nazionale Fas-
cista. Nachdem er 1926 einen Lehrauftrag in Rom bekommen hatte und 1927 als
Gastprofessor in den USA u. a. an der University of Chicago war, erhielt er im
Jahr 1928 den lang ersehnten Ruf an eine italienische Hochschule. Auf Veranlassung *Mussolinis* bekam er einen eigens für ihn eingerichteten Lehrstuhl an der
faschistischen Universität Perugia, den er nutzte, um als persönlicher Ordinarius
Mussolinis den Faschismus zu rechtfertigen. Am 2. Mai 1936 starb *Robert Michels* im Alter von 60 Jahren in Rom.

2 Profil des Gesamtwerkes

Robert Michels hinterließ eine außerordentlich umfangreiche, inhaltlich und
thematisch weit gefächerte Literatur. Die im Jahr 1937 im Andenken an *Robert
Michels* erschienene Publikation der Universität von Perugia „Studi in memoria
di Roberto Michels" nennt 57 Bücher und über 1600 Zeitschriften- und Zei-
tungsartikel (Michels-Linder 1937). Dabei publizierte er in Deutsch, Franzö-
sisch, Italienisch und Englisch. Diese Sprachvielfalt und die Fülle seiner Publikationen erklärt sicherlich teilweise, dass sich viele Texte ähnlich waren und
Wiederholungen enthielten. Aus der Schnelligkeit, mit der er schrieb, ergab sich
auch eine stark schwankende Qualität seiner Texte (Stölting 1999: 244). Nichtsdestotrotz ist allein die Anzahl seiner Publikationen bemerkenswert.

Wie in der Biographie *Robert Michels* lassen sich auch in seiner wissenschaftlichen Tätigkeit verschiedene Schwerpunkte und Phasen erkennen. In der
ersten Phase bis etwa 1907 trat *Michels* als Verfechter des Sozialismus und Internationalen Syndikalismus auf und unterstützt so sein politisches Engagement.
Infolge des Einflusses von *Mosca* und *Pareto* folgen seine wissenschaftlichen

Auseinandersetzungen mit der Logik der Organisation von Parteien und die Entstehung seiner Elitentheorien, bis er schließlich um den Beginn des Ersten Weltkriegs sich immer mehr mit dem italienischen Faschismus identifizierte und sich
dies auch in seiner Beschäftigung mit den Kategorien „Masse" und „charismatischer Führer" widerspiegelte.

Nachdem *Michels* in seiner Dissertation noch ein historisches Thema bearbeitet hatte (Michels 1900), begann mit seiner Entscheidung für den Sozialismus
auch seine umfassende literarische Tätigkeit. So versuchte *Michels* in seiner
Frühphase, die unterschiedlichen nationalen Erfahrungen mit dem Sozialismus
zu vergleichen. Dabei verstand er unter Sozialismus ein Ideal, das letztendlich zu
einer Gesellschaft führt, die frei von Unterdrückung und Ausbeutung und in der
jedem eine freie, individuelle Existenz möglich ist (Stölting 1999: 233). Sozialismus war für ihn das „Ringen um soziale Gerechtigkeit" (Michels 1903a: 329),
und jeder hatte die moralisch-ethische Verpflichtung, dafür zu kämpfen (vgl. u.
a. Michels 1904a). Gerade in Italien erblickte er „das gelobte(n) Land der sozialistischen Agitation aufgrund ethischer Kategorien" (Michels 1901: passim),
weshalb er sich dort der PSI anschloss und sich wissenschaftlich sehr intensiv
mit diesem Land auseinandersetzte (u. a. Michels 1904b, Michels 1907a, Michels 1907b, Michels 1908a, Michels 1908b).

Im Gegensatz dazu begleitete er die deutsche Sozialdemokratie sehr kritisch
und sah in ihr immer mehr eine Organisation, die den revolutionären Schwung
lähmte. Dies lag seiner Ansicht nach an der Überbewertung der Organisationsstrukturen und der Herrschaft des Parteivorstands. Diese Schwäche der Partei ist
nach *Michels* vor allem auf den Parlamentarismus im Deutschen Reich zurückzuführen (Michels 1904c). Dabei vermisste er bei den deutschen Sozialdemokraten
auch einen klaren Antimilitarismus (vgl. Michels 1906a u. Michels 1907c) und
die Anerkennung des Massenstreiks als Waffe der revolutionären Offensive
(Michels 1907d, Michels 1906b).

In Deutschland mit dieser Meinung in der Minderheit, sah er seine Aufgabe
vor allem darin, andere europäische sozialistische Bewegungen vor dieser Entwicklung zu warnen, glaubte er doch z.B. in Italien ähnliche Entwicklungen und
eine Schwächung des *sindicalismo* zu erkennen (Michels 1906c, Michels 1908b).
Deshalb wandte er sich auch dem revolutionären Syndikalismus Frankreichs zu,
wo er von den Schriften *Georges Sorels* (v. a. Sorel 1908) über die Bedeutung
des Generalstreiks und der Gewalt beeinflusst wurde. Bei ihm meinte er eine
Antwort zu finden, wie die „Dichotomie von idealistischem und materialisti-
schem Handeln" (Stölting 1999: 236) zu überwinden sei und der proletarische
Kampf belebt werden könne. Er folgerte daraus, dass nur durch die Existenz des
Syndikalismus innerhalb der Partei der revolutionäre Geist der Arbeiterklasse
erhalten bleiben könnte (Beetham 1977: 11).

In der Frühphase seines Schaffens betrachtete *Michels* den Sozialismus als eine breite gesellschaftliche Erscheinung. Deshalb äußerte er sich auch zu vielen Problemfeldern, die nicht direkt mit dem Sozialismus in Verbindung gebracht werden. So bekannte er sich stets zu seinem radikalen Pazifismus, forderte die Gleichstellung der Frauen und eine neue Sexualmoral (Michels 1904d) oder postulierte die Selbstbestimmung unterdrückter Nationen und Minderheiten. Allerdings ist auch hier des Öfteren der Wille zu erkennen, eine Regelung gesellschaftlicher Zwänge zu erreichen. Nach 1907 verzichtete er allerdings auf die normativen Wertungen und fasste gesellschaftliche Themen meist nur noch deskriptiv (so z.B. Michels 1911b, Michels 1914).

Denn mit seinem frustrierenden Ortswechsel nach Turin im Jahr 1907 änderte sich auch seine radikale Einschätzung. Dort kam er in Kontakt mit *Gaetano Mosca*, dessen Elitentheorie und Thesen zur „classe politica" *Michels* deutlich prägten. Immer mehr musste er erkennen, dass der Sozialismus eine unerfüllbare Utopie war, und er begann seine syndikalistischen Forderungen in dem Versuch einer sozialwissenschaftlichen Analyse zu transformieren. Aus der Resignation heraus entstand die Soziologie von *Michels* (Stölting 1999: 238).

Aus seiner Analyse der SPD entwickelt er nun eine Analyse politischer Organisationen per se. Diese Wende im Denken *Robert Michels* dokumentiert er erstmals mit dem Erscheinen seines Aufsatzes „L`oligarchia organica costituzionale" (Michels 1908c). Noch im selben Jahr veröffentlichte er den Artikel wesentlich erweitert in Deutsch im Archiv für Sozialwissenschaft und Sozialpolitik unter dem Titel: „Die oligarchischen Tendenzen der Gesellschaft. Ein Beitrag zum Problem der Demokratie" (Michels 1908d). In mehreren Vorträgen beschäftigte er sich mit dem Parteiwesen, die regelmäßig erschienen (u.a. Michels 1910a). Seine gesamten Erkenntnisse und Erfahrungen flossen schließlich zusammen in seinem großen Werk über die „Soziologie des Parteiwesen(s)" (Michels 1911a).[3] Darin formulierte er das „eherne Gesetz der Oligarchie" und er erhob die oligarchischen Tendenzen zum Strukturmerkmal jedes organisierten Lebens überhaupt. Das Buch stieß auf solch großes Interesse, dass es 1925, versehen mit leichten Korrekturen und einem Vorwort, erneut gedruckt wurde. Auch nach dem Krieg ließ das Interesse nicht nach und das Buch wurde 1958/1970 in einer dritten und 1989 in einer vierten Auflage veröffentlicht.

Bei der Entwicklung seiner Parteiensoziologie griff *Michels* neben den Theorien *Moscas* auch auf den Elitentheoretiker *Pareto* zurück, der in jeglicher Organisation eine „circulation des élites" feststellte. Außerdem fasste er wissenschaftliche Strömungen aus der sozialen Biologie, der sozialen Psychologie und der Organisationstheorie zusammen (Beetham 1981: 82-84) und entwickelt dar-

---

[3] *Michels* geht selbst ausführlich auf die Vorgeschichte des Werkes ein (Michels 1989: S. 379).

aus bei seinen Untersuchungen zu den politischen und sozialen Veränderungen im Nachkriegsitalien und Nachkriegsdeutschland schließlich seine eigene Elitentheorie. So unterteilt er die politische Klasse *Moscas* in wirtschaftliche Eliten, kulturelle Eliten und politische Eliten (Michels 1936: 159). Während die wirtschaftlichen Eliten sich auch aus Außenstehenden rekrutieren können, findet bei der kulturellen Elite größtenteils eine Selbstrekrutierung statt. Die Konsequenz ist, dass bei einem Aufstieg einer dieser Klassen zur führenden Herrschaftsklasse in der Wirtschaftelite auch neue Elemente zugelassen werden, während beim Aufstieg der kulturellen Klasse das Niveau zwar sehr hoch wäre, aber keine neuen Kräfte aufgenommen werden (Beetham 1977b: 168).

Der Faschismus würde allerdings diese Strukturen durchbrechen, indem er sozial offen, aber straff organisiert ist (Michels 1936: 134-139). Auch glaubte *Michels*, den Faschismus als historisch notwendig zu erkennen, da die politische Elite im Nachkriegsitalien schwach und unfähig war. Auch die sozialistischen Massen, geprägt von „Schwäche und Zaghaftigkeit des Machtwillens, einseitige Einstellung auf materielle Objekte und programmatische Abstraktionen (...)" (Michels 1930a: 216), waren nicht in der Lage, aus dieser Situation Vorteile zu ziehen. So deutete *Michels* den Aufstieg des Faschismus als eine logische Konsequenz der Elitenzirkulation. Die Stabilisierung dieser neuen Herrschaft lässt sich nach *Michels* auch mit der Elitentheorie erklären, da es der Faschismus geschafft habe, die Unterstützung der kulturellen Elite zu gewinnen. Da *Michels* schon in seiner Parteisoziologie die Demokratie als eine verschleiernde Form einer Oligarchie zu entlarven glaubte, betrachtete er das elitistische System als sehr innovativ, da die Herrschaft der Eliten „offen, klar, konkret und direkt" (Michels 1927b: 93) ist. Im Gegensatz dazu wäre durch die Vielstimmigkeit einer Massendemokratie Innovation unmöglich, da jede Idee verwässert würde.

Die Theorie der Elitenzirkulation konnte aber nicht erklären, weshalb beim Faschismus große Bevölkerungsschichten involviert waren. *Michels* hatte diese Erscheinung schon in seiner Beschäftigung mit dem Sozialismus festgestellt und versuchte, sie mit Hilfe der Massenpsychologie von französischen (v. a. Le Bon 1896) und italienischen Wissenschaftlern zu erklären. Beschäftigte er sich bereits in seiner Parteiensoziologie mit dieser Thematik, entstand der Hauptteil seiner Werke zur Massenpsychologie in den 20er Jahren, wobei man seine „Psychologie der antikapitalistischen Massenbewegung" (Michels 1926: 241-359) hervorheben muss. Dabei betont *Michels*, dass die Masse immer nach den Gesetzen der Massenpsychologie funktioniert (Michels 1926: 331). Allerdings wird bei näherer Betrachtung diese Verhaltenstheorie schnell zu einem anthropologischen Erklärungsansatz der Leistungen und Bedürfnisse.

Michels zieht aus diesen Erkenntnissen auch Schlüsse über die Beschaffenheit der politischen Führer. Letztendlich müssen sie diese Gesetze der Psychologie handhaben können und als starker Führer der Masse vorangehen (s. u. a. Michels 1930a: 268). Damit lehnte sich *Michels* an das Model des „charismatischen Führers" von *Max Weber* an (Weber 1922): Der Führer herrscht autoritär über die Massen und befindet sich im Konsens mit ihr. Dabei ist er aber weder Repräsentant noch plebiszitärer Führer. Vielmehr kommt es durch eine Vereinigung von Meinungen im Unterbewussten, durch eine Verlagerung vom Rationalen ins Irrationale zur Kongruenz zwischen Führer und Masse, zum Konsens zwischen Führer und Geführten (Pfetsch 2003: 516-517). Dabei darf der Führer der Masse aber nur die Illusion geben, dass er zu ihr gehört (Michels 1927a: 99-100). Gerade in *Mussolini* erkannte er einen typischen Führer im *Max Weberschen* Sinne (Michels 1928: 19).

Michels Erklärungsansätze zu den Kategorien „Masse" und „charismatischer Führer" sind zwar nicht nur reine Beschreibungen, allerdings bieten sie auch kaum mehr als theoretische Annahmen. Doch während sich *Mosca* und *Pareto* in ihren Schriften vom Faschismus distanzierten, hatte *Michels* nur einen sehr geringen geistigen Abstand zu diesen Strömungen und benutzte seine theoretischen Annahmen, um ihn zu rechtfertigen (Pfetsch 1966: 225-227).

Michels gesamte publizistische Tätigkeit bewegt sich also stets „im flüssigen Grenzbereich zwischen forderndem Bekennen und beobachtendem Analysieren" (Conze 1970: 385). Doch trotz seiner wissenschaftlichen Vielfalt verdankt *Michels* die Bezeichnung „Klassiker" vor allem einem Werk, seiner „Soziologie des Parteiwesens".

3   Verbändestudien

Nachdem er die Grundthesen ab 1907 schon in mehreren Artikeln und Vorträgen formuliert hatte, fasste er seine gewonnenen Erkenntnisse 1909/1910 zusammen, um sie 1911 in dem Buch „Zur Soziologie des Parteiwesens in der modernen Demokratie"[4] zu publizieren.

Schon mit dem markanten Untertitel „Untersuchungen über die oligarchischen Tendenzen des Gruppenlebens" benennt *Michels* das Ergebnis des Buches: Sobald sich Menschen organisieren, bildet sich auch eine Führungsgruppe heraus, und es kommt zur Oligarchisierung. Um diese Allgemeingültigkeit für das „Vorhandensein immanenter oligarchischer Züge in jeder menschlichen Zweckorganisation" (Michels 1989: 13) zu untermauern, greift *Michels* als Beispiel die deutschen Sozialdemokraten heraus, die eigentlich aus „ihrer Willensbildung die

---

[4] Die nachfolgenden Seitenangaben beziehen sich auf die neueste von *Frank R. Pfetsch* herausgegebene Neuauflage von 1989.

Negation dieser Tendenzen darstellen" (Michels 1989: 13). Gerade deshalb geht *Michels* der Frage nach, warum gerade die sozialrevolutionären und demokratischen Parteien diese Tendenzen vorweisen und entwickeln, obwohl sie eigentlich gerade die Oligarchien in allen Formen bekämpfen müssten.

Dabei setzt *Michels* einen radikal-demokratischen Demokratiebegriff voraus, der in der Tradition von *Rousseau* steht und bei dem er sich an das Konzept von *Rittinghausen* anlehnt, der versucht hatte, eine „reale Basis zu einer direkten Gesetzgebung durch das Volk" (Michels 1989: 27) zu entwerfen, d.h. eine direkte Demokratie ohne Repräsentation, eine unmittelbare Massenherrschaft, also keine Herrschaft für das Volk, sondern durch das Volk. Sie besteht im *Michelsschen* Sinn in dem „Versuch nach der möglichst direkten Emanation des Volkswillens für die Gestaltung des Gruppenlebens und somit nach einer möglichsten Überwindung des Führertums" (Michels: 1989: 26). *Michels* stellt sich als Ideal die „direkte Selbstverwaltung durch Volksversammlungsbeschlüsse" (Michels 1989: 28) vor.

Dieses Demokratieverständnis macht *Michels* zum Ausgangspunkt für seine Bewertung und Analyse des Parteiensystems. Letztendlich stellt *Michels* aber fest, dass diese Form der Demokratie nicht realistisch ist und sich auch bei größten Bemühungen dafür Tendenzen zur Oligarchie nicht vermeiden lassen. Bereits in seinen Vorwort zur ersten Auflage führt er dies auf drei Faktoren, nämlich das „Wesen der menschlichen Natur", das „Wesen des politischen Kampfes" und das „Wesen der Organisation", zurück (Michels 1989: XLIII). In seinen späteren Ausführungen legt *Michels* die Ursachen im Einzelnen dar, indem er sie untergliedert in:

1. technisch-administrative Entstehungsursachen,
2. psychologische Entstehungsursachen und
3. intellektuelle Entstehungsursachen.

Zu den technischen Ursachen zählt *Michels* vor allem die Notwendigkeit der Organisation, denn „ohne Organisation ist die Demokratie nicht denkbar. Erst die Organisation gibt der Masse Konsistenz" (Michels 1989: 24). Allerdings weist *Michels* eben gleichzeitig darauf hin, dass mit „zunehmender Organisation (…) die Demokratie im Schwinden begriffen" ist (Michels 1989: 26), da in der Organisation ein tief aristokratischer Zug liegt und durch sie automatisch Führung notwendig ist. Deshalb folgert *Michels*: „Wer Organisation sagt, sagt Tendenz zur Oligarchie" (Michels 1989: 25).

Bei den psychologischen Ursachen betrachtet *Michels* die Rolle des Führers und die der Masse und deren Verhältnis zueinander. Dabei unterstellt er dem Führer, dass er ein Gewohnheitsrecht auf Führung beansprucht und einmal im

Amt, dieses nur mehr schwerlich abgeben will, denn der „Führer, der eine zeit-
lang regelmäßig delegiert wird, beansprucht schließlich die Delegation als sein
Eigentum" (Michels 1989: 42). Dabei sind für *Michels* die Grundlagen dieses
Führertums Äußerlichkeiten, vor allem die rhetorischen Fähigkeiten. Der Führer
sollte zudem Eigenschaften, wie z.b. Uneigennützigkeit, Herzensgüte, Selbstsi-
cherheit usw. besitzen, die „die Massen an Jesum Christum erinnern und (...)
ihre religiösen Gefühle zu erneutem Durchbruch bringen. Charisma.[5] Der Missi-
onar unter den Führern" (Michels 1989: 69). Den Grund dafür findet *Michels* in
seinen Beobachtungen und Beschreibungen der Masse. So ist die Masse zwar
desinteressiert an politischen Geschehnissen, weist aber gleichzeitig das Bedürfnis auf, die Spitze der Partei verehren zu können (Michels 1989: 57-64). Dieses
Verehrungsbedürfnis ist gepaart mit einer großen Dankbarkeit gegenüber dem
Führer, denn die Masse ist laut *Michels* nicht nur ohnmächtig, sondern vollkommen inkompetent und unreif (Michels 1989: 83-86) und somit auf Führung angewiesen. Letztendlich kommt *Michels* zu dem Schluss, dass das „Führungsbedürfnis (...) in den Massen, auch in den organisierten Massen der Arbeiterpartei-
en, grenzenlos" ist (Michels 1989: 50).

Gleichzeitig macht *Michels* aber auch intellektuelle Entstehungsursachen
aus. So entwickeln die Führer einer Organisation eine immer größere sachliche
und formale Überlegenheit gegenüber der Masse, indem sie ihre Aufgaben beruf-
lich ausüben. Je mehr die Organisation wächst und sich festigt, desto mehr wird
der Gelegenheitsführer durch den berufsmäßigen Führer ersetzt. Dadurch werden
die Bildungsunterschiede verschärft. So wird die zunächst formale Überlegenheit
des Führers durch sein vornherein überlegenes Wissen durch die tagtägliche
Beschäftigung mit den Techniken der Politik noch vergrößert. Direkte Folge ist
für *Michels*, dass der Führer durch seine Sachkenntnis, aber auch durch den rou-
tinierten Umgang mit politischen Abläufen unentbehrlich für die Masse wird und
er sich mit seinen Kompetenzen von der Inkompetenz der Massen absetzen kann
(Michels 1989: 74-86).

Doch für *Michels* ist die Entstehung des Führertums ein Prozess, bei dem
sich sowohl der Führer als auch die geführte Masse verändern. Er beschreibt
diese Entwicklung wie folgt:

---

[5] Hier klingt sicherlich auch das Charisma-Modell von *Max Weber* an (vgl. dazu Tuccari 1993), mit
dem Michels in der Vorkriegszeit in engem Kontakt stand. So macht ihn *Weber* zum Ko-Herausgeber
des Archivs für Sozialwissenschaft und Sozialpolitik. Aufgrund von *Michels* Unterstützung des
Kriegseintritts Italiens kam es 1915 zum Bruch. Zum Verhältnis zwischen *Weber* und *Michels* vgl.
Mommsen 1981: 100-116.

Die Führer, die zuerst spontan entstehen und ihre Tätigkeit umsonst und nebenamt-
lich ausüben, werden berufsmäßig. Auf diesen ersten Schritt folgt dann der zweite,
denn die Schaffung eines berufsmäßigen Führertums ist nur das Präludium zur Entstehung eines stabilen und inamoviblen Führertums (Michels 1989: 370).

Für *Michels* sind die Ursachen für diese Stabilität des Führertums sehr viel-
schichtig. So kann der Führer mit der Parteitreue seiner Anhänger rechnen und
ist meist begünstigt durch eigene finanzielle Mittel oder dem Parteifiskus und
kann neben dem Geld auch die Presse als Machtmittel einsetzen.

Einen Hauptgrund sieht er aber auch darin, dass mit dem Wachsen einer
Partei oder Organisation automatisch deren Bürokratisierung und Zentralisierung
voranschreitet. Dabei kann man nach *Michels* im Parteiwesen ähnliche Entwicklungen wie im Staat erkennen. Durch wachsende Aufgabenfelder, aber vor allem
aus dem „Selbsterhaltungstrieb", umgibt sich die politisch herrschende Klasse
immer mehr mit Interessierten, um „sich am Ruder zu halten" (Michels 1989:
161). Ähnliche Tendenzen erkennt er im Parteiwesen. Um der Parteiregierung
eine möglichst breite Basis zu verleihen, ist die moderne Partei bestrebt, möglichst viele Elemente finanziell an sich zu fesseln. Dies führt notwendigerweise
zu einer starken Bürokratie (Michels 1989: 164). Gerade diese Parteibürokratie
verstärkt die Oligarchisierung, denn

> der bürokratische Geist verdirbt den Charakter und erzeugt Gesinnungslumperei. In
> jeder Bürokratie waltet Strebertum ob, Rücksicht auf Beförderung und infolgedessen
> auf Beförderer, Befehlshabertum nach unten, ehrfurchtsvolle Kriecherei nach oben
> (Michels 1989: 166).

Im Zusammenhang mit einer Zentralisierung des Parteiapparats stärkt dies das
Führertum in der Partei. Allerdings ist diese Macht der Parteiführung nicht un-
eingeschränkt. Vielmehr wäre die Führung in der Theorie ab- und ersetzbar.
Somit kann die Demokratie in einer Partei zwar nicht auf Führung verzichten,
aber sie auswechseln (Michels 1989: 179). Doch diese angebliche Herrschafts-
gewalt der Masse über die Führer wird meistens schon dadurch obsolet, da sich
bereits eine neue Führung mit Unterstützung der Masse emporgeschwungen hat.
Zum Konflikt zwischen zwei Führungsgruppen kommt es nach *Michels* meist
aus zwei Motiven: entweder aus prinzipiellen Unterschieden der Weltanschau-
ung oder aus persönlichen Gründen (Michels 1989: 183-184).

Allerdings ist der Weg der neuen Führer zur Macht im Parteiwesen sehr
mühselig. *Michels* bezeichnet diese Übernahme in Abwandlung von *Paretos*
Theorie der „circulation des élites", als eine „fusion des élites", weil sich die
junge Elite oft an die alte Führung anbindet und erst bei der passenden Gelegenheit die Führung übernimmt. Für das System der Führerherrschaft ist dieser

Wechsel aber laut *Michels* kein Problem, da auch die Führung ein Interesse am
Erhalt dieses Systems hat und sozusagen die „Revolutionäre der Gegenwart (...)
die Reaktionäre der Zukunft" (Michels 1989: 196) sind. So resümiert *Michels*
geradezu resigniert:

> Nichts spricht dafür, daß diese empirisch feststellbare Macht der Oligarchie im Par-
> teileben in absehbarer Zeit durchbrochen werden könnte. Die Unabhängigkeit der
> Führer wächst in gleichem Maße mit ihrer Unentbehrlichkeit. Der Einfluß, den sie
> ausüben, und die ökonomische Sicherheit ihrer Stellung wirken immer mehr faszi-
> nierend auf die Massen und stacheln den Ehrgeiz gerade der begabtesten Elemente
> der unteren Volksklassen zum Eintritt in die privilegierte Bürokratie der Arbeiter-
> bewegung an, die auf diese Weise immer unfähiger wird, die eventuelle latente Op-
> position gegen die alten Führer durch neue begabte Kräfte leiten zu lassen (Michels
> 1989: 158).

Auch sieht er in der Einführung von Referenden oder in der Hoffnung auf die
Entsagung der Elite auf autoritäre Führung keine Lösung (Michels 1989: 316-
328). Zwar habe der Syndikalismus die Probleme der Oligarchisierung der Sozialdemokraten erkannt, doch durch die von ihnen gewünschte Verlagerung des
Schwergewichts auf die Gewerkschaften sind sie laut *Michels* ebenso der Oligarchie ausgesetzt wie die sozialdemokratische Partei. In dem von den Syndikalis-
ten so befürworteten Streik als Mittel politischer Agitation meint *Michels* diese
als größere Kriegspartei als die Sozialdemokraten zu entlarven, da sie gerade in
solchen Aktionen auf eine schlagkräftige Führung bauen müssten (Michels 1989:
330-331). Selbst die Bewegung des Anarchismus verfällt demselben Gesetz des
Autoritarismus wie die Sozialdemokraten, sobald sie sich zusammenschließen,
um ihre Positionen zu vertreten (Michels 1989: 339).

Letztendlich zieht *Michels* das Fazit, dass „das Führertum eine notwendige
Erscheinung jeder Form gesellschaftlichen Lebens" (Michels 1989: 369) darstellt, und er selbst bringt seine oft zitierte Zentralthese in der Conclusion nochmals auf den Punkt:

> Das soziologische Grundgesetz, dem die politischen Parteien (...) bedingungslos un-
> terworfen sind, mag, auf seine kürzeste Formel gebracht, etwa so lauten: die Organi-
> sation ist die Mutter der Herrschaft der Gewählten über die Wähler, der Beauftragten
> über die Auftraggeber, der Delegierten über die Delegierenden. Die Bildung von
> Oligarchien im Schoße der mannigfaltigen Formen der Demokratien ist eine organi-
> sche, also eine Tendenz, der jede Organisation, auch die sozialistische, selbst die li-
> bertäre, notwendigerweise unterliegt (Michels 1989: 370-371).

Diese Erkenntnis muss bei jedem Idealisten „Gefühle der Enttäuschung und Entmutigung auslösen" (Michels 1989: 378), und deshalb fordert *Michels* auch eine Änderung des Blickwinkels:

> Die Frage lautet nicht: wie ist die Idealdemokratie zu errichten?, sondern vielmehr so: welcher Grad und welches Maß von Demokratie ist a) an sich möglich?, b) im Augenblick durchführbar? und c) wünschenswert?, wobei c) als in das Gebiet der Politik und der Weltanschauung fallend uns an dieser Stelle nicht interessiert (Michels 1989: 372).

So schließt sein Werk in der Hoffnung, dass eine steigende Demokratisierung auch zu einem Zurückdrängen des ehernen Gesetzes führen könnte, weil vielleicht in dem Prinzip der Demokratie selbst „wenn auch nicht die Heilung, so doch eine gewisse Milderung der oligarchischen Krankheit" (Michels 1989: 375) liegt. Doch führt er diese Andeutungen nicht zu Ende, und so bleibt für ihn trotzdem jegliche Form indirekter Demokratie ausgeschlossen (Ebbighausen 1969: 36-37).

4   Rezeption und Kritik

Die Neuheit und die Provokation von *Michels* Thesen führten zu vielfältigen Reaktionen. So setzte bereits kurz nach dem Erscheinen von *Michels* „Zur Soziologie des Parteiwesens in der modernen Demokratie" im Jahre 1911 in der Wissenschaft eine rege und umfassende Auseinandersetzung mit den aufgeworfenen Thesen ein. *Michels* selbst spricht von „Hundert[n] von Besprechungen, die das Werk erfahren hat" (Michels 1989: XLVIII). Auch international erregte es so große Aufmerksamkeit, dass das Buch schon in den 20er Jahren in sieben weiteren Sprachen erschienen war und schließlich auch 1925 in Deutschland neu aufgelegt wurde (Michels 1989: XLVIII). *David Beetham* unterteilt die Kritiker in zwei Strömungen: Auf der einen Seite stehen die Nicht- oder Anti-Marxisten, die davon ausgehen, dass die Führer nicht über die Mitglieder herrschen, sondern sich für die Interessen der Mitglieder, nämlich die Transformation des kapitalistischen Eigentums, einsetzen. Vor allem sehen sie keine einheitliche Führerschaft, da sie innerhalb der Führung mehrere Fraktionen verorten, die letztendlich im Wettbewerb stehen. Auf der anderen Seite sieht Beetham die Marxisten. Diese stimmen *Michels* durchaus zu, dass Bürokratisierungstendenzen Probleme für die sozialdemokratischen Parteien mit sich bringen, aber sie lehnen deutlich ab, dass die Organisation als solches zum Konservativismus führt. Außerdem stellen sie zur Debatte, dass es größere Kräfte, wie z.B. eine vorherrschende Ideologie, gibt, an die die Führung gebunden ist (Beetham 1981: 88-91).[6] Vermehrte Beachtung erhielt *Michels* wieder am Beginn der 1950er Jahre. Seine Überlegungen wurden aufgegriffen und im Rahmen der Organisationssoziologie weiterentwickelt. So versuchte *Cassinelli* (1953: 773-784) das Gesetz zu präzisieren, indem er die Begriffe Organisation und Oligarchie definierte und in eine mathematische Formel goss.[7] Auch die empirische Forschung machte sich *Michels* zunutze und konnte seine Ergebnisse teilweise bestätigen und teilweise widerlegen. So konnte *Duverger* im französischen Parteiwesen Oligarchisierungstendenzen feststellen und diagnostizierte den „Typus einer institutionellen Oligarchie in der Parteibürokratie" (Duverger 1959: 168). Nach *Lohmar* trifft diese Oligarchisierung ebenso auf die beiden großen bundesdeutschen Parteien zu. Allerdings verortet er das Zentrum der Oligarchie nicht so sehr in der Bürokratie, sondern vielmehr spricht er von einer „stufenweisen oligarchischen Führungsstruktur" (Lohmar 1963: 111).[8] Für das englische Parteiwesen kommt *McKenzie* zum Ergebnis, dass die Oligarchie innerhalb der Partei zwar keine allgemeingültige Erscheinung sei, aber durchaus Tendenzen in den großen Parteien erkennbar seien (McKenzie 1961).

Die verschiedenen Einschätzungen sind darauf zurückzuführen, dass *Michels* oftmals mit Begriffen und Thesen im Unkonkreten bleibt und diese Unschärfe konsequenterweise auch verschiedene Erklärungsansätze befördert (vgl. dazu Pfetsch 2003: 505). So lässt *Michels* offen, welche Gruppe in welcher Form im Zentrum der Oligarchie steht (Cassinelli 1953: 778). Zusätzlich vereinfacht er die komplexen Strukturen einer Partei und verzichtet auf jegliche Differenzierung. Er ignoriert, dass es neben der nationalen Parteiführung die lokalen Eliten, alle Arten von Aktivisten bis hin zu passiven Mitgliedern und schließlich die Masse der nichtorganisierten Wählerschaft gibt (Beetham 1981: 97-98). Zweitens verzichtet *Michels* auf eine Definition der Begriffe wie Führer, Masse, Organisation, Partei, Demokratie usw. Folglich kommt es zu unterschiedlicher Verwendung im Laufe des Bandes (vgl. u.a. May 1965: 418). Außerdem lässt ein Abrücken von der idealtypischen Demokratie *Michels* verschiedene Deutungen zu. So führt *John D. May* exemplarisch an zehn Entwicklungen vor, wie bei anderem Demokratieverständnis die *Michelsschen* Annahmen auch positive Wirkungen hervorrufen könnten (1965: 421-428). *Beetham* weist noch darauf

---

[6] Eine Zusammenstellung zahlreicher Rezensionen und Kritiken findet sich bei Zuber 1986.

[7] *Cassinelli* stellt das Gesetz der Oligarchie folgendermaßen dar: „For any x, if x is an organization and the number of people involved in x, i.e., those who perform the activities of which x consists, exceeds 1000-10.000, then x is an oligarchy" (Cassinelli 1953: 783).

[8] Weitere Versuche, die *Michelsschen* Thesen zu bestätigen, finden sich u.a. bei Steiner 1970, Dittberner 1970 und See 1972.

hin, dass sich *Michels* mit seinen Erfahrungen fast ausschließlich auf die westeuropäischen Parteien bezieht (Beetham 1981: 91), während er die bolschewisti-
sche Partei in Russland ebenso wie die Parteien im anglo-amerikanischen Raum
nicht beachtet.[9]

Fast allen Autoren, die sich mit *Michels* beschäftigen, ist trotzdem gemein,
dass sie *Michels* in zwei wesentlichen Annahmen kritisieren:

1. dem Demokratieverständnis von *Michels* und
2. dem Gesetzescharakter der Oligarchietendenzen.

Zwar erkennt *Michels* selbst die Unmöglichkeit der Verwirklichung seiner radi-
kaldemokratischen Vorstellungen, doch hält er trotzdem an seinem Idealtypus
der Demokratie fest. Aus diesem Widerspruch heraus erklärt sich auch die Unausweichlichkeit, mit der *Michels* die Tendenzen zur Oligarchisierung beschreibt. Durch den rigoristischen Demokratiebegriff, der in den westlichen
Demokratien schon seit *Rousseau* als realitätsfern und damit nicht als Prämisse
galt, ist *Michels* Theorie von vornherein gegen die Realität immunisiert (Pfetsch
2003: 505-506).

Gerade hier setzte vor allem die anglo-amerikanische Politische Soziologie
an und versuchte, *Michels* neu zu interpretieren und fort zu entwickeln. Autoren
wie *Robert A. Dahl* (1956), *Seymour M. Lipset* (1962) oder auch *Robert T. Mc-
Kenzie* (1961) gehen dabei in Richtung einer „elitist theory of democracy"
(Lipset 1962: 33), in der vor allem die Konkurrenz der Eliten untereinander Demokratie sichert, da diese dadurch auf die Unterstützung der Mehrheit der Mitglieder angewiesen sind. *Samuel J. Eldersveld* geht hier noch weiter und erkennt
ganz im Gegensatz zur *Michelsschen* Oligarchie mehrere von einander unabhängige Führungsgruppen und greift dabei auf den Begriff der Stratarchien zurück.
Eldersveld sieht also keine Zentrierung der Macht, sondern ganz im Gegenteil
eine „Balkanisierung der Machtzentren" (Eldersveld 1964).[10]

Trotz dieser bis heute kritischen Diskussion (Rohrschneider 1994: 207-238)
gilt *Michels* „Soziologie des Parteiwesens" unbestritten als Klassiker der Parteiforschung und Organisationssoziologie. Denn ungeachtet der erheblichen Mängel im Detail, die teilweise aufgeführt wurden, schaffte es *Michels*, mit einer
„schlechten Theorie gute Prognosen" (Pfetsch 2003: 506) zu liefern. So verwies
er provokant auf eine Erscheinung von Parteien und Organisationen, die den
demokratischen Anspruch herausfordern musste. Deshalb wird auch die Einschätzung von *Lukács*, der „dieses ‚berühmte' Buch für wertlos" (Lukács 1928:

---

[9] Obwohl *Michels* gerade hier mit *Ostrogorski* eine Vorarbeit zur Hand gehabt hätte, die er aber nur
vereinzelt zitiert (Ostrogorski 1902).
[10] Vgl. dazu auch den Beitrag von Benjamin Zeitler in diesem Band.

309) hielt, der Bedeutung der Parteiensoziologie von *Michels* nicht gerecht. Vielmehr war das „eherne Gesetz der Oligarchie" wichtiger Impulsgeber für eine fruchtbare wissenschaftliche Diskussion. Und auch wenn die Biographie *Michels* im kritischen Licht bleiben sollte, ist doch unbestritten, dass seine „Soziologie des Parteiwesens" nicht nur eine wissenschaftliche Debatte ausgelöst, sondern sie auch bis zum Anfang der 1960er Jahre entscheidend geprägt hatte.

Literatur

Beetham, David 1977a: From Socialism to Fascism: The Relation between Theory and Practice in the Work of Robert Michels, I. From Marxist Revolutionary to Political Sociologist, in: Political Studies, Bd. 25/1, S. 3-47.

Beetham, David 1977b: From Socialism to Fascism: The Relation between Theory and Practice in the Work of Robert Michels, II. The Fascist Ideology, in: Political Studies, Bd. 25/2, S. 161-181.

Beetham, David 1981: Michels and his critics, in: Archives Européennes de Sociologie, Nr.1, S. 81-99.

Le Bon, Gustav 1896: Psychologie du socialisme, Paris.

Cassinelli, Charles W. 1953: The Law of Oligarchy, in: The American Political Science Review, Vol. 48, S. 773-784.

Conze, Werner 1957: Nachwort zur Neuausgabe, in: Michels, Robert: Zur Soziologie des Parteiwesens in der modernen Demokratie, Neudruck der 2. Aufl., Stuttgart.

Dahl, Robert 1956: A Preface to Democratic Theory, Chicago.

Dittberner, Jürgen 1970: Die Rolle der Parteitage im Prozeß der innerparteilichen Willensbildung, in: Politische Vierteljahrsschrift, Jg. 11, S. 236-268.

Duverger, Maurice 1959: Die Politischen Parteien, Tübingen.

Ebbighausen, Rolf 1969: Die Krise der Parteiendemokratie und die Parteiensoziologie. Eine Studie über Moisei Ostrogorski, Robert Michels und die neuere Entwicklung der Parteienforschung, Soziologische Abhandlungen, Heft 11, Berlin.

Eldersveld, Samuel J. 1964: Political Parties. A Behavorial Analysis, Chicago.

Lipset, Seymour M. 1962: Einleitung zur englischen Neuausgabe, in: Michels, Robert: Political Parties. A Sociological Study of the Oligarchical Tendencies of Modern Democracy, New York/London.

Lohmar, Ulrich 1963: Innerparteiliche Demokratie. Eine Untersuchung der Verfassungswirklichkeit politischer Parteien in der Bundesrepublik Deutschland.

Lukács, Georg 1928: Rezension zu Robert Michels' Zur Soziologie des Parteiwesens, in: Archiv für Geschichte des Sozialismus und der Arbeiterbewegung, Bd. 13, S. 309-315.

May, John D. 1965: Democracy, Organization, Michels, in: The American Political Science Review, Vol. 59, S. 417-429.

McKenzie, Robert 1961: Politische Parteien in England, Köln.

Michels, Robert 1900: Zur Vorgeschichte von Ludwigs XIV. Einfall in Holland, Univ. Diss. Halle-Wittenberg.

Michels, Robert 1901: Der Sozialismus in Italien, in: Das Freie Wort, Bd. 1, S. 492-498.

Michels, Robert 1903a: Das Recht auf Arbeit. Historisches zur sozialen Frage, in: Ethische Kultur, Jg. 11, Nr. 42, S. 329.

Michels, Robert 1904a: Zur Ethik des Klassenkampfes, in: Ethische Kultur, Jg. 12, Nr. 3.

Michels, Robert 1904b: Eine exclusiv proletarische Bewegung in Italien im Jahre 1883, in: Dokumente des Sozialismus, Bd. 4, S. 64-69.

Michels, Robert 1904c: Les dangers du parti socialiste allemande, in: Le Mouvement Socialiste, No. 144, S. 193-212.

Michels, Robert 1904d: Die Brautstandsmoral. Eine kritische Betrachtung. Leipzig

Michels, Robert 1906a: Les socialistes allemands et la guerre, in: Le Mouvement Socialiste, No. 171, S. 129-139.

Michels, Robert 1906b: Die deutsche Sozialdemokratie, in: Archiv für Sozialwissenschaften und Sozialpolitik, Bd. 23, S. 471-556.

Michels, Robert 1906c: Proletariat und Bourgeoisie in der Sozialistischen Bewegung Italiens, in: Archiv für Sozialwissenschaft und Sozialpolitik, Bd. 23, S. 664-720.

Michels, Robert 1907a: Historisch-kritische Einführung in die Geschichte des Marxismus in Italien, in: Archiv für Sozialwissenschaften und Sozialpolitik, Bd. 24, S. 189-256.

Michels, Robert 1907b: Die italienische Literatur über den Marxismus, in: Archiv für Sozialwissenschaften und Sozialpolitik, Bd. 25, S. 525-572.

Michels, Robert 1907c: Die deutsche Sozialdemokratie im internationalen Verbande, in: Archiv für Sozialwissenschaften und Sozialpolitik, Bd. 25, S. 148-231.

Michels, Robert 1907d: Le socialisme allemand après Mannheim, in: Le Mouvement Socialiste, No. 182, S. 5-22.

Michels, Robert 1908a: Die Entwicklung der Theorien im modernen Sozialismus Italiens (Einleitung) in: Ferri, Enrico, Die revolutionäre Methode, Leipzig, S. 7-35.

Michels, Robert 1908b: Il proletariato e la borghesia nel movimento socialista italiano. Saggio die scienza sociografico-politica, Turin.

Michels, Robert 1908c: L'oligarchia organica costituzionale: Nuovi studi sulla classe politica, in: La Riforma Soziale, Jg. 14., Bd. 17, H. 12.

Michels, Robert 1908d: Die oligarchischen Tendenzen der Gesellschaft, in: Archiv für Sozialwissenschaften und Sozialpolitik, Bd. 27, S. 73-135.

Michels, Robert 1910a: La crisi psicologica del socialismo, in: Rivista italiana di sociologia, Bd. 14, S. 365-376.

Michels, Robert 1911a: Zur Soziologie des Parteiwesens in der modernen Demokratie. Untersuchungen über die oligarchischen Tendenzen des Gruppenlebens, Leipzig, 2. Aufl. Leipzig 1925, 3. Aufl. Stuttgart 1958/1970, 4. Aufl. Stuttgart 1989.

Michels, Robert 1911b: Die Grenzen der Geschlechtsmoral, Prolegomena: Gedanken und Untersuchungen, München.

Michels, Robert 1914: Probleme der Sozialphilosophie, Leipzig.

Michels, Robert 1926: Psychologie der antikapitalistischen Massenbewegung, in: Grundriss der Sozialökonomie, Vol. 9, S. 241-359.

Michels, Robert 1927a: Bedeutende Männer. Charakterologische Studien, Leipzig.

Michels, Robert 1927b: Corso di sociologia politica, Mailand.

Michels, Robert 1928: Wirtschaftliche und Politische Betrachtungen zur alten und neuen Welt, Leipzig.

Michels, Robert 1930a: Italien von heute. Politische und wirtschaftliche Kulturgeschichte von 1860-1930, Zürich.

Michels, Robert 1930b: Peter Michels und seine Tätigkeit in der rheinischen Industrie, in der rheinischen Politik und im rheinischen Gesellschaftsleben, in: Kölnisches Jahrbuch für Geschichte, Bd. 12, S. 1-98.

Michels, Robert 1932: Eine Syndikalistisch gerichtete Unterströmung im deutschen Sozialismus (1903 – 1907), in: Festschrift für Carl Grünberg zum 70. Geburtstag, Leipzig, S. 343-364.

Michels, Robert 1936: Nuovi Studi sulla classe politica, Mailand.

Michels, Robert 1989: Zur Soziologie des Parteiwesens in der modernen Demokratie, Untersuchungen über die oligarchischen Tendenzen des Gruppenlebens, vierte Auflage, Stuttgart.

Michels-Lindner, Gisela 1937: Studi in memoria di Robert Michels, Padua.

Milles, Joachim 1987: Brüche und Kontinuitäten eines radikalen Intellektuellen. Zur Einführung in die Politische Soziologie Robert Michels`, in: Michels, Robert, Masse, Führer, Intellektuelle: Politisch-soziologische Aufsätze 1906-1933, Frankfurt a. M., S. 7-30.

Mommsen, Wolfgang J. 1981: Max Weber and Roberto Michels. An asymmetrical partnership, in: Archives Européennes de Sociologie, Nr. 1, S. 100-116.

Mitzmann, Arthur 1987: Sociology and Estrangement. Three Soziologists of Imperial Germany, 2. Auflage, New Brunswick, N.J.

Ostrogorski, Moisei 1902: Democracy and the Organization of Political Parties, 2 Bde., London.

Pfetsch, Frank R. 1966: Michels als Elitentheoretiker, in: Politische Vierteljahresschrift, S. 208-227.

Pfetsch, Frank R. 1989: Einführung in Person, Werk und Wirkung, in: Michels, Robert, Zur Soziologie des Parteienwesens in der modernen Demokratie, 4. Aufl., Stuttgart.

Pfetsch, Frank R. 2003: Theoretiker der Politik, Von Platon bis Habermas, Paderborn.

Röhrich, Wilfried 1972: Robert Michels. Vom sozialistisch-syndikalistischen zum faschistischen Credo, Berlin.

Rohrschneider, Robert 1994: How iron is the iron law of oligarchy? Robert Michels and National Party Delegates in Eleven West European Democracies, in: European Journal of Political Research, Vol. 25, S. 207-238.

See, Hans 1972: Volkspartei im Klassenstaat oder das Dilemma der innerparteilichen Demokratie, Reinbeck.

Sorel, Georges 1908: Réflexions sur la violence, Paris.

Steiner, Wolfgang 1970: SPD-Parteitage 1964-1966. Analyse und Vergleich, Meisenheim.

Stölting, Erhard 1999: Robert Michels (1876-1936), in: Käsler, Dirk (Hrsg), Klassiker der Soziologie, Band I, Von Auguste Comte bis Norbert Elias, München, S. 230-251.

Tuccari, Francesco 1993: Der politische Führer und der charismatische Heros. Charisma und Demokratie im politischen und soziologischen Werk von Max Weber und Robert Michels, (Übers. von Werner Menapace) in: Anali Di Sociologia – Soziologisches Jahrbuch, Jg. 9/2, S. 100-125.

Weber, Max 1922: Wirtschaft und Gesellschaft, Tübingen.

Zuber, Norbert 1986: Die wissenschaftliche Auseinandersetzung mit Robert Michels`
„Soziologie des Parteiwesens in der modernen Demokratie", Mag.-Arb., Erlan-
gen/Nürnberg.

Verbände als pluralistische Stratarchien: Samuel J. Eldersveld

Benjamin Zeitler

1 Biographie

Samuel James Eldersveld kam am 29. März 1917 in Kalamazoo, Michigan, als Sohn eines Pfarrers in einer Großfamilie zur Welt. Nachdem er seinen B.A. am Calvin College im Jahr 1938 abgeschlossen hatte, erwarb er ein Jahr später den M.A. an der University of Michigan. Durch den Einfluss des ersten Leiters des Instituts, Professor *Jesse Reeves*, wurde er von seinem ursprünglichen Vorhaben abgebracht, Lehrer an einem College zu werden (Knoll 2000: 7). Ausgestattet mit einem Stipendium und einer wissenschaftlichen Assistentenstelle blieb *Eldersveld* an der Universität in Michigan, um zu promovieren. Doch seine wissenschaftliche Karriere wurde durch den Zweiten Weltkrieg unterbrochen, in dem er von 1942 bis 1946 bei der US Navy diente und im Pazifikkrieg eingesetzt war.

Erst danach konnte er seine Promotion zügig zu Ende führen und erhielt noch 1946 seinen Ph.D. Von da an begann seine wissenschaftliche Karriere an der Universität in Michigan, die er offiziell erst 1987 als emeritierter Professor beendete. In diesem Zeitraum konnte er auf das Fulbright-Stipendium (1954-55) und das Rockefeller-Stipendium (1964) in den Niederlanden zurückgreifen. Außerdem war er auch Stipendiat bei *Palo Alto*, dem *Center for Advanced Study in the Behavioral Sciences* (1959-60). Schwerpunktmäßig beschäftigte sich *Eldersveld* mit dem politischen System der USA. Allerdings ließ er sich in seiner Forschung nicht durch nationale Grenzen einschränken, sondern setzte sich u. a. auch mit dem indischen, polnischen, chinesischen und dem niederländischen politischen System auseinander. Deshalb verbrachte er insgesamt dreimal, in den Jahren 1974, 1976 und 1977, einen Forschungsaufenthalt am niederländischen *Institute for Advanced Study* in Wassenaar. Zusammen mit rund 50 anderen Stipendiaten hatte er dort die Möglichkeit, seine Studien intensiv empirisch zu unterfüttern. Neben diesen Aufenthalten in den Niederlanden unterrichtete er in Frankreich, Indien und China (Eldersveld/ Walton 2000: xxi). Von 1964 bis 1970 leitete er noch zusätzlich das Politikwissenschaftliche Institut an der University of Michigan.

Doch zeichnete sich *Eldersveld* nicht nur durch herausragende Forschungsleistungen aus, sondern war auch bei den Studenten ein angesehener Professor, der durch seine Lehrtätigkeit überzeugte. Deshalb verlieh ihm die Universität den „Amoco Award" für hervorragende Leistungen in der Lehre. Diese Anerkennung erreichte *Eldersveld* wohl auch dadurch, dass er in seinem Unterricht auf viele praktische Erfahrungen zurückgreifen konnte. So engagierte er sich nach dem Krieg bei den Demokraten in Ann Arbor. Nach mehreren erfolglosen Versuchen kandidierte *Eldersveld* im Jahr 1957 erneut für das Bürgermeisteramt und schlug den republikanischen Gegenkandidaten *William E. Brown*, der seit 1945 Bürgermeister in Ann Arbor war. Zwar trat *Eldersveld* bei der darauf folgenden Wahl nicht mehr an, doch blieb er weiterhin bei den Demokraten aktiv (Pinkele 1993: 79). Als er aufgrund seines Alters in den Ruhestand gehen sollte, setzte er sich Anfang der 1990er vehement für eine Gesetzesänderung ein, die auch Professoren über 70 Jahren berechtigte, ihre Position an der Universität beizubehalten. So unterrichtete er noch bis 2001 an der Universität von Michigan (Knoll 2000: 13).

Im Zuge seiner über 50jährigen Lehrtätigkeit hatte *Eldersveld* viele Wegbegleiter. Diese veröffentlichten zusammen mit einigen seiner Schüler im Jahr 1999 eine Festschrift, die *Eldersvelds* wesentliche Forschungsfelder abdeckt (Yeşilada 1999: viii). Außerdem gibt es schon seit 1986 bei der Abteilung Politische Organisationen und Parteien der *American Political Science Association* einen *Samuel J. Eldersveld Award* für Wissenschaftler, die einen herausragenden Beitrag für die politikwissenschaftliche Forschung geleistet haben. Dies macht deutlich, dass *Samuel J. Eldersveld* bis heute einer der anerkanntesten Politikwissenschaftler in den Vereinigten Staaten ist.

2   Profil des Gesamtwerkes

Samuel J. Eldersveld gehörte zu der Gruppe von Wissenschaftlern, die als Vertreter des Behavioralismus ein Umdenken in der US-Politikwissenschaft vorantrieben. Dabei standen in der frühen Phase der wissenschaftlichen Arbeit von *Eldersveld* das politische System der USA und vor allem die amerikanischen Parteien im Mittelpunkt seiner Forschung. Im Rahmen dessen beschäftigte er sich mit dem Wahlverhalten, den Parteieliten und der politischen Öffentlichkeit. Geprägt vom Pluralismus sah *Eldersveld* seine Aufgabe darin, zu analysieren, wie demokratische Institutionen mit Interessenkonflikten innerhalb pluralistischer Gruppen umgehen (Yeşilada 1999: 1).

Zunächst beschäftigte er sich mit der Analyse von Wahlergebnissen. So untersuchte er die Bedeutung der großstädtischen Parteimehrheiten und kam zum

Ergebnis, dass sie zur Balance des politischen Systems der USA beitrugen (Eldersveld 1949: 1206). In diesem Zusammenhang beschäftigte er sich auch mit den Wahlen und dem Wahlverhalten der US-Bürger (u.a. Eldersveld/ Vandenbosch 1942, Eldersveld 1952, Applegate/Eldersveld 1954, Eldersveld (u.a.) 1957). Gerade in diesem Bereich leistete *Eldersveld* Pionierarbeit, indem er der Frage nachging, inwieweit und wodurch sich Bürger in ihrem Wahlverhalten beeinflussen lassen und welche Rolle dabei die Aktivitäten der Parteibasis spielen. Dabei demonstrierte er die Bedeutung des Häuserwahlkampfs und zeigte, dass durch die persönliche Stimmenwerbung der Parteiaktivisten mehr Menschen zur Wahl gebracht werden konnten (Crotty/Eldersveld 1954, Eldersveld 1956). In einer weiteren Studie, die er zusammen mit *Daniel Katz* publizierte, konnte er diese These bestätigen. Die Arbeit der Parteibasis vor Ort im Präsidentenwahlkampf 1956 machte bis zu 10% Stimmenunterschied für *Eisenhower* oder *Stevenson* aus (Eldersveld/Katz 1961: 1-24).

Gerade in den 1950er Jahren beteiligte sich *Eldersveld* auch sehr intensiv an der Kontroverse in der Politikwissenschaft. Ergebnis dieser Diskussion waren seine Veröffentlichungen mit renommierten Wissenschaftlern zur Theorie und Erforschung des Wahlverhaltens in den USA (Eldersveld (u.a.) 1952, Eldersveld/Eulau/Janowitz 1956). Immer mehr begann er sich in diesem Zusammenhang aber für die Schnittstelle von Bürger und Politik zu interessieren, und die Beschäftigung mit den politischen Parteien rückt in den Mittelpunkt seiner Forschung. Um das Wahlverhalten der Wähler zu erklären, war es für ihn nur folgerichtig, auch die Bedeutung der Parteien zu entschlüsseln (Eldersveld/Katz 1961: 1-24). So ging *Eldersveld* der Frage nach, wie politische Eliten den Prozess beeinflussen, wie die Partei strukturiert ist und wie Parteien auf politische Veränderungen reagieren (Eldersveld (u.a.) 1957). All diese Erkenntnisse mündeten schließlich in sein bekanntestes Werk *Political Parties. A Behavioral Analysis* (Eldersveld 1964), das die Ergebnisse seiner Forschungen in Detroit aus den 1950er Jahren zusammenfasste. Mit dem eigentlich als empirische Studie angelegten Buch lieferte *Eldersveld* einen theoretischen Rahmen zur Erklärung der Organisationswirklichkeit von Parteien, der bis heute in der wissenschaftlichen Diskussion nicht an Aktualität verloren hat.

Doch auch danach ließ er kaum eine Möglichkeit aus, sich mit der Analyse der Beziehungen zwischen politischen Eliten, Parteiaktivisten und Wählern zu beschäftigen (Eldersveld 1982a, Eldersveld 1983: 57-70, Eldersveld 1986: 89-120, Eldersveld 1989, Eldersveld/Stromberg/Carlssen 1995, Eldersveld 1995, Eldersveld/Walton 2000). Vor allem die politischen Eliten spielten hier eine besondere Rolle. Dabei verwendete er einen viel breiteren Elitenbegriff, als er bisher in der Elitenforschung anzutreffen war. Für *Eldersveld* bestand die Parteielite nicht nur aus der nationalen Führung, sondern auch aus der lokalen Partei-

elite, die in seinen Augen eine wesentliche Rolle innerhalb der Parteien spielt.
Zur Untersuchung dieser lokalen Eliten kam er nach seinem Buch *Political Parties* noch insgesamt sechsmal nach Detroit zurück und versuchte so, eine länger-
fristige Perspektive der Parteibasis zu entwickeln. Zwar stellte *Eldersveld* Änderungen im Detail fest, doch konnte er eine hohe Beständigkeit der lokalen Parteiorganisation feststellen (Eldersveld 1989: 8-7, Eldersveld 1986: 89-120).

In den 1970ern, 1980ern 1990ern und in seinen aktuellen Forschungen beschäftigte er sich vermehrt mit ausländischen politischen Systemen. Am häufigs-
ten setzte er sich dabei mit den Niederlanden auseinander. Dort verbrachte er
mehrere Forschungsaufenthalte und veröffentlichte mehrere einschlägige, län-
derspezifische Studien (Eldersveld 1947: 121-134, Eldersveld/Vandenbosch
1947, Eldersveld./Kooiman/van der Tak 1981, Eldersveld 1998: 319-346). Doch
beschäftigte sich *Eldersveld* darüber hinaus auch mit anderen europäischen Ländern wie Großbritannien (Eldersveld 1951) oder Deutschland (Eldersveld 1982b:
68-89) und mit außereuropäischen Ländern und Regionen. So publizierte er
Arbeiten zu Indien (Eldersveld 1968: 210-217, Eldersveld 1970: 1015-1030,
Eldersveld 1973: 271-295, Eldersveld/Bashiruddin 1978) und China (Elders-
veld/Shen 2001, Eldersveld 2002). Damit stellte *Eldersveld* seine Forschungen
auf eine sehr breite Basis, und er selbst bezeichnete dies als eine die Augen öff-
nende Erfahrung (Eldersveld 1989: 3). Schwerpunkt seiner internationalen Untersuchungen blieben in diesen Studien die Parteieliten und der Parteienaktivis-
mus. Hierbei stellte er neben mehreren Unterschieden auch Ähnlichkeiten fest.
So gewann er die Erkenntnis, dass die Motive für die Mitgliedschaft in einer
Partei einem Wandel unterzogen sind. Ist zunächst die ideologische Komponente
für den Aktivisten ausschlaggebend, spielen nach längerer Mitgliedschaft die
sozialen Umstände eine größere Rolle. *Eldersveld* schließt daraus, dass die Partei
nicht als ideologische, sondern vielmehr als soziale Gruppe verstanden werden
sollte (Eldersveld 1989: 12-13). *Eldersveld* verglich so seine gesammelten Erkenntnisse über die Parteieliten international und arbeitet dabei meist mit Politikwissenschaftlern aus der ganzen Welt zusammen (Eldersveld/Jagannadham/
Barnabas 1968, Eldersveld/Marvick 1983: 5-143, Eldersveld/Siemienska 1989,
Eldersveld/Strömberg/Derksen 1995, Chhibber/Eldersveld 2000b: 350-373).
Letztendlich zeichnet aber alle seine Studien und Untersuchungen aus, dass sie
auf einer breiten, empirischen Analyse[1] beruhen. Seine Rückschlüsse und theoretischen Annahmen beruhen immer auf einer fundierten Datenbasis, wobei er aber
auch die Datenerhebungsmethode immer hinterfragte und sich der Tatsache

---

[1] Allerdings finden sich in seinen Arbeiten oftmals Dutzende Tabellen, die weder die Lesefreundlich-
keit noch die Nachvollziehbarkeit erhöhen. Dies wurde auch mehrmals kritisiert (z. B. Sorauf 1966:
149, Bruce 1996: 888).

bewusst war, dass statistische Daten trotz aller Genauigkeit doch stets künstlich bleiben (Marvick 1999: 316).

Doch verschloss sich *Eldersveld* nie neuen Forschungsbereichen. So beschäftigte er sich in den letzten Jahren mit dem sozialen Gefälle in den USA und der Entwicklung von Armut. Während in den Vereinigten Staaten 12% der Bevölkerung in Armut leben, sind es in den Europäischen Staaten nur 3-4%. *Eldersveld* folgert daraus, dass die USA sich vermehrt mit dieser Problematik auseinandersetzen müssten (Soderbeck 2004: 21).

3   Verbändestudien

Die Verbändestudien von *Samuel J. Eldersveld* sind im ursprünglichen Sinne Parteienstudien. Doch hat *Eldersveld* aus seiner Beschäftigung mit den Parteien ein Organisationsmodell entwickelt, das auch für die Verbändeforschung einschlägig ist.

Die wesentlichen Aussagen *Eldersvelds* befinden sich dabei in seinem Buch *Political Parties, A Behavioral Analysis* von 1964. Bei seinen Untersuchungen stellte er fest, dass in der Parteienforschung bisher die traditionellen Vorstellungen dominierten. Diese seien allerdings mehr durch normative Urteile geprägt als von einer methodischen Analyse der Parteien als organisatorische Systeme. Vor allem das grundlegende Werk von *Robert Michels*[2] mit seinem „Ehernen Gesetz der Oligarchie" innerhalb der Parteien (Michels 1989: 370-371) war in der Parteienforschung fest verankert, wurde breit rezipiert und immer noch als Parteientheorie akzeptiert (Eldersveld 1964: 14). Zwar habe sich in den letzten 25 Jahren die Parteienforschung in diesem Bereich verbessert, doch sei das Wissen über die Parteiorganisation immer noch unvollständig (Eldersveld 1964: 22). Für *Eldersveld* stellen sich folglich mehrere Fragen im Vorfeld seiner Untersuchung der politischen Parteien:

What really is the 'party organization'? What is the nature of its internal structure? What activities does it actually pursue? Why is it differentially effective in varying locales? What is the basis of the public`s image? (Eldersveld 1964: 22-23)

Diese Fragen will *Eldersveld* in einer empirischen Analyse der Partei als organisatorisches System beantworten, indem er die lokalen und regionalen Parteiorganisationen näher betrachtet. Denn *Eldersveld* beschränkt seine Untersuchungen nicht auf den „inner circle" oder den „acivist cadre" (Eldersveld 1964: 2), son-

---

[2] Zu *Robert Michels* vgl. den Beitrag von Benjamin Zeitler in diesem Band.

dern entwickelt vielmehr eine empirische Theorie über „the perspectives and behavior of individuals holding positions at all major levels of hierarchy, their vertical and horizontal relationship with others in the group [...]" (Eldersveld 1964: 2). Damit stellt er seine Studie ganz bewusst in Opposition zu den Klassikern, die sich auf die nationalen Parteieliten begrenzt haben und so versuchten, die Organisationswirklichkeit der Parteien zu beschreiben. *Eldersveld* versteht die Beschaffenheit der Parteien als „functional unit" (Eldersveld 1964: 3). Die Partei ist für ihn eine soziale Gruppe, ein sozialer Organismus, der gleichsam ein politisches System im Kleinen darstellt (Eldersveld 1964: 1).

Um sich der Organisationswirklichkeit der Parteien anzunähern, untersuchte *Eldersveld* die Strukturen und Aktivitäten der Demokratischen und Republikanischen Parteien in Wayne County in Michigan während des Präsidentenwahlkampfs von 1956. In diesem Mehrebenenprojekt waren je sieben Führungspersonen beider Parteien auf Distriktebene, 149 demokratische und republikanische Parteiaktivisten auf Bezirksebene und 596 Bürger von 87 aus insgesamt 2.007 Bezirken involviert (Eldersveld 1964: 24-25). Die Ergebnisse der Studie sollen zu drei Zielen führen: Erstens will *Eldersveld* die Auswirkungen struktureller Besonderheiten der Partei auf die Einstellungen, das eigene Rollenverständnis und die Motivation der Parteiführer der verschiedenen Ebenen darstellen. Dann sollen die Beziehungs- und Kommunikationsmuster innerhalb einer Partei erfasst und dadurch insgesamt ein besseres Verständnis der Partei als „functional unit" (Eldersveld 1964: 3) erreicht werden.

Eldersveld betont, dass die Partei nicht mit einem bürokratischen System vergleichbar ist und sich strukturell deutlich von Firmen oder staatlichen Organisationen unterscheidet. Zur Beschreibung der Organisationswirklichkeit macht *Eldersveld* schließlich vier grundlegende Merkmale aus, die essentiell sind für ihre Art als soziales und politisches Gebilde. Zwar können diese Charakteristika, die *Eldersveld* auch als Dimensionen bezeichnet, bei einzelnen Parteistrukturen unterschiedlich gewichtet sein, doch sind sie letztendlich für alle Parteien relevant (Eldersveld 1964: 4-5).

1. Parteien sind Dienstleistungsapparate für ihre Klientel („clientele-oriented structures") (Eldersveld 1964: 5). Deshalb sind sie an ihrer Basis offen für neue Mitglieder aber auch für passive Unterstützer. Ebenso ist eine Partei auf höheren Ebenen bis hinauf in die Führungsspitze durchlässig und anpassungsfähig, wenn dies der Partei nützt. Im Gegensatz zum Bürokratiemodell ist die Partei somit „almost by definition an open, informal, personalized system" (Eldersveld 1964: 5).

2. Aus dieser Feststellung ergibt sich für *Eldersveld* die zweite Eigenschaft: Parteien bestehen aufgrund der Durchlässigkeit aus einer Vielzahl verschie-

denster Interessengruppierungen. Diese kennzeichnen sich durch geographische Herkunft, Alter, soziale Kategorien usw. Da die Partei ein System darstellt, das soziale und ökonomische Interessen direkt in politische Entscheidungen überträgt, führt die Interessenpluralität innerhalb der Partei zu Konflikten. Nach *Eldersveld* entwickeln die Parteien deswegen die Fähigkeit, Konflikte der im Wettbewerb stehenden Interessen zu handhaben, zu kanalisieren oder zu vermeiden (Eldersveld 1964: 6). Die Partei steht folglich im ständigen Verhandeln mit den Untergruppierungen und versucht, aufkommende Konflikte zu lösen. Aufgrund dieser Feststellungen charakterisiert *Eldersveld* die Parteien als „an alliance of substructures or subcoalitions" (Eldersveld 1964: 6).

3.   Dies hat auch Konsequenzen für die Machtverteilung innerhalb einer Partei, die *Eldersveld* als drittes Charakteristikum näher betrachtet. Seit dem „ehernen Gesetz der Oligarchie" von *Michels* wurde die hierarchische Anordnung in Parteien kaum in Frage gestellt. Doch *Eldersveld* erkennt vollkommen gegenteilige Tendenzen und sieht keine hierarchische, sondern eine stratarchische[3] Struktur innerhalb der Partei. Das wesentliche Merkmal einer solchen Stratarchie besteht nach *Eldersveld* in der „proliferation of the ruling group and the diffusion of power prerogatives and power exercise" (Eldersveld 1964: 9). Durch die Heterogenität der Mitglieder und die verschiedensten Interessengruppen ist zentralisierte Kontrolle kaum möglich. Außerdem ist Führung von der freiwilligen Unterstützung der Basis abhängig und kann auch nicht auf effektive Sanktionsmöglichkeiten zurückgreifen. Hinzu kommt, dass die Partei auf vielerlei lokalen Milieus, Traditionen und Sozialstrukturen ruht, die zur Herausbildung lokaler Parteieliten führen.[4] Infolgedessen besteht die Partei aus verschiedenen Schichten, die jeweils ihre eigenen Eliten besitzen. *Eldersveld* spricht in diesem Zusammenhang von einer „balcanization" (Eldersveld 1964: 9) der Macht, die in einem speziellen „rapport system" im Elite-Basis-Verhältnis begründet liegt. Zwar hat die Spitzenelite die Autorität, für die Organisation zu sprechen, doch ihre Kontrollmöglichkeiten sind sehr gering und meist nur formell (Eldersveld 1964: 99-100). Letztendlich muss die Parteispitze immer auf die Interessen, Forderungen und die Unterstützung der Basis Rücksicht nehmen (Eldersveld 1964: 10). Diese Erkenntnisse in Verbindung mit dem Wissen um die eigene Ersetzbarkeit führen bei den Parteiaktivisten durchaus zu einer größeren Frustration (Eldersveld 1964: 527).

---

[3] Den Begriff „Stratarchie" übernimmt *Eldersveld* von *Lasswell* und *Kaplan* (1950: 219-220).
[4] *Eldersveld* schätzt, dass es in den USA mindestens 200.000 Orts- und Stadtverbände gibt, die alle als eigene Parteiorganisationen fungieren (Eldersveld 1982: 95).

4. Die Zusammensetzung der Parteielite und die Karrieremuster sind für *Eldersveld* dann auch die vierte Grundeigenschaft der Parteiorganisation. Die Partei besteht aus einem pluralistischen, durchlässigen Set von „separable ‚career classes' or ‚career categories', with considerable differentiation in congruence, communicative interchange, and self-consciousness" (Eldersveld 1964: 11). Dabei sind der Elitenaustausch und die Zirkulation nicht nur pro forma, wie die klassischen Oligarchie-Theoretiker behaupten. Vielmehr handelt es sich meist um „a process of genuine renovation, adaption and reconstruction of the subcoalitional balance of power within the party structure" (Eldersveld 1964: 11).

Mit der Darstellung dieser vier Grundeigenschaften von Parteien stößt *Eldersveld* auf verschiedene Problembereiche, die sich für die Parteien in der Konsequenz ergeben. Diese Dilemmata liegen vor allem darin begründet, dass die Parteien eben keine Hierarchie mit klar verteilter Macht und Kontrolle sind. So besteht das erste Dilemma für *Michels* in der offenen und durchlässigen Struktur der Partei. Deswegen ist die Partei sowohl in ihrer internen Organisation als auch in ihrer Handlungseffizienz geschwächt (Eldersveld 1964: 5-6). Dadurch, dass die Partei ein Sammelbecken vieler einzelner Gruppierungen und Interessen ist, sieht *Eldersveld* das zweite Dilemma in einer möglichen Differenz zwischen den Parteizielen und den Forderungen einzelner Untergruppen (Eldersveld 1964: 7). Das dritte Dilemma verortet *Eldersveld* in der stratarchischen Parteienstruktur. Dadurch ist eine effiziente Parteiführung kaum möglich (Eldersveld 1964: 10). Ein viertes Spannungsfeld macht *Eldersveld* zwischen dem Streben der Eliten nach Veränderung und Karriere und der Parteiorganisation aus, die auf einer heterogenen und freiwilligen Mitgliederstruktur beruht (Eldersveld 1964: 12). Da die Partei eine Machtorganisation ist, benötigt sie Aktivisten, die sich für diese Machtziele einsetzen. Gleichzeitig darf die Zahl dieser Aktivisten nicht zu groß werden, da die Partei in der Folge durch interne Machtkämpfe zunehmender Instabilität ausgesetzt wäre. Deshalb benötigt die Partei Ressourcen wie Prestige, Anerkennung oder Status, um die Bedürfnisse der Parteielite zu befriedigen. Allerdings dürfen auch diese Formen nicht das Übergewicht bekommen, da in der Folge diese Gruppe nicht mehr einer Partei entsprechen würde. Deshalb müssen die Parteistrukturen den Rahmen bilden, die persönlichen Interessen der Aktivisten zu befriedigen, ohne dabei die Machtziele der Partei zu gefährden (Eldersveld 1964: 122).

Mit diesem Theorienkonzept schafft *Eldersveld* die Grundlage, seine Umfrageergebnisse zu bewerten. Allerdings belässt er die Partei nicht in einem „intellektuellen Vakuum" (Eldersveld 1964: 12), sondern benennt zusätzlich drei äußere Einflüsse, die für die Struktur einer Partei von Bedeutung sind. Dies ist zunächst die Umgebung einer Partei, zu der nach *Eldersveld* die sozio-ökonomischen Bedingungen, die politische Geschichte und die politische Kultur gehören. Außerdem gebe es auch eine interne Dynamik, die von den unterschiedlichen Arten der politischen Aktivitäten innerhalb eines machtbezogenen Prozesses herrührt. Und drittens kommt noch die chronologische Komponente hinzu, denn die Entwicklungsgeschichte, die vorhandene Akzeptanz und die ständigen Veränderungen der Partei haben auch Einflüsse auf die strukturellen Eigenschaften von Parteien (Eldersveld 1964: 12-13). Deshalb sind für *Eldersveld* die Parteistrukturen nicht statisch oder geschlossen. Parteien stehen vielmehr in hohem Maße in einer beständigen, dynamischen Interaktion mit ihrer sozialen Umgebung, in der sie ihre Anhänger rekrutieren und in der sie wirken (Eldersveld 1964: 533). Folglich ist die Partei eine „competitive, constant, social-renewal group, if it is at all success-minded" (Eldersveld 1964: 534).

So liefert *Eldersveld* ein Organisationsmodell von Parteien, das im vollkommenen Kontrast zu den bisher in der Parteiforschung rezitierten Klassikern steht. Die Partei ist keine pyramidenähnlich aufgebaute Bürokratie, Elitenklasse oder Oligarchie[5] (Eldersveld 1964: 526). Vielmehr beschreibt *Eldersfeld* die Partei zusammenfassend folgendermaßen:

> The party is an open, clientele-oriented structure, permeable at its base as well as its apex, [...] The party is also a "stratarchical" control structure, rather than an elitist command structure. Power is devolved and proliferated to echelon commands, decision-making is autonomized at lower reaches of the structure, [...] In addition, the party structure must be visualized as a tenous alliance of socio-economic subcoalitions with varying degrees of subgroup cohesion, identification, and interaction [...]. Finally, we see the party, not as a singular body of elitists, but as an aggregate of career classes performing differential structural functions, yet not molded into a hierarchy of subelites whose power prerogatives and structural status are closely determined by a top leadership group" (Eldersveld 1964: 526-527).

Diese Parteiaktivisten sind durch die genannten Parteistrukturen auch einer großen Beeinflussung ausgesetzt und infolgedessen ändern sich ihre Motivation, ihre Standpunkte und ihre Wertvorstellungen im Laufe eines verstärkten Engagements. *Eldersveld* macht dies in sechs Punkten deutlich: 1. Zunehmende Befriedigung persönlicher Bedürfnisse, 2. größere Konzentration auf das Ziel des Machtgewinns, 3. mehr Loyalität gegenüber der Partei, 4. verstärktes Interesse an der eigenen Karriere, 5. vermehrte weltbürgerliche Öffnung gegenüber ideo-

---

[5] Trotzdem erkennt auch *Eldersveld* auf der untersten Parteiebene durchaus kleinstrukturierte Oligarchien und bezeichnet die Ortsvorsitzenden als „little oligarchs", aber schon die nächsthöhere Ebene ist abhängig von den Interessen der Ortsvorsitzenden. Somit kann von einer Hierarchie nach *Eldersveld* nicht im Geringsten gesprochen werden (Eldersveld 1964: 408-409).

logischer Enge und schließlich 6. verstärkte demokratische Wertvorstellungen der involvierten Parteieliten (Eldersveld 1964: 530-532). Die gruppendynamischen Prozesse und Beziehungen und die strukturellen Rahmenbedingungen haben also großen Einfluss auf die individuellen Führer.

Auch wenn *Eldersveld* seine Erkenntnisse aus den Jahren 1956/1957 – was die Struktur, den Aufbau und die Aktivitäten einer Partei betrifft – auf lokaler und Bezirksebene gewinnt, erhebt er den Anspruch, dass diese auch auf die nationale Ebene zutreffen. Dies bestätigte er auch in seinen späteren Werken zum Parteiensystem in den Vereinigten Staaten (Eldersveld 1982, Eldersveld/Walton 2000).

4   Rezeption und Kritik

Diese neue Sichtweise der Parteiorganisationen löste in der Parteiforschung eine sehr breite Diskussion aus, die bis heute keinen Abschluss gefunden hat. Schon im Jahr des Erscheinens rief dieses neue Strukturmodell von Parteien in der Politikwissenschaft viele Reaktionen hervor. Dies wurde am deutlichsten in der Verleihung des *Woodrow Wilson Awards* für *Eldersvelds* „Political Parties" als bestes politikwissenschaftliches Buch des Jahres 1964. Auch *William J. Crotty* beurteilte in seiner Rezension das Buch als „one of the most sophisticated pieces of research yet done on party organization" (Crotty 1965: 684). Er sah in dem theoretischen Konstrukt und in dem Organisationsmodell einen theoretischen Rahmen für zukünftige Forschungen und eine Basis für vergleichende Beiträge und betrachtete *Eldersvelds* Arbeit als „a major contribution to the study of political parties" (Crotty 1965: 685).

Doch nicht in der gesamten US-Politikwissenschaft erzeugten die Überlegungen von *Eldersveld* positive Reaktionen. So betrachtete zwar auch *Frank Sorauf* das Buch und die Ausführungen „substantial and significant" (Sorauf 1966: 150), doch hatte er trotzdem einige Vorbehalte. Allerdings beschränkten sich diese größtenteils auf die methodische Vorgehensweise. Für *Sorauf* war die Fülle der Daten erdrückend. Außerdem kritisierte er die seines Erachtens oftmals falsche Auswertung der Daten und bemängelte, dass für eine Gesamtübersicht über die Partei wichtige Daten fehlten (Sorauf 1966: 149-150). Doch meldete er kaum Vorbehalte gegenüber dem theoretischen Rahmen an. Er warf *Eldersveld* nur vor, dass die Oligarchiethese, die *Eldersveld* falsifizieren wolle, kaum eine Rolle in der Parteienforschung spiele und er deren Bedeutung überbewerte.

Aber gerade auf kontinentaleuropäischer Ebene maßen die Parteienforscher den Thesen von *Michels* große Bedeutung zu. Noch in den 1950er Jahren erschienen viele Werke, die sich empirisch mit der Hierarchisierung der Parteien auseinandersetzten (Cassinelli 1953, McKenzie 1961) und die von *Maurice Du-verger* geprägte Formel des „demokratischen Scheins und einer oligarchischen Wirklichkeit" (Duverger 1959: 149) für das Binnenleben von Parteien bestätigt sahen. Umso länger dauerte es, bis die Thesen von *Eldersveld* salonfähig wurden. Denn der Blickwinkel wurde durch die Arbeit *Eldersveld* vollkommen verändert. Hatte man bisher die Partei von außen betrachtet, verwendet *Eldersveld* eine Binnenanalyse, ging man bisher von einer Hierarchie aus, die man mit dem „top-down"-Modell umschrieb, forcierte *Eldersveld* das Stratarchiemodell, das als „bottom-up"-Modell bezeichnet wurde.

Deshalb begegneten die Parteienforscher dem Theoriekonstrukt von *Eldersveld* mit großer Skepsis. Der Soziologe *Alf Mintzel* kritisierte in seiner Untersuchung zur bayerischen CSU *Eldersveld* aufs schärfste und warf ihm eine politisch-polemische Entkräftung der *Michels*-These vor. So erschien *Mintzel* „Eldersvelds Kontrast-Modell, das er [Eldersveld, B.Z.] offenbar selbst gegen alle Wissenschaftslogik mit der der Wirklichkeit verwechselt, nicht ganz so nützlich […], wie das aus politischen Gründen für konservative Theoretiker wünschenswert sein könnte" (Mintzel 1975: 495). *Mintzel* ist der Ansicht, dass *Eldersveld* die Wechselbeziehungen zwischen Basis und den Führungsschichten lediglich auf Rücksichtnahme und Kontrolle regionaler und horizontaler Subgruppen der Parteienstratarchie beschränkt und somit wesentliche Elemente der Parteistruktur ausblendet (Mintzel 1975: 471). Die Hauptkritik *Mintzels* bezieht sich auf die beschränkte Sichtweise *Eldersvelds*, weil er weder „unterschiedliche gesellschaftlich-politische Situationen sowie die gravierenden und wesentlichen Unterschiede in der Organisationswirklichkeit der Parteien in den USA und in der Bundesrepublik" (Mintzel 1975: ebd.) genügend reflektiert. Mit dieser Kritik steht *Mintzel* nicht allein, da diese regionale Begrenztheit meist ein zentraler Punkt der *Eldersveld*-Kritik ist. Auch *Emil Hübner* betont, dass sich *Eldersveld* eine der atypischsten Parteiorganisationen als Untersuchungsgrundlage vorgenommen habe (Hübner 1976: 55). Doch sieht er das Theoriemodell *Eldersvelds* trotzdem nicht auf die amerikanischen Parteien beschränkt, sondern betont die wichtigen Denkanstöße für die Analyse kontinentaleuropäischer Parteien (Hübner 1976: 58). Eine direkte Übertragbarkeit des Modells kann *Hübner* aber nicht erkennen (Hübner 2003: 120). Ebenso sieht *Hans-Otto Mühleisen* in dieser pragmatischen Einengung auf die amerikanischen Parteien in der Detroit-Region einen Nachteil und kritisiert, dass *Eldersveld* kein nomologisches System überprüfbarer Hypothesen bietet, sondern eine rein empirische Untersuchung (Mühleisen 1973: 20). *Wolfgang Jäger* geht sogar noch weiter und spricht *Eldersveld* die Widerlegung von *Michels* ab. Da die amerikanischen Parteien nur schwach organisiert seien, könne es dort keine Oligarchie geben. Denn nach

Michels bedeute geringere Organisation ein geringeres Ausmaß an Oligarchie (Jäger 1973: 142).

Trotzdem setzte sich das Strukturmodell *Eldersvelds* immer mehr in der europäischen und deutschen Politikwissenschaft durch. Selbst *Mintzel* vollzog einen Positionswandel und stellt nun die Bedeutung des Pionierwerks *Eldersvelds* heraus. So zeichne es sich aus durch die „sorgfältige Konzeptualisierung und Operationalisierung, durch die systematische Überprüfung und partielle Reformulierung, wodurch die Entwicklung einer wertbezogenen empirischen Theorie vorbereitet" (Mintzel 1984: 33) werde. Die Schwächen des Werks ließen sich nach *Mintzels* Ansicht beheben und *Eldersveld* sollte viel mehr in der deutschen Politikwissenschaft rezipiert werden (ebd.). Das Stratarchiemodell *Eldersvelds* fand somit mehr Anklang und ist bis heute eine der wesentlichen Theorien zur Erklärung der Organisationswirklichkeit von Parteien und Verbänden.

Dabei gab es auch Versuche, die Ansätze *Eldersvelds* weiterzuentwickeln. So entwarf *Elmar Wiesendahl* (1984) unter Rückgriff auf die Organisationstheorie das Modell der „fragmentierten, lose gekoppelten Anarchie". Die Parteien verkörpern nach *Wiesendahl* „zum Funktionieren gebrachte Unorganisiertheit" (Wiesendahl 1998: 250), die zusätzlich noch ineffektiv und irrational arbeiten. Auch *Josef Schmid* (1990) sprach in seiner Studie zur föderalen Struktur der CDU von einer „organisierten Anarchie", in der lockere Subsysteme bestehen, die „lediglich lose gekoppelt und begrenzt zentral steuerbar" seien. Dieses Anarchiemodell wurde ebenso von *Peter Lösche* und *Franz Walter* in ihrer Studie zur SPD aufgegriffen und populär gemacht (Lösche/Walter 1992: 197). Im Gegensatz zu diesen wohl etwas zu weitläufigen Interpretationen der Organisationswirklichkeit halten immer noch viele Politikwissenschaftler bevorzugt am Stratarchiemodell *Eldersvelds* fest, da es zur Beschreibung der Organisationswirklichkeit von Parteien und Verbänden mehr taugt (Alemann 2003: 151). Dies macht deutlich, dass *Samuel J. Eldersveld* mit seiner Studie *Political Parties* von 1964 letztendlich bis heute nicht an Aktualität verloren hat und immer noch den Ausgangspunkt vieler Partei- und Verbändestudien darstellt.

Literatur:

Alemann, Ulrich von 2003: Das Parteiensystem der Bundesrepublik Deutschland, Bonn.
Applegate, Albert A./Eldersveld, Samuel J. 1954: Michigan's Recounts for Governor, 1950 and 1952. A Systematic Analysis of Election Error, Ann Arbor, Mich.
Bruce, John M. 1996: Rezension von: Party Conflict and Community Development: Postwar Politics in Ann Arbor, in: Journal of Politics, Bd. 58/3, S. 887-888.
Cassinelli, Charles W. 1953, The Law of Oligarchy, in: The American Political Science Review, Vol. 48, S. 773-784.

Chhibber, Pradeep/ Eldersveld, Samuel J. 2000: Local Elites and Popular Support for Economic Reform in China and India, in: Comparative Political Studies, Bd. 33, Heft 3, S. 350-373.

Crotty, William J. 1965: Rezension von: Political Parties. A Behavioral Analysis, Chicago, 1964, in: The Journal of Politics, Vol. 27, S. 684-685.

Dodge, Richard W./ Eldersveld, Samuel J. 1954: Personal Contact or Mail Propaganda? An Experiment in Voting and Attitude Change, in: Katz, Daniel u.a. (Hrsg.), Public Opinion and Propaganda. Chicago/New York/San Francisco, S. 532-542.

Duverger, Maurice 1959: Die Politischen Parteien, Tübingen.

Eldersveld, Samuel J. 1947: Government and Politics in the Netherlands during Reconstruction, in: Pollock, James K. (Hrsg.), Change and Crisis in European Government, New York, S. 121-134.

Eldersveld, Samuel J. 1949: The Influence of Metropolitan Party Pluralities in Presidential Elections since 1920. A Study of Twelve Cities, in: American Political Science Review, Vol. 43, S. 1189-1206.

Eldersveld, Samuel J. 1951: Communication Media and the 1950 British Election, in: Pollack, James K. (u.a.), British Election Studies, Ann Arbor, S. 30-53.

Eldersveld, Samuel J. 1952: The Independent Vote: Measurement, Characteristics, and Implications for Party Strategy, in: American Political Science Review, Vol. 46/3, S. 732-753.

Eldersveld, Samuel. J. 1956: Experimental Propaganda Techniques and Voting Behavior, in: American Political Science Review, Vol. 50(1), S. 154-165.

Eldersveld, Samuel J. 1964: Political Parties. A behavioral analysis, Chicago.

Eldersveld, Samuel J. 1968: The political behaviour of the Indian Public, in: Kebschull, Harvey G. (Hrsg.), Politics in Transitional Societies: The Challenge of Change in Asia, Africa, and Latin America, New York, S. 210-217.

Elderveld, Samuel J. 1970: The 1967 Indian Election, Patterns of Party Regularity and Defection, in: Asian Survey, Bd. 10, Heft 11, S. 1015-1030.

Eldersveld, Samuel J. 1973: Party Identification in India in Comparative Perspective, in: Comparative Political Studies, Bd. 6, S. 271-295.

Eldersveld, Samuel J. 1982a: Political Parties in American Society, New York.

Eldersveld, Samuel J. 1982b: Changes in Elite Composition and the Survival of Party Systems. The German Case, in: Czudnowski, Moshe M. (Hrsg.), Does Who Governs Matter?, De Kalb, S. 68-89.

Eldersveld, Samuel J. 1983: Motivations for Party Activism. Multi-National Uniformities and Differences, International Political Science Review, Vol. 4 (1), 57-70.

Eldersveld, Samuel J. 1986: The Party Activist in Detroit and Los Angeles, in: Crotty, William (Hrsg.), Political Parties in Local Areas, Knoxville, S. 89-120.

Eldersveld, Samuel J. 1989a: Political Elites in Modern Societies: Empirical Research and Democratic Theory, Ann Arbor.

Eldersveld, Samuel J. 1995: Party Conflict and Community Development: Postwar Politics in Ann Arbor, Ann Arbor.

Eldersveld, Samuel J. 1998: Party Change and Continuity in Amsterdam: An Empirical Study of Local Organizational Adaptation, in: Party Politics, Bd. 4, Heft 3, S. 319-346.

Eldersveld, Samuel J. 2002: The dual significance of political reforms, in: Brodsgaard, Kjeld Erik (u. a.) (Hrsg.), China's Place in Global Geopolitics: International, Regional and Domestic Challenges, London, S. 181-201.

Eldersveld, Samuel J./Pollock, James K. 1942: Michigan Politics in Transition. An Areal Study of Voting Trends in the Last Decade, Ann Arbor.

Eldersveld, Samuel J./Vandenbosch, Amry 1947: Government of the Netherlands, Lexington.

Eldersveld, Samuel J. (u.a.) 1952b: Research in Political Behavior, in: American Political Science Review, Vol. 46, S. 1003-1045.

Eldersveld, Samuel J./Eulau, Heinz/Janowitz Morris (Hrsg.) 1956: Political Behaviour. A Reader in Theory and Research, Glencoe, Illinois.

Eldersveld, Samuel J. (u.a.) 1957: Political Affiliation in Metropolitan Detroit, Ann Arbor.

Eldersveld Samuel J./Katz, Daniel 1961: The Impact of Local Party Activity upon the Electorate, in: Public Opinion Quarterly, Vol 25, S. 1-24.

Eldersveld, Samuel J./Jagannadham, A./Barnabas, P.1968: The Citizen and the Administrator in a   Developing Democracy, Glenview.

Eldersveld, Samuel J./Bashiruddin, Ahmed 1978: Citizens and Politics: Mass Political Behavior in India, Chicago.

Eldersveld, Samuel J./Kooiman, Jan/van der Tak, Theo 1980: Bestuur en beleid: politiek en bestuur in de ogen van kamerleden en hoge ambtenaren, Assen.

Eldersveld, Samuel J./Kooiman, Jan/van der Tak, Theo 1981: Elite Images of Dutch Politics, Accommodation and Conflict, Ann Arbor.

Eldersveld, Samuel J./Marvick, Dwaine 1983: Party Activists in Comparative Perspective, in: International Political Science Review, Vol. 4, S. 5-143.

Eldersveld, Samuel J./Siemienska, Renata 1989: Elite Conflict Orientation in Polish and U.S. Cities, in: International Political Science Review, Vol. 10, S. 309-330.

Eldersveld, Samuel J./Strömberg, Lars/Derksen, Wim 1995: Local Elites in Western Democracies. A Comparative Analysis of Urban Political Leaders in the U.S., Sweden, and the Netherlands, Boulder (u.a.).

Eldersveld, Samuel J./Walton, Hanes 2000: Political parties in American society, 2. Auflage, Boston (u.a.).

Eldersveld, Samuel J./Shen Ming Ming 2001: Support for Economic and Political Change in the China Countryside. An Empirical Study of Cadres and Villagers in Four Counties, 1990 and 1996, Lanham.

Hübner, Emil 1976: Partizipation im Parteienstaat. Bürgerbeteiligung in Parteien und Wahlen, München.

Hübner, Emil 2003: Probleme innerparteilicher Willensbildung, in: Hübner, Emil/ Oberreuter, Heinrich (Hrsg.): Parteien und Wahlen in Deutschland, München, S. 118-139.

Jäger, Wolfgang 1973: Innerparteiliche Demokratie und Repräsentation, in: Ders. (Hrsg.), Partei und System. Eine kritische Einführung in die Parteienforschung, Stuttgart (u.a.), S. 108-151.

Knoll, Mark (u. a.) 2000: University of Michigan, Department of Political Science Newsletter, Nr. 4.

Lasswell, Harold/Kaplan Abraham 1950: Power and Society, New Haven.

Lösche, Peter/Walter, Franz 1992: Die SPD, Klassenpartei – Volkspartei – Quotenpartei, Darmstadt.

Marvick, Dwaine 1999: Concluding Remarks: The Hallmarks of Eldersveld's Methods of Political Inquiry, in: Yeşilada, Birol A. (Hrsg): Comparative Political Parties and Party Elites: Essays in Honor of Samuel J. Eldersveld, Ann Arbor, S. 311-319.

McKenzie, Robert 1961: Politische Parteien in England, Köln.

Michels, Robert 1989: Zur Soziologie des Parteiwesens in der modernen Demokratie, Untersuchungen über die oligarchischen Tendenzen des Gruppenlebens, vierte Auflage (erst. Aufl. 1911), Stuttgart.

Mintzel, Alf 1975: Die CSU. Anatomie einer konservativen Partei 1945-1972, Opladen.

Mintzel, Alf 1984: Die Volkspartei. Typus und Wirklichkeit. Ein Lehrbuch, Opladen.

Mühleisen, Hans Otto 1973: Theoretische Ansätze der Parteienforschung – Eine exemplarische Literaturübersicht, in: Jäger, Wolfgang (Hrsg.), Partei und System. Eine kritische Einführung in die Parteienforschung, Stuttgart (u.a.), S. 9-27.

Pinkele, Carl F. 1993: Eldersveld, Samuel J., in: Lockhart, Charles/Utter, Glenn H. (Hrsg.), American Political Scientists. A Dictionary, Westport, S. 78-80.

Schmid, Josef 1990: Die CDU. Organisationsstrukturen, Politiken und Funktionsweise einer Partei im Föderalismus, Opladen.

Soderbeck, Agnes 2004: University of Michigan, Department of Political Science Newsletter, Nr. 8.

Sorauf, Frank J. 1966: Rezension von: Political Parties. A Behavioral Analysis, Chicago, 1964, in: Political Science Quaterly, Vol. 81, S. 148-150.

Wiesendahl, Elmar 1984: Wie politisch sind Parteien? Zu einigen vernachlässigten Aspekten der Organisationswirklichkeit politischer Parteien, in: Falter, Jürgen W./Fenner, Christian/Greven, Michael Th. (Hrsg.), Politische Willensbildung und Interessenvermittlung, Opladen, S. 78-88.

Yeşilada, Birol A. (Hrsg) 1999: Comparative Political Parties and Party Elites: Essays in Honor of Samuel J. Eldersveld, Ann Arbor.

V. Verbände und Staat:
Die Perspektive korporatistischer Ansätze

Verbände als korporative „Realpersönlichkeiten" im Staat: Otto von Gierke

Tobias Nerb

1 Biographie

Preußen in der Aufbruchstimmung des Vormärz: *Otto Friedrich Gierke* wurde am 11. Januar 1841 in der pommerschen Stadt Stettin geboren. Sein Vater *Julius Gierke* war zum Zeitpunkt seiner Geburt als Stadtsyndikus[1] von Stettin tätig. Die Mutter *Therese*, geborene *Zitelmann*, entstammte einer alten pommerschen Juristenfamilie und war die Schwester des Geheimen Regierungsrates *Otto Konrad Zitelmann*. Schon der erste Blick auf die Familie verdeutlicht den Einfluss preußischer Bürgerlichkeit und der damit verbundenen Werte des Liberalismus auf das Leben und Werk *Gierkes*. *Gierkes* Jugend verläuft wohlbehütet und sorgenfrei. Die Ideale der Paulskirchenzeit und der Traditionalismus des preußischen Beamtentums sind erste Faktoren, die seinen Charakter und sein wissenschaftliches Werk nachhaltig prägten. Der Vater engagierte sich später als Mitglied der preußischen Nationalversammlung und als Landwirtschaftsminister. Nach kurzem politischen Wirken wurde dieser als Appellationsgerichtspräsident nach Bromberg berufen. Bereits fünf Jahre später, im Jahre 1855, erlagen die Eltern der Cholera. *Gierke* und seine vier Geschwister wurden von Verwandten mütterlicherseits in ihren Geburtsort Stettin zurückgeholt (Wolf 1951: 671-672).

Nach dem Abitur immatrikulierte sich *Gierke* an der Universität Berlin für das Studium der Jurisprudenz. Nach einem drei Semester währenden Aufenthalt an der Universität Heidelberg kehrte er nach Berlin zurück und beendete dort sein Studium. In Heidelberg manifestierten sich erste liberal-revolutionäre Positionen, die *Gierke* später in seinen wissenschaftlichen Beiträgen postulieren sollte, geschuldet der Mitgliedschaft in einer liberalen Burschenschaft, welcher er sich während seines Aufenthalts anschloss (Peters 2001: 29).

---

[1] Als Staatsyndikus bezeichnete man einen Rechtsvertreter, dem die juristischen Geschäfte der Stadt obliegen.

Im Jahr 1860 promovierte er bei *Carl Gustav Homeyer* in Berlin über das Lehnsrecht im Mittelalter. Ganz in preußischer Tradition leistete *Gierke* nach der Promotion über ein Jahr hinweg seinen militärischen Dienst. Als Referendar wurde er 1865 Gerichtsassessor. Ein Jahr später beteiligte er sich als Leutnant eines hessischen Landwehrregiments an der Schlacht von Königgrätz. Nach dem endgültigen Sieg der preußischen Armee über Frankreich in der Schlacht von Sedan im Jahre 1870 wurde er für seine Tapferkeit mit dem Eisernen Kreuz ausgezeichnet (Peters 2001: 42). Noch während des Kriegs lehnte er einen Ruf nach Zürich ab. Seine Habilitationsschrift aus dem Jahr 1867, angeregt von seinem Mentor *Georg Beseler*, befasste sich mit der „Rechtsgeschichte der deutschen Genossenschaft". Diesem Forschungsfeld blieb *Gierke* sein Leben lang treu (Bader 1964: 374).

Wenige Jahre nach seiner Habilitation, im Jahr der Reichsgründung 1871, trat *Gierke* eine Stelle als außerordentlicher Professor an der Universität Berlin an. Noch im selben Jahr erhielt er einen Ruf aus Breslau. Als Ordinarius verlagerte er dort den Forschungsschwerpunkt hin zur Auseinandersetzung mit germanischen Rechtstraditionen. In seiner Breslauer Zeit engagierte sich *Gierke* zudem im *Verein für Socialpolitik*. Diskurse über die soziale Frage des ausgehenden 19. Jahrhunderts zwischen Wissenschaftlern und Gelehrten verschiedenster Fachrichtungen waren die Hauptpunkte der Vereinsagenda. *Gierke* fungierte hier als Mitbegründer, Vorsitzender und häufiger Redner (Peters 2001: 44-45). Seine Tätigkeit ermöglichte es ihm darüber hinaus Kontakte zu anderen Sozialreformern wie *Gustav von Schmoller, Lujo Brentano* und vor allem zu dem Juristen *Hermann Schulze-Delitzsch*[2], der das moderne Genossenschaftsrecht etablierte, einzurichten (Heydenreuter 2000: 169).

1884 folgte *Gierke* einem Ruf aus Heidelberg und wurde dort ordentlicher Professor. Im Jahr 1887 kehrte *Gierke* schließlich zur Wiege seines wissenschaftlichen Schaffens zurück und trat eine Professur an der Universität Berlin an. *Gierke* wurde der Titel „Geheimer Justizrat" verliehen, und er wurde Mitglied der „Ständigen Deputation", einem Club von Wissenschaftlern. In den Jahren 1902/03 bekleidete er das Amt des Rektors der Universität (Bader 1964: 374).

Von 1900 an bis zu seinem Tod im Jahre 1921 widmete sich *Gierke* vornehmlich der Kritik am neu in Kraft getretenen Bürgerlichen Gesetzbuch (BGB).[3] Germanische Rechtselemente versuchte er so durch dogmatische Auslegungen quasi ex post in das Gesetzeswerk zu integrieren. Ein Versuch der preu-

---

[2] *Hermann Schulze-Delitzsch* (1808-1883) hat das Genossenschaftsgesetz maßgeblich beeinflusst und seine Umsetzung in das bestehende Recht politisch forciert. Die Volksbanken sind außerdem Resultat seines beruflichen Schaffens.
[3] Hierzu ausführlich Haack 1997.

ßischen Regierung, *Gierke* für die zweite Kommission zum BGB zu berufen, scheiterte jedoch. Allerdings nahm er als Kommissionsmitglied Einfluss auf die Neufassung des Allgemeinen deutschen Handelsgesetzbuchs (ADHGB) (Peters 2001: 51). 1911 wurde er mit einem erblichen Adelstitel aus Dank um seine Verdienste für das Deutsche Kaiserreich ausgezeichnet.

Neben seiner Hochschultätigkeit arbeitete *Gierke* auch als Mitglied des Deutschen Juristentages. Dessen erster Abteilung saß er 1889 als Vizepräsident vor. Den Ersten Weltkrieg und seinen Ausbruch befürwortete *Gierke* zwar keineswegs, doch blieb er in preußischer Tradition dem Deutschen Reich und seinem Kaiser auch in dieser Zeit treu ergeben. Im Alter von 80 Jahren starb *Gierke* 1921 in Berlin-Charlottenburg.

Gierke war Träger des Ordens „Pour le mérite" (Bader 1964: 375) und von Ehrendoktortiteln der Universitäten Freiburg und Münster, der philosophischen Fakultät der Universität Berlin sowie der theologischen der Universität Breslau. An der Harvard-Universität wurde ihm im Rahmen einer USA-Reise der Titel „Dr. legum" (Peters 2001: 53) verliehen, was auch sein internationales Ansehen sowie seinen Bekanntheitsgrad verdeutlicht.

2   Profil des Gesamtwerkes

Um das Werk und Wirken von *Gierkes* zu betrachten, ist es zuerst notwendig, die unterschiedlichen wissenschaftlichen Traditionen des ausgehenden 19. Jahrhunderts zu beschreiben und *Gierkes* Position innerhalb derer zu verorten. Das späte 19. Jahrhundert war hinsichtlich des Rechtsdenkens von verschiedenen Geistesströmungen geprägt: Die Anhänger der von *Friedrich Carl von Savigny* begründeten Historischen Rechtsschule versuchten mittels des Studiums von historischen Rechtsquellen und Rechtsdokumenten römisches und germanisches Recht in ihren Ursprüngen zu ergründen und voneinander abzugrenzen. Sie wandten sich folglich gegen die normativen Festsetzungen und das überhöhte Staatsverständnis der Philosophischen Rechtsschule, die sich unter dem Einfluss *Hegels* befand (Wolf 1951: S. 667-668).

Im Laufe des 19. Jahrhunderts sah sich die Historische Rechtsschule jedoch einem Lagerkampf zwischen Anhängern der germanischen und der römischen Rechtstradition ausgesetzt. Die Germanisten unter ihrem bedeutendsten Vertreter *Karl Friedrich Eichhorn* (1781-1854) versuchten durch ihr Quellenstudium leitende Grundsätze des deutschen Rechts „herauszudestillieren" (Meder 2001: 248). Im Fokus ihres Interesses stand hierbei die Entwicklung eines einheitlichen nationalen Geistes, um die deutsche Rechtsgebung insbesondere im privatrechtlichen Bereich einheitlich zu gestalten (Boldt 1982: 7). *Gierke* sah sich zwar in

der Tradition der Germanisten, beschritt allerdings einen Sonderweg. Seiner
Ansicht nach verlor die Germanistik die Bindung zwischen Staat und dem Volk
bzw. der Gesellschaft aus dem Blickfeld. Durch ein – für ihn immer noch –
überhöhtes Staatsverständnis sei das Element der Rechtsetzung und die daraus
resultierenden Gesetze und Bestimmungen oft zweckbefreit und dysfunktional.
Gesellschaftliche Aspekte und praxisorientierte Lösungsansätze kämen dadurch
entsprechend zu kurz.

Als Schüler von *Georg Beseler* (1809-1888) steht *Gierke* ganz in der Tradition der Rechtshistoriker, die sich mit Genossenschaftsrecht im Besonderen be-
fassten. *Beseler* selbst gilt als Mitbegründer der deutschen Genossenschaftstheorie und als führender Vertreter der germanischen, völkisch-nationalen Rechtsauf-
fassung (Stolleis 2001: 83). Diese Theoriegattung umfasst allerdings mehr als
das daraus resultierende Genossenschaftsrecht. Unter dem Begriff Genossenschaft wurden im 19. Jahrhundert Zusammenschlüsse von Personen, ältester
Traditionen und Grundlagen, wie z.B. die Ehe, Sippschaften und auch Hausge-
meinschaften verstanden und deren soziales Gefüge analysiert. Von diesem Ausgangspunkt her rückten vorwiegend die Zusammenschlüsse des Mittelalters, z.B.
Stadtbünde und Eidgenossenschaften, in den Mittelpunkt der Betrachtung. Deutlich wird hierbei, dass sich freie Gemeinschaften entwickelten, die nicht mehr
das gesamte Leben eines Menschen regelten, wie das im Feudal- und Lehnswesen der Fall war. Gerade das Zunftwesen war sozial undurchlässig. Ein Aufstieg
über die eigene „Kaste" hinaus war nahezu unmöglich. Die Zünfte regelten auch
das Private des Zugehörigen, vom Ehepartner bis zur Unterkunft. Die Organisation erfolgte getreu dem Motto „von der Wiege bis zur Bahre". Die Genossenschaften forderten den Menschen im Gegensatz dazu nur noch in einem oder
mehreren bestimmten Bereichen seines Lebens. Die Interessen, die in solchen
Gemeinschaften organisiert wurden, waren hier durchaus vielfältig. Brückenbau-
genossenschaften wurden zwischen verschiedenen Dörfern geschlossen, ebenso
wie sich innerhalb der Städte Schwurgemeinschaften freier Bürger etablierten,
die eine Ebene unter dem Stadtherrn quasi als „Herrschaftsverband" fungierten
(Heydenreuter 2000: 155).

Diesem Forschungsinhalt verschrieb sich nun auch *Gierke*. Seine Dissertation *De debitis feudalibus* befasste sich bereits mit dem Lehns- und Feudalrecht
des Mittelalters. Sein wissenschaftliches Hauptwerk, das *Deutsche Genossenschaftsrecht*, umfasst insgesamt vier Bände.[4] *Gierke* arbeitete an diesem epocha-
len Werk insgesamt 45 Jahre. Der erste Teil dieser Reihe diente ihm zugleich als

---

[4] Band 1: Rechtsgeschichte der deutschen Genossenschaft (1868), Band 2: Geschichte des deutschen
Körperschaftsbegriffs (1873), Band 3: Die Staats- und Korporationslehre des Altertums und des
Mittelalters und ihre Aufnahme in Deutschland (1881), Band 4: Die Staats- und Korporationslehre
der Neuzeit. Durchgeführt bis zum Beginn des neunzehnten Jahrhunderts (1913).

Habilitationsschrift. Die insgesamt dreieinhalbtausend Seiten der vier Bände beinhalten jedoch „nur" die Geschichte der Genossenschaften und die Genossenschaftstheorie. Das Werk bleibt so trotzdem unvollendet. 1887 veröffentlichte er *Die Genossenschaftstheorie und die deutsche Rechtssprechung.* Hier trägt er nochmals die bis dato gewonnenen Erkenntnisse der Genossenschaftsforschung zusammen und schafft den empirischen Beweis, dass die deutsche Rechtsprechung trotz romanistischer Rahmenbedingungen sachlich germanistische Rechtsgrundsätze vertritt (Schröder 1976: 98). *Gierke* beruft sich vor allem auf den Rechtsstatus von Körperschaften, der sowohl Bezüge zum Privatrecht als auch zum Öffentlichen Recht aufweist. Weiter rückt er die Gründungsbedingungen und die Handlungsfähigkeit von Gemeinschaften und Körperschaften in den Fokus seiner Studien. Es folgen einige Abhandlungen über das Privatrecht in einer Reihe von Aufsätzen. Seine Kritik am Bürgerlichen Gesetzbuch genießt in den Rechtswissenschaften hohes Ansehen und ist noch immer von immenser Bedeutung.[5]

Das wissenschaftliche Oeuvre *Otto von Gierkes* beschäftigt sich folglich nahezu ausschließlich mit Rechtsgeschichte. Als Rechtshistoriker in der Disziplin per se wird seine Bedeutung allerdings geringer eingestuft als sein Einfluss auf die Entwicklung des deutschen Rechts, insbesondere des BGBs. Das *Deutsche Genossenschaftsrecht* zählt indes noch heute zu den Klassikern der Verfassungsgeschichte (Boldt 1982: 7). *Gierke* ging es in seinem Werk um eine Rückbesinnung auf originär germanische Rechtstraditionen in der Rechtsetzung, gleichsam im Sinne der ergänzenden Vermittlung eines sozialen Wertefundaments. Diese Denkansätze wurden später von der christlich-sozialen Bewegung aufgenommen und können unter Berücksichtigung sozialer Verantwortlichkeit als Denkbasis des Kommunitarismus verstanden werden.

3   Die Genossenschaftstheorie als Element der Verbändeforschung

Der Korporatismusbegriff in den Sozialwissenschaften ist gemeinhin durch das Verständnis und die Definition der neokorporatistischen Forschungsriege[6] geprägt. Das Phänomen, das mit diesem Terminus als kritische Reaktion auf die Pluralismustheorie[7] beschrieben wurde, ist im Grunde genommen aber Jahrhunderte alt: Bei der Mitwirkung an politischen Entscheidungsprozessen wird den Verbänden im Gegensatz zum Pluralismus eine institutionalisierte Position auf der „Ebene" staatlicher Entscheidungsträger zugestanden. Organisierte Interes-

---

[5] Ausführlicher zur Kritik am BGB: Haack 1997.
[6] Siehe dazu die folgenden Beiträge von Stefan Köppl und Tobias Nerb in diesem Band.
[7] Siehe dazu die Beiträge von Benjamin Zeitler und Alexander Straßner in diesem Band.

sen übernehmen somit quasistaatliche Aufgaben der Administration, der Tarifpolitik usw. (Sebaldt/Straßner 2004: 41). Korporatismus in seinem heutigen Verständnis hat seine Wurzeln in den im Spätmittelalter entstandenen ständisch
formierten Interessen (Lehmbruch 1984: 467).

Gierke steht in einer rechtswissenschaftlichen Forschungstradition, die diese
ständischen Elemente des germanischen aber auch des mittelalterlichen Rechts
für moderne Rechtswerke brauchbar zu machen sucht. Als klassischer Verbändeforscher hätte sich Gierke zwar nicht verstanden. Dennoch erweist sich sein
Lebenswerk, die Genossenschaftstheorie, als Basiswerk zum Verständnis moderner korporatistischer Strukturen. Dass Gierke in den Sozialwissenschaften oft
in Vergessenheit geriet, ist vielleicht seiner rechtswissenschaftlichen Herkunft
geschuldet. Das impliziert eine insgesamt dürftige Literaturlage. Dieser Beitrag
macht es sich folglich zur Aufgabe, Gierke für die Verbändeforschung „wieder
zu beleben" und seine fundamentale Bedeutung herauszuarbeiten. Mit dem Namen Otto von Gierke werden heutzutage meist zwei Theoriekonzepte verbunden:

1.   Die Theorie der realen Gesamtpersönlichkeit,
2.   Die Organtheorie.

Diese beiden Theorien sollen im Folgenden vorgestellt werden: Beginnt man
zuerst mit der Frage nach der Definition von Verbänden oder dem Terminus per
se, so wird man bei Gierke wie folgt fündig: Das Wesen der Verbände ist für die
Rechtswissenschaft laut Gierke die „Kernfrage" der damaligen Zeit (Gierke
1954e: 7). Gierke verwehrt sich gegen die individualistische Interpretation einer
juristischen Person, also des Gemeinschaftsrechts, die einen Verband als Summe
einzelner Menschen begreifen will. Demzufolge wäre ein solch verstandener
Verband nicht willens- und handlungsfähig (Gierke 1954e: 8). Der Individualismus oder das menschliche Einzelleben ist seiner Ansicht nach vielmehr dem
Gemeinleben untergeordnet. Das soziale Gefüge von Menschen, sowie deren
Organisation gemeinsamer Interessen schafft eine reale Einheit im Staat (Gierke
1954e: 13). Diesen Begriff der realen Gesamtperson stellt er dem Terminus der
persona ficta gegenüber, der von den Romanisten vertreten wurde. Vereine werden nach römischrechtlicher Interpretation der Fiktionstheorie[8] weder vom
Rechtsstatus der societas noch dem der universitas erfasst und sind ergo rechtlos,
da es sich bei ihnen ja nur um fingierte Personen handelt (Gierke 1958: 103 und
1954d: 116-118). Diese fingierten Personen sind nach römisch-rechtlicher Auffassung nicht handlungsfähig. Gierke widerspricht dieser Ansicht. Insbesondere

---

[8] Als zeitgenössischer Hauptvertreter dieser Fiktionstheorie gilt Friedrich Carl von Savigny (1779-
1861). Laut Gierke lässt sie sich aber bis zur Mitte des 13. Jahrhunderts zu Papst Innozenz IV. zu-
rückverfolgen (Gierke 1954c: 280).

bei den Genossenschaften, die seiner modernen Vereinsvorstellung entsprechen, verortet er eine Mischform: „Die Genossenschaften erscheinen als Rechtsbildungen zusammengesetzter Art, in welchen Elemente sowohl der societas als auch der Korporation enthalten sind" (Gierke 1963: 68).

In seiner Organtheorie folgt *Gierke* der Denktradition der aristotelischen Gesellschaftslehre, welche den Menschen als *animal sociale* sieht. Das Ganze ist folglich mehr als die Summe der einzelnen Teile. Da sich das Individuum über Mitgliedschaften und natürliche Teilhabe an verschiedenartigen sozialen Gefügen wie Staat, Kirche, Berufsgemeinschaft, Familie und Ehe definiert, stellen diese ihrerseits „Lebenseinheiten" dar. Diese Lebenseinheiten sind mit einem eigenen Geist begabt und haben eine Lebensdauer, welche die der Mitglieder zu überdauern vermag. Sie besitzen demnach einen organischen Charakter. *Gierke* widerspricht hier den Kontraktualisten *Hobbes*, *Locke* und *Rousseau* mit ihrer individualistischen, für *Gierke* gar unsozialen Konstruktion des Naturzustandes (Gierke 1954d: 328-332, 385-386).

Über diesen metaphysischen, politik-philosophischen Ansatz hinweg wird bei *Gierke* der organisatorische Aspekt des Verbändebegriffs betont. Mit diesem Aspekt verknüpft *Gierke* bestimmte Bedingungen der Organisationsform. Ausschließlich eine mitgliedschaftliche Vereinigung, die sich demokratisch organisiert, stellt eine solche Realpersönlichkeit dar. Nur durch Mehrheitsbeschlüsse und Handlungen der einzelnen Verbandsorgane trete so ein einheitlicher Wille hervor (Gierke 1963: 5, 68). Moderne Verbände oder Vereine sind demnach soziale Verbindungen freier Individuen zur „Verwirklichung gemeinsamer Werte" (Peters 2001: 86).

Gierke denkt hier in erster Linie an die Genossenschaften und ihre, von ihm favorisierte, Bewegung. Ein kurzer Blick auf die historischen Umstände dieser Bewegung ist für das grundlegende Verständnis unerlässlich. *Gierke* beobachtete eine Reihe von Missständen, die aus Entwicklungen der damaligen Zeit resultierten: Mit der zunehmenden Industrialisierung und Urbanisierung der Gesellschaft kam es insbesondere zu einer Verarmung der Arbeiterschicht. Der Pauperismus verschuldete somit die „soziale Frage" als Phänomen des 19. Jahrhunderts. Als ein Effekt der Industrialisierung kommt es auch im sozialen und politischen Bereich zu verschiedenartigen Transformationsprozessen. Fast schon in Übereinstimmung mit *Karl Marx*[9] beobachtet *Gierke* eine Entfremdung des Individuums. Diese Entfremdung, verschuldet durch mechanisierte, automatisierte Arbeitsprozesse, weist dem Einzelnen den Weg in die Anonymität. Um sich gegen die Übermacht immer größer werdender Unternehmen und die daraus resultierende soziale Abhängigkeit zu schützen, sollen Konsum- und Produktionsgemeinschaf-

---

[9] Siehe dazu den Beitrag von Hendrik Hansen in diesem Band.

ten seitens der Bauern, aber auch von Handwerkern oder gar Arbeitern geschlossen werden (Peters 2001: 74). Diesen wiederum sei es ermöglicht, ihre gemeinschaftlichen Interessen oder ihr singuläres Interesse gegenüber anderen, so auch dem Staat zu vertreten. *Gierke* sieht das Problem jedoch vielmehr aus der Sicht des bäuerlichen Mittelstandes. Er befürchtet den Rückgang dieses Standes, da dieser sich Reibungsprozessen zwischen industriellen Großbetrieben und dem Kleinstbesitz der Arbeiter ausgesetzt sieht (Gierke 1893: 166-167). Der Begriff des Besitzes, der sich von *Locke, Kant* bis hin zu *Hegel* in der politischen Theorie fortsetzt, ist auch für ihn zentraler Aspekt des Bürgers; die mit dem Besitz einhergehenden Interessen und deren kollektivistische Vertretung sein Hauptanliegen. Dazu sind seiner Ansicht nach die Genossenschaften am besten befähigt.

Entscheidend ist allerdings die Richtung, von der aus sich Verbände gründen dürfen. Genossenschaften und freie Körperschaften werden nicht mehr vom Staat benannt oder zuerkannt, wie das in der Epoche der feudal-aristokratischen Herrschafts- und Körperschaftsbildungen der Fall war. Vielmehr erhalten sie die Möglichkeit, sich mittels freier Zusammenschlüsse selbst zu gründen. Dieser historische Ursprung der Genossenschaften wird von *Gierke* als geschichtlicher Kampf zweier Organisationsideen interpretiert: Zum Ersten Herrschaftssysteme, die nach größeren Einheiten streben; und zweitens das Autonomiestreben kleinerer Systeme. So kommt es zum Konflikt zwischen dem modernen Staatsgedanken und der mittelalterlichen Korporationsfreiheit (Gierke 1954d: 143).

Um diesen Konflikt zu überwinden, muss ein Wechsel der Dynamik erfolgen. Die Gründung von Interessengemeinschaften erfordert daher nicht mehr die Mitwirkung des Staates. Ende des 19. Jahrhunderts wurde demzufolge zuerst ein Zusammenschluss ohne staatliche Eingriffe und übermäßige Reglementierung angedacht, um so auch eine mögliche Willkür seitens des Staates zu vermeiden. Das freie Assoziationsrecht zur Gründung von Körperschaften ist *Gierkes* Forderung an das Deutsche Kaiserreich und eine der Essenzen seines wissenschaftlichen Werks.

Das Verhältnis zwischen Staat und Gesellschaft darf jedoch nicht als konträr oder unvereinbar verstanden werden. Die von *Hegel* proklamierte Gegenüberstellung von Staat – als höchstes Gut (Vernunftstaat) – und der Gesellschaft (Not- und Verstandesstaat) fehlt hier. *Gierke* wehrt sich gegen das überhöhte Staatsverständnis seiner Zeit. Der Staat ist bei ihm letztendlich ebenso ein Zusammenschluss, wenngleich er den anderen Assoziationen vorgeordnet ist und ihnen einen Rechtsrahmen vorgibt (Boldt 1982: 20). Unterhalb dieser staatlichen Ebene sollen Organisationen die Möglichkeit zur Selbstregulierung ihrer Angelegenheiten und Probleme haben.

Damit legt *Gierke* das gedankliche Fundament für den modernen Korporatismus. Neben dem Recht auf einen freiwilligen Zusammenschluss von Individuen zur Wahrung ihrer Interessen als Basis des Pluralismus kommt es zur staatlich zugesicherten Möglichkeit der sozioökonomischen Selbstregulierung. Zwischen verschiedenen (organisierten) Interessen, ebenso auch innerhalb einer Organisation, treten Differenzen auf, die nicht mehr durch staatliches Diktat, sondern in Eigenverantwortlichkeit gelöst und umgesetzt werden. An diesem Punkt vollziehen sich die Genese und die Abgrenzung von der frühen angelsächsischen Tradition des Pluralismus. Verschiedene Schnittmengen innerhalb der Bereiche Staat, Gesellschaft und Interessenverbände haben ein symbiotisches Verhältnis zwischen den einzelnen Sphären zur Folge und schließen eine Gegenüberstellung oder ein konträres Verhältnis aus. Daraus lässt sich in Folge ein gewisser Einfluss oder gar Mitsprachemöglichkeiten von Vereinen und Verbänden auch auf staatlicher Ebene ableiten. Dadurch, dass die Verbände oder Genossenschaften Verantwortung für das sozioökonomische Wohlergehen ihrer einzelnen Mitglieder übernehmen, entsteht ein Vorteil für die politischen Entscheidungsträger. Gerade die Übernahme wohlfahrtsstaatlicher Aufgaben, wie z.B. die Versorgung sozial schwach gestellter Menschen durch Wohlfahrtsorganisationen oder die Gesundheitsversorgung durch Berufsorganisationen sorgten hier für eine Entlastung des Staates (Watkins 1968: 282).

In der Genossenschaftstheorie geht *Gierke* sogar noch einen Schritt weiter und postuliert eine Reform des deutschen Rechtssystems. So soll der institutionelle Obrigkeitsstaat durch einen genossenschaftlichen Volksstaat, der seinerseits auf den germanischen Ursprüngen beruht, ersetzt werden (Gierke 1911: 170). Einen Anlass zu seinem Postulat sieht *Gierke* unter anderem in der zunehmenden Urbanisierung von Bevölkerung und Kultur. Die griechisch–römische Ausrichtung der Gesellschaft auf einen idealtypischen Stadtstaat oder ein Städtemodell nach dem antiken Vorbild widerstrebt ihm zutiefst. Er knüpft daher mit seiner Genossenschaftstheorie nahtlos an die agrarische Tradition der Germanen und die damit verbundene Stärkung der Gemeinden sowie deren Recht auf Selbstverwaltung an.[10] Generell kann diese Haltung als Kritik am deutschen Staat verstanden werden, der sich in preußischer Tradition der damaligen Zeit in strikt zentralistischen Strukturen ausprägte. *Gierke* verlangt folglich eine Dezentralisierung von Entscheidungs- und Verwaltungsstrukturen. In der Selbstregulierung der Körperschaften durch dezentrale Strukturen sieht er darüber hinaus eine Steigerung der Effizienz im Verwaltungsbereich.

Die juristische Person als Rechtsterminus in unserem heutigen Verständnis fand dank *Gierke* seine Umsetzung in das deutsche Recht. Die Rechtsfähigkeit dieser Person wurde von *Gierke* mit dem Anspruch verknüpft, ihr Handlungsfä-

---

[10] Der Gemeindebegriff bei *Gierke* erfährt in diesem Artikel nur eine kurze Erwähnung. Ausführlicher zu diesem Topos: Peters 2001: 68-73.

higkeit, Willensfähigkeit und gar ein Gewissen zuzusprechen, was den Status einer reinen Fiktion überwinden könnte (Peters 2001: 101). Die dadurch vermiedene Reduzierung von Verbänden auf ihre Vermögenswerte und Kapitalerträge ist ein wesentlicher Schritt in Richtung korporativer Strukturen. Rechtliche Selbstständigkeit allgemein und erweiterte Handlungsfähigkeit im Besonderen befähigen Verbände zur Vertretung und Organisation verschiedenartigster Interessen. Diese Elemente schaffen einen neuen kooperativen Status für Verbände.

Durch die Genossenschaftstheorie versucht *Gierke* eine Versöhnung zwischen Herrschaft und Selbstbestimmung der Bürger herzustellen. Gerade der historische Hintergrund der konstitutionellen Monarchie mit beschränkter parlamentarischer Repräsentation im Deutschen Kaiserreich findet Eingang in seine Überlegungen. *Gierke* folgt an dieser Stelle den Vorstellungen des historischgemäßigten organischen Liberalismus, der dem Bürger mehr Einfluss auf den Staat zusichern will (Boldt 1982: 9-10).

4   Rezeption und Kritik

Korporatistisches Gedankengut und genossenschaftliche Bewegungen fanden ihren Höhepunkt in der zweiten Hälfte des 19. Jahrhunderts. Der Zusammenbruch des *ancien regime* in den meisten europäischen Ländern bedingte die Gründung „moderner" Nationalstaaten im heutigen Verständnis. Diesen Staaten galt es neue Strukturen zu geben. Unter dem Einfluss der zunehmenden Industrialisierung und des damit einhergehenden Pauperismus traten zudem soziale Überlegungen und Bewegungen zu Tage. Der Liberalismus in seiner damaligen kapitalistischen Ausprägung als Folge dieser Phänomene sorgte für eine zunehmende Individualisierung der Gesellschaft und unterminierte vorhandene moralische Ordnungsgefüge. Aristokraten und frühe Vertreter der katholischen Soziallehre stellten somit das Gros der Korporatisten (Williamson 1989: 25).[11]

Der Korporatismus versuchte nun, die organische Natur der Gesellschaft zu verdeutlichen, sie wieder zu beleben und mit den „starren" Strukturen der politischen und ökonomischen Welt zu „versöhnen". Seine intellektuellen Wurzeln liegen vornehmlich in Deutschland, Belgien, Frankreich und Österreich (Schmitter 1974: 90). *Otto von Gierke* gilt als einer der bedeutendsten Vertreter Deutschlands. Sein unvollendetes Werk *Das Genossenschaftsrecht* wurde in mehrere Sprachen[12] übersetzt, was *Gierkes* internationales Ansehen und die Reichweite seiner Forschungsergebnisse unterstreicht.

---

[11] Zu nennen sind hier Papst *Leo XIII.*, Papst *Pius XI.*, sowie *Karl von Vogelsang, Wilhelm von Ketteler* und *Albert de Mun*.
[12] Vgl. hierzu Gierke 1968.

Gierkes Begriffsdefinition von Verbänden als Realpersönlichkeiten ist Resultat seines „sozialethischen Historismus" (Wolf 1951: 688). Geschichtliche Aspekte finden hierin ebenso Beachtung wie soziale und ethische Elemente der germanischen Rechtstradition. *Gierke* versucht so die soziale Wirklichkeit, die sich durch Organisationen unterschiedlichster Ausprägungen charakterisiert, abzubilden. Diese Assoziationen stellen für ihn lebendige Einheiten dar, was er mit seiner teils umstrittenen Organtheorie begründet. Der metaphysische Ansatz, welcher sich wie oben erläutert auf die aristotelische Gesellschaftslehre beruft, wurde von ihm zusätzlich mit dem naturrechtlichen Faktor des Volksgeistes angereichert. *Gierke* postulierte eine Abkehr von einem zentralisierten, diktierenden Staat. *Gierkes* Lösung bedeutete so mehr Selbstverantwortung und die Möglichkeit zur Selbstregulierung durch Gründung von Verbänden.

Gierkes Ansatz trägt dementsprechend durchaus sozialwissenschaftliche Züge, wenn er von gesellschaftlichen Ursprüngen und aus aristotelischer Sicht her argumentiert. Hier gelingt *Gierke* ein Brückenschlag zwischen rechtsphilosophischer Methodik und sozialwissenschaftlicher Betrachtungsweise. Gerade sein Zeitgenosse *Max Weber* nahm immer wieder Bezug auf *Gierkes* Werke und erkannte früh deren Bedeutung: „Die germanischen Genossenschaftsformen sind in ihrem Reichtum und ihrer Entwicklung durch die großartigen Arbeiten Gierkes historisch neu entdeckt worden [...]" (Weber 1967: 190). *Weber* schließt sich darüber hinaus in seinen „Soziologischen Grundbegriffen" größtenteils *Gierkes* Verbändedefinition an, verweist aber auf die Entbehrlichkeit des Rechtspersönlichkeitsbegriffs, wenn einem Verband kein Vermögen zugewiesen ist. Ohne außerwirtschaftliche Interessen wird die Möglichkeit zum Vertragsschluss laut *Weber* obsolet (Weber 1967: 178).

Innerhalb der Jurisprudenz war *Gierkes* Methodik durchaus umstritten. Konservative Gelehrte, allen voran der führende Romanist *Paul Laband* (1838-1918) bezweifelten die Seriosität der wissenschaftlichen Vorgehensweise *Gierkes*. *Laband* beschreibt *Gierkes* Methodik als „spekulative Methode des Verfassers, welche ganz in der Manier Hegels willkürliche, selbst gewählte Antithesen aufstellt und mit ihnen ein dialektisches Spiel beginnt" (zit. n. Schmidt 1987: 11).

Die Volksgeistlehre der Historischen Schule bedingte eine Wiederentdeckung der *Gierkeschen* Werke in den 1930er Jahren. Vorwürfe, ein Wegbereiter des Nationalsozialismus gewesen zu sein, bedürfen allerdings einer differenzierten Betrachtung. In seiner 1919 erschienenen Schrift *Der germanische Staatsgedanke* befasste sich *Gierke* zwar intensiv mit einem germanischen Staat und dem Recht des germanischen Volkes zu etwas „Höherem". Jedoch ist das Werk nur steter Ausdruck der Zeitumstände. Der Volksgeist darf an dieser Stelle nicht mit der völkisch-rassistischen Ideologie des Dritten Reiches gleichgesetzt werden, auch wenn *Gierke*, durch den Ersten Weltkrieg patriotisch bewegt, einen Kampf für die deutsche Sprache und Kultur sowie natürlich in seinem wissenschaftlichen Schaffen für die germanische Rechtstradition bestritt.

Generell gilt es festzuhalten, dass *Gierkes* Einfluss auf das moderne Arbeitsrecht[13] ebenso spürbar ist wie seine Änderungen am BGB und seine Auswirkungen auf das Vereinsrecht. Versucht man den Neokorporatismus nun als Folge des Korporatismus und nicht ausschließlich als Reaktion auf die pluralistische Theoriebildung in den USA der 1950er Jahre zu definieren, so kann man von einer Wiederentdeckung eines alten Phänomens sprechen. Dementsprechend wandelte sich das Bild von Interessenverbänden im Laufe der Zeit. Die Ausprägung von hierarchischen Strukturen innerhalb der Verbändelandschaft sowie Alleinvertretungen durch die Bildung von Dachverbänden, gerade im Bereich der industriellen Arbeitgeberschaft, kennzeichnen eine Entwicklung, die sich bereits gegen Ende des 19. Jahrhunderts zu formieren begann. Aus diesen Veränderungen resultierte ein zunehmender Einfluss auf Politik und Administration, welcher eine Etablierung korporatistischer Strukturen im frühen 20. Jahrhundert erst ermöglichte.

Wohlfahrtsstaatliche Tendenzen, die gerade durch die Genossenschaftsbewegung unter Einfluss der katholischen Soziallehre[14] forciert wurden, waren mitverantwortlich für die Konstituierung der Sozialversicherungssysteme und trugen so nachhaltig zur Etablierung des modernen Sozialstaats bei. Dieser kann wiederum „als ein Projekt der Ausbalancierung gesellschaftlicher Macht" (Kleger 1995: 110) verstanden werden. *Gierke* nimmt hierbei Bezug auf liberale Aspekte, wie den Schutz des Individuums, bezieht aber auch Stellung zu sozialen Kriterien wie etwa dem Arbeitsrecht. Eigenverantwortung, Selbstregulierung und eine soziale Rahmengebung greifen ineinander. Insofern dient *Gierkes* Werk auch als Rechtsquelle für die Erfassung des Tarifvertrages (Jobs 1968: 140-141; Schröder 1976: 100).

Durch seine Wieder- und Neuentdeckung der germanischen Genossenschaften und ihrer Bewegung leistete *Gierke* einen wesentlichen Beitrag zur Verbändeforschung. Mit seinem Genossenschaftsrecht gelang es *Gierke*, die Lücke zwischen Privatrecht und Staatstheorie aufzuzeigen und auch teilweise zu schließen. Seine Lösung waren die Genossenschaften und somit die modernen Verbände. Diese sollen als „Bindeglied" zwischen Individuum und Staat fungieren. Solche intermediären Instanzen kanalisieren und bündeln differenzierte gesellschaftliche Interessen und verknüpfen sie mit dem Staat. Der freie Assoziationswille sorgte so zuerst für Freiräume gegenüber staatlichen Strukturen, um später

---

[13] Ausführlicher zu *Gierkes* Einfluss auf das moderne Arbeitsrecht: Jobs 1968: 73-95.
[14] Vgl. hierzu die päpstliche Enzyklika „Quadragesimo Anno" von 1931.

Anschluss und Einbindung daran zu erfahren. Das Erkennen dieser zentralen Rolle von Verbänden sowohl in der Gesellschaft als auch im politischen Prozess ist zusammenfassend gesehen *Gierkes* größter Verdienst um die Verbändeforschung.

Literatur:

Bader, Karl S. 1964: Otto Friedrich von Gierke, in: Neue Deutsche Biographie, Bd. 6, Berlin, S. 374-375.

Beihofer, M. 1962: Die katholische Soziallehre und die modernen Genossenschaften, Mannheim.

Berghahn, V. R. 1988: Corporatism in Germany in Historical Perspective, in: Cox, Andrew/O'Sullivan, Noel (Hrsg.), The Corporate State. Corporatism and the State Tradition in Western Europe, Cambridge, S. 104-122.

Boldt, Hans 1982: Otto v. Gierke, in: Wehler, Hans-Ulrich, Deutsche Historiker, Bd. 8, Göttingen, S. 7-23.

Dilcher, Gerhard 2001: Otto von Gierke, in: Stolleis, Michael (Hrsg.), Juristen: Ein biographisches Lexikon; von der Antike bis zum 20. Jahrhundert, München, S. 240-242.

Gierke, Otto von 1893: Die Bodenbesitzverteilung und die Sicherung des Kleingrundbesitzes, in: Schriften des Vereins für Socialpolitik LVIII, Leipzig, S. 163-225.

Gierke, Otto von 1911: Die preußische Städteordnung von 1808 und ihre Nachfolgerinnen, in: Jahrbuch für Bodenreform, Bd. 7 (1911), S. 169-197.

Gierke, Otto von 1954a-d: Das Genossenschaftsrecht, Band 1-4, Berlin.

Gierke, Otto von 1954e: Das Wesen der menschlichen Verbände, Darmstadt.

Gierke, Otto von 1958: Johannes Althusius und die Entwicklung der naturrechtlichen Staatstheorien. Zugleich ein Beitrag zur Geschichte der Rechtssystematik, Aalen.

Gierke, Otto von 1963: Die Genossenschaftstheorie und die deutsche Rechtssprechung, Berlin.

Gierke, Otto von 1968: Political Theories of the Middle Age: Translated with an introduction by Frederic William Maitland, Cambridge.

Gierke, Otto von 2001: Der germanische Staatsgedanke, in: Pöggeler, Wolfgang (Hrsg.), Otto von Gierke. Aufsätze und kleinere Monographien, Bd. 2, Hildesheim et al., S. 1063-1091.

Haack, Thomas 1997: Otto von Gierkes Kritik am ersten Entwurf des Bürgerlichen Gesetzbuches, Frankfurt a.M.

Heydenreuter, Richard 2000: Otto von Gierkes Genossenschaftsrecht und die Rechtsgeschichte, in: Historischer Verein bayerischer Genossenschaften e.V., München/Genossenschaftsverband Bayern e.V., Entwicklung und Realisierung des Genossenschaftsgedankens vom Mittelalter bis zur Gegenwart (Schriftenreihe zur Genossenschaftsgeschichte Band 2), München, S. 153-169.

Jobs, Friedhelm 1968: Otto von Gierke und das moderne Arbeitsrecht, Frankfurt a.M.

Kleger, Heinz 1995: Verhandlungsdemokratie: Zur alten und neuen Theorie des kooperativen Staates, in: Voigt, Rüdiger (Hrsg.), Der kooperative Staat: Krisenbewältigung durch Verhandlung?, Baden-Baden, S. 93-117.

Lehmbruch, Gerhard 1984: Interorganisatorische Verflechtungen im Neokorporatismus, in: Falter, Jürgen W./Fenner, Christian/Greven, Michael T. (Hrsg.), Politische Willensbildung und Interessensvermittlung. Verhandlungen der Fachtagung der DVPW, 11.-13. Oktober 1983 in Mannheim, Opladen, S. 467-482.

Mayer-Tasch, Peter Cornelius 1971: Korporatismus und Autoritarismus. Eine Studie zu Theorie und Praxis der berufsständischen Rechts- und Staatsidee, Frankfurt a.M.

Mertens, H. G. 1971: Otto v. Gierke. Zum 50. Todesjahr des großen Germanisten, in: JuS, S. 508-511.

Newman, Otto 1981: The Challenge of Corporatism, London.

Nocken, Ulrich 1981: Korporatistische Theorien und Strukturen in der deutschen Geschichte des 19. und frühen 20. Jahrhunderts, in: Alemann, Ulrich von (Hrsg.), Neokorporatismus, Frankfurt a.M. et al., S. 17-39.

Peters, Martin 2001: Die Genossenschaftstheorie Otto v. Gierkes (1841-1921) – Marburger Schriften zum Genossenschaftswesen Bd. 95, Göttingen.

Reutter, Werner 1991: Korporatismustheorien. Kritik, Vergleich, Perspektiven, Frankfurt a.M. et al.

Reutter, Werner 2002: Verbände, Staat und Demokratie. Zur Kritik der Korporatismustheorie, in: ZParl, Jg. 33, H. 3, S. 501-511.

Schmidt, Karsten 1987: Einhundert Jahre Verbandstheorie. Aktuelle Betrachtungen zur Wirkungsgeschichte von Otto v. Gierkes Genossenschaftstheorie, Hamburg.

Schmitter, Philippe C. 1974: Still the Century of Corporatism?, in: Review of Politics 36, S. 85-131.

Schmitter, Philippe C. 1979: Interessenvermittlung und Regierbarkeit, in: Alemann, Ulrich/Heinze, Rudolf G. (Hrsg.), Verbände und Staat. Vom Pluralismus zum Korporatismus. Analysen, Positionen, Dokumente, Opladen, S. 92-114.

Schmitter, Philippe C. 1981: Neokorporatismus: Überlegungen zur bisherigen Theorie und zur weiteren Praxis, in: Alemann, Ulrich von (Hrsg.), Neokorporatismus, Frankfurt a.M. et al., S. 62-79.

Schröder, Jan 1976: Otto von Gierke, in: Kleinheyer, Gerd/Schröder, Jan (Hrsg.): Deutsche Juristen aus fünf Jahrhunderten: Eine biographische Einführung in die Rechtswissenschaft, Karlsruhe et al., S. 96-101.

Sebaldt, Martin/Straßner Alexander 2004: Verbände in der Bundesrepublik Deutschland. Eine Einführung, Wiesbaden.

Stolleis, Michael 2001: Georg Beseler, in ders. (Hrsg.), Juristen: Ein biographisches Lexikon; von der Antike bis zum 20. Jahrhundert, München, S. 82-83.

Straßner Alexander 2005: Zwischen Eigennutz und Gemeinwohl: Verbandsfunktionen in Theorie und Praxis, in: GWP, Jg. 54, Nr. 2, S. 234-253.

Watkins, W. P. 1968: Genossenschaftswesen und Staat. Zwei Machtsysteme und ihre gegenseitigen Beziehungen, in: Weisser, Gerhard (Hrsg.), Genossenschaften und Genossenschaftsforschung. Festschrift zum 65. Geburtstag von Georg Draheim, Göttingen, S. 281-289.

Weber, Max 1956: Wirtschaft und Gesellschaft: Grundriss der verstehenden Soziologie, Band 1 und 2, Köln et al.

Weber, Max 1967: Rechtssoziologie, Neuwied a. Rh. et al., 2. Auflage.

Williamson, Peter J. 1989: Corporatism in Perspective. An Introductory Guide to Corporatist Theory, London et al.

Wolf, Erik 1951, Grosse Rechtsdenker der deutschen Geistesgeschichte, Tübingen, 3.Auflage.

Verbände als neokorporatistische Monopolorganisationen: Philippe C. Schmitter

Stefan Köppl

1 Biographie

Philippe C. Schmitters Biographie spiegelt das Leben eines Wissenschaftlers wider, der sowohl in der ganzen Welt wie auch an den ersten akademischen Adressen zu Hause ist. Geboren am 19. November 1936 in Washington, D.C., verbringt er bereits Teile seiner Schulzeit in Frankreich. Das Studium der internationalen Beziehungen, Geschichte und politischen Ökonomie in den Jahren 1954 bis 1961 führt ihn von Dartmouth (USA) über Mexiko nach Genf. Zurück in den Vereinigten Staaten, promoviert *Schmitter* von 1961 bis 1967 unter anderem bei *Ernst B. Haas* und *Seymour M. Lipset* an der Universität von Kalifornien in Berkeley – unterbrochen von einem Forschungsaufenthalt in Rio de Janeiro – in vergleichender Politikwissenschaft mit einer Dissertation über Entwicklung und Interessenpolitik in Brasilien. Ab 1967 durchläuft *Schmitter* an der Universität Chicago die akademischen Stationen bis zum Full Professor für Politikwissenschaft. 1985 wechselt er an die Universität Stanford, eine der renommiertesten Hochschulen weltweit, wo er bis zu seiner Emeritierung im Jahre 1999 wirkt. Danach tritt er eine Professur am Europäischen Hochschulinstitut in Florenz an, wo er schon in den Jahren 1982 bis 1986 tätig war (Schmitter 1997). Zur Zeit (Mitte 2005) ist er dort Professorial Fellow.

Zahlreiche Stipendien und Auszeichnungen begleiten *Schmitters* Lebensweg, ebenso wie die Leitung einiger Forschungsprojekte, z.B. des Woodrow Wilson Centers und der Volkswagen Stiftung. Gastprofessuren führen ihn unter anderem nach Harvard, Genf, Paris, Zürich, Barcelona, Madrid, Wien, Budapest, Ankara und Rio de Janeiro. Die lebhafte Beteiligung *Schmitters* am internationalen Wissenschaftsbetrieb zeigt sich auch in seiner Mitarbeit, z.T. in leitender Funktion oder als Mitbegründer, in zahlreichen sozialwissenschaftlichen Vereinigungen und Forschungsgruppen wie z.B. der American Political Science Association und der International Political Science Association sowie in den Herausgebergremien einiger Zeitschriften.

2 Profil des Gesamtwerkes

Die geographischen Schwerpunkte der Biographie lassen auch Rückschlüsse auf die Gegenstände, mit denen sich *Schmitters* Werk beschäftigt, zu: Im Mittelpunkt stehen Lateinamerika und Europa, hier vor allem Südeuropa. Thematisch sind grob fünf Schwerpunkte zu identifizieren, deren Grenzen naturgemäß sowohl inhaltlich wie auch zeitlich in der Bearbeitung durch *Schmitter* fließend sind (vgl. als Überblick auch Schmitter 1997).

Am Beginn stehen ab 1964 Studien zu Wirtschaft und Politik in Lateinamerika. In Kooperation mit und beeinflusst von *Ernst B. Haas*, dem Begründer des Neofunktionalismus, setzt sich *Schmitter* hier vor allem mit Ansätzen regionaler ökonomischer Integration auseinander, wobei er die Ergebnisse für eine theoretische Weiterentwicklung der Integrationstheorie im Sinne des Neofunktionalismus umsetzt (Schmitter 1969).

Daneben widmet sich *Schmitter* schon in den 1960er Jahren dem Problem der Interessenvermittlung in autoritären politischen Systemen im Rahmen der Forschung für seine Dissertation zu Entwicklung und Interessenpolitik in Brasilien, die er 1968 abschließt und 1971 publiziert (Schmitter 1971). Das dort gefundene Phänomen eines autoritär von oben und zum Zwecke der Herrschaftssicherung organisierten Systems der Interessenorganisation untersucht er in den 1970er Jahren intensiv am Beispiel des *Estado Novo* Portugals. Der Titel der daraus resultierenden Monographie enthält auch schon den zentralen Begriff des Korporatismus, der untrennbar mit *Schmitters* Werk verbunden bleibt (Schmitter 1975).

Parallel zu den Studien über Brasilien und Portugal beginnt *Schmitter* den Typus korporatistischer Interessenvermittlung auch für die vergleichende Erforschung westlicher Demokratien nutzbar zu machen. So markiert auch die Wende Portugals vom autoritären Staat zur Demokratie ab 1974 den Beginn der Abwendung *Schmitters* vom speziellen Fall hin zur breiteren vergleichenden Perspektive mit dem inzwischen zum klassischen Text avancierten, zuerst 1974 erschienenen Aufsatz „Still the Century of Corporatism?" (Schmitter 1974). So ist *Schmitter* zusammen mit *Gerhard Lehmbruch*[1] wichtigster Exponent einer Gruppe von Forschern, die sich im Laufe der 1970er Jahre mit den Beziehungen zwischen Verbänden und Staat befassen und z.t. auch unabhängig voneinander Trends zur korporatistischen Interessenvermittlung ausmachen. Ausfluss dieser Kooperation sind die von *Schmitter* und *Lehmbruch* edierten Sammelbände „Trends Towards Corporatist Intermediation" (Schmitter/Lehmbruch 1979) und „Patterns of Corporatist Policy-Making" (Lehmbruch/Schmitter 1982), die als

---

[1] Siehe dazu den Beitrag von Stefan Köppl und Tobias Nerb in diesem Band.

endgültiger Auslöser der internationalen Korporatismus-Debatte gelten können. Das Thema des (Neo)Korporatismus lässt *Schmitter* bis Mitte der 1990er Jahre als Arbeitsschwerpunkt nicht los, als sich sein Interesse eher zur Rolle von Interessengruppen bei der Konsolidierung neuer Demokratien verschiebt.

Die Beschäftigung mit Systemtransformation, sprich dem Übergang vom autoritären Staat zur Demokratie, ergibt sich logisch aus *Schmitters* Forschungen zu Portugal und stellt von Anfang der 1980er bis Ende der 1990er Jahre einen weiteren Schwerpunkt seines Werks dar. Auch auf diesem Feld bevorzugt *Schmitter* die breitere Perspektive und richtet seinen Blick sowohl auf die neuen Demokratien Südeuropas wie auch Lateinamerikas, womit er an frühere Interessen anschließt. Hier gelingt es ihm, mit den Ergebnissen eines Forschungsprojekts zusammen mit *Guillermo O'Donnell* maßgeblich auf den entstehenden Zweig der Transformationsforschung einzuwirken (Schmitter/O'Donnell/ Whitehead 1986). Nicht einziger, aber zentraler Aspekt ist dabei das System gesellschaftlicher Interessenvermittlung, das entscheidenden Einfluss auf die Qualität der neu entstandenen Demokratien hat (Schmitter 1995a).

Eine Anknüpfung an frühere Forschungen stellt auch das Betätigungsfeld dar, dem sich *Schmitter* seit Beginn der 1990er Jahre bis jetzt widmet: die europäische Integration. Ausgangspunkt sind Überlegungen über das Wesen der Demokratie (Schmitter/Karl 1991), die nicht zuletzt Ausfluss der Studien über die demokratische Konsolidierung in den Transformationsländern sind. Parallel dazu richtet er sein Interesse auf neue Formen der Demokratie, z. B. die Entstehung des supranationalen Institutionensystems der Europäischen Union und die Möglichkeiten seiner Demokratisierung (Schmitter 2000). Dabei widmet er sich zunächst dem Projekt der wirtschaftlichen Integration über den Binnenmarkt und deren politische Steuerung in der Folge des Maastricht-Vertrages. Dies führt ihn zur Erstellung eines neuen Subtyps demokratischer Ordnungsformen, einer möglichen post-liberalen Demokratie, die konventionelle Fixierungen, z.B. auf Parteien oder Territorium, überwindet (Schmitter 1995b, 2003).

3 Verbändestudien

Schmitters Beitrag zur Verbändeforschung ist untrennbar mit dem Begriff des Korporatismus verbunden. Er stellt fest, dass der Begriff ähnlich wie der des Klientelismus in der bisherigen Diskussion sehr vage war, teilweise auf einen einzigen Regimetyp oder eine bestimmte politische Kultur verengt wurde und einen pejorativen Charakter aufwies. In der Tat bezeichnet der Begriff (oft auch Korporativismus) ursprünglich die Ordnung eines autoritären und zwangsmitgliedschaftlich verfassten Ständestaates. Inspiriert von einem Werk aus den

1930er Jahren (Manoïlesco 1934) und auf der Basis seiner Forschungen in Brasilien und Portugal stellt *Schmitter* diesem seinen eigenen Korporatismusbegriff entgegen und will ihn als dem Pluralismus gleichberechtigte alternative Form der Interessenvermittlung in modernen Gesellschaften gesehen wissen:

> In my work I have found it useful to consider corporatism as a system of interest and/or attitude representation, a particular modal or ideal-typical institutional arrangement for linking the associationally organized interests of civil society with the decisional structures of the state. As such it is one of several possible *modern* configurations of interest representation, of which pluralism is perhaps the best-known and most frequently acknowledged alternative (Schmitter 1974: 86; Hervorhebung im Original; vgl. auch Schmitter 1979a).

Tatsächlich stellte bis zu *Schmitters* Gegenentwurf das Pluralismuskonzept das beherrschende Paradigma zur Analyse der Beziehungen zwischen organisierten gesellschaftlichen Interessen und den staatlichen Entscheidungsstrukturen dar; der Dualismus der beiden Konzepte wird im Folgenden zum bestimmenden Thema seiner Verbändestudien. Es ist allerdings darauf hinzuweisen, dass es sich bei Pluralismus und Korporatismus um Idealtypen handelt, die in der Realität niemals in Reinform vorkommen, sondern eher heuristische Instrumente darstellen.[2]

Zwar wurzelt auch *Schmitters* Verwendung des Begriffs Korporatismus in seinen Studien über autoritäre Systeme wie Brasilien und Portugal. Doch entwickelt er das Konzept weiter zu einem Analyseinstrument, das auch für die vergleichende Erforschung demokratischer Systeme angewendet werden kann. Dazu entwickelt er eine allgemeine Definition von Korporatismus, die sich von den konventionellen abhebt:

> Corporatism can be defined as a system of interest representation in which the constituent units are organized into a limited number of singular, compulsory, noncompetitive, hierarchically ordered and functionally differentiated categories, recognized or licensed (if not created) by the state and granted a deliberate representational monopoly within their respective categories in exchange for observing certain controls in their selection of leaders and articulations of demands and supports (Schmitter 1974: 93f.).

---

[2] Ein Idealtypus wird „gewonnen durch einseitige *Steigerung eines* oder *einiger* Gesichtspunkte durch Zusammenschluß einer Fülle von diffus und diskret, hier mehr, dort weniger, stellenweise gar nicht, vorhandenen *Einzel*erscheinungen, die sich jenen einseitig herausgehobenen Gesichtspunkten fügen, zu einem in sich einheitlichen *Gedanken*bilde. In seiner begrifflichen Reinheit ist dieses Gedankenbild nirgends in der Wirklichkeit empirisch vorfindbar, es ist eine *Utopie*" (Weber 1988: 191; Hervorhebungen im Original).

Die Begünstigung bestimmter Verbände durch das staatlicherseits gewährte Repräsentationsmonopol geht dabei mit Auflagen einher, z.B. bei der Auswahl des Führungspersonals, aber auch bei der genuinen Tätigkeit der Interessenvertretung. So verstanden kann Korporatismus als eigenständige Form der Interessenvermittlung in sehr verschiedenen politischen Kontexten existieren, also nicht nur in autoritären, sondern auch in demokratischen Systemen.

Als analytischen Antipoden sieht *Schmitter* den Pluralismus, den er wie folgt definiert:

> Pluralism can be defined as a system of interest representation in which the constituent units are organized into an unspecified number of multiple, voluntary, competitive, nonhierarchically ordered and self-determined (as to type or scope of interest) categories which are not specially licensed, recognized, subsidized, created or otherwise controlled in leadership selection or interest articulation by the state and which do not exercise a monopoly of representational activity within their respective categories (Schmitter 1974: 96).

Es ergibt sich somit folgende Gegenüberstellung:

Übersicht: Korporatismus und Pluralismus im Vergleich

	Korporatismus	Pluralismus
Anzahl der Interessengruppen	- begrenzte Anzahl - singuläre Einheiten - funktionale Differenzierung	- unbestimmte Anzahl - verschiedene Einheiten
Strukturmerkmale der Interessengruppen	- Zwangsmitgliedschaft - hierarchische Koordination - Repräsentationsmonopol	- freiwillige Mitgliedschaft - nicht-hierarchische Koordination - Konkurrenz um Mitglieder
Ausmaß der staatlichen Kontrolle und des staatlichen Einflusses	- staatlich initiierte bzw. unterstützte Gründung - staatlicher Einfluss bei Auswahl des Führungspersonals und bei der Interessenartikulation	- weder staatliche Kontrolle noch staatlicher Einfluss - autonome Willensbildung
Quelle: Reutter 1991: 73; leicht modifiziert.		

Es wird deutlich, dass die beiden Idealtypen[3] organisatorische Formen der Interessenvermittlung (*interest intermediation*) darstellen, nicht aber prozessuale
Formen der Politikformulierung und -umsetzung, für die *Schmitter* die Begriffe
Druckausübung (*pressure*) und Konzertierung (*concertation*) gebraucht. Die
Gleichsetzung von Korporatismus und Konzertierung weist er zurück. Während
bei der Konzertierung die Interessengruppen quasi als staatliche Organisationen
auftreten und im staatlichen Willensbildungsprozess eingebunden sind, bleiben
sie bei der Druckausübung gänzlich außerhalb der staatlichen Sphäre. *Schmitter*
postuliert, dass beides sowohl im Pluralismus wie im Korporatismus denkbar ist
(Schmitter 1982: 262f.).

Die obige allgemeine Definition von Korporatismus ist für das Erkenntnisinteresse *Schmitters* allerdings zu weit gefasst, da unter sie viele ganz unterschiedliche Fälle subsumiert werden können. Um das Konzept für die Bedürfnisse der Komparatistik anzupassen, entwickelt er, jeweils differenzierend nach
Entstehungspfaden, zwei Untertypen: zum einen den gesellschaftlichen Korporatismus, der als Resultat sozialer Entwicklungen „gleichsam ,von unten' her auf-
getaucht" ist und in heterogenen Gesellschaften mit relativ autonomen territoria-
len Einheiten und offenem politischen Wettbewerb gefunden werden kann; zum
anderen den Staatskorporatismus, der zur Herrschaftssicherung „,von oben'
aufgezwungen" wurde und sich in eher monistischen Systemen mit starker zentraler Bürokratie, schwachem politischen Wettbewerb und unterdrückten gesellschaftlichen Subkulturen findet. Eine solche Unterscheidung ist mutatis mutandis
auch beim Pluralismus möglich, wenngleich der Fokus bei *Schmitters* Ausführungen auf dem Korporatismus liegt (Schmitter 1979b: 96-98; vgl. auch Schmitter 1974: 102-105).

Die Unterscheidung der Idealtypen Korporatismus und Pluralismus bewegt
sich dabei auf der Grundlage von fünf Annahmen, die laut *Schmitter* jedem rea-
listischen Verständnis von Interessenvermittlung zugrunde liegen müssen:

1. Die wachsende Bedeutung formaler organisierter Interessenvertretung;
2. die beständige Existenz und das Anwachsen funktional differenzierter und
    potentiell konfligierender Interessen;
3. die beherrschende Rolle ständiger Verwaltungsapparate, spezialisierter
    Information, technischer Expertise und darin begründeter Oligarchie;
4. die abnehmende Bedeutung der Repräsentation von Territorium und Partei-
    en;

---

[3] Neben Pluralismus und Korporatismus lassen sich bei *Schmitter* noch zwei weitere Formen der
Interessenvermittlung finden: Monismus und Syndikalismus (Schmitter 1974: 97f.); doch widmet er
sich diesen kaum.

5. der säkulare Trend zur Ausweitung staatlichen Handelns und zur gegensei-
    tigen Durchdringung privater und öffentlicher Entscheidungsarenen
    (Schmitter 1974: 96).

Diese Annahmen stellen nicht nur die Basis der *Schmitterschen* Studien zur Interessenvermittlung dar, sondern sind auch die Rahmenbedingungen, in denen er
sich dem Problem von Korporatismus und Regierbarkeit nähert.

Nachdem auf der Suche nach idealtypischen Formen der Interessenvermittlung diese zunächst analytisch von der Herrschaftsordnung getrennt worden war,
rückt nun die Frage nach der Interaktion der beiden Systeme Interessen und Staat
in den Vordergrund (Schmitter 1979b, 1981). Hierbei nimmt *Schmitter* die Diskussion um eine Krise der Regierbarkeit auf, die sich in den 1970er Jahren parallel zur neuen Konjunktur der Verbändeforschung entwickelt (vgl. exemplarisch
Hennis/Kielmannsegg/Matz 1977 und 1979). Die Annahme, dass die Gründe für
mangelnde staatliche Steuerungsfähigkeit im genuin politischen System von
Wahlen, Parteien, Parlament und Regierung zu suchen seien, lehnt er ab; ebenso
die These einer Überlastung des Staates durch die mannigfaltigen Forderungen,
die aus der Gesellschaft an ihn gerichtet werden. In diesen beiden Aspekten, so
Schmitter, habe sich nichts wesentlich geändert. „Was sich grundlegend und
unwiderruflich änderte sind die Prozesse politischer Interessenvermittlung"
(Schmitter 1979b: 107). Die wichtigsten sich verstärkenden oder neu entstehenden Konflikte der Zeit, z.b. zwischen Generationen, Klassen oder ethnischen
Gruppen, kommen nicht durch Parteien und Wahlen auf die politische Agenda –
diesen wird nur eine „indirekte Rolle" zugeschrieben. Vielmehr sei es der „uner-
bittlichen Verfolgung partikularer Interessen [...] mittels spezialisierter, funktional differenzierter Organisationen" gelungen, traditionale Formen der politischen
Partizipation in ihrer Bedeutung zu verdrängen (Schmitter 1979b: 109). Unter
den Rahmenbedingungen der oben genannten Entwicklungen ist es nun das direkte Einwirken der Interessen auf die staatliche Bürokratie, das die zentrale
Determinante politischer Steuerung ausmacht.

Dabei wirken sich die verschiedenen Formen der Interessenvermittlung
durchaus unterschiedlich aus: Entscheidend sind die drei Variablen Breite der
Repräsentanz, Dichte der Mitgliedschaft und korporatistische Struktur. Pluralistische Systeme mit einer Vielzahl von Interessengruppen, die sich durch Überlap-
pung, Freiwilligkeit, spontanes Entstehen, Unbeständigkeit und politische Autonomie auszeichnen, sind danach tendenziell weniger gerüstet für die neuen Herausforderungen an die Staatstätigkeit. *Schmitters* These lautet im Umkehrschluss: Politische Systeme, die eine hohe Repräsentanz, maximale Mitglieder-
dichte und ausgeprägte korporatistische Strukturen (d.h. monopolistische, spezialisierte und hierarchische Beziehungen der Interessengruppen zum Staat) aufwei-

sen, sind tendenziell eher regierbar, stabil und effektiv (Schmitter 1979b: 113). Prägnant ausgedrückt: „Korporatistische Interessenvermittlung wirkt sich positiv auf die Regierbarkeit aus" (Reutter 1991: 83). Diese These belegt *Schmitter* auch mit einer empirischen Untersuchung, wobei er sich aber – durchaus problematisch – auf die Organisation der Arbeitnehmerinteressen beschränkt (Schmitter 1981). Gerade Wirtschaft und Arbeit stellen für solche Forschungen in den 1970er Jahren dankbare Politikfelder dar, weil in dieser Zeit an vielen Orten versucht wird, durch Konzertierung von Staat, Wirtschaft und Gewerkschaften Inflation und Arbeitslosigkeit zu bekämpfen. Aus diesem neuen Trend erwächst auch die Bildung des Begriffs „Neo-Korporatismus", der nicht nur in *Schmitters* Studien seit den 1980er Jahren den ursprünglichen Terminus ablöst.

Neben die gefundenen positiven Auswirkungen neo-korporatistischer Strukturen auf die Regierbarkeit und Stabilität politischer Systeme treten in Schmitters Überlegungen nun zunehmend folgende Probleme: Gesteigerte Effizienz wird mit sinkender Legitimität erkauft, da Korporatismus immer auch ein Elitenkartell der staatlich begünstigten Monopolorganisationen auf Kosten freier Betätigung und Konkurrenz mit sich bringt. Doch argumentiert er, dass durch höhere Effizienz bei der Lösung von Problemen (insbesondere der Vermeidung von Wirtschaftskrisen) legitimatorische Defizite ausgeglichen werden könnten. Auch sei eine demokratische Form des Ständestaats denkbar, in dem die Privilegien einzelner Gruppen als legitim erachtet werden, soweit sie sich auf bestimmte Bereiche beschränken (Schmitter 1985). Schließlich würde die Einschränkung von Freiwilligkeit durch eine (nicht zuletzt aufgrund der Zwangsmitgliedschaft) verstärkte Einbindung des Bürgers in öffentliche Strukturen kompensiert (Schmitter 1983). Auch sind neo-korporatistische Formen immer von zwei Problemen bedroht, die sogar ihre Existenz gefährden können: die Knappheit der zu verteilenden Ressourcen, die zu Konflikten unter den Verhandlungspartnern führen kann, und die Institutionalisierung bestimmter Kräfteverhältnisse, die auf lange Sicht unvorhergesehene Ergebnisse produzieren und nur schwer revidierbar sind. Dies ließ *Schmitter* sogar mutmaßen, es könnte sich beim Korporatismus moderner Prägung um ein Schönwetter-Phänomen handeln (Schmitter 1982: 275f.).

Ausgehend von der zunehmenden Komplexität moderner Gesellschaften stellt sich *Schmitter* zusammen mit *Wolfgang Streeck* der Frage, welchen Beitrag Verbände für die Aufrechterhaltung der sozialen Ordnung leisten bzw. leisten können. Im Ergebnis identifizieren die beiden ein „korporativ-verbandliches Ordnungsmodell" (associative-corporative order), in dem einzelne Interessenverbände sogar staatliche Steuerungsaufgaben im Sinne des Gemeinwohls übernehmen können (Streeck/Schmitter 1985a und 1985b, Schmitter 1985). Schmitter selbst definiert solche „Privatregierungen" (private interest governments) wie folgt:

A private interest government (PIG is the unfortunate acronym) exists where a non-state association allocates goods, services or status that are monopolistic in nature and indispensable for members, it is therefore capable of affecting and potentially controlling their behaviour, and does so with the specific encouragement, licence or subsidiation of the state, thus imposing certain public standards and responsibilities on the behaviour of the association. In short, a PIG is based on group self-regulation through formally private organisations, empowered by a devolution of public interest (Schmitter 1985: 47).

Voraussetzung für solche Arrangements ist, dass die Ziele der Verbände mit dem öffentlichen Interesse kompatibel sind und sie staatlicherseits mit einem besonderen öffentlichen Status sowie Befugnissen und Ressourcen ausgestattet werden. Dies bringt für den Staat den großen Vorteil der Entlastung von komplexen Aufgaben, die er selbst nur mit größtem Aufwand erfüllen könnte, mit sich. Andererseits ist in solchen Arrangements die klassische hierarchische Steuerung durch den Staat mittels Rechtsetzung nur noch bedingt möglich, da die Aufgaben in eine private Sphäre gesellschaftlicher Selbstregulierung wandern, die solchen Instrumenten entzogen ist. Der Staat muss damit verstärkt auf enthierarchisierte Verhandlungen setzen, bei denen ihm die Interessenverbände als gleichberechtigte Partner gegenübertreten. Dass es sich bei solchen Arrangements um ein symbiotisches Verhältnis handelt, macht *Schmitter* mit der Feststellung deutlich, dass hierfür die staatliche Initiative nicht ausreicht; die Verbände müssen freiwillig, d.h. auch auf Basis von Eigeninteresse, hinzutreten (Schmitter 1985).

Innerhalb der *Schmitterschen* Studien ist somit eine gewisse Akzentverschiebung festzustellen: Ausgehend von einer Makroperspektive, die zunächst ausschließlich Formen der Interessenvermittlung, analytisch getrennt von der genuin politischen Sphäre, untersucht, richtet sich der Blick immer mehr auf die Rolle der Verbände im Prozess der staatlichen Willensbildung bis hin zur konkreten verbandlichen Erfüllung von Steuerungsaufgaben auf der Meso-Ebene.

Entsprechend findet auch eine Begriffsverschiebung statt: Werden in dem ursprünglichen Ansatz von 1974 Pluralismus und Korporatismus noch jeweils als „system of interest representation" (Interessenvertretung) definiert, spricht *Schmitter* danach von „interest intermediation" (Interessenvermittlung). In letzterem Begriff kommt zum Ausdruck, dass Verbände weit mehr leisten als nur Repräsentation; vielmehr können sie in einem symbiotischen Verhältnis mit dem Staat sogar para-staatliche Lenkungsfunktionen übernehmen (Schmitter 1979a: 93, Anm. 1).

4   Rezeption und Kritik

Nicht ohne einen leicht klagenden Unterton, aber auch mit einem Augenzwin-
kern schreibt *Schmitter* über sich selbst, er werde trotz seiner weit reichenden
Forschungsthemen immer wieder als „Mister Korporatismus" mit seinem umstrittenen Konzept aus den 1970er Jahren identifiziert (Schmitter 1997: 287). In
der Tat stellen *Schmitters* frühe Arbeiten (zusammen mit denen *Gerhard Lehmbruchs*) zum Korporatismus für so gut wie alle nachfolgenden Studien zu diesem
Thema (vgl. exemplarisch Traxler 2001) einen zentralen Bezugspunkt dar und
können daher mit Fug und Recht als klassisch bezeichnet werden. Sie sorgten für
eine Veränderung des Blickwinkels der Verbändeforschung: Wurden organisierte Interessen zuvor in erster Linie als Akteure gesehen, die von außen Forderungen an den Staat herantrugen, auf die dieser zu reagieren hatte, stehen nun auch
symbiotische Formen des Staat-Verbände-Verhältnisses im Fokus, in denen
privilegierte Verbände innerhalb der staatlichen Willensbildung agieren und
sogar Aufgaben der Politikimplementation übernehmen. Die weit gehende Dominanz des Pluralismus-Konzeptes wurde damit durchbrochen, was *Schmitter*
selbst als sein Ziel formuliert hatte: „to offer to the political analyst an explicit
alternative to the paradigm of interest politics which has heretofore completely
dominated the discipline of the North American political science: *pluralism*"
(Schmitter 1974: 95; Hervorhebung im Original). So wurde die Wiederbelebung
des Korporatismus auch als „dritte Welle" der Verbändeforschung nach Pluralismus und Neo-Pluralismus bezeichnet (Almond 1983: 245; vgl. zur Diskussion
auch von Alemann/Heinze 1979).

Auch hat *Schmitter* gezeigt, dass Korporatismus keine undemokratische
Entartung bzw. Einschränkung des freien Spiels der unterschiedlichen Interessen
darstellt, sondern eine eigenständige Form der Interessenvermittlung, die durchaus kompatibel mit modernen Demokratien ist, ja sogar in puncto Steuerungsfähigkeit und Stabilität Vorteile bietet. *Schmitter* formuliert damit eine konzeptionelle Annäherung der Verbändeforschung an neue Formen der makroökonomi-
schen Steuerung mit verstärkter Konzertierung, die teilweise, wie in Brasilien
und Portugal, aus autoritären Perioden fortbestehen, teilweise in modernen Industriegesellschaften als Reaktion auf Krisen neu erprobt werden.

Hier steht *Schmitter* in einer Reihe mit den Studien *Arend Lijpharts*. Dieser
hatte in den 1970er Jahren festgestellt, dass das sog. Westminster- bzw. Konkur-
renzmodell der Demokratie durchaus nicht die einzig mögliche Form demokratischer Herrschaftsordnung darstellt, sondern dass daneben mit der Konsensdemokratie als zweitem Idealtypus eine eigenständige und nicht unterlegene Form der
Demokratie existiert. Die Analogien zu *Schmitter* liegen auf der Hand: Während
Konkurrenzdemokratie und Pluralismus auf Wettbewerb und einem freien Spiel

unterschiedlicher Kräfte basieren, finden sich am gegenüber liegenden Pol Konsensdemokratie und Korporatismus als verhandlungsorientierte Formen der Willensbildung mit institutionalisierten und privilegierten Zugängen bestimmter Gruppen. Es verwundert daher nicht, dass tendenziell in Konkurrenzdemokratien eher pluralistische Verbandssysteme vorherrschen, während in Konsensdemokratien eher korporatistische Strukturen zu finden sind (Lijphart 1977, 1984). Eine Parallele zu *Schmitters* Studien wird in *Gerhard Lehmbruchs* politikwissenschaftlichem *oeuvre* deutlich, der sowohl ähnlich wie *Lijphart* den Typus der Konkordanzdemokratie in die vergleichende Erforschung politischer Systeme einführt, als auch bei seinen Verbändestudien eng mit *Schmitter* zusammenarbeitet (vgl. Schmitter/Lehmbruch 1979, 1982). *Lehmbruch* betont ebenfalls den Verhandlungsaspekt in der Interessenvermittlung, allerdings mit einem etwas anderen Fokus.[4]

Doch blieben *Schmitters* Thesen nicht ohne Widerspruch: Vielfältige Kritik wurde vor allem an seinem Pluralismusbegriff geübt. So seien Pluralismus und Korporatismus auf gänzlich anderen Ebenen verortet, weil Pluralismus ein Gesellschaftsprinzip mit breitem Fokus und nicht nur eine Art der Interessenvermittlung bedeute. Bei *Schmitters* engem Pluralismusbegriff ist insbesondere die postulierte Kompatibilität von Pluralismus und Konzertierung problematisch. Zudem werde der prozessuale Charakter des Pluralismuskonzepts verkannt, wenn er sich auf strukturelle und organisatorische Aspekte beschränkt; er selbst verortet die Korporatismus-Forschung in den institutionalistischen Ansatz (Schmitter 1989: 61f.). Auch ist die Unterscheidung in gesellschaftlichen und Staatskorporatismus bzw. -pluralismus nicht nur angesichts der Interdependenz verschiedener Faktoren bei historischen Entwicklungspfaden empirisch schwierig nachzuvollziehen, sondern führt auch zu Widersprüchen, da sie die analytische Trennung von Interessenvermittlung und politischer Herrschaftsordnung konterkariert. Vielmehr ist eine Bestimmung der beiden Untertypen nur unter Rekurs auf eben die Herrschaftsordnung denkbar (vgl. zu diesem Vorwurf an die Korporatismustheorie insgesamt Reutter 2002). *Schmitter* selbst rückt später ein Stück weit von dem engen Blickwinkel ab, indem er die verbandlichen Strukturen nicht mehr isoliert von der Herrschaftsordnung untersucht (Reutter 1991). Zudem fand die neuere Verbändeforschung auch deutlich flexiblere Formen des Korporatismus, die sich von *Schmitters* Beschreibungen wesentlich unterscheiden (Traxler 2001). Schließlich hat sich die Betrachtung des Phänomens Korporatismus nach *Schmitters* Studien bedeutend ausdifferenziert: Auch die negativen Aspekte korporatistischer Strukturen rückten ins Blickfeld sowie deren Perspek-

---

[4] Siehe dazu den Beitrag von Tobias Nerb und Stefan Köppl in diesem Band.

tiven unter den Bedingungen zunehmender Globalisierung (Reese-Schäfer 1996).
Obwohl zwischenzeitlich ein Verblassen des Korporatismus diskutiert wurde, zeigt ein Blick in die politische Wirklichkeit, dass die von *Schmitter* identifizierten neo-korporatistischen Instrumente sowie die symbiotischen Formen der Interaktion von Verbänden und Staat bei weitem nicht obsolet sind (Schmitter/Grote 1997, Traxler 2001; für Deutschland vgl. Weßels 2000). Für ihre Analyse haben trotz aller Kritik *Schmitters* Überlegungen das Fundament gelegt, das heute aus der Verbändeforschung nicht mehr wegzudenken ist.

Literatur:

Alemann, Ulrich von/Heinze, Rolf G. (Hrsg.) 1979: Verbände und Staat. Vom Pluralismus zum Korporatismus. Analysen, Positionen, Dokumente, Opladen.
Almond, Gabriel A. 1983: Pluralism, Corporatism and Professional Memory, in: World Politics, 36, 245-260.
Hennis, Wilhelm/Kielmannsegg, Peter Graf von/Matz, Ulrich (Hrsg.) 1977: Regierbarkeit: Studien zu ihrer Problematisierung, Band 1, Stuttgart.
Hennis, Wilhelm/Kielmannsegg, Peter Graf von/Matz, Ulrich (Hrsg.) 1979: Regierbarkeit: Studien zu ihrer Problematisierung, Band 2 Stuttgart.
Lehmbruch, Gerhard/Schmitter, Philippe C. (Hrsg.) 1982: Patterns of Corporatist Policy-Making, London/Beverly Hills.
Lijphart, Arend 1977: Democracy in Plural Societies, New Haven/London.
Lijphart, Arend 1984: Democracies, New Haven/London.
Manoïlesco, Mihaïl 1934: Le siècle du Corporatisme, Paris.
Reese-Schäfer, Walter 1996: Am Ausgang des korporatistischen Zeitalters. Ist die Theorie des Neokorporatismus inzwischen überholt?, in: Gegenwartskunde, S. 323-336.
Reutter, Werner 1991: Korporatismustheorien. Kritik, Vergleich, Perspektiven, Frankfurt et al.
Reutter, Werner 2002: Verbände, Staat und Demokratie. Zur Kritik der Korporatismustheorie, in: ZParl 33, Nr. 3, S. 501-511.
Schmitter, Philippe C. 1969: Three Neo-Functional Hypotheses about International Integration, in: International Organization 23, Nr. 1 (1969), S. 161-166.
Schmitter, Philippe C. 1971: Interest Conflict and Political Change in Brazil, Stanford.
Schmitter, Philippe C. 1974: Still the Century of Corporatism?, in: Pike, Frederick B./Stritch, Thomas (Hrsg.), The New Corporatism, Notre Dame, S. 85-131 (auch erschienen in: Review of Politics 36, Nr. 1 (Januar 1974), S. 85-131, wiederabgedruckt in: Schmitter, Philippe C./Lehmbruch, Gerhard (Hrsg.), Trends Towards Corporatist Intermediation, London/Beverly Hills, 1979, S. 7-52).
Schmitter, Philippe C. 1975: Corporatism and Public Policy in Authoritarian Portugal, Beverly Hills.

Schmitter, Philippe C. 1979a: Modes of Interest Intermediation and Models of Societal Change in Western Europe, in: Schmitter, Philippe/Lehmbruch, Gerhard (Hrsg.), Trends Towards Corporatist Intermediation, London/Beverly Hills, S. 63-94.

Schmitter, Philippe C. 1979b: Interessenvermittlung und Regierbarkeit, in: Alemann, Ulrich von/Heinze, Rolf G. (Hrsg.), Verbände und Staat. Vom Pluralismus zum Korporatismus. Analysen, Positionen, Dokumente, Opladen, S. 92-114.

Schmitter, Philippe C. 1981: Interest Intermediation and Regime Governability in Contemporary Western Europe and North America, in: Berger, Suzanne (Hrsg.), Organizing Interests in Western Europe. Pluralism, Corporatism and the Transformation of Politics, Cambridge, S. 285-327.

Schmitter, Philippe C. 1982: Reflections on Where the Theory of Neo-Corporatism Has Gone and Where the Praxis of Neo-Corporatism May Bc Going, in: Lehmbruch, Gerhard/Schmitter, Philippe C. (Hrsg.), Patterns of Corporatist Policy-Making, London/Beverly Hills, S. 259-279.

Schmitter, Philippe C. 1983: Democratic Theory and Neocorporatist Practice, in: Social Science 50, Nr. 4, S. 885-928.

Schmitter, Philippe C. 1985: Neo-corporatism and the State, in: Grant, Wyn (Hrsg.), The Political Economy of Corporatism, Basingstoke, S. 32-62.

Schmitter, Philippe C. 1989: Corporatism is Dead! Long Live Corporatism! The Andrew Shonfield Lectures (IV), in: Government and Opposition 24, S. 54-73.

Schmitter, Philippe C. 1995a: Organized Interests and Democratic Consolidation in Southern Europe, in: Gunther, Richard/Diamandouros, Nikiforos/Puhle, Hans Jürgen (Hrsg.), The Politics of Democratic Consolidation. Southern Europe in Comparative Perspective, Baltimore/London, S. 284-314.

Schmitter, Philippe C. 1995b: Post-Liberal Democracy: Does It have a Future?, in: Bentele, Karlheinz/Schettkat, Ronald (Hrsg.), Die Reformfähigkeit von Industriegesellschaften. Festschrift für Fritz W. Scharpf, Frankfurt/New York, S. 47-63.

Schmitter, Philippe C. 1997: Autobiographical reflections: or how to live with a conceptual albatross around one's neck, in: Daalder, Hans (Hrsg.), Comparative European politics: the story of a profession, London, S. 287-297.

Schmitter, Philippe C. 2000: How to Democratize the European Union ... and Why Bother?, Boulder.

Schmitter, Philippe C. 2003: Wie könnte eine "postliberale" Demokratie aussehen? Skizzenhafte Vermutungen und Vorschläge, in: Offe, Claus (Hrsg.), Demokratisierung der Demokratie. Diagnosen und Reformvorschläge, Frankfurt/New York, S. 152-165.

Schmitter, Philippe C./Grote, Jürgen R. 1997: Der korporatistische Sisyphus: Vergangenheit, Gegenwart und Zukunft, in: PVS 38, Nr. 3, S. 530-554.

Schmitter, Philippe C./Karl, Terry 1991: What Democracy is ... and is not, in: Journal of Democracy 2, S. 75-88.

Schmitter, Philippe C./Lehmbruch, Gerhard (Hrsg.) 1979: Trends Towards Corporatist Intermediation, London/Beverly Hills.

Schmitter, Philippe C./O'Donnell, Guillermo/Whitehead, Laurence (Hrsg.) 1986: Transitions from Authoritarian Rule: Prospects for Democracy, 4 Bde., Baltimore/London.

Streeck, Wolfgang/Schmitter, Philippe C. 1985a: Gemeinschaft, Markt und Staat – und die Verbände? Der mögliche Beitrag von Interessenregierungen zur sozialen Ordnung, in: Journal für Sozialforschung 25, Nr. 2, S. 133-157.

Streeck, Wolfgang/Schmitter, Philippe C. (Hrsg.) 1985b: Private Interest Government and Public Policy, Beverly Hills/London.

Traxler, Franz 2001: Die Metamorphosen des Korporatismus: Vom klassischen zum schlanken Muster, in: PVS 42, Nr. 4, S. 590-623.

Weber, Max 1988: Gesammelte Aufsätze zur Wissenschaftslehre, herausgegeben von Johannes Winckelmann, Tübingen.

Weßels, Berhard 2000: Die Entwicklung des deutschen Korporatismus, in: APuZ B26-27, S. 16-21.

Verbände als Dialogpartner im kooperativen Staat: Gerhard Lehmbruch

Stefan Köppl und Tobias Nerb

1 Biographie

Gerhard Lehmbruch wird am 15. April 1928 als Pastorensohn im ostpreußischen Königsberg, der Stadt *Immanuel Kants*, geboren. Die festen demokratischen Überzeugungen des Elternhauses, das im republikanischen Geist sowohl dem Kaiserreich wie auch der Nazi-Herrschaft in Opposition gegenüberstand, prägen ihn von früher Kindheit an. So gehören der Terror und die Gräuel des national-sozialistischen Regimes zu den ersten schmerzhaften Erfahrungen in *Lehmbruchs* Lebensweg. Ein weiterer wichtiger Bestandteil seiner Sozialisation ist die unmittelbare ländliche Umgebung, in der auch zahlreiche religiöse wie ethnische Minderheiten lebten; die Erfahrung solcher Unterschiede, die man heute gemeinhin als *cleavages* bezeichnet, sollte sich später erkennbar in *Lehmbruchs* wissenschaftlichem Erkenntnisinteresse niederschlagen.

Nach Flucht vor der sowjetischen Armee und Kriegsende beginnt *Gerhard Lehmbruch* 1947 in Berlin das Studium der Theologie, das ihn auch nach Tübingen und Göttingen führt. Zentrale Themen seiner Studien sind die Wechselwirkung zwischen der Entwicklung von Glaubenssystemen und Institutionen sowie die vergleichende Geschichte von Ideen und Institutionen. Nach dem Examen 1952 verbringt er noch ein Jahr in Basel mit Studien in Theologie, Philosophie und Soziologie, bevor er 1953 von *Theodor Eschenburg*, einem der Gründerväter der deutschen Politikwissenschaft, als wissenschaftliche Hilfskraft an dessen Lehrstuhl in Tübingen rekrutiert wird. Die Einarbeitung *Lehmbruchs* als Spätberufener in die für ihn, aber auch in Deutschland noch neue Disziplin ist neben dem Einfluss *Eschenburgs* auch von einem Studienaufenthalt in Frankreich geprägt, wo *Lehmbruchs* Interesse u.a. von *Maurice Duverger* auf politische Parteien und parlamentarische Institutionen gelenkt wird. So behandelt die 1961 abgeschlossene Dissertation das christdemokratische Mouvement Républicain Populaire in der Vierten Republik Frankreichs (Lehmbruch 1962). Zum wissenschaftlichen Assistenten befördert, arbeitet *Lehmbruch* an seiner Habilitationsschrift zur Theorie der Parteiensysteme, die er 1969 abschließt. Nach vier Jahren als Wissenschaftlicher Rat an der Universität Heidelberg wird *Lehmbruch* 1973 als Nachfolger *Eschenburgs* zurück nach Tübingen berufen. 1978 schließlich folgt er einem Ruf an die Universität Konstanz, wo er bis zu seiner Emeritierung im Jahre 1996 tätig ist (vgl. Lehmbruch 1997). *Gerhard Lehmbruchs* Wirken ist nicht auf die deutsche Politikwissenschaft beschränkt. Einladungen zu Auslandaufenthalten und Gastprofessuren führen ihn quer über den Erdball, von Zürich bis New York, von Washington bis Tokio. Drei Jahre (1988-1991) ist er stellvertretender Vorsitzender der International Political Science Association. Seine Verdienste und Leistungen werden durch zahlreiche Auszeichnungen und Preise geehrt, für die hier exemplarisch nur der Theodor Eschenburg-Preis 2003 der Deutschen Vereinigung für Politische Wissenschaft genannt sei (Schmidt 2003).

2   Profil des Gesamtwerks

Als einer der wichtigsten deutschen Politikwissenschaftler kann *Gerhard Lehmbruch* ein beeindruckendes Oeuvre vorweisen, das nicht nur sehr umfangreich ist, sondern auch einen breiten Strauß an Themen abdeckt.

Mit „Exploring non-majoritarian democracy" überschreibt *Lehmbruch* selbst eine Darstellung seiner Arbeit (Lehmbruch 1997). Dieser Oberbegriff bindet die drei wichtigsten Themen seines Werkes zusammen: Proporz- bzw. Konkordanzdemokratie, (Neo-)Korporatismus und Föderalismus. Stets handelt es sich dabei um Konstellationen von Akteuren und institutionelle Arrangements, in denen der Willensbildungs- und Entscheidungsprozess sinnvollerweise nicht nur am Mehrheitsprinzip orientiert sein kann. Damit wendet er sich auch gegen die normative Dominanz der so genannten Westminster-Demokratie nach dem Muster Großbritanniens, an deren Vorbild sich noch sein Lehrer *Theodor Eschenburg* orientiert hatte. Die politische Bewältigung gesellschaftlicher Heterogenität (sei sie sozial, ethnisch, ideologisch oder religiös bedingt) zieht sich somit als Leitthema durch *Lehmbruchs* Werk.

Nach den Studien zu Frankreich, die mit seiner Dissertation verbunden waren, wendet er sich in den 1960er Jahren der Regelung ethnischer und religiöser Konflikte sowie Koalitionsregierungen in parlamentarischen Demokratien zu – zwei Themen, deren Konvergenz sich schnell anhand der Studie zu den „Proporzdemokratien" Österreich und Schweiz erweist (Lehmbruch 1967). Dort findet die Konfliktregelung nämlich nicht nach dem Mehrheitsprinzip, sondern nach dem Grundsatz des gütlichen Einvernehmens (amicabilis compositio) statt. Nach weiterer Beschäftigung mit dieser Thematik ändert er die Bezeichnung in „Konkordanzdemokratie" (Lehmbruch 1969, 1979) – ein äquivalenter Begriff zu dem Terminus der „consociational democracy" *Arend Lijpharts*, der ausgehend von anderen Fällen zu beinahe identischen Ergebnissen kommt (Lijphart 1977).

Die Beschäftigung mit Verhandlungssystemen führt *Lehmbruch* unmittelbar zu seinem zweiten großen Thema, dem bundesdeutschen Föderalismus. Das Erkenntnisinteresse liegt hierin auf möglichen Wechselwirkungen und Interdependenzen mit dem Parteienwettbewerb (Lehmbruch 1976, 1998, 2000). In dieser zum Klassiker avancierten Studie stellt er fest, dass sich die Strukturen des typisch bundesdeutschen auf Konsens und Proporz ausgelegten Exekutivföderalismus und die Mechanik des bipolaren Parteienwettbewerbs auf Bundesebene tendenziell widersprechen, was zu manchen Pathologien führt. „Parteienwettbewerb im Bundesstaat" ist auch ein Beispiel par exellence für *Lehmbruchs* Methode, die heute wohl am besten als „Historical Institutionalism" zu benennen ist. Hier werden Institutionen und zweckgerichtetes Handeln von Akteuren in ihrer Interaktion analysiert und die Entwicklungsgeschichte von institutionellen Arrangements als pfadabhängiger Lernprozess über lange Zeit hinweg begriffen (vgl. auch Lehmbruch 1999, 2002).

Ein dritter Strang in *Lehmbruchs* Werk hat ebenfalls seinen Ausgangspunkt in der Beschäftigung mit der Proporzdemokratie, nämlich die Konfliktregelung zwischen Staat und Wirtschaft. Inspiriert vom Beispiel der österreichischen Sozialpartnerschaft findet *Lehmbruch* auch hier einen eigenständigen Modus der Interessenvermittlung, den er im Unterschied zu korporatistischen Strukturen in autoritären Systemen liberalen Korporatismus nennt (Lehmbruch 1977, 1981) und von der Konzertierung abgrenzt (vgl. auch Lehmbruch 1984). Hier trifft sich *Lehmbruchs* Arbeit mit den parallelen Studien *Philippe C. Schmitters*.[1] Aus der Zusammenarbeit der beiden Wissenschaftler entspringen sodann zwei Sammelbände, die als Klassiker der Forschung zum so genannten Neokorporatismus gelten dürfen (Schmitter/Lehmbruch 1979, Lehmbruch/Schmitter 1982). Die Beschäftigung mit Interessenvermittlung zwischen Staat und Ökonomie führte *Lehmbruch* bald auf das breitere Feld der vergleichenden Politischen Ökonomie und Staatstätigkeitsforschung bzw. public policy. Auch hier betrachtet er die Möglichkeiten des Handelns vor dem Hintergrund institutioneller Rahmenbedingungen (Lehmbruch et al. 1988a). Die Ereignisse in Deutschland nach 1989 lassen *Lehmbruch* seinen Blick schließlich auf die Wiedervereinigung richten. Hier untersucht er sowohl den Prozess der „improvisierten Vereinigung" (Lehmbruch 1990, 1991) als auch die institutionellen Anpassungsprozesse und den Institutionentransfer, den sie mit sich bringt, sowie die Rolle der Verbände im Vereinigungsprozess (Lehmbruch 1996a).

---

[1] Siehe hierzu den Beitrag von Stefan Köppl in diesem Band.

3   Der „Liberale" Korporatismus[2] als Element der Verbändeforschung

Korporatismus ist in Deutschland noch immer ein negativ konnotierter Begriff. In der breiten Meinung beschreibt er die Durchdringung und Gleichschaltung von Interessenverbänden und deren Instrumentalisierung in den 1930er und 1940er Jahren in Italien, Deutschland und Spanien durch die Politik. Er transportiert das Bild der starren ständestaatlichen Ordnung des Mittelalters oder der spätfeudalistischen Gesellschaft der Industrialisierung. Im italienischen Faschismus forderten die Anhänger *Mussolinis* nicht umsonst die Rückkehr zum Ständestaat. In der aktuellen Debatte um den Einfluss von Verbänden wird Verbandsmacht in der Öffentlichkeit in ihrer Wirkung oft als reformverhindernd, blockierend und undemokratisch verstanden (vgl. auch Reutter 2000: 7).

In der Wissenschaft hingegen wurde dem Einfluss von Verbänden und seiner demokratisierenden Wirkung durchaus Rechnung getragen. Das Organisieren und Bündeln von Interessen vermochte – so die These des Pluralismus[3] – die Kluft zwischen den staatlichen, politischen Institutionen und der Gesellschaft zu schließen. Der Neokorporatismus-Ansatz mit seinen Urhebern *Philippe Schmitter*[4] und *Gerhard Lehmbruch* versuchte sich an einer Ergänzung dieses Theoriestranges. Denn zum Zeitpunkt seiner Entstehung in den 1970er Jahren nahmen Verbände in etlichen europäischen Staaten eine herausgehobene Stellung im politischen System ein, die von der Pluralismustheorie nicht schlüssig erklärt werden konnte. Spitzenverbände zumal wurden intensiv in die Aushandlung politischer Entscheidungen einbezogen, und insbesondere im Bereich der Wirtschafts- und Sozialpolitik wurden ihnen klassische Staatsaufgaben, wie die Regelung des Gesundheits- und Sozialsystems, vom Staat übertragen. Die Verbände erweiterten durch diese „Inkorporierung" in die staatliche Sphäre folglich das Spektrum ihrer Aufgaben. Aus politikwissenschaftlicher Sicht galt es daher, die somit aufgetretenen „Blindstellen" der klassischen Verbändeforschung zu schließen.

3.1   Konzeption und Entstehung

Moderner Korporatismus – Neokorporatismus – meint die institutionalisierte Beteiligung von organisierten Interessen an der Politik. Er lässt sich durch das Prinzip der Freiwilligkeit, im Bezug auf das Organisieren von Interessen und der

---

[2] Der Begriff Liberaler Korporatismus, der von *Gerhard Lehmbruch* geprägt wurde, wird im Folgenden synonym zum Terminus Neokorporatismus verwendet.
[3] Siehe hierzu den entsprechenden Abschnitt mit den dazugehörigen Einzelbeiträgen in diesem Band.
[4] Vgl. hierzu den Beitrag von Stefan Köppl in diesem Band.

Einbindung in staatliche Prozesse, von seiner autoritären Erscheinungsform vor und nach dem Zweiten Weltkrieg klar abgrenzen (Reutter 1991: 111; Lehmbruch 1979b: 54).

Lehmbruchs Konzeption des Neokorporatismus geht Hand in Hand mit seiner Theorie über die Konkordanzdemokratie, bzw. diese Funktionslogik von Interessenverbänden ist für *Lehmbruch* elementarer Bestandteil konsensorientierter Verhandlungssysteme. Konsens und Interessenausgleich zwischen rivalisierenden Gruppierungen bilden die Basis beider Konzeptionen. Aufgabe und Funktion ist demnach eine konsensorientierte Bündelung von parteipolitischen auf der einen und verbändepolitischen Interessen auf der anderen Seite. Das Parteiensystem steht demnach nicht in Konkurrenz zu den korporatistischen Verhandlungssystemen, sondern geht mit ihm eine Art Symbiose ein (Lehmbruch 1977: 93). Darüber hinaus fördert der Staat in seinem ureigenen Interesse diese neokorporatistischen Arrangements, um Aufgaben an die Verbände delegieren zu können. Die Entstehung monopolartiger Spitzenorganisationen ermöglicht ein solches Delegieren erst und wird ebenso durch den Staat begünstigt.

Somit stellt der Neokorporatismus eine Weiterentwicklung des pluralistischen Systems dar. Voraussetzung für diese Entwicklung ist nicht nur das Fehlen von Konkurrenz zwischen den Einzelinteressen, sondern auch das Vorhandensein wechselseitiger Austauschprozesse (Sebaldt/Straßner 2004: 41). Neokorporatismus wird demnach zu mehr als einer reinen, einseitig ausgerichteten Interessenvertretung pluralistischer Fasson. Statt nur über die input-Seite des zentralen politischen Entscheidungssystems Einfluss nehmen zu können, bietet sich den Interessenverbänden durch die Übernahme quasistaatlicher Aufgaben die Möglichkeit der Implementierung politischer Entscheidungen (Reutter 1991: 113). *Lehmbruch* differenzierte daher zwischen dem „autoritären" Korporatismus und der neuen Erscheinungsform, dem „liberalen" Korporatismus. Letztgenannter ist durch eben liberale Gesellschaften und demokratische Systeme geprägt. Der freie Zusammenschluss von Individuen ist ähnlich dem Pluralismus auch hier die Grundvoraussetzung. Verbandsautonomie und Legitimität der organisierten Interessenvertretung sind demzufolge die conditio sine qua non seiner Untersuchung (Sebaldt/Straßner 2004: 41f; Reutter 1991: 116). Innerorganisatorische Entscheidungs- und Interessenbildungsprozesse, wie sie in der Neuen Politischen Ökonomie behandelt werden, sind bei seinen Studien nachrangig. *Lehmbruch* wählt einen makrotheoretischen Ansatz, der auf der interorganisatorischen und staatlichen Ebene angesiedelt ist.

Welche Umstände führten zur Entstehung des von *Lehmbruch* beschriebenen Phänomens? Hierbei gilt es einen Blick auf die Politikfelder zu werfen, in denen neokorporatistische Verhandlungssysteme etabliert wurden. Gerade in der Lohn- und Tarifpolitik, jedoch auch im Bereich des Gesundheitswesens treten

Verteilungskonflikte zu Tage. *Lehmbruch* spricht an dieser Stelle gar von einem Klassenkonflikt, der gerade in der Lohnpolitik zwischen Arbeit und Kapital ausgetragen wird (Lehmbruch 1981: 55). Diese Politikfelder, hier vor allem die Lohn- und Tarifpolitik, sind aber auch für Stabilität und Wachstum von Wirtschaft und Gesellschaft relevant. Darüber hinaus ist der staatliche Einfluss auf diese ökonomisch bedeutsamen Bereiche begrenzt (Reutter 1991: 112). Am Beispiel Österreichs skizziert *Lehmbruch* die entscheidenden Faktoren. Die österreichische Sozialpartnerschaft der 1970er Jahre war in Westeuropa einzigartig. Selbst ordnungspolitische Entscheidungen, wie Entwürfe zum Kartellgesetz, wurden ausschließlich von Verbänden entworfen und ausgehandelt. Der parlamentarische Prozess diente dann einer formellen Zustimmung, das materielle war hingegen bereits beschlossene Sache. Durch ein stark zentralisiertes Verbändewesen, Vertretungsmonopole und den Status öffentlich-rechtlicher Körperschaften konnten die Verbände eine solche Position innerhalb des politischen Gefüges behaupten (Lehmbruch 1981: 59-61; vgl. auch Schütt-Wetschky 1997: 47-49; Reutter 1991: 132).

Der Kompromiss zwischen den eingangs erwähnten Konfliktparteien wird mittels eines Tauschgeschäfts erzielt. Die „neokorporatistische Tauschhypothese" von *Lehmbruch* besagt, dass eine Konzertierung der Einkommenspolitik zwischen Arbeitgebern und Arbeitnehmern durch hoch zentralisierte und organisierte Beziehungen zwischen den beiden erleichtert wird. Die Gewerkschaften können ihre Mitglieder auf Lohnzurückhaltung verpflichten, im Gegenzug werden Verbesserungen der sozialen Transfereinkommen oder der Mitwirkungsrechte vorausgesetzt (Lehmbruch 1984).

Voraussetzungen für ein solches Verhandlungssystem sind zum einen stabile parlamentarische Mehrheiten und zum anderen – so zeigt die Empirie – eine vorwiegend sozialdemokratische Regierung. In den meisten westlichen Regierungssystemen besteht bei den sozialdemokratischen Parteien eine Affinität zu den Gewerkschaften, was wiederum der Erklärung dient. Die Verbände erfahren so einen Flankenschutz durch die Politik und werden ins politische System integriert. Durch korporatistische Netzwerke erfahren die Arbeitnehmerverbände eine qualitative Aufwertung und erlangen eine Vetoposition.

Die Empirie belegt ferner, dass sich der Neokorporatismus überwiegend in den kleinen europäischen Staaten etabliert hat. Als Grund sieht *Lehmbruch* die Enge der innergesellschaftlichen Kommunikationsnetze. Durch persönlichere Kontakte inner- und außerhalb der Organisationen wird eine Zusammenarbeit erleichtert (Lehmbruch 1981: 61-63). Auch ist in kleineren Staaten die oben genannte Affinität der sozialdemokratischen Parteien zu den Gewerkschaften größer.

3.2 Tripartismus und Anwendung

Der liberale Neokorporatismus in seiner idealtypischen Erscheinungsform folgt dem Grundsatz des *Tripartismus*. Neben den Gewerkschaften nehmen sowohl Verbände aus dem Segment Arbeit und Kapital, als auch Vertreter der Regierung an den Verhandlungen teil und treffen so in einem konsensorientierten Prozess Entscheidungen. Es kommt also zu einem „*trilateralen Pakt*" (Streeck 1984: 299) zwischen Arbeit, Kapital und Staat. Innerhalb dieses Netzwerkes gelten wiederum gewisse Voraussetzungen, um die Leistungsfähigkeit zu erhalten. Die Interessengruppen müssen über ein Repräsentationsmonopol verfügen, in der Praxis bedeutet das meist eine Umsetzung durch die Schaffung von Dachverbänden, in denen sich sodann die einzelnen Branchenverbände zusammengeschlossen haben. Entscheidend ist dabei eine hierarchische, vertikale Ordnungsfunktion. Das Repräsentationsmonopol ist für die Allgemeinverbindlichkeit der Beschlüsse und Richtlinien unerlässlich. Die Umsetzung muss in allen Verbänden unter der Hegemonie des Dachverbandes erfolgen. Ansonsten drohen interne Konflikte die eigene Verhandlungsposition zu konterkarieren. Zudem werden jeder Gruppe bestimmte Sanktionsmechanismen zugeschrieben, über die sie – im Idealfall gleichgewichtig – Druck auf die anderen Parteien des Verhandlungssystems ausüben können. Der Tripartismus zeichnet sich also durch eine Möglichkeit der gegenseitigen Einflussnahme aus. Von Seiten des Staates werden die Groß- und Dachverbände auf die Einhaltung staatlich bestimmter zumeist wirtschaftlicher Zielvorgaben verpflichtet (Lehmbruch 1979a: 51). Im Gegensatz zu der Fokussierung *Schmitters* auf die strukturellen Komponenten des Neokorporatismus legt *Lehmbruch* sein Hauptaugenmerk auf die prozessuale Dimension mit ihren steuerungstheoretischen Aspekten (Beyme/ Helms 2004: 201).

Anwendung findet dieser Verhandlungs- und Entscheidungsansatz laut *Lehmbruch* in der Wirtschafts- und Einkommenspolitik. Diese Felder bedürfen einer Konsenslösung, die durch das parlamentarische System allein nicht bewerkstelligt werden kann (Reutter 1991: 114). *Lehmbruch* selbst wählt als Beispiele u.a. die Kooperation von Staat, Gewerkschaften und Arbeitgeberverbänden im Bereich der Wirtschafts- und Arbeitsmarktpolitik der 1970er Jahre in Österreich und die Konzertierte Aktion im deutschen Gesundheitswesen (Lehmbruch 1988b: 13; Czada/Schmidt 1993: 12). Des Weiteren kann auch die aktuelle Tarifpartnersituation in Deutschland als Beispiel dienen.

3.3 Auswirkungen

Lehmbruch unterstellt „gesellschaftliche Machtasymmetrien". Die Interessen des Neokorporatismus müssen organisations- und konfliktfähig sein. Nur Verbände mit vertikalen Strukturen aus diesen relevanten und korporatismusfähigen Politikfeldern gelangen in korporatistische Strukturen und tripartistische Beziehungsgeflechte (Reutter 1991: 135). Der Korporatismusbegriff von *Lehmbruch* impliziert damit im Wesentlichen zwei Aspekte:

- Neokorporatismus aus Sicht des Staates bedeutet eine Vermeidung einseitiger Umsetzung von Politik von oben nach unten. Verbände werden in die Entscheidungsprozesse miteinbezogen. Es kommt zu einer Inkorporierung von Dachverbänden, jedoch ohne den untergeordneten Verbänden ihre Eigenständigkeit zu entziehen. An diesem Punkt kommt das Attribut „liberal" zur Geltung. Auf diese Weise kommt es im Idealfall zur Optimierung von Politik.
- Auf der interorganisatorischen Ebene kommt es mittels allgemeinverbindlicher Einigungen zur Übernahme quasistaatlicher Aufgaben durch die Verbände. Es kommt zu einer Konzertierung und zur Kompromissfindung durch das Übertragen von Mitsprache und Verantwortung. Der Neokorporatismus entwickelt an dieser Stelle eine Integrationsdynamik (Schütt-Wetschky 1997: 49).

Die Beziehungen zwischen staatlichen Institutionen und Interessenverbänden sind kein Nullsummenspiel, sondern wechselseitige strategische Anpassung, bei der beide Seiten Vorteile erwarten. Internationale und sektorale Unterschiede der Staat-Verbände-Beziehungen sind nicht auf unterschiedliche Strukturmerkmale der Organisationen zurückzuführen, sondern auf unterschiedliche Staatstraditionen, die spezifischen Umgang mit gesellschaftlichen Gruppen nahe legen. Gestalt und Praxis des Neokorporatismus resultieren aus historisch verfestigten, in den Verwaltungen sich widerspiegelnden Konzeptionen des Verhältnisses von Staat und Gesellschaft (Lehmbruch 1990). Der Neokorporatismus kann als eine „soziopolitische Strukturvariante" begriffen werden (Reutter 1991: 64).

4 Rezeption und Kritik

Der Neokorporatismus als theoretisches Konstrukt hat seine Wurzeln in der Pluralismuskritik der siebziger Jahre des letzten Jahrhunderts. Während *Philippe C. Schmitter* damit zunächst die Tradierung autoritärer Steuerungselemente zu erklären suchte, zielte der *Lehmbruchsche* Ansatz deutlich auf eine Weiterentwicklung der Pluralismus-Theorie ab. *Lehmbruch* reagierte auf empirische Entwicklungen in Österreich, aber auch in Deutschland. Zu beobachten war eine Übertragung staatlicher Aufgaben an Interessenverbände. Somit eine neue Verantwortlichkeit der Verbände im Bereich der Selbstverwaltung und zudem ein klarer Einfluss organisierter Interessen auf bestimmte Politikfelder. *Lehmbruch* untersucht diese korporatistischen Elemente auf der funktionalen Ebene.

Unternimmt man den Versuch, das von *Winfried Steffani* beschriebene Dreieck *Legitimation-Effizienz-Transparenz* (Steffani 1973), in welchem sich politische Prozesse verorten lassen, auf das Modell des Neokorporatismus zu übertragen, kommt es damit allerdings zu einer stärkeren Gewichtung der Effizienz zu Lasten der beiden anderen Indikatoren. Denn öffentliche Legitimation und die Transparenz solcher Entscheidungsfindungen werden durch die Informalisierung hinter den Kulissen stattfindender Verhandlungen merklich in Frage gestellt.

Eine institutionalisierte und gleichberechtigte Einbindung von Verbänden in politische Entscheidungsabläufe vermag einerseits zur Mäßigung der Konfliktparteien zu führen. Andererseits kommt es mangels Konkurrenz der Verbände untereinander zur Durchsetzung von Partikularinteressen. Nachgewiesenermaßen ist die durch den Neokorporatismus entstandene Politik „hochgradig elitistisch" (Czada/Schmidt 1993: 13). Die Gefahr eines Räte-Kapitalismus, wie ihn *Claus Offe*[5] beschrieb, ist demnach nicht gänzlich zu verwerfen. Demgegenüber konnten durch diese Verhandlungsmechanismen nachgewiesenermaßen Wohlfahrtszugewinne erzielt werden. Laut *Czada* und *Schmidt* stehen diese Zugewinne in einem Gegensatz zu *Mancur Olsons* Theorie der Verteilungskoalitionen (Olson 1982). Laut *Olson*[6] führen diese starken Verbände – also die Dachverbände, welche in korporatistische Verhandlungsgremien einbezogen werden – zu einer wirtschaftlichen Stagnation (Czada/Schmidt 1993: 13).

Allerdings verzeichnen diese Felder eine Versäulung der Strukturen, die es für den Staat schwierig macht, deren Pfadabhängigkeit zu überwinden. Aus der Funktionslogik des Neokorporatismus folgt, dass der Tripartismus nur in gegenseitigem Einvernehmen aller Beteiligten aufgekündigt werden kann. Als Gegen-

---

[5] Siehe hierzu den Beitrag von Alexander Straßner in diesem Band.
[6] Siehe hierzu den Beitrag von Dirk Leuffen in diesem Band.

beispiel sei auf die schwedischen Arbeitgeberverbände verwiesen, die ihre institutionelle Beteiligung an der Arbeitsmarkt- und Tarifpolitik 1991 aufkündigten. Dennoch leidet die Flexibilität der jeweiligen Politikbereiche unter der institutionellen Verkrustung neokorporatistischer Strukturen.

In der Wissenschaft herrscht bezüglich der Kategorisierung des Neokorporatismus kein Konsens. Ein Teil interpretiert ihn als „Theoriebaustein", darunter auch *Lehmbruch* selbst (Lehmbruch 1996b: 735). Andere hingegen, als Beispiel sei auf *Werner Reutter* verwiesen, sehen im Neokorporatismus eine eigenständige Theorie (Reutter 1991). Allerdings betrachtet *Lehmbruch* den Neokorporatismus als eine Fortentwicklung des Pluralismus. Moderne Industriestaaten tendieren folglich zu diesem Muster und damit zu einer „fortgeschrittenen Entwicklungsstufe" (Lehmbruch 1996b: 737). Der heutige wissenschaftliche Konsens geht im Gegensatz zu seiner These konform, dass der Neokorporatismus den Pluralismus nicht als nächste Stufe ablöst. Der Neokorporatismus ist vielmehr als ein „sektoral spezialisiertes Subsystem" (Lehmbruch 1981: 55) zu verstehen, das vor allem in konfliktträchtigen Politikfeldern (Arbeitsbeziehungen etc.) zur einvernehmlichen Problembewältigung geschaffen wird.

In der aktuellen Debatte wird darüber hinaus ein Paradigmenwechsel vom Neokorporatismus hin zur pluralistischen Reinform, dem Lobbyismus, unterstellt, ohne dies allerdings umfassend belegen zu können (Alemann 2000: 3; Winter 2004: 762). In der Realität lassen sich in vielen Systemen beide Ordnungsmodelle beobachten; eine Koexistenz beider Modi der Interessenvermittlung innerhalb ein und desselben politischen Gemeinwesens ist also durchaus möglich: In Bereichen, die sich nach *Lehmbruch* nicht durch neokorporatistische Konzertierung ordnen lassen, ist der pluralistische Interessenaustrag weiterhin das Modell der Wahl. Solche organisierten Interessen bleiben unterhalb der staatlichen Ordnungsebene. So ist zusammenfassend ist zu konstatieren, dass *Lehmbruch* mit seinen Analysen nicht nur der Verbändeforschung entscheidende Impulse verliehen hat: „Gerhard Lehmbruch hat die Politikwissenschaft hierzulande und international mit seinen Beiträgen maßgeblich mitgeformt. [..] Lehmbruch hat obendrein Brücken gebaut, nicht nur zwischen Disziplinen und Subdisziplinen, sondern auch zwischen politisch definierten Richtungen in der Wissenschaft. So ist etwa Lehmbruchs Neokorporatismusforschung ein Dach und ein Forum für unterschiedliche Schulen der Wissenschaft und unterschiedlichen Richtungen in der Politikwissenschaft geworden" (Schmidt 2003: 578).

Literatur:

Alemann, Ulrich v. 2000: Vom Korporatismus zum Lobbyismus? Die Zukunft der Verbände zwischen Globalisierung, Europäisierung und Berlinisierung, in: APuZ, Nr. 26-27, S. 3-6.

Beyme, Klaus v./ Helms, Ludger 2004: Interessengruppen, in: Helms, Ludger/ Jun, Uwe (Hrsg.), Politische Theorie und Regierungslehre, Frankfurt am Main/New York, S. 194-218.

Czada, Roland/ Schmidt, Manfred G. 1993: Einleitung, in: Dies. (Hrsg), Verhandlungsdemokratie, Interessenvermittlung, Regierbarkeit. Festschrift für Gerhard Lehmbruch, Opladen, S. 7-22.

Czada, Roland 2000: Dimensionen der Verhandlungsdemokratie. Konkordanz, Korporatismus, Politikverflechtung (polis Nr. 46), Hagen.

Lehmbruch, Gerhard 1962: Das Mouvement Républicain Populaire in der Vierten Republik. Der Prozeß der politischen Willensbildung in einer französischen Partei, Inauguraldissertation, Universität Tübingen.

Lehmbruch, Gerhard 1967: Proporzdemokratie. Politisches System und politische Kultur in der Schweiz und in Österreich, Tübingen.

Lehmbruch, Gerhard 1969: Konkordanzdemokratien im internationalen System. Ein Paradigma für die Analyse von internen und externen Bedingungen politischer Systeme, in: Czempiel, Ernst Otto (Hrsg.), Die anachronistische Souveränität (PVS-Sonderheft 1), Opladen, S. 139-163.

Lehmbruch, Gerhard 1976: Parteienwettbewerb im Bundesstaat, Stuttgart.

Lehmbruch, Gerhard 1977: Liberal corporatism and party government, in: Comparative Political Studies 10, S. 91-126 (Nachdruck in: Schmitter, Philippe/ Lehmbruch, Gerhard (Hrsg.), 1979, Trends towards corporatist intermediation, London/ Beverly Hills, S. 147-184).

Lehmbruch, Gerhard 1979a: Concluding Remarks: Problems for Future Research on Corporatist Intermediation and Policy-Making, in: Schmitter, Philippe/ Lehmbruch, Gerhard (Hrsg.), 1979, Trends towards corporatist intermediation, London/ Beverly Hills, S. 299-309.

Lehmbruch, Gerhard 1979b: Consociational Democracy, Class Conflict, and the New Corporatism in: Schmitter, Philippe/ Lehmbruch, Gerhard (Hrsg.), Trends towards corporatist intermediation, London/ Beverly Hills, S. 53-61.

Lehmbruch, Gerhard 1981: Wandlungen der Interessenpolitik im liberalen Korporatismus, in: Alemann, Ulrich von/ Heinze, Rolf (Hrsg.), Verbände und Staat. Vom Pluralismus zum Korporatismus, Opladen, S. 50-71.

Lehmbruch, Gerhard/Schmitter, Philippe (Hrsg.): 1982, Patterns of Corporatist Policy-Making, London/Beverly Hills.

Lehmbruch, Gerhard 1984: Concertation and the Structure of Corporatist Networks, in: Goldthorpe, John H. (Hrsg.), Order and Conflict in Contemporary Capitalism, Oxford, S. 60-80.

Lehmbruch, Gerhard et al. 1988a: Institutionelle Bedingungen ordnungspolitischen Strategiewechsels im internationalen Vergleich, in: Schmidt, Manfred G. (Hrsg.), Staatstätigkeit, Opladen, S. 251-283.

Lehmbruch, Gerhard 1988b: Der Neokorporatismus der Bundesrepublik im internationalen Vergleich und die „Konzertierte Aktion im Gesundheitswesen", in: Gäfgen, Gérard (Hrsg.), Neokorporatismus und Gesundheitswesen, Baden-Baden, S. 11-32.

Lehmbruch, Gerhard 1990: Die improvisierte Vereinigung. Die dritte deutsche Republik, in: Leviathan 18, S. 462-486.

Lehmbruch, Gerhard 1991: Die deutsche Vereinigung. Strukturen und Strategien, in: Politische Vierteljahresschrift 32, S. 585-604.

Lehmbruch, Gerhard 1996a: Die Rolle der Spitzenverbände im Transformationsprozeß: Eine neo-institutionalistische Perspektive, in: Kollmorgen, Raj/Reißig, Rolf/Weiß, Johannes (Hrsg.), Sozialer Wandel und Akteure in Ostdeutschland: empirische Befunde und theoretische Ansätze, Opladen, S. 117-145.

Lehmbruch, Gerhard 1996b: Der Beitrag der Korporatismusforschung zur Entwicklung der Steuerungstheorie, in: Politische Vierteljahresschrift 37, S. 735-751.

Lehmbruch, Gerhard 1997: Exploring non-majoritarian democracy, in: Daalder, Hans (Hrsg.), Comparative European politics: the story of a profession, London, S. 192-205.

Lehmbruch, Gerhard 1998: Parteienwettbewerb im Bundesstaat: Regelsysteme und Spannungslagen im Institutionengefüge der Bundesrepublik Deutschland, 2. überarbeitete Auflage, Opladen.

Lehmbruch, Gerhard 1999: Föderalismus als entwicklungsgeschichtlich geronnene Verteilungsentscheidungen: Eine Reform des Bundesstaates ist kein ingenieurwissenschaftliches Problem, in: Der Bürger im Staat 49, S. 114-119.

Lehmbruch, Gerhard 2000: Parteienwettbewerb im Bundesstaat: Regelsysteme und Spannungslagen im Institutionengefüge der Bundesrepublik Deutschland, 3. ergänzte Auflage, Wiesbaden.

Lehmbruch, Gerhard 2002: Der unitarische Bundesstaat in Deutschland: Pfadabhängigkeit und Wandel, in: Benz, Arthur/ Lehmbruch, Gerhard (Hrsg.), Föderalismus: Analysen in entwicklungsgeschichtlicher und vergleichender Perspektive, Wiesbaden, S. 53-110.

Lijphart, Arend 1977: Democracy in Plural Societies, New Haven/London.

Lijphart, Arend 1984: Democracies, New Haven/London.

Meder, Stephan 2001: Rechtsgeschichte, Köln et al.

Olson, Mancur 1982: The Rise and Decline of Nations. Economic Growth, Stagflation, and Social Rigidities, New Haven et al.

Reese-Schäfer, Walter 1996: Am Ausgang des korporatistischen Zeitalters. Ist die Theorie des Neokorporatismus inzwischen überholt? in: Gegenwartskunde, S. 323-336.

Reutter, Werner 1991: Korporatismustheorien. Kritik, Vergleich, Perspektiven, Frankfurt et al.

Reutter, Werner 2000: Organisierte Interessen in Deutschland – Entwicklungstendenzen, Strukturveränderungen und Zukunftsperspektiven, in APuZ, B 26-27, S. 7-15.

Reutter, Werner 2002: Verbände, Staat und Demokratie. Zur Kritik der Korporatismustheorie, in: ZParl 33, S. 501-511.

Schmidt, Manfred G. 2003: Laudatio: Verleihung des Theodor-Eschenburg-Preises an Prof. Dr. Gerhard Lehmbruch am 25. September 2003 auf dem Kongress der Deutschen Vereinigung für Politische Wissenschaft in Mainz, in: Politische Vierteljahresschrift 44, S. 572-580.

Schmitter, Philippe/Lehmbruch, Gerhard (Hrsg.) 1979: Trends towards corporatist intermediation, London/Beverly Hills.

Schütt-Wetschky, Eberhard 1997: Interessenverbände und Staat, Darmstadt.

Schultze, Rainer-Olaf 2004: Gerhard Lehmbruch, in: Riescher, Gisela, Politische Theorie der Gegenwart: Von Adorno bis Young, Stuttgart, S. 278-282.

Steffani, Winfried [2]1973: Parlamentarismus ohne Transparenz, Opladen.

Streeck, Wolfgang 1984: Neo-Corporatist Industrial Relations and the Economic Crisis in West Germany, in: Goldthorpe, John H. (Hrsg.), Order and Conflict in Contemporary Capitalism, Oxford, S. 291-314.

Traxler, Franz 2001: Die Metamorphosen des Korporatismus: Vom klassischen zum schlanken Muster, in: ZParl 42, S. 590-623.

Wessels, Bernhard 2000: Die Entwicklung des deutschen Korporatismus, in APuZ, B 26-27, S. 16-21.

Winter, Thomas v. 2004: Vom Korporatismus zum Lobbyismus. Paradigmenwechsel in Theorie und Analyse der Interessenvermittlung, in: ZParl 35, S. 761-776.

Folgerungen

Klassik und Moderne: Neue Verbändetheorien und ihre gesellschaftliche Reflexion

Alexander Straßner und Martin Sebaldt

1 Neue Theorien und gesellschaftlicher Wandel – ein wechselseitiges Verhältnis

Die Theorien der Verbändeklassiker, wie sie in diesem Sammelband in Einzelfallbeispielen dargestellt wurden, sind auch stets Reaktionen auf die gesellschaftlichen und politischen Realitäten gewesen. Umso erstaunlicher ist es, dass sich bis heute die prägenden Ansätze in ihrem Kern erhalten haben, wenngleich deutlich geworden ist, dass es den Untersuchungen *Webers, von Gierkes, Michels, Laskis* etc. an der Berücksichtigung der Differenzierungsprozesse der Moderne gebricht. Nichtsdestoweniger aber sind die Grundgedanken der *Verbändeklassiker* von bemerkenswerter Gültigkeit geblieben und haben selbst Neuinterpretationen und von ihnen ausgehende Theorieansätze hervorgebracht. Diese theoretischen Modifikationen sind als Anpassungen an das erhebliche gesellschaftliche Innovationspotential des 20. Jahrhunderts zu interpretieren. Wie in den einzelnen Überkapiteln deutlich geworden ist, zählen zu den Klassikern der Verbändetheorien auch politische und philosophische Denker, die den Verbänden gerade nicht die in diesem Sammelband prognostizierte positive Konnotation zugedachten oder zumindest andere Wirkabsichten verfolgten. Für *Tocqueville*[1] waren Verbände Ausdruck oligarchischer Machtbegrenzung, während für *von Gierke*[2] das Genossenschaftsrecht der Ansatzpunkt war, sich überhaupt erst verbandlich von der preußischen Staatsmacht zu emanzipieren und gesellschaftliche Autonomiereservate zu erkämpfen. Dennoch haben beide Verbände erstmals als gesellschaftliche Realität begriffen und ihre zukünftige Wirkmacht gleichsam sibyllinisch und nicht ohne Erfolg zu deuten versucht. Die grundlegend positive Interpretation von Verbandsmacht als Ausdruck gesellschaftlicher Selbststeuerung erfolgte erstmals durch die Pluralismustheorie und ihre Folgeentwicklungen. Die darin vorgenommene Betonung der Entlastungs-, Partizipations- oder Aggregationsfunktionen (Straßner 2005: 233-253, Straßner 2006: 10-17) ist das entschei-

---

[1] Siehe dazu den Beitrag von Oliver Hidalgo in diesem Band.
[2] Siehe dazu den Beitrag von Tobias Nerb in diesem Band.

dende Wesensmerkmal des neopluralistischen Theorieansatzes. Auch wenn die Epoche machende Interpretation von Verbänden als Ausdruck gesellschaftlicher Autonomie durch *Ernst Fraenkel* der entscheidende Schritt der Verbändetheorien auf dem Weg ihrer Ausdifferenzierung nach dem Zweiten Weltkrieg war, so stützte sich *Fraenkel* doch auf das pluralismustheoretische Vorbild *David Truman*.[3]

Auch wenn das gezeichnete Bild des (Neo-)Pluralismus überwiegend positiv war, sah es sich doch erheblicher Kritik ausgesetzt. Der aus den Wirtschaftswissenschaften stammende Ansatz der Neuen Politischen Ökonomie (NPÖ) monierte eine ungleiche Machtverteilung von Verbänden, die aufgrund unterschiedlicher Präferenzen der Individuen zustande kommen. Die Familie der Konflikttheorien[4] hat demgegenüber eine Verfestigung und Verkrustung von etablierten Machtstrukturen prognostiziert, wovon besonders die Interessen des Kapitals profitieren würden. Die Korporatismustheorie letztlich hat – in enger inhaltlicher Verwandtschaft zur Pluralismustheorie – die Legitimität sich formierender Verbände aus dem gesellschaftlichen Unterbau nie bestritten, auf die Folgen, Effekte und Konsequenzen aus der Einbindung und somit der Privilegierung bestimmter Interessen aber deutlich hingewiesen. Erstmals hat die Korporatismustheorie so darauf aufmerksam gemacht, dass die konstante Beteiligung von Verbänden neben positiven Entlastungsfunktionen für moderne Gesellschaften auch negative Folgeeffekte wie Kartellbildungen, Verkrustungen und die Inbesitznahme der staatlichen Entscheidungsträger durch die wichtigsten Verbände zur Folge haben kann.

In diesem Sinne hat sich auch die Theorie der NPÖ dem entsprechend nicht nur an der Pluralismuskritik entzündet, sondern darüber hinaus beständig fortentwickelt. Selbst wenn die gesellschaftliche Realität den Kerngehalt der Ansätze *Mancur Olsons*[5] zu bestätigen schien, haben die sich ständig fortschreitenden gesellschaftlichen Wandlungsprozesse theoretische Spezifikationen mit sich gebracht, die an dieser Stelle Berücksichtigung finden sollen. Mit der Veränderung der gesellschaftlichen Rahmenbedingungen hat sich aber nicht nur das Einflusspotential und die Durchsetzungsmacht verbandlichen Wirkens verändert, auch die Methodik und Strategie der Einflussnahme hat sich gewandelt. Die Art der Kontaktaufnahme und die grundlegende Fähigkeit zur Organisation hat ebenso neue Theorien wie die Netzwerk- und die Dritter-Sektor-Theorie hervorgebracht.

---

[3] Siehe dazu den Beitrag von Benjamin Zeitler in diesem Band.
[4] Siehe dazu die Beiträge von Hendrik Hansen, Jürgen Stern und Alexander Straßner in diesem Band.
[5] Siehe dazu den Beitrag von Dirk Leuffen in diesem Band.

Vor diesem Hintergrund ist es wenig verwunderlich, dass angesichts der Differenzierung moderner Gesellschaften neben den Verbandssystemen und deren Innenleben auch die Theorien zur Erklärung der sozialen Wirklichkeit ein erhöhtes Differenzierungsniveau erreicht haben. Neben die wichtigsten Theorien sind damit „Nebentheorien" ergänzenden Charakters getreten, die es angesichts ihrer übermächtigen „Verwandten" nicht geschafft haben, dauerhaft aus deren Rampenlicht zu treten. In der Folge sollen aus diesem Grund die theoretischen Neuerungen seit den achtziger Jahren an dieser Stelle ebenso Berücksichtigung finden wie Theoriegebäude, die parallel zu den großen Theorien entstanden sind und aufgrund der Wirkmacht der „grand theories" ein Schattendasein fristeten. Bevor allerdings die theoretischen Wandlungen einer Analyse unterzogen werden, ist es notwendig, die dafür mit ursächlichen gesellschaftlichen Realitäten zu beleuchten.

2 Verbändetheorien und gesellschaftliche Realität: Moderne Tendenzen im Verbandswesen

Die modernen Verbandslandschaften unterlagen in den letzten Jahrzehnten deutlichen Wandlungsprozessen, die neben anderen Faktoren auch zu einem entscheidenden Teil auf verschiedene Formen gesamtgesellschaftlicher Modernisierung zurückgeführt werden können (Sebaldt 1997: 75-178, Sebaldt/Straßner 2004: 277-308).

Darüber hinaus soll aufgezeigt werden, dass neben den Wandlungen auf der Makroebene auch ein gleichzeitiger Veränderungsprozess der *Organisations- und Mobilisierungsmuster* von Interessen beobachtbar gewesen ist, der insgesamt zu einer Steigerung gesamtgesellschaftlichen Organisations*potentials* geführt hat und mit den klassischen Theoriefundamenten nicht mehr zufriedenstellend erklärt werden kann.

Der Wandel der Organisations- und Mobilisierungsmuster von Verbänden vollzog sich auf drei Ebenen gleichzeitig:

1. *Elitenwandel*: Die verbandlichen Entscheidungsträger rekrutieren sich in der jüngsten Vergangenheit zunehmend aus unterschiedlichen Schichten und zeigen ein voneinander differentes Rollenverständnis. So sind Verbandsfunktionäre von geradezu missionarischem politischen Sendungsbewusstsein (Sebaldt/Straßner 2004: 293) als *politische Unternehmer* (Salisbury 1969: 1-32) auf den Plan getreten. Sie können schon durch Alleininitiative einen Verband als politisches Kampfinstrument gründen und verankern. Daneben werden aber auch philanthropisch motivierte Eliten verstärkt

sichtbar, die sich die anwaltliche Interessenvertretung in Statthalterschaft für benachteiligte, zur Selbstorganisation oft unfähige Klientele (Behinderte, Patienten, Kinder, aber auch Flora und Fauna) besonders zur Aufgabe gemacht haben (von Winter/ Willems 2000: 24-26).

2. *Beziehungswandel*: Darüber hinaus wird deutlich, dass sich das Verhältnis zwischen Verbandsorganisationen und der eigenen (potentiellen) Klientel verändert hat. Zum einen ist eine stetig steigende Serviceintensität verbandlicher Vereinigungen zu beobachten. Diese besteht in der verstärkten Einbindung von Mitgliedern durch individuell wirkende selektive Anreize (Rechtsberatung, billige Kreditkarten, Versicherungsvergünstigungen etc.), wie sie die NPÖ bereits festgestellt hat (Olson 1992: 49-50). Zum anderen setzen gerade „neue" Verbände verstärkt nicht auf den Idealtypus des klassischen Vollmitglieds, sondern auf ein umfangreiches Spektrum von Fördermitgliedern, die der Organisation meist nur durch regelmäßige Spendenzahlungen verbunden sind, wie es besonders bei den Neuen Sozialen Bewegungen wie z.b. Greenpeace, deutlich wird (Lietzmann 2000: 270-275). Gerade diejenigen Bevölkerungskreise, die eine formelle Verbandsmitgliedschaft scheuen, sind durch diese lockerere Form von Mitgliedschaft häufig zur Mitarbeit zu bewegen. Deutlich wird an dieser Stelle jedoch auch die kurzfristige Mobilisierbarkeit von Mitgliedern in Ausnahmesituationen in Form von ad hoc-Aktionen, wie sie beispielsweise bei der Besetzung der Ölbohrplattform „Brent Spar" und bei den Protesten gegen die „Castor"-Transporte deutlich wird.

3. *Ressourcenwandel*: Letztlich sind Veränderungen der finanziellen Basis von Interessengruppen zu diagnostizieren, die ebenfalls zur Stärkung verbandlicher Organisation beitrugen. Auf diese Weise verstärkte sich der Trend zur Selbstfinanzierung der Verbandsorganisationen durch eigene Unternehmen, um weniger vom schwankenden und langfristig schwer kalkulierbaren Aufkommen an Mitgliedsbeiträgen abhängig zu sein. Daneben hat sich die Praxis herausgebildet, dass eine verstärkte Alimentierung von Verbänden durch die öffentliche Hand, aber auch durch private Akteure stattfindet. Auf diese Weise werden gerade viele Non-Profit-Vereinigungen erst langfristig finanziell gesichert und handlungsfähig (Imig 1996: 36).

2.1 Das „politische Unternehmertum"

Das Konzept des politischen Unternehmers hat durch *Richard E. Wagner* und insbesondere durch *Robert Salisbury* Eingang in die verbandstheoretische Diskussion gefunden (Wagner 1966; Salisbury 1969). In seiner „exchange theory of interest groups" postulierte *Salisbury* Ende der sechziger Jahre ein auf den ersten Blick den Regeln der innerverbandlichen Demokratie widersprechendes Austauschverhältnis zwischen einer hochmotivierten verbandlichen Führungsfigur und seiner Klientel: Als Gegenleistung für die Übernahme der Organisationsarbeit durch den Unternehmer ist die Klientel bereit, ihm bei der Leitung des Verbandes freie Hand zu lassen, sofern das zentrale Organisationsziel dabei nicht aus dem Blick gerät.[6]

Diese Art von Austauschverhältnis ist im Rahmen verbandlicher Organisation kein Novum, doch veränderte es in den letzten Jahren sein Gesicht, indem die Reduzierung politischen Unternehmertums auf letztlich *eine* dominierende Führungsfigur in klassischen Verbänden nur selten vorkommt: Zwar sind auch hier gewichtige Vorsitzende nach dem Muster des vormaligen BDI-Präsidenten *Fritz Berg* oder des amerikanischen Gewerkschaftsführers *Samuel Gompers* häufig; regelmäßig waren und sind sie jedoch in ein Gefüge von Vorstandsgremien eingebunden, das durch etliche andere führende Verbandsfunktionäre kontrollierend auf den Spitzenrepräsentanten einwirkt.

Die „neuen" politischen Unternehmer vermeiden dies, indem sie keine klassische *Mitglieds*organisation aufbauen, in welcher Kontrollgremien (Mitgliederversammlung, Aufsichtsrat etc.) vereinsrechtlich unabdingbar sind (Sebaldt/Straßner 2004: 199), sondern Non-Membership-Vereinigungen, die in der Literatur prägnant als *Mobilisierungsagenturen* bezeichnet worden sind (Lietzmann 2000: 273) und dementsprechend auch keine basisdemokratischen Strukturen aufweisen: Der politische Unternehmer als einzelne Führungsfigur umgibt sich mit einer kleinen und professionalisierten Stabsorganisation *unternehmerischen* Zuschnitts, die nach dem Muster einer Werbeagentur Spendenmittel eintreibt und durch ihre Unabhängigkeit für eigene Zwecke verwendet. Effektive „innerverbandliche" Kontrolle des Unternehmers kann hier natürlich nicht mehr stattfinden, da weder die relevanten Gremien noch dazu befugte formelle Mitglieder existieren. Darin liegt auch der große Vorteil des Modells: die unmittelbare, in periodischen Zeitabständen stets wiederkehrende Rechenschaftspflicht und Verantwortlichkeit des Unternehmers existiert nicht mehr, nur seine faktische Erfolgsbilanz und das davon beeinflusste Spendenaufkommen bilden dafür ein dürftiges Äquivalent.

An verschiedenen Beispielen kann die gestiegene, theoretisch prognostizierte Bedeutung politischen Unternehmertums in der Realität genauer dargestellt werden: Anfang der siebziger Jahre sah in den USA der ehemalige Sozialstaatssekretär *John Gardner*, der unter Präsident *Johnson* maßgeblich am wohlfahrtsstaatlichen „great society"-Projekt mitgewirkt hatte, zunehmend Handlungsbe-

---

[6] Siehe dazu auch den Beitrag von Jürgen Stern in diesem Band.

darf bezüglich der zu beobachtenden Bürgerferne amerikanischer Politik und insbesondere hinsichtlich des unter *Nixon* fortdauernden Vietnam-Engagements der amerikanischen Truppen (Mundo 1992: 202-203).[7] Unter dem Leitmotto „Everybody's organized but the people" schuf er deshalb 1970 eine derartige Mobilisierungsagentur, die schon bald zum Flaggschiff der public interest group-Szenerie der USA werden sollte: Die *Common Cause* genannte Gruppe wandte sich offen gegen den Vietnamkrieg und konnte mit ihrer populären Forderung bald auf hohe Spendeneingänge zurückgreifen und dem entsprechend den eigenen Handlungsradius erweitern (Rothenberg 1992). So vermochte sie ihre Tätigkeit auch nach dem Frieden von Paris und dem Abzug der amerikanischen Truppen 1973-1975 mit großem Erfolg fortzusetzen, da sie nun begann, unter der Devise „Good Government" alle staatlichen Übel (Korruption, Mittelverschwendung etc.) zu monieren.

Deutlich wurde das politische Unternehmertum in der politischen Vision der verbandspolitischen Leitfigur. *Gardner* selbst hatte nämlich bereits im Vorlauf der Gründung keine klassische Mitgliedsorganisation beabsichtigt, um seine persönlichen politischen Präferenzen abseits von innerverbandlich demokratischer Mitgestaltung und Partizipation durchführen zu können. Für diese Zwecke genügten dem entsprechend Mitglieder, die als rein finanzielle Förderer ohne effektive Mitwirkungs- und Kontrollrechte auskamen, wobei er imstande war, diese verbandspolitische Konzeption auch gegen internen Widerstand seiner Stabsmitarbeiter durchzusetzen (Mundo 1992: 204-211). Bis heute ist *John Gardner* als Leitfigur in der öffentlichen Anschauung daher gleichbedeutend mit *Common Cause* und nicht allein der oberste Repräsentant seiner Organisation.

Ungefähr zur selben Zeit trug *Ralph Nader* in den USA zu einem Entwicklungsboom der Verbraucherorganisationen bei, wobei er exakt mit der gleichen Konstruktion der politischen Unternehmerschaft eine Vielzahl von Vereinigungen gründete. Nicht von ungefähr haftete ihm schon bald der Mythos des „Verbraucherpapstes" an (Celsi 1991). Dabei speist sich bis heute daraus sein Image der Unbestechlichkeit und Integrität, das ihm nicht zuletzt die Präsidentschaftskandidatur für die US-Grünen bei den Wahlen im Jahr 2000 einbrachte.

Der Siegeszug dieses verbandlichen Organisationsmodells war nun nicht mehr aufzuhalten. Nicht zuletzt die Postmaterialisierung der gesamten politischen Kultur trat dem förderlich hinzu. Nachgerade missionarische Führungsfiguren erschienen in der Folge gehäuft auf der politischen Szenerie, stets auf der Suche nach einem organisatorischen Instrument zur Verwirklichung der eigenen Ideen. Nicht von ungefähr kam dies vor allem der Mobilisierung der Non-Profit-

---

[7] Aktuell lässt sich unter der Federführung des ungarisch-stämmigen Milliardärs *George Soros* ein ähnliches Phänomen beobachten, welcher den Abzug der US-Truppen aus dem Irak und die Abwahl der Regierung *Bush* zum Ziel hat.

Interessen zugute, und dies nicht nur in den USA, sondern auch in Europa. Ein deutsches Exempel eines politischen Unternehmers ist etwa *Rupert Neudeck*, dessen Karriere ebenfalls untrennbar mit dem Vietnamkonflikt verknüpft ist: 1979 gründete er mit wenigen Mitstreitern das Komitee *Cap Anamur* zur Rettung schiffbrüchiger Flüchtlinge („Boat People"). Aber schon bald erweiterte sich der Fokus seiner Arbeit. Heute ist die Organisation in allen Krisenherden (Afghanistan, Kosovo, Kongo, Sudan etc.) präsent, um Notleidenden und Flüchtlingen unmittelbar zu helfen. Bis heute ist der Name *Cap Anamur* daher untrennbar mit dem Namen *Rupert Neudeck* verbunden, auch wenn er die Leitung der Organisation im Dezember 2002 abgegeben hat (Neudeck 2004).

2.2 Interessenvertretung in Statthalterschaft

Neben dem neuen sozialen Typus des politischen Unternehmers hat sich in den letzten Jahrzehnten auch eine Intensivierung *advokatorischer Interessenvertretung* entfaltet. Die US-amerikanische Forschung hat bezüglich dieses Phänomens bisweilen überschwänglich von einer „advocacy explosion" gesprochen, die insbesondere im Bereich der Non-Profit-Gruppierungen zu beobachten sei (Berry 1997: 17-43). Die zentrale Aussage besteht darin, dass die stellvertretende Interessenvertretung für gesellschaftliche Gruppen, die aus unterschiedlichen Gründen über kein Potential zur Selbstorganisation verfügen, in den letzten Jahrzehnten deutlich gestiegen ist. In den Bereichen traditioneller Wohlfahrtsorganisationen und philanthropisch-religiöser Vereinigungen war dieser Effekt zwar auch früher schon zu diagnostizieren. Ein Beispiel dafür ist die Verbandslandschaft in Deutschland, worüber die entsprechenden, vergleichsweise betagten Verbandssektoren beredtes Zeugnis ablegen.

Obwohl dieses Phänomen bereits früher zu beobachten war, tritt der Aufschwung dieses Typus der Interessenvertretung erst mit dem Zweiten Weltkrieg ein. Dies lag zum einen daran, dass sich Tätigkeitsfelder zu diversifizieren begannen und sich andererseits in den überkommen Wirkungsbereichen gleichzeitig die advokatorische Intensität erhöhte: Hier liegt ein entscheidender Grund für den feststellbaren Aufwärtstrend von Behindertenorganisationen, aber ebenso auch von Umweltschutz-, Naturschutz- und Tierschutzvereinigungen. Die grundsätzliche Fähigkeit zu autonomer Selbstorganisation der Interessen konnte sich in diesen Bereichen schließlich nicht erhöht haben, da Umwelt oder belebte Natur auch weiterhin nicht in der Lage waren, für sich selbst zu sprechen. Ähnlich verhält es sich bei den Behindertenverbänden, da deren Klientel zur Formulierung eigener Interessen ebenfalls oftmals auf fremde Hilfe angewiesen ist. Zu beobachten ist dieser Trend auch bei Patientenverbänden und Vereinigungen, welche die Belange der Dritten Welt vertreten, da dort über wenig Mobilisierungspotential verfügt wird oder strukturelle Defizite die Bildung einer schlagkräftigen Organisation verhindern.

Betont werden muss dabei, dass die festzustellende gleichzeitige Intensivierung und Diversifizierung advokatorischen Engagements kein Zufallsprodukt der Geschichte, sondern ein folgelogisches Resultat der gesellschaftlichen Modernisierung ist: Sowohl die „participatory revolution" als auch das Vordringen postmaterialistischer Werte (Inglehart 1989) führten zu einer generellen Intensivierung politischen Engagements insbesondere des Bildungsbürgertums. Das daraus resultierende Bewusstsein, auch für die Benachteiligten und Nichtberücksichtigten in der Gesellschaft sprechen und handeln zu müssen, entfaltete sich mit dem generellen Wachstum sozialer Empathiefähigkeit (Wuthnow 1996).

Ohne Zweifel wird bei dieser Empathiefähigkeit auch auf die gesellschaftlich herausragende Stellung der Mitglieder im advokatorischen Bereich verwiesen. Anwaltschaftliche Interessenvertretung wird damit zu einem Oberschichtphänomen: Nur Menschen mit entsprechender (Aus-)Bildung vermögen die Notwendigkeit zum Engagement zu erkennen und gleichzeitig die dazu nötigen Ressourcen freizusetzen. *Elmer Schattschneider* hat diese Tendenz bereits zu Beginn der sechziger Jahre dem gesamten Verbandsspektrum in den USA bescheinigt (Schattschneider 1960: 35). Dort trägt schließlich das liberale und meist weiße Bildungsbürgertum dieses Verbandsspektrum bis heute organisatorisch und finanziell. Es trägt damit aber entscheidend zur innergesellschaftlichen Konfliktbewältigung bei, indem soziale Schieflagen gemildert und der Wettbewerb der Interessen etwas ausgewogener gestaltet werden.

2.3 Verstetigung von Zusatzanreizen

Was den Wandel in den Verbändesystemen der Moderne betrifft, so ist allerdings nicht nur auf die Führungsstrukturen zu rekurrieren, sondern auch auf die Verbandsbasis. Denn ebenso wie die Verbandseliten stehen auch die einfachen Mitglieder für einen bemerkenswerten Wandel. Wie theoretisch in der NPÖ unterfüttert, haben sich die affektiven und durch Loyalitätsmuster geprägten Bindungen an eigene Interessen vertretende Verbände im Zuge des gesamtgesellschaftlichen Individualisierungstrends abgeschwächt und sind durch ein wachsendes Kosten-Nutzen-Denken ersetzt worden. Im Gefolge dieses Mentalitätswandels ist die lebenslange Mitgliedschaft ein Auslaufmodell geworden. Auch wenn sie wie in eigenen Branchengewerkschaften gleichsam Pflicht ist, so wird die Entscheidung zum Beitritt heute vornehmlich an Rationalitätskriterien ausgerichtet (Müller-Jentsch 1997: 119-123). Angesichts zunehmender tariflicher Flexibilisierung und einer Modifizierung und Lockerung hin zu betrieblichen Bündnissen wird ein Beitritt nur bei Vorliegen klarer Vorteile für das Individuum vollzogen.

Gegenüber diesen Modernitätseffekten hat aber schon *Mancur Olson* Mitte der sechziger Jahre verbandliche Gegenstrategien erkannt, um der daraus resultierenden Mitgliedererosion entgegen zu wirken: Eine ganze Bandbreite an zusätzlichen „selektiven Anreizen" entstand als Anpassungsstrategie der durch diese Entwicklung bedrohten Verbände. Dies sollte nicht nur potentielle Neumitglieder zum Beitritt animieren, sondern auch bereits an die Organisation gebundene Individuen dauerhaft bei der Stange halten (Olson 1992: 49-50, 130-164; Straßner/Sebaldt 2004: 33-41). An die Seite der traditionellen, meist gewerkschaftlichen und berufsständischen Leistungen (kostenlose Rechtsberatung, juristische Vertretung in arbeitsgerichtlichen Verfahren) traten so auch immer mehr Angebote, die mit dem eigentlichen Organisationsgrund keine oder nur noch lose Verbindung hielten: Zu den probaten Dienstleistungen für Verbandsmitglieder gehören daher heute nicht nur vergünstigte Kreditkarten, verbilligte Hoteltarife und Sonderkonditionen für Versicherungen, sondern auch preiswerte Pauschalreisen, verbilligte Literatur, neue Medien und günstige Telefontarife sind Teil der Angebotsstrategie.

Obwohl auf diese Art und Weise zahlreiche Verbände der negativen Entwicklung der Mitgliederzahlen entgegen wirken konnten, hat sich andernorts die Mitgliedererosion durch die Gegenmaßnahmen nicht aufhalten lassen. Trotz zahlreicher „selective incentives" sank der gewerkschaftliche Organisationsgrad in den westlichen Industrienationen über die Jahrzehnte hinweg kontinuierlich und konnte auch durch Versuche statistischer Schönfärberei nur unzureichend kompensiert werden (Sebaldt/Straßner 2004: 188-194). Trotzdem ist diese Entwicklung keine originär deutsche, sondern im Vergleich westlicher Demokratien allgemein beobachtbare Tendenz, auch und besonders in den USA auf dem Sektor der Privatwirtschaft (Wasser 1998: 301). Jüngste Einschätzungen weisen außerdem darauf hin, dass die Palette an Zusatzanreizen nicht beliebig erweitert werden kann, da es eine offensichtliche Sättigungsgrenze gibt. Mit der Bandbreite an Zusatzangeboten durch immer mehr Verbände kehrt sich der individuelle Nutzenmaximierungsmechanismus in sein Gegenteil und verführt das Individuum zum „cherry-picking": Mitgliedschaft wird nur noch in denjenigen Organisationen gesucht, die ein Optimum an Bonusangeboten im Repertoire haben. Darüber hinaus stellt sich bei paralleler Mitgliedschaft von Individuen in mehreren Organisationen das Problem, dass die gleichzeitig angebotenen, mitunter identischen Angebote jedoch nur einmal genutzt werden können. Insgesamt aber ist unstrittig festzuhalten, dass das Füllhorn an selektiven Anreizen zum Gesamttrend sozialer Mobilisierung beigetragen hat, insofern es der Erosion der Mitgliederzahlen zumindest in einzelnen Sektoren doch erkennbar entgegen steuern konnte.[8]

2.4 Non-Membership-Organizations

Neben den bisherigen realtypischen Veränderungen in modernen Verbandssystemen ist darüber hinaus auch das zuvor bereits angerissene Phänomen der Nichtmitgliedschaft zu erwähnen. Im Zusammenhang mit den dargestellten Schwierigkeiten der Mitgliederbindung steht der regelrechte Boom von Non-Membership-Vereinigungen. Sein Ausgangspunkt war die Entwicklung der modernen *public interest group*-Szenerie in den Vereinigten Staaten seit Mitte der sechziger Jahre (Brinkmann 1984). Wie bereits bei den politischen Unternehmern angesprochen liegt der Erscheinung der Nichtmitgliedschaft eine besondere Intention zugrunde, da sich in solchen Vereinigungen die Aufwendungen für innerverbandliche Willensbildung auf ein Minimum reduzieren lassen. Die logische Faustregel lautet: Die Tatsache, dass nur wenige *formelle* Mitglieder existieren und das Gros der Klientel aus allein finanziellen Förderern besteht, macht die Formulierung und Umsetzung einer verbandlichen Strategie zu einer weitaus weniger komplexen und kompromissbehafteten Angelegenheit. Damit verbinden sich dem entsprechend auch weitaus geringere Entscheidungskosten (Geld und Zeit).

Diese zweifelsohne neue Form der „Mitgliederbindung" erwies sich jedoch auch von der Warte der finanziellen Fördermitglieder als zeitgemäß. Gesellschaftliche Individualisierungsprozesse und der Trend zur Wahrnehmung Nutzen maximierender Angebote führten ohnehin zu einer Abneigung gegenüber dauerhaften Loyalitätsbindungen. Das Vermeiden der formellen Mitgliedschaft bei gesteigerter Motivation für die Individuen erwies sich daher als doppelte Erfolgsstrategie. Das folgelogische Ergebnis war ein neuer Mitgliedstypus, der allein spendende und situationsgebundene Individualist, der seine Mitgliedschaft durch eine turnusgemäße, meist von ihm selbst zu bestimmende Überweisung eines bestimmten Spendenbetrags per Bankverbindung erneuert. Die durch den Verband angebotenen Dienstleistungen (Zeitschrift, Informationsmaterial etc.) erhält er genau in diesem Zeitraum und nur bei Weiterverlängerung der Mitgliedschaft. Im Umkehrschluss bedeutet die Einstellung der Zahlungen eine rasche und unbürokratische Beendigung des Kosten-Nutzen-Verhältnisses.

Deutlich wird, dass gerade Umweltorganisationen diese Art der unproblematischen und die Verbandsstrategie optimierenden Mitgliedermobilisierung

---

[8] Leider fehlen zu diesem Phänomen noch umfassende empirische Untersuchungen.

nutzen. *Greenpeace Deutschland* etwa ist zwar ein eingetragener Verein mit den formellen, stimmberechtigten Mitgliedern gemäß den Bestimmungen des deutschen Vereinsrechts. Sich am Vorbild der amerikanischen Mutterorganisation orientierend versuchte man jedoch von Anfang an deren Zahl möglichst gering zu halten, um Flexibilität und Konfliktfähigkeit der Verbandsleitung dauerhaft zu gewährleisten. Diesen formellen Mitgliedern stehen daher nicht weniger als 517.000 Fördermitglieder gegenüber (Lobbyliste 2005: 267). Diese sind noch dazu nicht nur Fördermitglieder, sondern erweisen sich punktuell auch als mobilisierungsfähig. Für Greenpeace ist dies von doppeltem Vorteil. Einerseits prägen sie das Verbandsgeschehen und die Strategie nicht entscheidend mit und verzögern damit auch keine Entscheidungsprozesse, genießen keine verankerten Mitwirkungsrechte und sind trotzdem partiell zu Solidaritätsaktionen zu bewegen, ohne zur Verfügungsmasse des Verbands zu avancieren.

In den USA hat dieses Prinzip neben den bereits erwähnten Beispielen auch der *World Wide Fund for Nature* (WWF) perfektioniert. Auch wenn dieser schon allein von seiner Rechtsform her keine klassische Mitgliedsorganisation ist und formaljuristisch als Stiftung zur Förderung von Umwelt- und Naturschutz fungiert, hat er sich mittlerweile doch zu einer der einflussreichsten international operierenden NGOs entwickelt und verfügt allein in den Vereinigten Staaten über einen jährlichen Etat von rund 60 Mio. US-Dollar, was frühere Einnahmen Ende der Neunziger bei weitem übertrifft (Sheets/Peters 1999: 445).

2.5 Selbstfinanzierung von Verbänden durch Eigenunternehmen

Der letzte augenfällige Effekt der Moderne ist der immens angewachsene finanzielle Spielraum von Vereinigungen, der zu einer gestiegenen Effektivität verbandlicher Interessenorganisation beigetragen hat. Dabei resultiert die zunehmende monetäre Schlagkraft von Verbänden einerseits aus der Selbstfinanzierung durch Eigenunternehmen, andererseits durch wachsende, direkte wie indirekte Finanzierung durch Staat und Gesellschaft.

Der gestiegene Selbstfinanzierungsgrad ergibt sich aus folgender Problemstellung: Viele Gruppierungen verfügen weder über eine ausreichende Mitgliederzahl noch können sie daraus resultierend auf ein entsprechendes Beitragsaufkommen zurückgreifen, als dass sie die Gehälter ihrer Funktionäre bzw. die Aufrechterhaltung der verbandlichen Infrastruktur damit bestreiten könnten. Außerdem bleiben stete Unwägbarkeiten, da Mitgliedsbeiträge einen langfristig nur schwer kalkulierbaren Bilanzposten bilden. Geänderte politische Konstellationen, kurzfristige Änderungen der Verbandspolitik und modifizierte gesellschaftliche Rahmenbedingungen können ebenso kurzfristig zu einer Austrittswelle führen wie Schwankungen in der Themenkonjunktur, wovon gerade Verbände mit dominierender Fördermitgliedschaft besonders betroffen sind (Miller 1983: 115).

Aus diesem Grund haben sich gerade in Deutschland verbandseigene Unternehmen als Reaktion auf finanziell unsichere Zukunftsszenarien herausgebildet: Gehäuft entstanden nun so genannte *Service-GmbHs*, die eine Fülle kommerzieller Dienstleistungen im Angebot haben, personell eng mit dem zugehörigen Verband verknüpft sind und diesen auch bei seiner praktischen Arbeit unterstützen (Sebaldt/Straßner 2004: 300). Deutlich wird dadurch aber auch, dass die klassifikatorische Zuordnung von Verbänden zum so genannten „Dritten Sektor"[9] (Anheier/Priller/Zimmer 2000) an dieser Stelle problematisch zu werden beginnt: Organisationssoziologisch gesehen werden Verbände nämlich hier zu Zwitterwesen: Sie umfassen häufig sowohl einen Profit- als auch einen Non-Profit-Sektor, was sie sowohl zum Markt- als auch zum „Dritten Sektor" gehören lässt.

Als Beispiel bietet sich die 1996 gegründete *Deutsche Gesellschaft für Verbandsmanagement* (DGVM) an, die sich expressis verbis als „Verband für Verbände" versteht: Die Mitgliedschaft besteht aus anderen Vereinigungen, deren Funktionäre durch ein spezielles Seminarangebot Fortbildungschancen bezüglich des Verbandsmanagements erhalten sollen (www.dgvm.de; Stand: 30.06.2005). Wie in zahlreichen anderen Vereinigungen wird auch hier das Prinzip des outsourcing verfolgt, wird das Gros dieser Tagungen doch von der *businessForum GmbH* der DGVM durchgeführt, deren Geschäftsführer in Personalunion auch leitender Funktionär der DGVM ist. Die erwirtschafteten Beträge werden so nicht nur zur Finanzierung des Geschäftsführers selbst verwendet, sondern dienen ebenso dem Unterhalt der Geschäftsstelle, die zeitgleich auch der organisatorischen Unterstützung der DGVM dient (Sebaldt/Straßner 2004: 301).

Die Selbstfinanzierung von Verbänden kann eine bemerkenswerte Eigendynamik entwickeln. Einzubetten sind derlei Spekulationen in einfache Kausalketten: Je mehr sich eine Verbandsorganisation selbst zu tragen beginnt und damit die Funktionäre ihre Honorare selbst erwirtschaften, um so weniger sind sie wiederum vom Vertrauen und der finanziellen Alimentierung seitens der Mitglieder abhängig. Das begünstigt die von *Robert Michels*[10] allgemein prognostizierten innerverbandlichen Oligarchisierungsprozesse und die Unabhängigkeit der Funktionäre, die sich dem entsprechend nicht mehr so sehr als treuhänderische Sachwalter von Verbandsanliegen und Mitgliederinteressen verstehen, son-

---

[9] In der Theorie des „Dritten Sektors" wird neben dem Staat und dem Markt das gesamte Spektrum nichtkommerziell arbeitender Organisationen gefasst. Siehe zur Theorie des „Dritten Sektors" die nachfolgenden theoretischen Ausführungen.

[10] Siehe dazu den Beitrag von Benjamin Zeitler in diesem Band.

dern nun als Unternehmer in eigener Sache. Insgesamt aber hat der wachsende Selbstfinanzierungsgrad von Verbänden zu einem erheblichen Mobilisierungsschub für diejenigen Interessen beigetragen, deren Chancen zu effektiver verbandlicher Formierung ansonsten gering gewesen wären.

2.6 Finanzielle Förderung durch Staat und Gesellschaft

Der erweiterte Handlungsspielraum von modernen Verbänden liegt aber nicht nur in besseren Finanzierungsmechanismen, die sich durch die Optimierung der innerverbandlichen Entscheidungsstruktur ergeben. Neben den Anpassungen an die Mitgliederbefindlichkeiten und die Verbesserung der Entscheidungsmechanismen trug auch der systematische Ausbau finanzieller Förderung von Interessenorganisationen durch Staat und Privatakteure maßgeblich zum grundlegenden Wandel verbandlichen Lebens bei. Als Vorbild fungierten einmal mehr die USA: Dort existiert schon seit geraumer Zeit ein für europäische Verhältnisse ungekannt umfangreiches System privater Stiftungen. Die darin ansässigen Organisationen haben sich häufig gerade diesem Förderzweck verschrieben. Das Aushängeschild dieser Entwicklung ist die 1936 gegründete *Ford Foundation*, die in ihrer Satzung die Förderung von Verbänden als Stiftungszweck besonders betont. Weit über 800 Vereinigungen kamen allein im Jahre 2002 in den Genuss finanzieller Unterstützung durch die Stiftung. Die Förderschwerpunkte liegen dabei auf den Themenbereichen „Asset Building and Community Development", „Education, Media, Arts and Culture" und „Peace and Social Justice" (www.fordfound.org/ about/mission.cfm, Stand: 04.07.02).

Neben dem Engagement von Stiftungen hat sich auch die öffentliche Hand als systematischer Förderer von Verbänden hervorgetan. Dahinter philantropische oder altruistische Motive zu vermuten greift jedoch zu kurz, im Gegenteil ist das Verhältnis zwischen Staat und Verbänden eines auf Wechselseitigkeit. Durch die Entfaltung des modernen Wohlfahrtsstaates unter Präsident *Johnson* begann der Bund ein umfangreiches Spektrum neuer staatlicher Finanzzuweisungen (grants) aufzulegen. Neu daran war aber nicht nur ihr gesteigerter Umfang, sondern auch die Tatsache, dass sie neben den Gebietskörperschaften auch privaten Vereinigungen zugute kamen (Welz 1998: 96-99). Diese Direktfinanzierung sollte nicht nur die unmitelbaren Wirkungen sozialstaatlicher Politiken garantieren, sondern auch einen *staatsentlastenden* Effekt zeitigen. Schließlich erwies sich der politische Dialog mit *verbandlich formierten* Problemgruppen als kalkulierbarer, außerdem konnten finanziell gestärkte Vereinigungen auch zur Übernahme administrativer Funktionen (Betrieb von Behinderteneinrichtungen, Obdachlosenasylen, Fortbildungseinrichtungen; Aufgabenwahrnehmung im

Bereich Umwelt- und Naturschutz etc.) in die Pflicht genommen werden (Sebaldt/Straßner 2004: 302).

Empirischen Untersuchungen zufolge kamen im Jahre 1980 nicht weniger als 60 Prozent aller amerikanischen Verbände in den Genuss öffentlicher bzw. privater Förderung, unter den separat ausgewerteten *citizen groups* sogar 89 Prozent (Walker 1983: 390-406; Walker 1991). Weiterführende und aktuellere statistische Erhebungen bestätigten die Tendenz, wenngleich unter der Administration Reagan und ihrem neoliberalen Kurs auch und gerade in der Wirtschaftspolitik die staatlichen Ausschüttungs- und Alimentierungspraktiken zurückgefahren wurden (Imig 1996).

In Deutschland erweist sich diese Förderpraxis als ebenso weit verbreitet, wenngleich im Verhältnis zu den USA breit gefächerte Studien dazu fehlen. Gerade Umweltverbände bestreiten den Löwenanteil ihres Haushalts aus Mittelzuweisungen des Bundes, der Länder, aber auch zunehmend der EU. Dabei haben die deutschen Verbände oftmals damit zu kämpfen, dass die Bereitstellung von Mitteln unter dem Vorbehalt der Zweck- und Projektgebundenheit erfolgt (Koch 1997: 11-15; Bammerlin 1998: 99-102): So werden finanzielle Ressourcen für die Erstellung wissenschaftlicher Studien ebenso bereitgestellt wie für die Betreuung und Pflege von Biotopen. Auch hier ist das Eigeninteresse der öffentlichen Hand deutlich greifbar, schließlich hat die Verteilung administrativer Aufgaben an nichtstaatliche Akteure (Lehmbruch 1984a) eine immense Entlastungsfunktion für staatliche Institutionen (Straßner 2005: 241-242) – eine neokorporatistische[11] Technik, die hierzulande auch in anderen Politikfeldern deutlich greifbar ist.

Wie deutlich geworden ist, sind die Grundkonstanten der verbandlichen Realitäten in modernen Gemeinwesen theoretisch erfasst und spiegeln sich in den theoretischen Darlegungen von der Pluralismustheorie bis zu den korporatistischen Ansätzen wider. Analog zu den dargestellten Wandlungsprozessen der verbandlichen Arbeit und ihrer modifizierten Strategien der Einflussnahme wurden auch die klassischen Theorien modifiziert und weiterentwickelt, um die gesellschaftlichen Realitäten noch besser erklären zu können. In der Folge werden daher die modernen Theorieansätze dargelegt.

3   Neue Theorien der NPÖ

Grundlegend neue Makrotheorien von der Breite und Bedeutung der in diesem Band vorgestellten Theoriefamilien sind bis heute nicht absehbar, was für den

---

[11] Siehe dazu die Beiträge von Tobias Nerb und Stefan Köppl in diesem Band.

Erklärungsradius der bisherigen Theorien spricht. Insofern haben sich auch korporatistische Theorien nur marginal weiterentwickelt, sieht man von regionalen Besonderheiten ab (Reutter 1991).[12] Ohne Zweifel ist der Strang der Theorien der Neuen Politischen Ökonomie (NPÖ) zu einem Hauptbestandteil der Verbändetheorien geworden. Dabei ist deutlich geworden, dass sich bereits auch einige Ableger der in den Wirtschaftswissenschaften beheimateten Ansätze (Kirsch 1997) gebildet haben. Der weitreichende Einfluss der *Olsonschen* Beobachtungen über die Realität verbandlichen Einflusses hat darüber hinaus auch zahlreiche Nachbarwissenschaften beeinflusst. Zu den neueren theoretischen Ansätzen gehören das Konzept des „rent-seeking" und die Theorie des „akteurzentrierten Institutionalismus".

3.1 Marktfeindlicher Nutzen im „Rent-seeking" und der Akteurzentrierte Institutionalismus

Neben den Theorien, die sich aus der Kritik an den Makrotheorien entwickelten und Gegenentwürfe darstellten, haben sich ebenso Ansätze herausgebildet, welche eine graduelle Abänderung und Spezifikation der bisherigen Theorien sind. So behandelt ein relativ junger Forschungszweig der NPÖ das seiner Aussage nach zu beobachtende Phänomen des „rent-seeking" (Buchanan/Tollison/Tullock 1980), das Streben von Individuen nach (gesicherten) Renten. Rente wird in diesem Sinne als „Überschuss über die Opportunitätskosten einer Ressource" (Märtz 1990: 12) definiert. Unter Ressourcen werden aber nicht nur materielle und nicht-materielle Güter verstanden, sondern auch Fähigkeiten und Fertigkeiten von Individuen, die es in einen gesellschaftlichen Leistungs- und Verwertungsprozess einzubringen in der Lage ist. Der Kern der Argumentation besteht in einem perzipierten Risiko-Minimierungseffekt. Er besagt, dass sich Individuen in einer rational-ökonomischen Entscheidung bewusst gegen marktwirtschaftliches Engagement und daraus resultierende Erträge („profit-seeking") entscheiden. Stattdessen basiert ihre Entscheidung auf der genauen Beobachtung staatlicher Umverteilungsmaßnahmen und die anschließende Wahrnehmung des größten gesicherten Nutzenzuwachses. Die Theorie orientiert sich am Wandel der Staatstätigkeit. Durch den Wandel vom liberalen „Nachtwächterstaat" zu einem aktiven und in wirtschaftliche Prozesse eingreifenden Staat werden individuelle Strategien möglich, die staatliche outputs gezielt zu nutzen versuchen. Staatliche

---

[12] Ein Beispiel für lokal verortbare Theorien stellt der Korporatismusansatz von *Pahl* und *Winkler* dar. Beide postulieren darin, dass der Korporatismus auch für Großbritannien das zukünftige Erfolgsmodell sei. Mit Beginn der *Thatcher*-Ära und der zunehmenden Deregulierung der wirtschaftlichen Sphäre wurde der Ansatz aber bereits früh wieder verworfen. Siehe dazu Pahl/Winkler 1974.

Institutionen tendieren so mehr und mehr dazu, durch verschiedene Arten von Steuerbegünstigungen, direkte und indirekte Subventionen und allgemeine Regulierungsmaßnahmen einzelne Sektoren gezielt zu unterstützen. Handlungs- und Steuerungskapazitäten, die ansonsten der freien und selbst regulierenden Eigenschaft des Marktes oblägen, zieht der Staat somit an sich und wird selbst regulierend und umverteilend (z.B. „social engineering") tätig. Da individuelles Verhalten stets risikobehaftet ist und somit allein keine dauerhaften ökonomischen Gewinne zu garantieren vermag, ergibt sich der Anreiz, Marktmechanismen durch staatlich determinierte Regelungen auszuhöhlen, mit staatlicher Hilfe Privilegien langfristig zu sichern und Verteilungsverluste für Gruppen durch den Markt zu verhindern. Für das Individuum erscheint es daher rationaler, statt eines marktwirtschaftlichen „profit-seekings" nach einer „natürlichen" Rente eher eine Strategie zu wählen, derzufolge ihm durch staatliche Unterstützung eine Mindestrente, eine sogenannte „politische" Rente garantiert wird (Märtz 1990: 11).

Diese Rente kann zwar im Vergleich zur Profit-Rente des Marktes geringer ausfallen, die Gefahr von Verlusten, die auf Seiten des Marktes stets gegeben ist, wird dadurch jedoch umgangen. Der Staat wird damit und aufgrund seiner Möglichkeit, vorteilhafte Positionen zu schaffen und dauerhaft zu sichern, zu einem begehrten Adressaten zahlreicher Aktivitäten von Interessengruppen. Um diese politischen Renten wird somit durch gezielte Einflussnahme auf den politischen Entscheidungsprozess konkurriert: jeder Verband versucht, die staatliche Aufmerksamkeit und die folgenden Entscheidungsmechanismen auf den von ihm repräsentierten Sektor zu fokussieren. Solche „rent-seeking"-Aktivitäten richten sich daher dem entsprechend auf die Erlangung von Transferleistungen des Staates aus, die neben direkten monetären und realen Transfers (im Bereich der sozialen Sicherung) ebenso Steuervergünstigungen, Subventionen oder Kontingentierungen umfassen können. Dazu kommen auch begünstigende Leistungen etwa im Bildungsbereich oder im Beschäftigungswesen, die entweder unentgeltlich oder zu abermals subventionierten Preisen bereitgestellt werden.

Der Wandel vom Nachtwächterstaat, der sich allein auf seine Kernaufgaben beschränkt und ansonsten im Hintergrund bleibt, zum modernen und selbsttätig aktiven Wohlfahrts- und Interventionsstaat ist aus Sicht des „rent-seekings" daher von zentraler Bedeutung. Über das individuelle Ausmaß hinaus hat diese Tendenz aber auch eine makropolitische Bedeutung. So hat sich als Ergebnis staatlicher Umverteilungsmaßnahmen eine regelrechte „rent-seeking-society" herausgebildet, die das breite Streben der meisten Individuen nach „politischen" Renten umfasst und bündelt. Der Staat wird von dieser Warte aus allein nun nicht mehr als Garant und Akteur gesehen, der die Rahmenbedingungen für wirtschaftliches Handeln definiert, sondern vielmehr als der Faktor interpretiert, der für spezielle Gruppen mit Verteilungszielsetzungen deren Wünsche adäquat durchzusetzen vermag. Das quantitative und qualitative Ausmaß dieser Interessendurchsetzung wird durch die Bereitschaft staatlicher Institutionen bestimmt, Distributionsvorteile zugunsten einzelner Individuen oder Gruppen zuzulassen. Insofern wirken besonders Interessengruppen auf die Durchführung staatlicher Sonderregelungen hin, um die Einkommen ihrer Mitglieder durch leistungsunabhängige Renten dauerhaft zu erhöhen. Diese Sonderregelungen berühren jedoch abermals die in eine ähnliche Richtung tendierenden Interessen und Ansprüche anderer Gruppierungen, die nun ihrerseits versuchen, Ausnahmeregelungen durchzusetzen. Der sich aus diesem Interessenkonflikt von einzelnen Gruppen und staatlichem Entscheidungs- und Verteilungsverhalten ergebende, sich spiralenartig steigernde Prozess kann dazu führen, dass bestimmte Interessengruppen die durch die Umverteilung gewonnenen Vorteile dauerhaft zu sichern versuchen. Sie entwickeln eine Anspruchshaltung gegenüber dem Staat, der sich bereits vor dem politischen Entscheidungsprozess ab einem erhöhten Druck zu Maßnahmen mit vornehmlich distributivem Charakter ausgesetzt sieht (Märtz 1990: 35).

Auf diese Art und Weise besteht die Gefahr, dass materielle Ressourcen bereits planerisch gebunden und damit staatliche Handlungsspielräume eingeengt werden. Für moderne Volkswirtschaften kann diese Entwicklung in höchstem Maße problematisch sein, da das individuell-rationale Streben nach Marktrenten für das Wachstum und die Entwicklung einer Ökonomie von entscheidender Bedeutung sind (Märtz 1990: 16). Die selektive Anwendung staatlicher Steuerungskapazitäten und die faktische Umverteilung von Eigentum lassen die „rentseeking"-Theorie damit zu einem Gradmesser staatlicher Übersteuerung werden. Je mehr sich Individuen in einer rationalen Entscheidung dazu entschließen, statt nach einer Marktrente nach einer politisch garantierten Rente zu streben, desto mehr kann auf staatliche Aktivität und Regulierungsmaßnahmen im Wirtschaftsbereich geschlossen werden. Die neoliberale Tendenz der Theorie selbst betrachtet die Investition von Ressourcen und ihren Einfluss auf politische Entscheidungsprozesse durch Interessengruppen als ökonomische Verschwendung. Die Mittel, die zur staatlichen Umverteilung herangezogen werden, werden gleichzeitig dem Wirtschaftskreislauf und damit der Steigerung des gesamtwirtschaftlichen Outputs entzogen (Märtz 1990: 70). Außerdem birgt die Etablierung dauerhaft bevorrechtigter Gruppen die Gefahr, in langfristig verkrustete Strukturen und selektive Monopolbildungen, wie sie in der Korporatismustheorie[13] erfasst sind, zu münden. Diese Gruppen entwickeln durch permanente Berücksichtigung eigene Verzweigungen mit Folgeorganisationen, die ebenfalls von der staatlichen Berücksichtigung und Bevorzugung profitieren und ohne sie nicht lebensfähig

---

[13] Siehe dazu die Beiträge von Tobias Nerb und Stefan Köppl in diesem Band.

sind. Daraus resultieren eine sich stetig steigernde Anspruchshaltung der Gruppen und damit auch ein dauerhaftes Blockadepotential. So können Modernisierungsprozesse langfristig behindert werden, da für gesellschaftliche und politische Innovationsprozesse der staatliche Ermessens- und Handlungsspielraum zu eng begrenzt ist. *Olson* hat daher den Zusammenschluss mehrerer dieser Gruppen als „Verteilungskoalitionen" bezeichnet (Olson 1991: 56-60) und deren Blockadepotential eindringlich geschildert: „Verteilungskoalitionen verringern die Fähigkeit einer Gesellschaft, neue Technologien anzunehmen und eine Reallokation von Ressourcen als Antwort auf sich verändernde Bedingungen vorzunehmen, und damit verringern sie die Rate des ökonomischen Wachstums" (Olson 1991: 87).

Darüber hinaus begibt sich der Staat in die Gefahr, dauerhaft in dieses Verteilungsmuster eingebunden zu werden, da sich nach und nach Wirtschaftszweige bilden, die dem ursprünglichen Subventionsmechanismus entspringen und sich von daher auf eine gewisse Pfadabhängigkeit berufen können und zu einem institutionellen Schwergewicht mit erheblichem Blockadepotential avancieren. Ein rascher Rückzug aus dem Umverteilungsverhältnis würde nicht nur bestehende Rechts- und Planungssicherheit gefährden als auch die von der anfänglich bestehenden staatlichen Unterstützung abhängigen Wirtschaftszweige bedrohen und damit volkswirtschaftlichen Gesamtschaden bedeuten. Verteilungskoalitionen bilden ihm zufolge Kartelle und vertreten „Sonderinteressen", während sie gleichzeitig die Effizienz eines übergeordneten Systems (Sozialprodukt, Staat etc.) in Mitleidenschaft ziehen oder zumindest beeinträchtigen. Ein entscheidender Kritikpunkt an dieser Entwicklung ist allerdings das Innovationspotential von Verteilungskoalitionen. Da sie Entscheidungen langsamer treffen als die Individuen und Unternehmen, die sie konstituieren, können sie ursächlich mitverantwortlich sein für mangelhafte Flexibilität bis hin zu Reformstau und Modernisierungsunfähigkeit (Olson 1991: 75).

Mit dem Akteurzentrierten Institutionalismus hat ein neuer Ansatz aus der Feder der deutschen Politikwissenschaftler *Renate Mayntz* und *Fritz W. Scharpf* die Verbandslandschaft mit aufgegriffen (Mayntz/Scharpf 1995: 39-72, Scharpf 1991, Scharpf 1992, Scharpf 2000). Der Akteurzentrierte Institutionalismus ist dabei eine Gemengelage aus älteren spieltheoretischen Modellen und institutionalistischen Zugängen. Er geht von der Annahme aus, dass soziale Phänomene das Resultat von Interaktionen zwischen intentional handelnden Akteuren sind. Sein zentraler Ansatzpunkt daher ist die Untersuchung der Wirkungsweise im Spannungsverhältnis von Individuum (Akteur) und der Institution (z.B. Verband), durch welche sein Handlungsradius bestimmt ist. Auch wenn der Ansatz – wie die Autoren selbst betonen – keinesfalls neu ist, so ergeben sich doch für Verbände so begriffen neue Möglichkeiten der Optimierung der eigenen Verbandsstrategie. Da Verbände ebenso wie Netzwerke, Regime und Zwangsver-handlungssysteme (Korporatismus) als Regelsysteme begriffen werden, ist ent-scheidend, wie Verbände je nach Betonung der jeweils handelnden Ebene vorge-hen. Die Einbringung der Ressourcen, Kompetenzen und Informationen der Individuen prägen demnach ihre Interaktionsformen im Interessenaustrag und sind dementsprechend individualistisch (Bezug nehmend auf die Prämissen der NPÖ), kompetitiv (rekurrierend auf die Pluralismustheorie) oder aber solida-risch, was in Verbandsauseinandersetzungen mit anderen Verbänden oder dem Staat selten der Fall sein dürfte. Die daraus resultierenden Entscheidungsregeln (einseitiges Handeln, Verhandlung, Mehrheitsentscheidung) erlauben in ihrer Gesamtheit ein differenziertes Bild auf die Möglichkeit verbandlichen Handelns: Ist das Individuum der maßgebliche Akteur, der über Strategie und Erfolg des Verbands entscheidet oder ist es die Institution, die durch das Vorgeben eines Handlungsrahmens als soziales Regelsystem den Handlungsspielraum der sich darin wieder findenden Individuen begrenzt und definiert? In diesem Sinne ist der NPÖ und ihrem unbegrenzten Rationalitätsanspruch des Individuums gleich-sam durch die vorgegebene Struktur eine Grenze gesetzt. Andererseits verhin-dern Struktur und institutionelle Interessen eine rein pluralistische Interessendi-vergenz und deren konfliktiven Austrag. Ohne Zweifel ist es das Verdienst des Ansatzes, die Komplexität verbandlicher Aktivität vor dem Hintergrund des Spannungsverhältnisses zwischen Akteur und Institution beleuchtet und für die Verbändetheorien fruchtbar gemacht zu haben.

3.2 Neue Politische Ökonomie – heuristischer Wert einer Theorienfamilie

Wie sowohl in diesem Beitrag als auch in der Konzeption des Sammelbandes deutlich geworden ist, hat die NPÖ sich als eine der wirkmächtigsten modernen Theoriefamilien herausgestellt. Der Wert der verschiedenen Ansätze aus der NPÖ liegt dabei zusammenfassend darin, dass sie die Existenz auch wenig kon-fliktfähiger und deshalb nur schwer organisierbarer Interessen erklären können: Erst der zusätzliche materielle Anreiz, den die Interessengruppen ihren Mitglie-dern neben dem eigentlichen Organisationsgrund bieten, übersteigt die Entschei-dungskosten des Individuums und lässt sein Engagement rational erklärbar wer-den. Viele der Variablen, welche die Theorie postuliert, sind jedoch in der Reali-tät nicht zu beobachten, weshalb sich auch intensive wissenschaftliche Kritik an den Ansätzen der NPÖ herausgebildet hat (Homann/Suchanek 1992: 13-27).

So gehört der idealtypische *homo oeconomicus* in den Sozialwissenschaf-ten, aber auch in den Wirtschaftswissenschaften der Vergangenheit an. Mittler-weile wird von einer begrenzten Rationalität des Individuums („bounded rationality") ausgegangen, wie sie auch im Akteurzentrierten Institutionalismus deutlich geworden ist. Individuelles Streben orientiert sich demzufolge nicht nur am bloßen Nutzenmaximum, sondern darüber hinaus an konkreten Situationen, tradierten Normen und den Bedürfnissen der Mitmenschen, aber auch an einfachen strukturellen, den Handlungshorizont definierenden Gegebenheiten. Hinter diesem Gedanken steht das Gedankengebäude des *homo sociologicus*, des *zoon politikon*, die Berücksichtigung der sozialen Bindungen von Individuen, deren Streben nicht nur durch individuelle Triebkräfte definiert wird. Das individualistische, egoistische Menschenbild wird damit zumindest teilweise negiert, der Einzelne sieht sich sowohl einer Zähmung durch gesellschaftliche Triebkräfte als auch durch andere Individuen ausgesetzt. Die Rationalität der individuellen Entscheidung ist somit eingehegt und begrenzt („bounded") in Umstände, die durch das Individuum nicht zu kontrollieren und nicht zu definieren sind.

Neben der Kritik am unrealistischen und einseitigen *Olsonschen* Menschenbild wird an seiner Theorie darüber hinaus moniert, dass sie wesentliche Bedingungen hinsichtlich der Funktionslogik und der Weiterentwicklung freiwilliger Vereinigungen nicht berücksichtigt. Kern der Kritik ist eine unfreiwillige Komplexitätsreduktion. So geht *Olson* selbst in einem weiter entwickelten Ansatz von einer radikalen Version des free-riders („strong free-rider hypothesis") aus, der sich überhaupt nicht engagiert und keinen Beitrag zur Erstellung eines Kollektivguts leistet. Auf der anderen Seite wird allerdings als empirische Widerlegung des *Olsonschen* Ansatzes eine abgeschwächte Form des free-riders („weak free-rider hypothesis") postuliert. Der „weak free-rider" zeigt gegenüber seiner radikalen Variante durchaus Engagement, wenn es um die Bereitstellung eigener Ressourcen geht, um ein Kollektivgut zu erlangen. Er kalkuliert aber seine eingebrachten Ressourcen stets und unterzieht sie auch weiterhin einer strikten Nutzenmaximierungskontrolle und hält sie generell in engen Grenzen (Marwell/Ames 1978/79).

Daneben werden auch die „selective incentives", die besonderen zusätzlichen Anreize, kritisiert, da sie die Gefahr von Zirkelschlüssen in sich bergen. Denn würde sich jedes Individuum nach den *Olsonschen* Maßstäben verhalten, so würde es erst gar nicht zur Bereitstellung von Kollektivgütern kommen. Im Gegenteil wird hier vielmehr von einer Mixtur aus verschiedenen Anreizen ausgegangen, welche Individuen überhaupt dazu motivieren können, sich ehrenamtlich oder gegen Entgelt zu engagieren. Die Argumente sind dabei ähnlich der Relativierung des allein aus egoistischen Motiven handelnden Individuums. Insofern sind persönliche Lebensumstände der Individuen, ihre Einbettung in ein soziales Umfeld und gesamtgesellschaftliche Entwicklungslinien ebenso maßgeblich wie die Zielsetzung der jeweiligen Vereinigung, der sie entstammen (Zimmer 1996: 198).

Der Wert der NPÖ *Olsonscher* Prägung liegt dem gegenüber insgesamt in der Vergegenwärtigung, dass es entgegen der pluralistischen Annahme Interessen gibt, die durch erhebliche Organisationsprobleme gekennzeichnet sind (ethnische Minderheiten, soziale Randgruppen, diffuse Großgruppen wie Arbeitnehmer oder Verbraucher). Dass von verschiedener Seite mit dieser Problematik umgegangen wird und unterschiedliche Verbände voneinander differente Handlungsmuster hervorgebracht haben, hat zu einer Vielzahl theoretischer Neuinterpretationen geführt. Nicht von ungefähr hat daher nicht zuletzt die Interdisziplinarität des rational-choice-Ansatzes wiederum Ableger hervorgebracht, welche die aktuellen Theoriediskussionen in den letzten Jahren bestimmt haben.

4 Theorie der kritischen Masse

Gerald Marwell und andere entwickelten in diesem Zusammenhang als kritische Replik auf den *Olsonschen* Ansatz die „Theorie der kritischen Masse" (Marwell/Ames 1978/79: 1336-1338). Hier steht ebenfalls das Problem im Mittelpunkt, wie es überhaupt zur Bereitstellung eines Kollektivgutes kommt. Ebenso wie *Olson* erkennt auch dieser Ansatz das zentrale Problem, den break-even-point zu erreichen, an dem sich das Engagement der Mitglieder zur Bereitstellung eines Gutes verdichtet. Zunächst scheint der Ansatz mit demjenigen *Olsons* konform zu gehen. Menschen mit begrenzten Zeit- und Geldressourcen wägen entsprechend einer Kosten-Nutzen-Analyse ab, wann und wie sie sich für ein Ziel engagieren.

Danach aber trennen sich die Autoren vom *Olsonschen* Dilemma. *Olson* wurde in Folge intensiver empirischer Untersuchungen (Marwell/Ames 1978/79: 1348-1359) entgegen gehalten, seine Vorstellung einer homogenen inneren Struktur von Interessengruppen sei verfehlt. Dazu gesellte sich der Vorwurf, dass *Olsons* Individuen streng rational und weitgehend unabhängig voneinander agierten, während die Theorie der „kritischen Masse" die Interdependenzen zwischen den Individuen und die daraus resultierenden Perzeptionen mit berücksichtigt. Hierin liegt der Hauptunterschied zu *Olson*: Individuen machen ihre Handlungen und ihr Engagement nicht nur von ihren isolierten, allein persönlichen und ökonomisch-rationalen Abwägungen abhängig. Zusätzlich wird der Blick auf die anderen Engagierten in einer Gruppe handlungsanleitend (Marwell/Oliver 1993: 9). Im Gegensatz zu *Olson* seien Gruppen durch ihre Heterogenität, durch die Interdependenz und die Mobilisierungswirkung einzelner Akteure geprägt (Marwell/Oliver 1993: 2-4). Besonders den Beziehungen zwischen den Individuen innerhalb der Gruppe und den daraus resultierenden Netzwerken kommt eine exponierte Bedeutung zu. Dieses Beziehungsgeflecht wird hinsichtlich seiner

Dichte, seines Zentralisierungsgrades um den Kern der „kritischen Masse" ebenso wie nach unterschiedlichen Kosten analysiert (Marwell/Oliver/Prahl 1988: 505-509). Unter der „kritischen Masse" wird die Zahl an Mitgliedern verstanden, welche bereit sind, ihre eigenen Ressourcen Zeit und Geld einzubringen. Bleibt diese Zahl und damit die investierte Zeit und das eingesetzte Geld zu gering, kommt es nicht zur Organisation, nicht zu kollektiver Aktion und auch nicht zur Vertretung des Interesses nach außen. Der Vorteil gegenüber früheren Theorien liegt darin, dass die Theorie der „kritischen Masse" ihren Fokus auf die Komplexität sozialer Interaktionen innerhalb der Gruppen richtet und sie nicht als homogene Blöcke begreift. Vielmehr ist es das Anliegen *Marwells* und *Olivers*, die relevanten Gruppen in kleine, voneinander differente Glieder zu unterteilen und sie hinsichtlich ihrer Bedeutung für die kollektive Aktion zu untersuchen. Und auch die *Olsonsche* Annahme unteilbarer Kollektivgüter bestreitet die Theorie der „kritischen Masse": Kollektivgüter könnten sich sehr wohl voneinander unterscheiden. So existieren Kollektivgüter unterschiedlicher Qualität: billige Kollektivgüter wie saubere Luft oder Sonnenlicht, teure Kollektivgüter (nationale Sicherheit), Kollektivgüter, für deren Bereitstellung wenige (Radiosendungen, Tarifabschluss) oder viele Menschen nötig sind, etc. Kollektive Interessen bedingten zwar einen kollektiven Aktionismus, nicht aber ein bestimmtes kollektives Verhalten, da jeweils situationsabhängig die spezifischen Gruppencharakteristika, die jeweilige Interessenlage und die Art des Interesses sowie die unterschiedlichen Aktionsmöglichkeiten der jeweiligen Gruppe berücksichtigt werden müssten (Marwell/Oliver/Prahl 1988: 505).

Die Frage nach dem generellen Zustandekommen „kollektiver Aktion", den Umständen, unter denen ein Individuum ein Engagement als rational erachtet, bleibt auch für die theoretische Modifikation *Marwells* und *Olivers* der gordische Knoten. Ihre Antwort lautet: Eine gemeinsame Aktion von durch gleiche oder ähnliche Interessen geleiteten Menschen kommt nur dann in Gang, wenn die beteiligten Personen der Auffassung sind, dass ihre quantitative Zusammensetzung groß genug ist. Entscheidend dabei ist jedoch nicht die tatsächliche Gruppengröße oder die Gesamtanzahl der Mitglieder. Von fundamentaler Bedeutung ist vielmehr der zentrale Kern an denjenigen Mitgliedern (*„large contributors"*), die zum einen hoch engagiert sind und zum anderen die entscheidenden Ressourcen ausreichend in die Interessenvertretung einbringen können (Marwell/Oliver 1993: 10). Ist diese „kritische Masse" an Menschen oder Kapital in einer Gruppe groß genug, so kommt die kollektive Aktion in Gang. Die „kritische Masse" selbst ist aber erneut ebenso wenig homogen wie die Gesamtgruppe. Ihre Tätigkeit und ihr Einfluss auf die gesamte Interessengruppe differiert daher von Situation zu Situation, und sie kann sowohl das Kollektivgut selbst bereitstellen als auch von entscheidender Mobilisierungswirkung auf andere

Gruppenmitglieder sein (Marwell/Oliver 1993: 58-101). Insofern ist das von den Autoren gebrauchte Nuklearmodell einer Kettenreaktion eine zutreffende Metapher: Der Kern der Gruppe, die „kritische Masse", stellt die Initialzündung dar und beginnt mehr und mehr Menschen zu einem Engagement zu bewegen, so dass es zu einer kollektiven Handlung kommt und letztlich ein Kollektivgut erstellt wird. Aus diesem Grund ist das „free-riding" für *Marwell* und *Oliver* ein allenfalls temporär begrenzt auftretendes Problem: Zwar möchte jeder mitfahren, doch das Fahrzeug würde erst gar nicht ans Ziel gebracht, wenn sich niemand für die letzte Wegstrecke engagieren würde. Im Gegenteil ist es sogar eine Aufgabe der „kritischen Masse", eine Trittbrettfahrergelegenheit für diejenigen Gruppenmitglieder zur Verfügung zu stellen, die über weniger Ressourcen verfügen als die „large contributors" (Marwell/Oliver 1993: 182).

Bei aller Kritik an *Olson* betonen *Marwell* und *Oliver* jedoch, dass sie trotz unterschiedlicher Prämissen zu tendenziell ähnlichen Ergebnissen und Beobachtungen kommen. So sind die Beobachtungen *Olsons* und die daraus resultierenden nachteiligen Ergebnisse auch durch ihre Theorie bestätigt worden. Im Gegensatz zu *Olson* allerdings ermöglicht sie eine differenzierte Betrachtung und schreibt das Phänomen nicht einer allgemein gültigen Gruppenlogik zu.

5 Dritter-Sektor-Theorie

Die Theorie des „Dritten Sektors" und ihre Forschung reichen in die achtziger Jahre zurück und haben ihren Ursprung in der Diskussion um die Zukunft des Wohlfahrtsstaates. Zentrales Anliegen darin war die sinnvolle Aufgabenverteilung zwischen „Markt", „Staat" und den nicht diesen beiden Sektoren zuzuordnenden Organisationen (Schmid 1998: 51-55). Da der moderne Staat sich nicht mehr auf seine hoheitlichen Funktionen und die Gewährleistung der inneren und äußeren Sicherheit beschränkt, sondern sein Aufgabenrepertoire durch die Unterhaltung und das Angebot öffentlicher Güter (Schulen, Krankenhäuser, Kindergärten, Museen, Theater) durch Steuermittel ausgeweitet hat, wird für ein eventuelles Versagen des Sektors „Markt" der „Staat" herangezogen. Gleichzeitig kann der Markt eventuelles Fehlverhalten oder Übersteuerung durch den Staat regulieren, indem er weitreichenden Einfluss des Staates in bestimmten Politikbereichen (Subventionen etc.) als volkswirtschaftlich schädlich verdeutlicht. Insofern ist auf den ersten Blick zunächst einmal kein weiterer Sektor notwendig (Zimmer 1996: 175). Dennoch kann es zu einem gleichzeitigen Versagen von Markt und Staat kommen, weshalb an dieser Stelle der „Dritte Sektor" in die Diskussion aufgenommen wurde.

Nicht von ungefähr fällt die Diskussion um den „Dritten Sektor" in die wirt-
schaftspolitisch bedeutsame Abkehr vom nachfrage- und staatsorientierten Key-
nesianismus. In der von *John Maynard Keynes* entworfenen wirtschaftspoliti-
schen Konzeption tritt der Staat als wichtiger Akteur im Wirtschaftsleben (z.b.
als Nachfrager) auf. Durch eine neoliberal geprägte Politik im Sinne *Milton
Friedmans* wurde der Staat als Akteur im Wirtschaftsleben zurückgedrängt, ein
Konzept, das im „Thatcherism" in Großbritannien und den „Reagonomics" in
den USA zu Anfang der achtziger Jahre erste Höhepunkte erlebt hatte. Beiden
realpolitischen Wirtschaftspolitiken in den USA war gemeinsam, dass der Staat
sich weitgehend aus dem Wirtschaftsleben zurückzog, gewerkschaftliche Rechte
beschnitten und wohlfahrtsstaatliche Aufgaben weitgehend eingeschränkt wurden. Fortan herrschte die Meinung vor, der Staat müsse sich grundsätzlich aus
wirtschaftlichen Zusammenhängen heraus halten und lediglich Rahmenbedingungen erstellen. Innerhalb dieses Rahmens sollten sich die selbstregulierenden
Kräfte des Marktes und der Gesellschaft organisieren und ihre Selbststeuerungs-
kräfte entfalten. Die Theorie des „Dritten Sektors" propagierte dem gegenüber
jedoch ein ausgewogenes Mischungsverhältnis des Wohlfahrtsstaates zwischen
drei Sektoren: dem „Markt", dem „Staat" und dem Dritten Sektor (Zimmer 1996:
86).

    Der „Dritte Sektor" kennzeichnet dabei den Bereich organisierter Interes-
sen, die nicht zu den beiden anderen Sektoren „Markt" und „Staat" gehören
(Zimmer/Scholz 1992: 21-39; Seibel 1992; Birkhölzer/Klein/Zimmer 2004).
Dazu gehören der Theorie entsprechend die Mehrzahl der Vereine, aber auch
gemeinnützige und karitative Einrichtungen sowie Interessenvertretungen allgemein (Bürgerinitiativen, Frauenorganisationen etc.) (Priller/Zimmer/Anheier
1999: 12). Somit fallen in den Bereich „Dritter Sektor" diejenigen organisierten
Interessen, deren Handlungsanleitungen nicht den Bereichen „Markt" und
„Staat" zuzuordnen sind, gleichzeitig aber über eine formalere Organisationsform als unverbindliche Zusammenschlüsse (Familie, Freundeskreis) verfügen.
Insofern sind darunter Organisationen zu fassen, die im Gegensatz zu Unternehmen weder eigenwirtschaftliche noch ökonomische Ziele verfolgen, noch hoheit-
liche Aufgaben (Polizei, Militär) wahrnehmen (Zimmer 1996: 84). Ihre gesell-
schaftspolitische Relevanz geht über ihre beschäftigungspolitische Bedeutung
weit hinaus, da sie als Mittler zwischen Markt, Staat und Gemeinschaft einen
wesentlichen Teil der „zivilgesellschaftlichen Infrastruktur" bilden (Anhei-
er/Priller/Zimmer 2000: 71-98). Vor allen Dingen hinsichtlich der steigenden
Arbeitslosigkeit erfährt das durchaus vorhandene Beschäftigungspotential des
„Dritten Sektors" besondere Beachtung.

Strukturell zeichnen sich Organisationen des Bereichs „Dritter Sektor" durch Variablen aus, welche sie von den beiden anderen Sektoren deutlich abgrenzen (Zimmer 1996: 84):

▪ Im Vergleich zu Einrichtungen der öffentlichen Verwaltung kennzeichnet sie ein geringeres Maß an Amtlichkeit und eine nur bedingt hierarchische Organisation.

▪ Grundlegend different von marktorientierten Interessen ist der so genannte *„non-profit-constraint"*. Das *vorrangige* Ziel der Organisation ist *gerade nicht die Gewinnmaximierung*. Gewinne dürfen zwar erwirtschaftet werden, ihre Ausschüttung oder Distribution unter den Organisationsteilnehmern ist jedoch untersagt. Insofern müssen Dritter-Sektor-Organisationen ihre erwirtschafteten Gewinne stets wieder investieren oder aber gemeinnützig einsetzen (Horch 1992; Badelt 1997: 8).

Die Bandbreite der dem „Dritten Sektor" zugehörigen Organisationen ist sehr groß. Sie reicht von öffentlichen Betrieben und Wohlfahrtsverbänden bis hin zu Initiativen der neuen sozialen Bewegungen und den Einrichtungen der alternativen Ökonomie. Dadurch erwächst dem „Dritten Sektor" eine eigenständige qualitative Bedeutung als institutionelle Ergänzung zu „Markt" und „Staat" und als Verbindung zwischen Mikro- und Makroebene einer Gesellschaft. Das macht ihn essentiell für das Funktionieren einer Gesellschaft (Zimmer 1996: 86). Die jüngere Forschung hat einen noch differenzierteren Kriterienkatalog für die Organisationen des „Dritten Sektors" erstellt (Salomon/Anheier 1997: 153-174):

▪ Sie sind eine formalrechtliche, auf Dauer angelegte Organisationsform.
▪ Sie sind keine öffentliche Einrichtung und nicht Teil der öffentlichen Verwaltung.
▪ Sie sind von anderen Einrichtungen (Ämtern, politischen Gremien) in ihrer Führungsstruktur unabhängig und verwalten sich selbst.
▪ Sie verfolgen keine eigenwirtschaftlichen Ziele und unterliegen dem „non-profit-constraint".
▪ Sie dienen nicht der Förderung kommerzieller Partikularinteressen oder der Rekrutierung politischen Personals.
▪ Sie sind nicht voll professionalisiert und bestehen zu einem gewissen Anteil noch aus ehrenamtlichen Mitarbeitern.

Bei strikter Anwendung dieses Funktionskatalogs begrenzt sich der Anteil der Organisationen des „Dritten Sektors" in der Bundesrepublik auf die nicht von der öffentlichen Verwaltung oder politischen Gremien abhängigen, privaten, gemeinnützigen, nicht professionalisierten, nicht spezifisch kommerziellen und berufsständischen Interessen dienenden Einrichtungen. Nichtsdestotrotz ist die Bedeutung des „Dritten Sektors" stets dort am größten, wo er in enger Kooperation mit staatlichen Stellen steht, was die Gefahr seiner potentiellen Vereinnahmung verstärkt. In der Bundesrepublik hat sich diese Zusammenarbeit allerdings erst in den Bereichen soziale Dienste und Gesundheit etabliert (Priller/Zimmer/ Anheier 1999).

Mit diesem Kriterienkatalog sind vom „Dritten Sektor" sowohl öffentliche Betriebe und Parteien als auch spontane Vereinigungen wie Freundeskreise und Nachbarschaftshilfen ausgegrenzt. Dagegen zählt dazu die Mehrheit der Vereine, die zum einen formalrechtlich organisiert, andererseits von Staat und Verwaltung unabhängig sind und zumeist aus ehrenamtlichen Mitarbeitern bestehen. Die als Vereine organisierten Parteien zielen dem gegenüber bereits wieder auf die Rekrutierung politischen Personals ab, und auch die Gewerkschaften sind in ihrem Bemühen, die wirtschaftliche Situation ihrer Mitglieder zu verbessern, nicht dem „Dritten Sektor" zuzurechnen (Zimmer 1996: 87). Gerade der Faktor „Ehrenamt" zielt auf die „moralische Dimension" (Etzioni 1997: 168-214) individuellen Handelns ab, weshalb sich die Kritik des „Dritten Sektors" vor allen Dingen gegen den idealtypisch konzipierten *homo oeconomicus* der NPÖ richtet. Die Vorstellung eines allein eigennutzorientierten Individuums widerspricht letztlich in dieser Sichtweise der Funktionslogik einer modernen Gesellschaft. Im Gegensatz dazu propagiert die „Dritte-Sektor-Theorie" ein altruistisches, am Nächsten ausgerichtetes Menschenbild. Dieses bringt den Einzelnen dazu, bei einer Entscheidung nicht nur die Konsequenzen für seine eigene Person in seine Überlegungen mit einzubeziehen, sondern auch sein Gegenüber und die Mitglieder der eigenen Gruppe (Zimmer 1996: 88). Insofern begreifen die Vertreter der Theorie ihre zentrale Bedeutung nicht in arbeitsmarktpolitischen und finanziell-materiellen Möglichkeiten, sondern in seinen Rahmenbedingungen für Partizipation und bürgerschaftliches Engagement. Darin liegt auch eine wichtige demokratietheoretische Komponente des „Dritter-Sektor"-Ansatzes.

6   Netzwerktheorie

Parallel zur Bedeutungszunahme nicht-linearer Formen von Organisation sind Netzwerke sowohl in den Wirtschaftswissenschaften als auch in der Soziologie immer mehr in den Mittelpunkt wissenschaftlicher Untersuchungen gerückt. Auch in der Verbändeforschung sind Netzwerke als zentrale Muster von Koalitionen und Aushandlungsprozessen definiert worden. Die Netzwerktheorie untersucht die Art der Einflussnahme von Interessengruppen auf die Entscheidungsbefugten in der Politik (Schmid 1998: 55-60). Diese Einflussnahme geschieht ihr zufolge über direkten oder indirekten Kontakt innerhalb eines geschlossenen Systems wechselseitiger Informationspreisgabe. Um diesen Informationsfluss zu sichern, bilden sich Netzwerke. Diese Netzwerke werden durch formelle oder informelle Kontakte zwischen einzelnen Verbandsvertretern und Ansprechpartnern im politischen System gebildet. Der netzwerktheoretische Ansatz begreift Politik als einen Problemverarbeitungsprozess, der durch den politisch-administrativen Apparat bewältigt wird. Sein Zugang ist durch die angloamerikanische Begriffs-Trias *policy* (Politik-Inhalte), *polity* (Rahmenbedingungen) und *politics* (Politik-Prozesse) bestimmt, wobei sein Schwerpunkt auf der Erfassung der Einflussnahme durch Interessengruppen auf staatliche *policies* liegt. Die Netzwerktheorie vergleicht den Zugang von Interessengruppen zum Regierungssystem und richtet ihren Fokus zunächst auf die drei Stadien des *policy*-Prozesses: Problemwahrnehmung, Agenda-Setting und Politikentwicklung (Gesetzentwurf) (Pappi/König/Knoke 1990: 33). Diese drei Phasen bilden zusammen einen Politikzyklus, und in jeder Phase entscheidet sich, ob eine *policy* weiter verfolgt wird oder nicht. Hier befindet sich jeweils der Ansatzpunkt für organisierte Interessen.

Unter einem Netzwerk verstehen die Protagonisten dieses Ansatzes, *Franz Urban Pappi* und *Thomas König*, ein Beziehungsgeflecht von an einem Politikfeld interessierten und einflussreichen Akteuren. Es ist definiert durch relativ dauerhafte, nicht formal organisierte wechselseitige Abhängigkeiten, gemeinsame Verhaltenserwartungen, Orientierungen, Vertrauensbeziehungen, stabilisierte Kommunikationsstrukturen, kurze Kommunikationswege und den Informationsaustausch zwischen Organisationen und Individuen. Dieses Netzwerk soll dem Erstellen eines Kollektivgutes oder der gemeinsamen Interessenformulierung dienen (Benz 1995: 194). Dabei entstehen sie zwar aus einer gewissen interessengeleiteten Ausrichtung bewusst, als Ergebnis nicht hierarchisch organisierter Interessenvielfalt aber ungeplant. Die dem zugrunde liegende Absicht besteht aus drei Elementen (Benz 1995: 195):

1. gilt es, das eigene Interesse in einer sich abzeichnenden Hierarchisierung von unterschiedlichen oder ähnlich gelagerten Interessen möglichst zentral und frühzeitig im Netzwerk zu verorten. Dadurch gelingt es, bereits in einer Frühphase der Bildung informaler Netzwerke dauerhaft seinen Einfluss zu sichern, indem man die Knotenpunkte des wachsenden Netzwerkes besetzt.

2. sollen die in verkrusteten formalen Organisationen aufgetretenen Spannungen durch informelle Aushandlungsmuster reduziert und die darin deutlich gewordene Unsicherheit abgebaut werden. Aus der Wiederherstellung des

Vertrauens in die Steuerungskompetenz soll eine erhöhte Problemlösungs-
kompetenz entstehen.
3. suchen Interessengruppen in Netzwerken nach konsensfähigen Lösungsal-
ternativen und Verständigungsmöglichkeiten, welche in den formalisierten
Systemen nicht erkennbar und nicht realisierbar sind. In informalen Netzwerken soll dies vor allem durch verbesserten Kontakt und Absprachen realisiert werden.

Politikfelder sind in diesem Zusammenhang miteinander verbundene Bereiche
von Politikinhalten, die auf den ersten Blick als relativ scharf voneinander ab-
grenzbare Sektoren (Bildungspolitik, Sozialpolitik, Außenpolitik, Europapolitik)
erscheinen (Pappi/König/Knoke 1990: 38). Innerhalb des Politikfeldes als politischer Arena kommt es aufgrund unterschiedlicher *policy*-Präferenzen zu Konflikt
und Konsens zwischen den beteiligten Akteuren. Daraus resultiert deren wech-
selndes Einfluss- und Machtpotential zur Interessenrealisierung. Politikfelder
sind damit inhaltlich abgegrenzte Bereiche von Regelungen und Programmen
(policies), „wie sie normalerweise organisatorisch im Zuständigkeitsbereich von
Ministerien oder Parlamentsausschüssen zusammengefasst sind" (Pappi/König
1995: 111).
    Die Grenzen des Politikfeldes werden in Form einer Konvention durch die
Beteiligten gemeinsam definiert. Innerhalb des Politikfeldes bildet sich nun das
Netzwerk, und es kommt zum Austausch von für die privaten (Verbändevertre-
ter) und politischen (staatliche Vertreter und Entscheidungsträger) Akteure wertvollen Informationen. Insofern treten Akteure sowohl als Informationsspender
wie auch als deren Rezipienten innerhalb des Netzwerkes auf. Je nachdem, wie
der Informationsaustausch stattfindet, kann er pluralistisch oder korporatistisch
organisiert sein. Die Verbände werden dabei pluralistisch vornehmlich als „pressure groups" auf der Suche nach Teilhabe an policy-Entscheidungen verstanden,
welche sie durch Konglomerate und enge Politikfeldnetze aufbauen und vorbe-
reiten. Dabei meint Informationsaustausch im Netzwerkansatz stets eine rezipro-
ke Informationsweitergabe gemäß dem Prinzip *do ut des*: Eine Informationspreisgabe ist immer mit der Bedingung verknüpft, dafür eine qualitativ ver-
gleichbare Information zu bekommen (Pappi/Knoke/Bisson 1993: 287-313).
Diese Beziehung kann zwar auch einseitig bestehen, wenn Information weitergegeben, die Vergütung dafür jedoch in einer für das Netzwerk irrelevanten Form
entrichtet wird. Sie spielt dann aber für den Netzwerkansatz keine Rolle (Pap-
pi/König 1995: 118).
    Die zentrale Fragestellung ist, inwiefern ein Netzwerk der Informationswei-
tergabe als mögliche Realisierung eines Systems der Interessenvermittlung dienen kann. Ob eine Art der Interessenvermittlung korporatistisch oder pluralis-

tisch ist, lässt sich am besten durch ein einheitliches Netzwerk darstellen, welches als gemeinsame Basis sowohl für korporatistische als auch für pluralistische Strukturen fungiert. Unbestritten ist, dass für beide Formen der Interessenvermittlung Kommunikation unerlässlich ist. Während es in pluralistischen Systemen der Politikformulierung eher zu Koalitionsbildungen kommt, sind korporatistische Systeme eher auf Aushandlungsprozesse in kleinen Gruppen zugeschnitten (Pappi/König 1995: 129). Während in korporatistischen Systemen die paritätisch-symmetrische Beteiligung von Spitzenverbänden (DGB, BDI) kennzeichnend ist, stehen pluralistische Systeme für den asymmetrischen Wettbewerb mehrerer konkurrierender Interessen. Netzwerke sollen hier eine Synthesefunktion zwischen beiden Mustern einnehmen.

Doch ist auf Defizite der Netzwerke ebenso wie auf die Gefahren ihrer Theorie hinzuweisen. So neigen Netzwerke ebenso wie die abgelösten formalen Systeme aufgrund ihrer immensen Eigendynamik zur Bildung einer eigenen Arena mit spezifischer Grenzziehung, Selektions- und Interaktionsregeln, die ihrerseits nun wieder wesentliche Akteure auszuschließen drohen. Netzwerke tendieren somit zur Exklusivität und der Beliebigkeit des Zugangs. Daher ist auch der Vorwurf der „Kungelei", des demokratisch nicht ausreichend legitimierten Aushandelns von Problemen, nicht gänzlich zu Unrecht erhoben worden. Die Tatsache, dass sie funktionslose demokratische Kontrollmechanismen durch informelle Einflussverfahren ersetzen, kann noch kein hinreichender Legitimitätsersatz sein. Diese Legitimität kann ihrerseits wieder nur durch formale Institutionen mit verbindlichen Entscheidungsregeln und der Nachvollziehbarkeit von Entscheidungen erreicht werden. Nicht zuletzt aus diesem Grund sind Netzwerke wie Institutionen wechselseitig aufeinander angewiesen. Netzwerke garantieren die Effektivität von Entscheidungsstrukturen auch in Mehrebenensystemen, während die Institutionen ihre Legitimität gewährleisten (Benz 1995: 203). Die Gefahr der Theorie insgesamt besteht letztlich darin, jeglichen politischen Problemverarbeitungsprozess, vor allem aber jegliche Implementation politischer Entscheidungen als das Ergebnis von Kungelrunden und informeller Absprachen abseits der demokratisch legitimierten Bahnen anzusehen.

7   Resümee

Moderne Gemeinwesen befinden sich in einem Zustand permanenter Veränderung. Davon bleiben Verbandssysteme selbstverständlich nicht ausgenommen. Die Klassiker der Verbändetheorien können dem entsprechend keinen dauerhaften und unumstößlichen Erklärungsanspruch vertreten. Genauso wie die hohe Dynamik offener Gesellschaften einen Endzustand moderner Gemeinwesen verhindert und somit ein dauerhaftes Fließen sozialer Realitäten beinhaltet, genauso ist es unmöglich, Theorien der Verbände letztgültig zu verifizieren, apodiktisch zu befürworten oder abzulehnen. Jede der vorgestellten klassischen Theorien hat ihren eigenen heuristischen Erklärungswert und beleuchtet den Einfluss von Verbänden auf politische Prozesse und Entscheidungen von einer anderen Warte aus. Die in diesem letzten Kapitel beschriebenen benachbarten oder Untertheorien traten den grundlegenden Theoriefamilien hinzu und wirkten dort ergänzend und erklärend, wo die Klassiker Lücken hinterlassen hatten oder die gesellschaftliche Modernisierung Modifikationen notwendig gemacht hatte. So können auch nur alle Theorien in ihrer Gesamtheit bei der Analyse politischer Prozesse ein aufschlussreiches und vollständiges Bild vermitteln und bei der Erklärung der sozialen Wirklichkeit hilfreich sein. Dass grundlegende Merkmale der Moderne wie die ökonomische Rationalisierung aller Organisationen (*Weber*), die Herausbildung von Oligarchien zur verbesserten Durchsetzung eigener Anliegen (*Michels*) und der generelle Wert gesellschaftlicher Selbstorganisation (*Fraenkel*) unbestritten und für westliche Gesellschaften kennzeichnend sind, ist common sense und dauerhafter Bestandteil der theoretischen Forschung. Insgesamt werden die grundlegenden Wandlungstendenzen in modernen Gemeinwesen als prägend empfunden, wobei ein Wechsel des Organisationsmusters von einem Ende des letzten Jahrhunderts perzipierten „century of corporatism" (Schmitter 1974) hin zu einem „organisierten Pluralismus" (Sebaldt 1997) prognostiziert wird, der mit einem erheblichen Zuwachs an Entscheidungskosten und einer weit reichenden Änderung der Gesamtmechanik zeitgenössischer Verbandssysteme verbunden sein dürfte.

Literatur:

Anheier, Helmut K./Priller, Eckhard/Zimmer, Annette 2000: Zur zivilgesellschaftlichen Bedeutung des Dritten Sektors, in: Klingemann, Hans-Dieter/ Neidhardt, Friedhelm (Hrsg.), Zukunft der Demokratie. Herausforderungen im Zeitalter der Globalisierung, WZB-Jahrbuch, Berlin, S. 71-98.

Badelt, Christoph 1997: Handbuch der Non-Profit-Organisationen, Wien.

Bammerlin, Ralf 1998: Umweltverbände in Deutschland. Herausforderung zum Wandel in Zeiten des Leitbildes nachhaltiger Entwicklung, München.

Benz, Arthur 1995: Politiknetzwerke in der horizontalen Politikverflechtung, in: Jansen, Dorothea/ Schubert, Klaus (Hrsg.), Netzwerke und Politikproduktion. Konzepte, Methoden, Perspektiven, Marburg, 185-204.

Berry, Jeffrey M. 1997: The Interest Group Society, 3. Aufl., New York u.a.

Birkhölzer, Karl/Kistler, Ernst/Mutz, Gerd (Hrsg.) 2004: Der Dritte Sektor. Partner für Wirtschaft und Arbeitsmarkt, Wiesbaden.

Buchanan, James M./Tollison, Robert D./Tullock, Gordon (Hrsg.) 1980: Toward a Theory of the Rent-Seeking Society, College Station.

Celsi, Teresa 1991: Ralph Nader: The Consumer Revolution, Brookfield/ CT.

Etzioni, Amitai 1997: Die Verantwortungsgesellschaft. Individualismus und Moral in der heutigen Demokratie, Frankfurt a.M.

Homann, Karl/Suchanek, Andreas 1992: Grenzen der Anwendbarkeit einer „Logik des kollektiven Handelns", in: Schubert, Klaus (Hrsg.), Leistungen und Grenzen politisch-ökonomischer Theorie. Eine kritische Bestandsaufnahme zu Mancur Olson, Darmstadt, S. 13-27.

Horch, Heinz-Dieter 1992: Geld, Macht und Engagement in freiwilligen Vereinigungen. Grundlagen einer Wirtschaftssoziologie von Non-Profit-Organisationen, Berlin.

Imig, Douglas R. 1996: Poverty and Power: The Political Representation of Poor Americans, Lincoln.

Inglehart, Ronald 1989: Kultureller Umbruch. Wertwandel in der westlichen Welt, Frankfurt.

Kirsch, Guy 1997: Neue Politische Ökonomie, 4., überarbeitete und erweiterte Auflage, Düsseldorf.

Koch, Tanja 1997: Zulässigkeit staatlicher Umweltschutzbeihilfen, Köln u.a.

Lietzmann, Hans J. 2000: „Greenpeace" als politischer Akteur, in: Willems, Ulrich/ Winter, Thomas von (Hrsg.), Politische Repräsentation schwacher Interessen, Opladen, S. 261-281.

Lobbyliste 2005: Bekanntmachung der öffentlichen Liste über die Registrierung von Verbänden und deren Vertretern vom 30. April 2005, in: Bundesanzeiger, 57, Beilage Nr. 144a, 03.08.

Märtz, Thomas 1990: Interessengruppen und Gruppeninteressen in der Demokratie. Zur Theorie des Rent-Seeking, Frankfurt a. M. u.a.

Marwell, Gerald/Ames, Ruth E. 1978-79: Experiments on the Provision of Public Goods. I. Resources, Interest, Group Size, and the Free-Rider-Problem, in: American Journal of Sociology, 84, S. 1335-1360.

Marwell, Gerald/Oliver, Pamela 1993: The Critical Mass in Collective Action. A Micro-Social Theory, Cambridge.

Marwell, Gerald/Oliver, Pamela/Prahl, Ralph 1988: Social Networks and Collective Action: A Theory of the Critical Mass III, in: American Journal of Sociology, 94, S. 502-534.

Mayntz, Renate/Scharpf, Fritz W. 1995: Der Ansatz des akteurzentrierten Institutionalismus, in: Mayntz, Renate/Scharpf, Fritz W. (Hrsg.), Gesellschaftliche Selbstregelung und politische Steuerung, Frankfurt am Main/New York, S. 39-72.

Miller, Stephen 1983: Special Interest Groups in American Politics. With a Foreword by Irving Kristol, New Brunswick/ NJ, London.

Müller-Jentsch, Walther 1997: Soziologie der Industriellen Beziehungen. Eine Einführung, 2., erw. Aufl., Frankfurt a.M., New York.

Mundo, Philip A. 1992: Interest Groups. Cases and Characteristics, Chicago.

Neudeck, Rupert 2004: Die Menschenretter von Cap Anamur, Düsseldorf.

Olson, Mancur 1991: Aufstieg und Niedergang von Nationen. Ökonomisches Wachstum, Stagflation und soziale Starrheit. Übersetzt von Gerd Fleischmann, 2., durchges. Aufl., Tübingen (erstm. 1982).

Olson, Mancur 1992: Die Logik des kollektiven Handelns. Kollektivgüter und die Theorie der Gruppen, 3., durchges. Aufl., Tübingen (erstm.1965).

Pahl, Ray E./Winkler, Jack T. 1976: Corporatism in Britain, in: The Corporate State – Reality or Myth? Centre for Studies in Social Policy, London, S. 5-24.

Pappi, Franz Urban/Knoke, David/Bisson, Susanne 1993: Information Exchange in Policy Networks, in: Scharpf, Fritz W. (Hrsg.), Games in Hierarchies and Networks. Analytical and Empirical Approaches to the Study of Governance Institutions, Frankfurt a.M., New York, S. 287-313.

Pappi, Franz Urban/König, Thomas 1995: Informationsaustausch in politischen Netzwerken, in: Jansen, Dorothea/ Schubert, Klaus (Hrsg.), Netzwerke und Politikproduktion. Konzepte, Methoden, Perspektiven, Marburg, S. 111-131.

Pappi, Franz Urban/König, Thomas/Knoke, David 1990: Entscheidungsprozesse in der Arbeits- und Sozialpolitik. Der Zugang der Interessengruppen zum Regierungssystem über Politikfeldnetze: Ein deutsch-amerikanischer Vergleich, Frankfurt a.M., New York.

Priller, Eckhard/Zimmer, Annette/Anheier, Helmut K. 1999: Der Dritte Sektor in Deutschland. Entwicklungen, Potentiale, Erwartungen, in: Aus Politik und Zeitgeschichte, B 9, S. 12-21.

Reutter, Werner 1991: Korporatismustheorien. Kritik, Vergleich, Perspektiven, Frankfurt a.M. etc.

Rothenberg, Lawrence S. 1992: Linking Citizens to Government: Interest Group Politics at Common Cause, Cambridge.

Salisbury, Robert H. 1969: An Exchange Theory of Interest Groups, in: Midwest Journal of Political Science, 13, S. 1-32.

Salomon, Lester M./Anheier, Helmut K. 1997: Der dritte Sektor in internationaler Perspektive, in: Anheier, Helmut K. u.a. (Hrsg.), Der Dritte Sektor in Deutschland, Organisationen zwischen Staat und Markt im gesellschaftlichen Wandel, Berlin, S. 153-174.

Schattschneider, E. E. 1960: The Semisovereign People. A Realist's View of Democracy in America, New York.

Scharpf, Fritz W. 1991: Game Real Actors Could Play. The Challenge of Complexity, in: Journal of Theoretical Politics Nr. 3, S. 277-304.

Scharpf, Fritz W. 1992: Koordination durch Verhandlungssysteme. Analytische Konzepte und institutionelle Lösungen, in: Benz, Arthur/Scharpf, Fritz W./Zintl, Reinhard, Horizontale Politikverflechtung. Zur Theorie von Verhandlungssystemen, Frankfurt am Main, S. 51-96.

Scharpf, Fritz W. 2000: Interaktionsformen. Akteurzentrierter Institutionalismus in der Politikforschung, Opladen.

Schmid, Josef (Bearb.) 1998: Verbände. Interessenvermittlung und Interessenorganisation. Lehr- und Arbeitsbuch, München, Wien.

Schmitter, Philippe C. 1974: Still the Century of Corporatism?, in: Review of Politics Nr. 36, S. 85-131.

Sebaldt, Martin 1997: Organisierter Pluralismus. Kräftefeld, Selbstverständnis und politische Arbeit deutscher Interessengruppen, Wiesbaden.

Sebaldt, Martin/Straßner, Alexander 2004: Verbände in der Bundesrepublik Deutschland. Eine Einführung, Wiesbaden.

Seibel, Wolfgang 1992: Funktionaler Dilettantismus. Erfolgreich scheiternde Organisationen im Dritten Sektor zwischen Markt und Staat, Baden-Baden.

Sheets, Tara E./ Peters, Sarah J. (Hrsg.), 1999: Encyclopedia of Associations, 35. Aufl., Detroit u.a.

Straßner, Alexander 2005: Zwischen Eigennutz und Gemeinwohl. Verbandsfunktionen in Theorie und Praxis, in: Gesellschaft-Wirtschaft-Politik Nr. 2, S. 233-253.

Straßner, Alexander 2006: Funktionen von Verbänden in der modernen Gesellschaft, in: APuZ B 15-16, S. 10-17.

Wagner, Richard E. 1966: Pressure Groups and Political Entrepreneurs, in: Papers on Non-Market Decision Making, 1, S. 161-170.

Walker, Jack L. 1983: The Origins and Maintenance of Interest Groups in America, in: American Political Science Review, 77, S. 390-406.

Walker, Jack L., Jr. 1991: Mobilizing Interest Groups in America. Patrons, Professions, and Social Movements. Prepared for Publication by Joel D. Aberbach u.a., Ann Arbor.

Wasser, Hartmut 1998: Die Interessengruppen, in: Jäger, Wolfgang/ Welz, Wolfgang (Hrsg.), Regierungssystem der USA. Lehr- und Handbuch, 2., unwes. veränd. Aufl., München, Wien, S. 297-314.

Welz, Wolfgang 1998: Die bundesstaatliche Struktur, in: Jäger, Wolfgang/ Welz, Wolfgang (Hrsg.), Regierungssystem der USA. Lehr- und Handbuch, 2., unwes. veränd. Aufl., München, Wien, S. 80-108.

Winter, Thomas von/ Willems, Ulrich 2000: Die politische Repräsentation schwacher Interessen, in: Willems, Ulrich/ Winter, Thomas von (Hrsg.), Politische Repräsentation schwacher Interessen, Opladen, S. 9-36.

Wuthnow, Robert 1996: Sharing the Journey. Support Groups and America`s New Quest for Community, New York.

Zimmer, Annette 1996: Vereine – Basiselemente der Demokratie. Eine Analyse aus der Dritte-Sektor-Perspektive, Opladen.

Zimmer, Annette/Priller, Eckhard (Hrsg.) 2004: Future of Civil Society. Making Central European Nonprofit-Organizations Work, Wiesbaden.

Zimmer, Annette/ Scholz, Martina 1992: Der Dritte Sektor zwischen Markt und Staat – ökonomische und politologische Theorieansätze, in: Forschungsjournal Neue Soziale Bewegungen, 5, Heft 3, S. 21-39.

Anhang

Die Herausgeber

Martin Sebaldt, Dr. phil. habil., geb. 1961; o. Professor für Vergleichende Politikwissenschaft (Schwerpunkt Westeuropa) an der Universität Regensburg. *Forschungsschwerpunkte*: Parlamentarismus und Verbände. *Wichtigste Publikationen*: Die Thematisierungsfunktion der Opposition. Die parlamentarische Minderheit des Deutschen Bundestags als innovative Kraft im politischen System der Bundesrepublik Deutschland, Frankfurt a.M. u.a. 1992; Katholizismus und Religionsfreiheit. Der Toleranzantrag der Zentrumspartei im Deutschen Reichstag, Frankfurt a.M. u.a. 1994; Organisierter Pluralismus. Kräftefeld, Selbstverständnis und politische Arbeit deutscher Interessengruppen, Opladen 1997; Transformation der Verbändedemokratie. Die Modernisierung des Systems organisierter Interessen in den USA, Wiesbaden 2001; Parlamentarismus im Zeitalter der Europäischen Integration. Zu Logik und Dynamik politischer Entscheidungsprozesse im demokratischen Mehrebenensystem der EU, Opladen 2002; Verbände in der Bundesrepublik Deutschland. Eine Einführung, Wiesbaden 2004 (mit Alexander Straßner).

Alexander Straßner, Dr. phil, M.A., geb. 1974; Akademischer Rat z.A. am Institut für Politikwissenschaft der Universität Regensburg. *Forschungsschwerpunkte*: Terrorismus, Verbände, Militär. *Wichtigste Publikationen*: Die dritte Generation der „Roten Armee Fraktion". Entstehung, Struktur, Funktionslogik und Zerfall einer terroristischen Organisation, Wiesbaden 2003; Verbände in der Bundesrepublik Deutschland. Eine Einführung, Wiesbaden 2004 (zusammen mit Martin Sebaldt); Grundkurs Politikwissenschaft. Einführung ins wissenschaftliche Arbeiten, Wiesbaden 2003 (mit Ondrej Kalina, Stefan Köppl, Uwe Kranenpohl, Rüdiger Lang und Jürgen Stern).

Die Autoren

Henrik Gast, M.A., geb. 1979, wissenschaftlicher Mitarbeiter am Lehrstuhl für Vergleichende Politikwissenschaft (Schwerpunkt Westeuropa) der Universität Regensburg. *Forschungsschwerpunkte*: Politische Führung im politischen System Deutschlands, Rolle der Parteien und Parlamentarismusgeschichte.

Hendrik Hansen, Diplom-Volkswirt, Dr. rer. pol, geb. 1966, Wissenschaftlicher Angestellter an der Professur für Politische Theorie und Ideengeschichte der Universität Passau und Visiting Assistant Professor am Politics & Government

Department der University of Puget Sound (Tacoma, Washington State, USA). *Forschungsschwerpunkte*: Politische Theorie und Ideengeschichte, Internationale Politische Ökonomie, Totalitarismusforschung. *Wichtigste Publikationen*: Radical Islamism and Totalitarian Ideology, in: Totalitarian Movements and Political Religions Vol. 8 (1), 2007 (in Vorbereitung); Platons „Politeia I" und die Paradigmendiskussion der Internationalen Politischen Ökonomie, in: Andreas Eckl/ Clemens Kauffmann (Hrsg.): Politischer Platonismus. Befund – Tradition – Kritik, Würzburg 2007 (in Vorbereitung); Politik und wirtschaftlicher Wettbewerb in der Globalisierung. Kritik der Paradigmendiskussion der Internationalen Politischen Ökonomie, Passau (Univ. Passau, Habilitationsschrift) 2006; Adam Smith: Der Wohlstand der Nationen, in: Manfred Brocker (Hrsg.): Geschichte des Politischen Denkens – Ausgewählte Werkanalysen, Frankfurt a. M. 2006; Die wettbewerbspolitische Beurteilung horizontaler Forschungs- und Entwicklungskooperationen, Berlin 1999.

Oliver Hidalgo, Dr. phil, M.A., geb. 1971, wissenschaftlicher Assistent am Institut für Politikwissenschaft der Universität Regensburg. *Forschungsschwerpunkte*: Demokratietheorie, Politische Ideengeschichte des 19. und 20. Jahrhunderts, Religion und Politik. *Wichtigste Publikationen*: Alter Staat – Neue Politik. Tocquevilles Entdeckung der modernen Demokratie, Baden Baden 2004 (zusammmen mit Karlfriedrich Herb); Alexis de Tocqueville, Frankfurt/New York 2005 (zusammen mit Karlfriedrich Herb); Unbehagliche Moderne. Tocqueville und die Frage der Religion in der Politik, Frankfurt/New York 2006; Die Zukunft der Demokratie, München 2006 (zusammen mit Karlfriedrich Herb).

Stefan Köppl, M.A., geb. 1975, Wissenschaftlicher Assistent und persönlicher Referent des Direktors an der Akademie für Politische Bildung Tutzing und Lehrbeauftragter an der Universität Passau. *Forschungsschwerpunkte*: Vergleich politischer Systeme, politisches System Italiens, Europäische Union. *Wichtigste Publikationen*: Italien: Transition ohne Reform? Gescheiterte Anläufe zur Verfassungsreform 1983-1998 im Vergleich, Stuttgart 2003; Grundkurs Politikwissenschaft. Einführung ins wissenschaftliche Arbeiten, Wiesbaden 2003 (mit Ondrej Kalina, Uwe Kranenpohl, Rüdiger Lang, Jürgen Stern und Alexander Straßner); Das politische System Italiens. Eine Einführung, Wiesbaden (i.E.).

Tobias Lang, M.A., geb. 1980, persönlicher Mitarbeiter im Stimmkreisbüro der Landtagsabgeordneten Gertraud Goderbauer, Landshut. Promotionsstudium an der Universität Passau.

Dirk Leuffen, Diplom-Kulturwirt, geb. 1974, wissenschaftlicher Assistent am Center for Comparative and International Studies der ETH Zürich. *Forschungsschwerpunkte*: Analyse politischer Entscheidungsprozesse, Methoden qualitativer Sozialforschung, Europäische Integration. *Wichtigste Publikationen*: Domesticated Wolves? Length of Membership, State Size and Preferences at the European Convention, in: Ron Holzhacker und Markus Haverland (Hrsg.): European Research Reloaded: Cooperation and Integration among Europeanized States, Dortrecht: Springer 2006 (zusammen mit Sander Luitwieler); Divided We Stand – Unified We Govern? Cohabitation and Regime Voting in the 2002 French Elections, in: British Journal of Political Science 35 (2005): 691-712 (zusammen mit Thomas Gschwend); Stuck Between a Rock and a Hard Place: Electoral Dilemmas and Turnout in the 2002 French Legislative Elections, in: Michael S. Lewis-Beck (Hrsg.): The French Voter: Before and After the 2002 Elections. Houndmills, Basingstoke (2004), S. 155-177 (zusammen mit Thomas Gschwend).

Tobias Nerb, stud. phil., geb. 1980, Magistrand, studentischer Mitarbeiter am Lehrstuhl für Vergleichende Politikwissenschaft (Schwerpunkt Westeuropa) der Universität Regensburg. *Forschungsschwerpunkte*: Staatszerfall, Lateinamerika, Verbände.

Jürgen Stern, M.A., geb. 1976, Wissenschaftlicher Mitarbeiter am Lehrstuhl für Politikwissenschaft der Universität Passau. *Forschungsschwerpunkte*: Parteien, Politische Kommunikation, Parlamentarismus. Wichtigste Publikationen: Grüne Spitzen – Elitenbildung in einer egalitären Partei, Stuttgart 2004; Grundkurs Politikwissenschaft: Einführung ins wissenschaftliche Arbeiten, Wiesbaden 2003 (mit Ondřej Kalina, Stefan Köppl, Uwe Kranenpohl, Rüdiger Lang und Alexander Straßner).

Benjamin Zeitler, stud. phil., geb. 1981, Magistrand, studentischer Mitarbeiter am Lehrstuhl für Vergleichende Politikwissenschaft (Schwerpunkt Westeuropa) der Universität Regensburg. *Forschungsschwerpunkte*: Parteien, politische Kommunikation, Wahlen. *Wichtigste Publikationen*: Stadt unterm Hakenkreuz, Tirschenreuth in der NS-Zeit, Tirschenreuth 2002.

Personenregister

The manufacturer's authorised representative in the EU is Springer

Nature Customer Service Centre GmbH, Europaplatz 3, 69115 Heidelberg,

Germany. If you have any concerns regarding our products, please

contact ProductSafety@springernature.com

Printed and bound by CPI Group (UK) Ltd, Croydon, CR0 4YY

27/04/2026

02097610-0005